내 붓을 들어 한恨의 세월을 적는다

한중록

한중록

내 붓을 들어 한恨의 세월을 적는다

초판 1쇄 발행 2003년 11월 1일
초판 12쇄 발행 2023년 8월 5일

지은이　혜경궁 홍씨
옮긴이　이선형
펴낸이　이영선

편집　이일규 김선정 김문정 김종훈 이민재 김영아 이현정 차소영
디자인　김회량 위수연
독자본부　김일신 정혜영 김연수 김민수 박정래 손미경 김동욱

펴낸곳 서해문집 | 출판등록 1989년 3월 16일(제406-2005-000047호)
주소 경기도 파주시 광인사길 217(파주출판도시)
전화 (031)955-7470 | 팩스 (031)955-7469
홈페이지 www.booksea.co.kr | 이메일 shmj21@hanmail.net

ISBN 978-89-7483-193-6 03900

경기도 박물관, 경남대학교 박물관, 고려대학교 박물관, 국립민속박물관, 국립중앙박물관, 국립춘천박물관,
궁중유물전시관, 규장각, 동아대학교 박물관, 문화재청, 서울대학교 박물관, 서울역사박물관, 성신여자대학교 박물관,
육군박물관, 류희경 님의 자료 협조에 감사드립니다.

오래된 책방 04

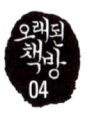

내 붓을 들어 한恨의 세월을 적는다

한중록

혜경궁 홍씨 지음 · 이선형 옮김

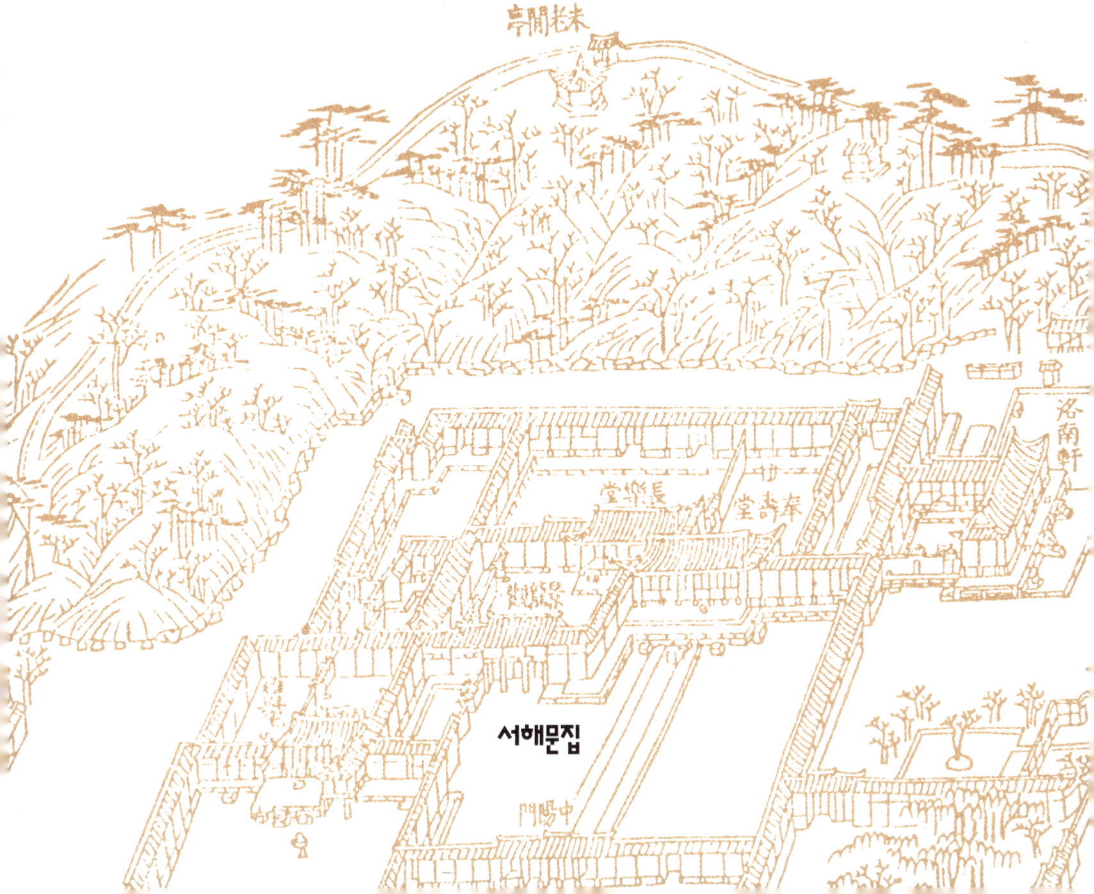

서해문집

혜경궁 홍씨는 1795년, 혜경궁 홍씨의 글을 집안에 남기고 싶어한 조카의 부탁으로 『한중록』을 쓰기 시작하였다. 그래서 혜경궁의 나이 환갑이던 이 해부터 67세, 68세, 71세 총 네 번에 걸쳐 집필되어 총 6권 6책으로 완성되었다.

『한중록』의 기록은 사실일까?

『한중록』의 작자는 남편과 자식을 자신보다 일찍 저세상으로 보낸 여인, 혜경궁 홍씨이다. 혜경궁 홍씨가 겪었던 세월은 그녀의 말처럼 누구도 겪지 못했던 풍파의 삶이었다. 첫아들과 남편을 잃고 더구나 든든한 후원자였던 시아버지 영조마저 세상을 뜬 후, 그녀의 친정집은 아들 정조와 시어머니 정순왕후에 의해 정치적 견제와 배제를 당했다. 그러나 그녀와 친정집을 향한 수많은 견제에도 굴하지 않고 혜경궁 홍씨는 왕후의 자리를 지킨다. 한 여인의 삶이 이보다 더 파란만장할 수 있을까? 『한중록』은 혜경궁 홍씨의 삶의 질곡을 잘 드러낸 글이다.

『한중록』이 실사實事를 토대로 한 기록이기에 작업하는 내내 『영조실록』과 『정조실록』을 『한중록』과 비교하면서 살펴보았다. 그러나 『한중록』

은 허구성을 배제할 수 없다. 그녀의 자의적인 해석으로 지나치게 과장되거나 축소하여 쓴 일들이 있음을 간과할 수 없기 때문이다.

　필자는 이 글을 옮기고 주석을 달면서, 가능하면 필자의 생각을 배제하려고 노력하였다. 혹 필자의 생각이 개입되면 혜경궁 홍씨가 쓴 글의 목적에서 크게 벗어날 수 있어서이다. 그래서 『한중록』을 필자의 시선이 아닌 '혜경궁 홍씨'의 시선으로 풀어 내려고 노력하였다. 아마도 독자는 짧게 실린 실록의 기록과, 혜경궁 홍씨의 시선으로 본 사건의 정황을 다각적인 입장에서 살펴볼 수 있을 것이다. 『한중록』을 읽는 독자들은 이러한 맥락을 감안하고 책을 읽어 주었으면 한다.

　작업을 하는 동안 역량이 부족한 필자를 위해 아낌없는 조언을 해 주신 모든 분들과 게으른 필자를 항상 격려해 주신 서해문집에 감사드린다.

2003년 10월 이선형 씀

【혜경궁 홍씨와 『한중록』】

『한중록』의 작자와 작품에 대하여

『한중록』은 한글 필사본으로 약 21종의 이본異本이 한글·국한문혼용·한문 필사본 등 다양한 형태로 존재하고 있다. 본 책은 그 중에서도 『고대여류문학대표선집』·『한국고전총서 Ⅳ』와 이병기·김동욱 선생님이 주해를 해 놓으신 『한듕록—한중만록』[이병기·김동욱 역주, 한국고전문학대계 14, 민중서관, 1961]을 저본으로 삼았다. 굳이 이병기·김동욱 선생님의 책으로 확인 작업을 한 이유는, 이 책이 여러 이본들을 대조하면서 빠진 부분을 보완하여 『한중록』의 문학적 완성도를 높였기 때문이다.

『한중록』의 이본에는 한가롭게 쓴 기록이라는 『閑中錄』과 한恨의 기록이라는 『恨中錄』 또는 『泣血錄』, 『閑(閒)中漫錄』 등의 한문 제목이 뒤섞여 사용되고 있다. 1권의 경우에는 궁에 들어가 웃전들의 사랑을 받은 혜경궁 홍씨의 개인사를 다루고 있어 한가롭게 쓴 『閑中錄』이라는 명칭이 적당하다. 그러나 2권부터는 정치적으로 견제당하는 혜경궁 홍씨의 친정집이야기와 임오화변에 대한 기록이 시작되면서 그녀의 한恨이 담겼기에 『恨中錄』이라는 제목이 적당하다. 그런 점에서 혜경궁 홍씨의 친필 원고가 전하지 않는 이상, 한문 제목에 대한 문제는 숙고해 봐야 할 문제이다.

풍산 홍씨 가문 홍봉한의 딸 혜경궁 홍씨는 열 살이라는 어린 나이에 세자빈으로 간택되어 영조와 선희궁의 사랑을 받았다. 그러나 그녀의 나이 열여덟에 첫아들 의소를 잃고, 10년 후에는 남편 사도세자를 잃는 비운을 겪으면서 그녀의 삶은 기구해진다. 또한 그녀가 원했든 원하지 않았든 노·소론, 시·벽파 당쟁의 한가운데에 서게 된다.

『한중록』은 혜경궁 홍씨가 회갑이 되던 해에 1권과 4권을 썼고, 2권과 3권은 71세, 5권은 67세, 6권은 68세에 썼다. 각 권이 쓰인 시기가 다르기 때문에 글을 쓴 목적과 문장의 주체, 서술 방식 등이 조금씩 차이가 난다.

독자의 이해를 돕기 위해 『한중록』의 각 권에 대한 짧은 설명을 덧붙이자면 다음과 같다.

1권의 경우 『한중록』을 쓰게 된 계기가 조카인 홍수영의 부탁에 의한 것임을 밝히고 있다. 혜경궁 홍씨가 가문의 기대를 한 몸에 받고 태어나

세자빈으로 궁에 들어온 뒤 시아버지와 남편의 사랑을 받은 일, 이후 정조를 낳고 환갑을 맞기까지의 여러 가지 일들을 순차적으로 나열하고 있다. 이때의 기록은 그녀의 또 다른 풍파가 시작되기 전이고, 또 정조의 지극한 효성 때문인지 다른 권에 비해 담담하고 객관적인 시선으로 기술하고 있다.

2권과 3권은 임오화변의 주체인 영조와 사도세자 부자간의 위태했던 일들의 기록이다. 사도세자의 비범한 탄생과 뛰어난 자질, 죽은 경종의 궁인들에게 어린 세자를 보육하게 한 영조와 선희궁에 대한 원망, 사도세자가 '문文'보다는 '무武'를 좋아하게 만든 경종의 궁인들에 대한 미움, 사도세자의 기이한 병과 부자간의 갈등, 영조의 유별난 자식 편애, 사도세자의 비행으로 겪었던 마음고생, 세손[정조]의 관례와 혼례, 임오화변 당시의 상황, 모자의 정보다는 세손의 안위를 위해 영조에게 세손을 부탁한 일 등을 상세히 기술하고 있다. 임오화변이라는 사건을 중심으로 기록해서인지 남편 사도세자를 안쓰러워하다가도, 혹 친정집에 누가 될 수 있는 말들이 있을까 싶어 조심스러운 태도로 주변을 원망하고 있다. 또한 2권부터는 『한중록』을 읽을 순조를 의식하였는지 1권에 비해 사건에 대한 혜경궁 홍씨의 주관적인 생각을 많이 기술하고 있는 편이다.

4권은 갑신년(1764), 영조가 적법한 국통을 잇게 하려 한다며 세손(정조)을 효장세자의 양자로 삼은 데 대한 안타까움과, 영조 곁에서 자기의 뜻에 거스르는 일을 한 화완옹주에 대한 원망으로 시작한다. 혜경궁 홍씨는 영조의 총애를 받던 화완옹주에게 세손을 돌봐 달라고 부탁했지만 오히려 모자 사이가 서먹해지고, 친정집에는 안 좋은 일만 계속된다. 이에 대해 혜경궁 홍씨는 이 일들이 모두 모함이며, 그녀의 친정은 다 나라와 집안에 보탬이 되는 사람이었음을 누누이 이야기하고 있다. 특히 그녀의 동생 홍낙임은 혜경궁 홍씨의 뜻을 좇아, 집안을 살리기 위해 훗날 나라의 큰 죄인이 된 정후겸과 친하게 지낸 것이지 다른 뜻은 없었다고 말한다.

5권은 화완옹주의 양자인 정후겸과 김귀주의 이간으로 혜경궁 홍씨 집안이 겪게 된 일들을 나열하고 있다. 그리고 홍국영과 그의 아버지 홍낙춘에게 벼슬을 시켜 주지 않은 일로 앙심을 품은 홍국영이 훗날 정조의 신임

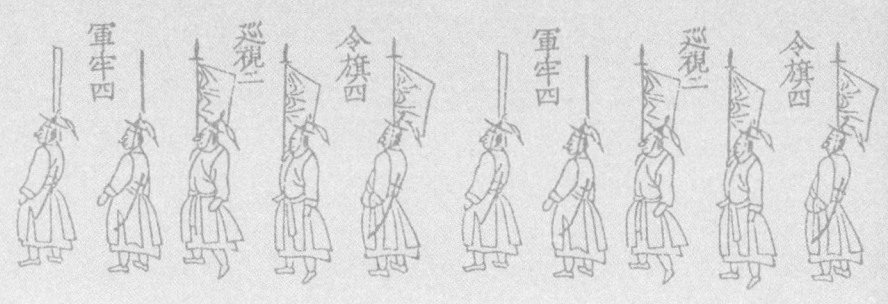

으로 권력을 손에 쥐자, 혜경궁 홍씨의 중부 홍인한과 동생 홍낙임을 대역
죄인으로 몰고 간 일에 대해 부당함을 호소하고 있다. 덧붙여 홍국영이 혜
경궁 홍씨와 정조, 또 중전과 정조 사이를 이간하며 세도를 누리려 했음을
밝히고 있다.

　마지막으로 6권은 1~5권의 내용을 재차 정리하고, 정조에게 후사가
없던 것을 걱정하던 중 가순궁이 순조를 낳은 일과, 정조가 순조에게 왕위
를 양위한 후에 사도세자의 일과 외가의 죄를 씻어 주겠다고 혜경궁 홍씨
에게 약속했다는 이야기를 중심으로 기술하고 있다. 요컨대 혜경궁 홍씨
는 이 글을 읽을 순조에게 정조가 한 약속을 지키도록 청하고 있다.

탕평으로 조율한 영·정조 대의 역사

　영조와 정조는 혼탁한 당쟁을 탕평책으로 조율한 군주이다. 영·정조
시대의 당쟁의 주축은 노론과 소론이었다. 서인에서 갈라져 나온 노론과
소론은 숙종과 경종 대를 거치며 팽팽하게 대립하였다. 소론은 경종을 옹

호한 반면, 노론은 영조의 등극을 적극적으로 추진하였다. 결국 병약한 경종은 즉위 4년 만에 죽음을 맞고, 영조가 즉위하면서 노론은 정권을 잡는다. 그러나 즉위 초, 영조는 노론이 자신을 옹호하였다는 이유만으로 일방적으로 노론의 편에 서지는 않는다. 그는 노론과 소론을 적절히 중용하여 자신의 왕권과 정치적 신념을 확고히 하기를 바랐다.

그러나 영조는 경종이 독살되었다는 풍문과 자신의 비천한 출생에 많은 스트레스를 받았던 듯싶다. 사도세자의 아들인 정조를 왕으로 세우기 위해 효장세자의 양자로 삼을 정도로 그는 적통성에 집착하기도 하였다. 이런 영조가 어찌된 영문인지 자기를 비하하는 경종의 궁인들과 소론 관원들에게 어린 사도세자의 양육을 맡긴 것은 기이한 일이다.

사도세자와 임오화변, 그 후의 정세

경종을 모시던 상궁들과 함께 생활했던 사도세자는 자신의 아버지(영조)를 어떻게 보았을까? 영조와 선희궁은 어린 사도세자를 찾아와 돌본 적이 거의 없다고 한다. 대신 당시 노론의 영수였던 홍봉한이 영조와 세자 사이

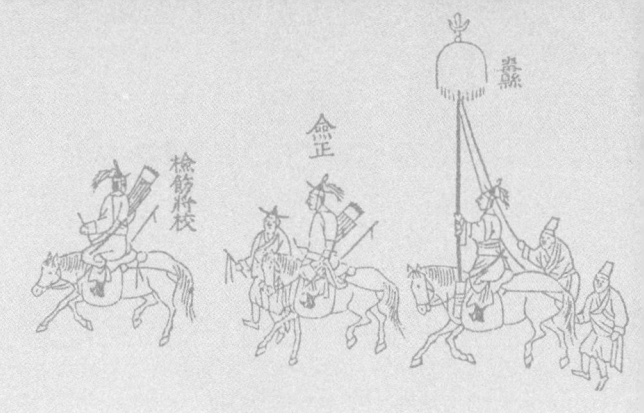

를 오가며 대화 창구 역할을 하였다. 그러나 정작 이 역할이 절실했던 임오년[1762]에는 빈번한 사도세자의 석고대죄를 영조에게 바로 알린 적이 거의 없다. 나경언의 고변 이후 임오화변 당일만 해도 세자의 석고대죄를 모르던 영조에게 뒤늦게 이 일을 알려 영조의 화를 돋운다. 또 사도세자를 뒤주에 가둘 때에도 세손은 영조에게 달려가 사도세자를 용서해 달라고 애원하지만, 장인인 홍봉한의 거취는 모호하다. 후에 홍봉한은 임오화변 당시 영조의 처분은 합당하고 선희궁이 한 일은 대의를 위한 것임을 주청하는 상소까지 올린다.

사도세자와 영조가 죽고 정조가 등극한 뒤 3대 모역 사건이 있었다. 자객을 사주하여 정조와 홍국영을 암살하려 했던 일, 무당의 주술로 정조와 홍국영을 저주한 일, 사도세자의 서자 은전군을 왕으로 추대하고자 일으켰던 정유역변이 바로 그것이다. 이 일을 계기로 정조는 외척을 제거하는 일에 속도를 더한다. 그는 숙의 문씨와 정순왕후·혜경궁 홍씨의 친정, 그리고 화완옹주와 정후겸 일가를 유배 보내거나 사사하는 등 외척을 정치권에서 배제시킨다.

이후 정조의 뜻을 좇아 사도세자의 죽음을 동정하고 그의 정치 이념에 동조했던 시파와 그 맞은편에 섰던 벽파의 싸움은 정조 사후, 정순왕후 측근과 시파의 알력다툼으로 발전한다. 순조가 11세의 나이로 등극하자 정순왕후는 수렴청정을 시작하고, 신유박해를 빌미로 시파와 기타 외척들을 쳐 나가기 시작한다.

당쟁의 기록인 『한중록』

『한중록』은 노론과 소론, 시파와 벽파가 벌인 당쟁의 기록이다. 노론 영수의 딸인 혜경궁 홍씨. 그녀의 시선으로 볼 때 정국은 소론과 끊임없이 대립하면서 그들의 위치를 확고히 다져야 하는 불안한 상황이었다. 왜냐하면 영조가 비록 노론의 지지를 받고 왕이 되기는 하였지만 자신의 왕권을 확고히 다지기 위해 종종 소론의 편을 들며 경쟁을 부추겼기 때문이다.

그러나 이로 인한 노·소론의 지나친 분쟁은 영조 자신에게도 씻을 수 없는 화를 가져다준다. 아들 사도세자가 뒤주에 갇혀 죽는 비극을 겪었고, 정조의 등극 또한 위태로웠다. 왕권에 대한 신하들의 끊임없는 도전은 정조가 외척을 제거하고 왕권을 다진 일로 일단락이 된 듯싶었다. 하지만 그

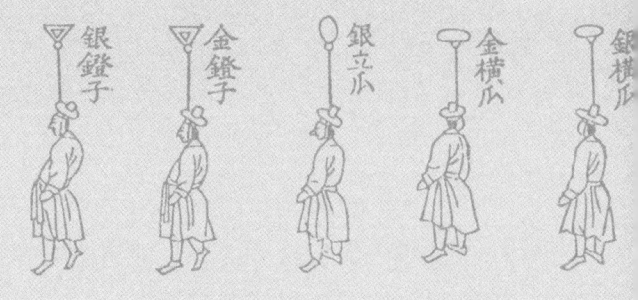

가 죽은 후 어린 순조의 등극이 정순왕후의 수렴청정으로 이어지면서 또 다른 풍파를 만들어 낸다. 노ㆍ소론의 다툼으로 시작된 싸움은 정조 대에는 시ㆍ벽파의 싸움으로, 그리고 순조 대에는 정순왕후의 외가와 순조의 비인 순원왕후의 외가인 두 김씨 세력의 싸움으로 이어진다.

혜경궁 홍씨는 그 친정이 속한 노론의 입장에서 글을 썼기 때문에 이러한 일련의 사건에 대한 해석 역시 다분히 한쪽으로 치우친 감이 있다. 하지만 무엇보다도 예순이 넘은 여인의 손으로 당쟁을 생생하게 기록하였다는 것이 바로 『한중록』만의 매력이 아닐까 한다. 독자들이 혜경궁 홍씨의 삶을 이해하고 그녀의 시선에서 『한중록』을 읽는다면 또 다른 『한중록』의 의미를 발견할 수 있으리라 기대한다.

일러두기

1. 많은 부분 대화에 있어서 누가 물었는지 주체가 나타나지 않아서 이해가 잘 안 되는 경우 주어를 살렸습니다. 또한 대화체 앞뒤 부분 '(말)하였다', '－하니', '－하고' 등의 경우, 주어를 살린 후, '－이(가) 말하였다', '－이(가) 여쭈었다', '이렇게 말하였다' 등으로 바꾸어 독해의 효율성을 높였습니다. 또한 간간이 서술어가 생략된 부분에는 서술어를 살려서 썼습니다.

2. '～하리오', '～으리오', '～하더라'와 같은 표현이나 감탄사 등은 그 진의眞意를 택해 '～하였다'와 같은 현대적·객관적인 문체로 표현하였습니다.

3. 이 책의 외국어 표기는 표준 국어 대사전에 따른 외래어 표기법을 기준으로 하였습니다.

4. 주는 역자의 주와 편집자의 주를 함께 달았으며, ●은 단어, ✳은 문맥에 대한 주입니다.

5. 서명은 『 』으로, 편명이나 시, 논문 등은 「 」으로 표기하였습니다.

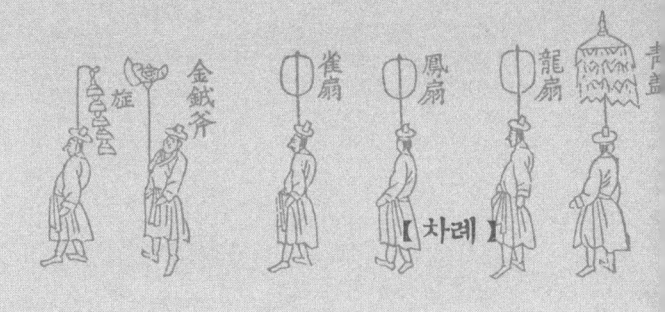

【 차례 】

글을 시작하기 전에
혜경궁 홍씨와 『한중록』

한중만록 1권

나*는 나이가 어려서 궐에 들어왔기 때문에 친정집을 그리워하며 아침저녁으로 편지를 주고받았다. 그래서 자연히 친정에는 내 수적手蹟|필적|이 많이 쌓여 있었다.

내가 입궐한 후에 아버지*께서 걱정하시며 말씀하셨다.

"외간 편지가 궁 안에 함부로 돌아다니는 것은 조심해야 할 일입니다. 마누라께 올리는 편지에는 문안만 드리고, 구구절절한 이야기를 적어 올리지 않는 것이 마누라를 공경하는 도리일 것입니다. 그러니 아침저녁으로 올리는 편지로 집안 사정만 아시고, 도로 그 편지에 글을 써서 보내십시오."

어머니께서는 아버지의 경계를 좇아 나와 주고받는 편지 종이 머리에 아침저녁으로 안부만을 물으셨다. 또한 집에서는 내가 보낸 편지를 다 모아 세초洗草*하였다. 그래서 우리 집에는 내 필적을 남길 만한 것이 없었다.

내 조카 수영守榮은 매번 이렇게 말했다.

"본집|혜경궁 홍씨의 친정|에 마누라의 필적이 남아 있는 것이

* 혜경궁 홍씨|1735~1815|로 홍봉한의 딸이자 정조의 어머니. 1744년 세자빈에 책봉되었으나, 1762년 남편 사도세자가 영조에 의해 죽임을 당하는 비극을 겪었다. 1776년 아들 정조가 즉위하자 궁호가 '혜경惠慶'으로 올랐고, 1899년 사도세자가 '장조'로 추존되면서 '헌경왕후'로 추존되었다.

* 사도세자의 장인인 홍봉한洪鳳漢|1713~1778|을 가리킴. 1743년 딸이 세자빈으로 간택된 뒤 이듬해 별시문과 을과에 급제하여 사관史官이 되었다. 이후 여러 관직을 거쳐 영의정에까지 올랐다. 노론의 영수로서 영조를 도와 많은 업적을 남겼다.

세초 종이에 먹으로 쓴 편지를 물에 넣어 그 흔적을 없애버리는 일. 본래는 조선시대에 역대 왕의 실록을 편찬한 다음, 그 초고草稿를 없애버리는 일을 '세초'라 했다.

없으니, 마누라*께서 친히 무슨 글을 써 내려 주시면 좋겠습니다. 집안에서 그 글을 잘 간수하여 대대로 전하면 아름다운 일이 될 텐데……."

내 생각에도 조카의 뜻이 틀리지 않아 써 주려 하였지만 틈이 없어 못하였다.

내가 올해 회갑이 되어 생각해 보니, 남편*을 잃은 아픔이 백 배는 더하고 또 세월이 지나면 내 정신이 지금만도 못할 듯하기에 마음을 움직여 지난 일들을 생각나는 대로 기록하였다. 그러나 하나를 기록하고 보면 백 가지 일은 기록하지 못한 듯하다.

나는 을묘년乙卯年|1735, 영조11| 6월 18일 오시午時°에 반송방 거평동°에 있는 외가에서 태어났다. 지난밤 아버지께서 꿈을 꾸셨는데, 흑룡이 어머니께서 거처하시는 방 반자°에 서린 것을 보시고 나를 낳았으니 여자였다. 그래서 아버지는 꿈의 징조와 같지 않아 의심하셨다고 한다.

할아버지께서는 외가에 와 나를 보시고는 이렇게 말씀하시며 기대하셨다.

"이 아이가 비록 여자아이지만 보통 아이와는 다르구나."

나는 태어난 지 삼칠일|21일| 후 본가로 돌아왔다. 증조할머니께서 나를 보시고, "이 아이는 다른 아이와 다르니 잘 길러야 한다." 하시며 친히 유모를 가리어 보내 주셨다. 그 유모가 지금의 내 아지°이다.

내가 점점 자랄수록 할아버지의 사랑은 유별나셨다. 그래서 나는 할아버지 무릎 아래를 떠나 본 때가 드물었다. 할아버지께서는 내게 매일 장난처럼 이렇게 말씀하셨다.

"허허! 이 아이가 작은 어른이구나. 너는 일찍 결혼을 할

아기가 태어났을 때의 삼칠일 풍속

예로부터 `7`은 길한 숫자로 여겨져 왔다. 아기가 출생한 지 7일이 되면 초이레, 14일이 되면 두이레, 21일이 되면 세이레라 하여 다음과 같은 행사를 치른다. 행사 방법이나 내용은 지방에 따라 조금씩 다르나, 서울을 중심으로 한 중부 지방에서는, 초이레에는 새 옷과 새 포대기를 갈아 주고 산모의 시아버지가 첫 대면을 하며, 새벽에 아기를 점지하고 산모와 아기를 수호한다는 세 신령|삼신|에게 흰밥과 미역국을 올린다. 두이레에는 새 옷으로 갈아입히고 두 손을 자유롭게 해 주며 새벽에 삼신에게 흰밥과 미역국을 올린다. 세이레에는 새벽에 삼신에게 흰밥과 미역국을 올리고 금줄을 내리며, 수수 경단을 만들어 먹는다. 또 일가친척과 손님을 청하여 대접한다. 이 기간에 금기하는 식품은 닭고기·개고기·돼지고기 등이며, 상갓집 음식은 먹지 않는다. 가족은 물론 이웃 주민도 출입을 삼가고, 특히 부정한 곳에 다녀온 사람은 출입을 절대로 금한다.

게야."

내가 어려서부터 듣던 일들을 궁중에 들어온 후 생각해 보았다. 그때 두 어른의 귀한 말씀에는 내가 평생에 겪을 일들을 미리 아셨던 게 아닌가 하는 생각이 매번 들었다.

어릴 적에 언니가 있었는데, 부모님께서 우리 자매를 두 구슬처럼 귀여워하셨다. 그러나 언니가 세상을 일찍 떠나서 나는 부모님으로부터 천륜 이상의 특별한 사랑을 혼자 독차지하였다. 부모님께서는 큰오빠*에게는 극히 위엄을 갖추어 가르치셨다. 그러나 나는 여자아이라 아버지의 사랑을 많이 받고 자랐다. 한때 나는 부모님 곁을 떠나는 것이 무섭게 생각되어 부모님 앞을 떠나지 않았다. 또 지각이 있을 때부터 부모님의 사랑을 알아, 크고 작은 일로 걱정을 끼치지 않았다. 그래서 부모님의 사랑은 더욱 넘쳤다. 나는 여자아이로 태어나 은혜를 갚을 길이 없어 부모님에 대한 생각이 더욱 간절하였다. 부모님께서 나를 이상하게 편애하시던 일을 생각하면 불초한 내 몸이 궁중에 들어오려 하였기에 그리 하셨는지……. 생각하면 매일 눈물이 흐르고, 마음이 아팠다.

나의 할아버지이신 정헌공貞獻公*께서는 내 5대조가 되는 영안위永安尉*의 증손자이시며, 고조할아버지이신 정간공貞簡公의 손자이시고, 증조할아버지이신 첨정공僉正公*께서 사랑하신 둘째 아드님으로, 안국동安國洞에 새집을 짓고 분가하셨다. 살림집은 비록 재상宰相*집처럼 빛났으나 재산을 나

*홍낙인洪樂仁1729~1777을 가리킨다. 영조 때 장원급제하여 관직에 나간 이래 대사헌·도승지·이조참판 등 요직을 두루 거쳤다.

정헌공 정헌대부라고도 하며, 정2품 이상의 문·무관에게 주던 관직명. 여기서는 홍중기의 둘째 아들인 홍현보洪鉉輔를 가리킨다.

영안위 홍주원洪柱元을 가리킴. 인목대비의 딸 정명공주와 혼례를 올리고 '영안위'라는 칭호를 받았다.

정간공 홍만용을 가리킨다.

첨정공 첨정은 조선시대 각 관아의 낭청에 속한 종4품 벼슬. 홍주원의 큰아들인 홍중기洪重箕를 가리킨다.

재상 조정에서 임금을 보필하던 최고 책임자의 총칭. '재'는 정3품 당상관 이상, '상'은 3정승의 중앙 관직자를 말한다.

누어 주지 않아, 할아버지께서는 선비로 계실 때부터 심하게 가난하였다.

큰할아버지이신 참판공參判公[*]께서는 본집에 오시면 매번 아버지의 이마를 어루만지시며, 이렇게 말씀하셨다.

"허허! 이 아이를 보니 윤오음尹梧陰[*]의 팔자와 같겠구나. 비록 지금은 사는 것이 어렵고 힘들겠지만, 장래에는 세상에서 보기 힘든 팔자일 게야. 세상의 온갖 부요함을 누리겠구나. 사람이 자고로 후복後福을 오래 이어 가려면 눈앞에 어렵고 힘든 일을 겪는 것이 떳떳한 일이지."

그러고는 재산을 많이 나누어 주지 않으셨다. 생각해 보면 이는 다 큰할아버지께서 당신 아우님을 사랑하신 깊은 뜻이었다. 우리 집안 사람 누가 큰할아버지의 뜻에 감탄하

참판공 조선시대 육조에 속해 있던 종2품 관직. 홍중기의 1남인 홍석보洪錫輔를 가리킨다.

윤오음[1533~1601] '오음梧陰'은 호이며 이름은 '두수斗壽'. 명종 때 식년문과에 급제하여 나라에 기용되었다. 문장과 글씨에 뛰어났다.

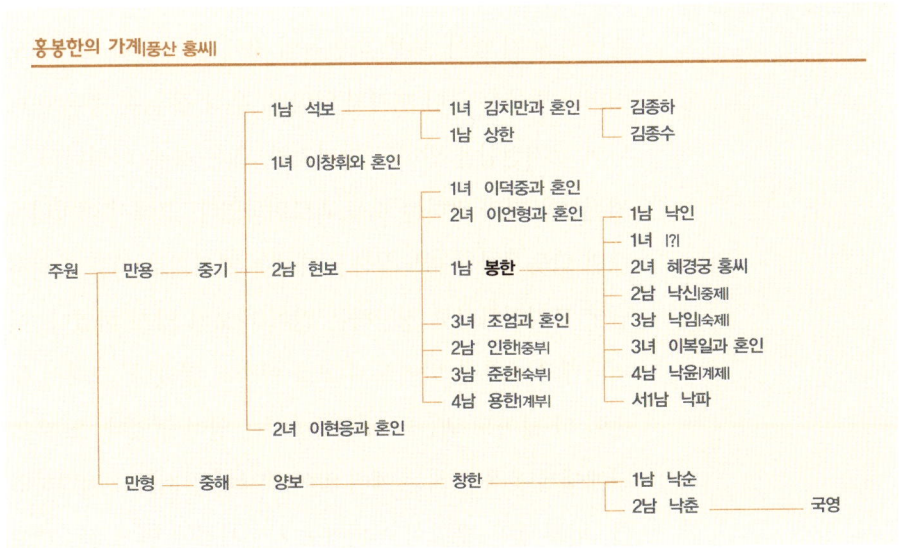

홍봉한의 가계|풍산 홍씨

주원 — 만용 — 중기 — 1남 석보 — 1녀 김치만과 혼인 — 김종하
　　　　　　　　　　　　　 1남 상한 — 김종수
　　　　　　　　 1녀 이창휘와 혼인
　　　　　　　　 2남 현보 — 1녀 이덕중과 혼인
　　　　　　　　　　　　　 2녀 이언형과 혼인 — 1남 낙인
　　　　　　　　　　　　　 1남 봉한 — 1녀 !?
　　　　　　　　　　　　　　　　　　 2녀 혜경궁 홍씨
　　　　　　　　　　　　　　　　　　 2남 낙신중제
　　　　　　　　　　　　　 3녀 조엄과 혼인 — 3남 낙임숙제
　　　　　　　　　　　　　 2남 인한중부 — 3녀 이복일과 혼인
　　　　　　　　　　　　　 3남 준한숙부 — 4남 낙윤계제
　　　　　　　　　　　　　 4남 용한계부 — 서1남 낙파
　　　　　　　　 2녀 이현응과 혼인

　　　 만형 — 중해 — 양보 — 창한 — 1남 낙순
　　　　　　　　　　　　　　　　 2남 낙춘 — 국영

상서 고려시대에 있던 육부六部의 으뜸 벼슬로 조선시대에 와서 '판서', '전서'로 바뀜.

＊성주星州 이씨李氏 이세박李世璞의 딸이다.
경학 유가儒家 경전의 글자, 구절, 문장에 음을 달고 주석하며 연구하는 학문.

횃대 옷을 걸 수 있게 만든 막대. 긴 장대를 잘라 양 끝에 끈을 매어 벽에 매어 둔다.
절의복 계절옷, 즉, 봄·여름·가을·겨울에 맞게 입을 수 있는 옷을 뜻한다.

지 않았겠는가. 그러나 자연 우리 집안 형편은 어려웠다. 할아버지께서 몸이 귀하셔서 작위가 상서尚書＊에 이르셨지만, 한마음으로 청렴하여 집안 생계를 다스리지 않았고 가난한 선비와 같으셨다.

내 둘째 할머니＊께서는 경학經學＊하는 선비의 따님으로 본래 배움이 남다르셨다. 성품과 행동이 어질고 인자하여 할아버지를 손님 대하듯 예를 다해 모셨다. 집안을 잘 다스리셨는데, 할아버지의 청렴하고 고결한 덕행을 좇아 일미一味 소박하고 깨끗하기로 첫째였다.

이런고로 어머니께서는 비록 재상집 맏며느리였지만 횃대＊에 비단옷 한 벌 걸어 놓으신 적이 없었고 패물함에 장신구도 없었다. 치장하고 나가실 때 입는 절의복節衣服＊도 단벌뿐이었다. 그래서 옷에 때가 묻으면 매번 밤에 손수 빨아 입으시는 수고를 꺼리지 않았다. 길쌈과 바느질을 밤낮으로 손에서 놓지 않아, 매번 하인들의 방에 불이 밝을 때까지도 어머니 방에는 불이 꺼지지 않았다. 우리 집 늙은 종은 어머니의 부지런함을 말하고 다녔지만, 젊은 종은 어머니의 부지런함을 따라 말하는 것을 괴로워하였다. 그래서 어머니는 매번 밤늦게까지 바느질하실 때에는 보자기로 창을 가려서 남이 부지런하다고 칭찬하는 말이 나오지 않게 하였다. 어머니께서는 추운 밤에도 수고를 아끼지 않았다. 그래서 두 손이 다 닳아도 괴롭다고 말씀하시는 일이 없었다. 또 우리 남매에게 옷을 입히는 예에 있어 지극히 검소하고 질박하였다. 비록 좋은 옷감이 아니어도 사시사철에 맞게 검소하고 깨끗하게 입혔다. 어머니는 기쁨과 슬픔을 얼굴에 가볍게 나타내지 않아 항상 기상이 평화로우면서도 엄숙한 기품이 있었다. 우리 일가에서는 어머니의 성덕을 칭찬하면서, 어머니를 어려워하지 않는 이가 없었다.

내 친정집은 임금님 사위 집안으로 대대로 큰 벼슬을 하는 집안이었고 내 외가인 이씨李氏 집안은 청렴결백한 집안이었다. 대고모|이덕중의 처는 이름난 관리의 아내였고, 중고모|이언형의 처는 지금 종실宗室*인 청릉군靑陵君*의 며느리이고, 계고모|조엄의 처는 이부상서吏部尙書*의 며느리이고, 중모|홍인한의 처는 이부시랑吏部侍郎*의 따님이다. 한 집안 부녀자들의 가문이 한 시대를 호령하는 이름난 가문이었지만, 세속 부녀자들의 교만한 빛과 사치한 일이 털끝만큼도 없었다. 일가친척이 다 모이는 명절이면 어머니는 성심껏 어른을 섬기고, 아랫사람들은 사랑으로 대하셨다. 친척들과 이야기할 때 어머니의 말소리는 화평하고, 정의情誼가 은근하게 친절하여 집안은 항상 화기애애하였다. 그때 내가 비록 어렸지만 어찌 어머니의 뜻을 알지 못하였겠는가.

생각해 보면 우리 집 중모도 덕행이 남달랐다. 맏동서인 내 어머니를 시어머니 모시듯 보필했다. 중모의 기취는 고결하고 문식文識이 탁월하여 진실로 임하풍미林下風味*하며, 여자 선비 같았다. 나를 유별나게 사랑하여 언문과 범백凡百|모든 일을 가르쳐 주셨다. 그래서 나 또한 중모를 어머니 대하듯 모셨다. 어머니는 매번 이렇게 말씀하셨다.

"이 아이가 그대를 따르는 것이 심하네."

종실 임금의 친족.

청릉군 이언형李彦衡|1710~?|의 아버지인 모某를 가리킨다.

이부상서 육조 가운데 문관을 뽑고 봉작을 주고 관리의 인사를 맡아 보던 이부|이조|의 으뜸 벼슬. 여기서는 조엄의 아버지인 조상경을 가리킨다.

이부시랑 이부|이조|의 버금 벼슬.

임하풍미 왕응지 부인에 대한 고사에서 나온 말로 죽림칠현의 기풍이 있다는 뜻. '왕응지의 처와 장현의 여동생 중 누가 더 뛰어나냐'고 묻자, 제니라는 사람이 '왕응지의 처는 정신이 시원스럽게 트였기 때문에 죽림칠현의 기풍이 있고, 장현의 여동생은 맑은 마음이 옥처럼 빛났기 때문에 규방의 수재라'고 대답한 데서 나온 말이다.

경신년庚申年|1740, 영조16|에 할아버지께서 돌아가셨는데, 아버지께서 애통해하시는 모습을 차마 눈 뜨고 볼 수가 없었다. 아버지는 밤낮으로 힘을 다해 3년 안에 사당을 짓고, 삼년상을 마치자마자 즉시 할아버지 위패*를 사당*에 모셨다. 그때 내가 비록 어렸지만 지금 생각해도 아버지께서 할아버지를 모시는 효심을 가히 잊을 수 없다. 아버지는 날마다 거르지 않고 새벽이면 사당에 들어가 할아버지 위패를 모시고, 아침이 되면 둘째 할머니께 화평한 말과 낯빛으로 문안 인사를 드렸다. 그래서 둘째 할머니께서는 아버지를 자신이 낳은 자식들보다도 더 사랑하고 의지하셨다. 둘째 할머니와 아버지의 돈독한 모자의 정을 듣고 보는 사람들은 다 감탄하였다. 또 아버지는 위로 계신 두 누이를 유달리 섬기셨고, 아래에 있는 세 동생들을 내 오라비들보다도 더 엄하게 훈계하며 가르치셨다.

신유년辛酉年|1741, 영조17|에 큰고모가 돌림병에 걸리자 일가친척들은 돌보기를 꺼렸지만, 아버지께서는, "내가 내 동기의 병을 돌보지 않는다면 어찌 이를 동기의 정이 있다고 말하겠는가!" 하시며 직접 간병하셨다. 큰고모가 돌아가신 후에도 시체 가까이에서 빈념지절殯殮之節로 극진히 치렀다. 그 후 아버지께서는 누이의 아들들이 의지할 곳이 없을까 걱정하여, 누이의 딸 하나를 집으로 데려와 혼례를 치르게 하였다. 내 집안의 깊고 두터운 인정은 지금 생각해도 뛰어났다.

아버지께서는 이진사 댁과 이남평 댁에 계신 두 고모를

위패 죽은 사람의 위位를 모시는 나무패로 신주 또는 목주木主라고도 함. 장례를 마치고 나서 이 나무패에 붓으로 글을 쓰는데, 이것을 제주題主라고 한다. 신주는 받들고 집으로 돌아가서 궤연에 모셨다가 삼년상을 마친 뒤에 사당에 봉안한다.

사당 삼년상을 마친 뒤 신주를 모시는 집. 근원은 『주자가례』에 의한 것으로, 성리학을 받든 조선시대에는 사당의 설치가 철저히 강요되었다.

자주 집으로 모셔와 동기간 같은 정을 나누었다. 아버지께서 둘째 할머니에 대한 효도를 동기간의 정으로 옮기어 행하신 지극한 마음을 이런 데서도 알 수 있다. 아버지는 둘째 할머니께서 길러 주신 은혜를 잊지 않고 제사에 빠짐없이 참석하셨으며, 부모님을 그리워하듯이 할머니를 그리워하며 슬퍼하셨다. 이는 내가 다 친정집에 있을 때 우러러보았던 일들이다.

아버지께서는 학업을 게을리 하지 않으셨다. 그래서 모든 이름난 선비와 글 접接˙을 매일 가지셨다. 접이 끝나면 아버지와 친한 스승과 벗들이 우리 집으로 찾아오지 않는 날이 없었다.

어머니께서는 경신년1740 이후 주궤主饋˙로서 할아버지 삼년상을 예법에 어긋남 없이 직접 지내셨다. 평소 몸가짐

접 글방 학생이나 과거에 응하는 유생儒生의 모임.

주궤 안살림 가운데 음식에 관한 일을 책임진 여자를 가리킨다.

빈념 지절|죽은 사람을 관에 넣고 제사와 장례를 치루는 예|

사람이 죽으면 숨이 끊겼나 안 끊겼나 확인하고 하루가 지난 뒤 빈소와 염할 물건들을 마련한다. 또 사흘을 넘긴 뒤에야 처음으로 상복을 입고, 빈소는 길면 7일, 빠르면 5일 동안 마련한다. 그런 뒤 월초에 장삿날을, 월말에 장지를 점쳐 정한 뒤에 석달 만에 장사를 치른다.

처음 돌아가셨을 때, 머리를 감기고 몸을 씻기며 머리를 모아 묶고 손톱과 발톱을 깎은 뒤 밥을 먹이고 입에 물건을 물린다. 또 흰 솜으로 귀막이를 하며 밥은 생쌀을 쓰고 입에는 조개를 물린다. 속옷을 입히고 3벌의 옷을 입히며 넓은 띠를 두른다. 얼굴에 비단을 덮고 눈을 검은 천으로 가린다.

죽은 이의 이름을 깃발에 써서 신주 위에 놓고, 영전에 쓰는 명기明器를 마련한다. 술독을 비롯하여 그릇·대자리·악기 등의 생활 용구를 갖추어 무덤으로 가져간다. 이것은 이사하는 것을 본 뜬 것이다.

묘혈과 무덤의 모양은 집과 방을 본뜬다. 관과 덧관, 관 위를 덮는 천과 아래를 싸는 천과 관 장식, 묘혈의 흙막이와 굴대의 모양은 담과 지붕과 울타리와 문을 본뜬 것이다.

제사는 그 신을 공경히 섬기는 것이며, 그의 공로와 행장, 가계家系를 쓴 글은 공경히 그의 이름을 전하는 것이다.

삼년상을 치루는 이유는 은혜를 더욱 융성하게 하고자 하기 때문이고, 9달 이하의 복상은 은혜가 부모에 미치지 못함을 보이기 위해서이다. 복상에는 삼년상 이외에 일년상·구월상·오월상·삼월상이 있다.

삼년상을 치를 때에는 적어도 석달 동안 빈소에 모셔 두어야 한다. 이때 천자는 7개월, 제후는 5개월, 대부는 3개월간 모신다. ― 『순자荀子』에서

도 예법에 따라 하였다. 아침 일찍 머리를 빗어 얹고, 시어
머니께 문안 인사를 드리는 일에 때를 어긴 적이 없었다. 어
머니께서는 항상 부대작 저고리✱를 입었으며, 평소 아버님
을 받드는 일과 묵묵히 돕던 일들은 평범한 부녀자들과 달
라서 아버지께서 어머니께 기대하고 공경하던 일들은 잊을
수가 없다.

어머니께서는 정미년丁未年|1727, 영조3|에 해영海營✱에서 아
버지와 혼례를 하셨다. 그러나 외할아버지의 상喪을 당해 혼
례를 하실 때 예법에 맞게 하지 못하고 그 이듬해에 하셨다.
무오년戊午年|1738, 영조14|에는 외할머니 상喪으로 슬픔이 심하
였지만, 친정집에 오래 머물지 못하였다. 우리 집으로 돌아
오실 적이면 매번 남매분들이 서럽게 우셨다. 우리 외가가
청렴하기로 유명했지만, 타고난 동기간의 정도 지극하였다.
집안 부녀자들 간의 정도 화목하였는데, 홍부인✱은 시누이
들이 방문하면 후하게 대접하였다. 외삼촌 지례공知禮公✱과
외종 사촌인 산중山重 씨는 나를 각별히 사랑하였다.

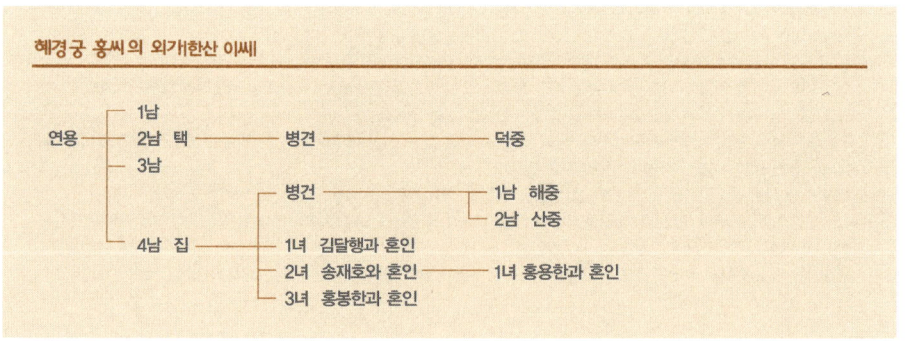

해경궁 홍씨의 외가|한산 이씨

어머니께는 형제가 세 분 있었다. 김생원댁*은 일찍 홀로 되어서 어머니께서 지극히 섬기셨다. 김생원댁이 돌아가신 후에 어머니께서는 내 이종 형제들을 불쌍히 여기셔서 자식같이 대하시며 음식과 의복을 때에 맞춰 챙겨 보냈다. 그래서 이종 형제들은 배고픔과 추위를 겪는 어려움을 면하였다. 또 어머니께서는 이종 형제들의 혼례까지 도맡아 챙기셨다. 그 이종들은 매번, "아! 보통 사람들에게는 어머니가 한 분뿐이지만, 우리에게는 두 어머니가 계시는구나!" 하였다.

내 이종사촌인 김이기金履基가 신유년|1741| 늦은 봄에 혼인을 하여 어머니께서도 외가에 가셨다. 외가에 가면 나는 후에 계모季母가 된 나의 이모와 같이 놀았는데, 이종사촌의 혼인에 이모는 옷을 예쁘게 차려입고 참석하였다. 나는 그때 상복을 입을 나이는 아니었지만 돌아가신 할아버지에 대한 예를 갖추어 순백색 옷을 입고 있었다. 이를 보시고 어머니께서 말씀하셨다.

"네 이모는 저리도 곱게 차려입었는데, 내가 너를 곱게 입히지 못하니 마음이 아프구나. 너도 저 아이와 같이 예쁘게 차려입자."

나는 어머니의 말씀을 듣고 이렇게 대답하였다.

"어머니, 저는 할아버지 상喪이 아직 끝나지 않아 이모처럼 예쁘게 치장하지 못합니다."

그러고는 어머니와 함께 문 밖에 나가지 않았다. 비록 내가 지각이 없었을 때였지만, 어머니께 그렇게 대답을 한 것

김생원댁 김달행金達行의 처. 김달행은 김수항金壽恒의 증손자이다.

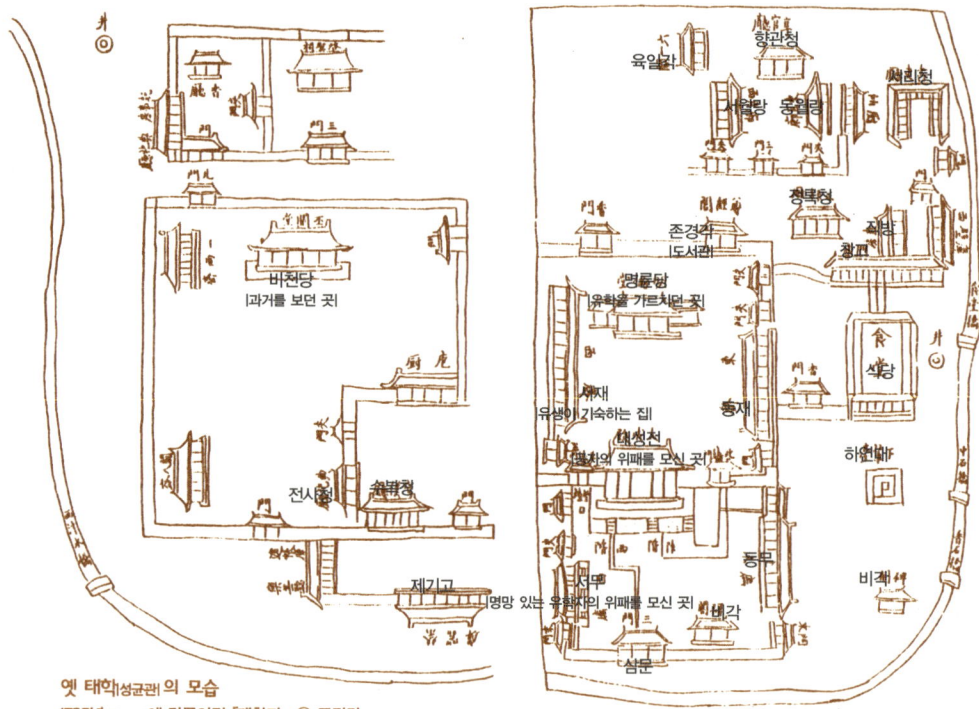

옛 태학[성균관]의 모습
1785년[정조9]에 만들어진 『태학지』. ⓒ 규장각.

육일각
향관청
서벽당 숭문루
계성사
비천당
[과거를 보던 곳]
정록청
조경각
[도서관]
서재
명룬당
[유학을 가르치던 곳]
서재
협재
유생이 기숙하는 집
동재
신삼문
대성전
[공자의 위패를 모신 곳]
창고
식당
하련대
수복
전사청
향대청
제기고
서무
비책문
제기고
[명망 있는 유학자의 위패를 모신 곳]
동무
비각
삼문

태학 성균관. 성균관은 중국
주나라 때 제후의 도읍에 설
치한 학교인 '반궁[泮宮]'으로
지칭되기도 하였다.

장의 성균관 유생들은 자치기
구를 구성하고, 동재·서재에
각각 1명씩 장의라는 임원을
두었다. 장의는 재회를 소집
하고 그 운영을 맡았다.

난봉 난조와 봉황을 아울러
이르는 말. 난조란 중국 전설
상의 새로 모양은 닭과 비슷
하나 깃은 붉은 빛에 다섯 가
지 색채가 섞여 있으며, 소리
는 오음[五音]과 같다고 한다.
본문에서는 뛰어난 선비를
이르는 말로 쓰였다.

알성 임금이 성균관 문묘의
공자 신위에 참배하던 일.

을 생각해 보면, 평소 부모님께서 보여 주신 가르침이 어린
나에게까지 영향을 준 듯싶다.

아버지 연세가 31세 되던 해인 계해년[癸亥年|1743, 영조19] 3
월에 태학[太學] 장의[掌議]로 숭문당에 들어가셨다. 내 아버지
는 여러 유생들 중 으뜸이었는데, 자질은 금과 옥처럼 고귀
하였고 모습은 난봉[鸞鳳]처럼 뛰어났다. 유생들의 물음에 대
한 대답과 몸가짐에 있어 한치도 법도에 어긋남이 없었다.
임금님의 뜻으로 알성[謁聖] 후에 과거 시험이 있었다. 유생
들은 아버지께, "다시 과거를 보시지요." 하며 한결같이 분

명 아버지께서 급제하리라 말하였다. 그래서 당숙[홍상한]까지 우리 집에 와서 발표를 기다렸지만 낙방하였다. 나도 아버지의 급제 소식을 기다리다가 낙방하였다는 소리를 듣고 실망하여 울었다.

그해 가을에 아버지의 관직이 의릉● 참봉参奉●을 제수받았다. 우리 집안에서는 경신년[1740] 이후 관록官祿●을 처음 받은 것이었다. 그래서 온 집안 식구들이 관록을 귀하게 여기고, 어머니는 아버지의 녹祿을 집안 사람들에게 골고루 나누어 한 되의 쌀도 집에 남겨 두지 않았다.

의릉 조선 제20대 왕인 경종과 계비 선의왕후의 능. 서울시 성북구 석관동에 위치.

참봉 조선시대 여러 관아에 둔 종9품 벼슬. 능陵 · 원園 · 능전陵殿 및 사옹원 · 내의원 · 예빈시 · 군기시 · 군자감 · 소격서 등에 속해 있던 최말단직.

관록 관원에게 주던 봉급.

숭문당
왕과 신하가 학문을 논하는 '경연'을 하거나 국사를 논한 곳.
영조는 이곳에서 태학 유생을 접견하거나 과거 시험 합격자를 만나보곤 했다 하며 '숭문당' 현판은 영조의 친필이라 한다.

대보단

수문

영모당

집경문

경복전 터

경추문

수장

징광루(2층
경훈각(1층

융경헌 대조전

희정당

선원전

암지당/어제실

인정전

선정전

석정각

소주방

훈국군파직소

장방
중방
운대
상서성

수문장청
금호문

금천교

진성문

인정문

숭장문

내병조   호위청   상서원

배설방

빈청

돈의문

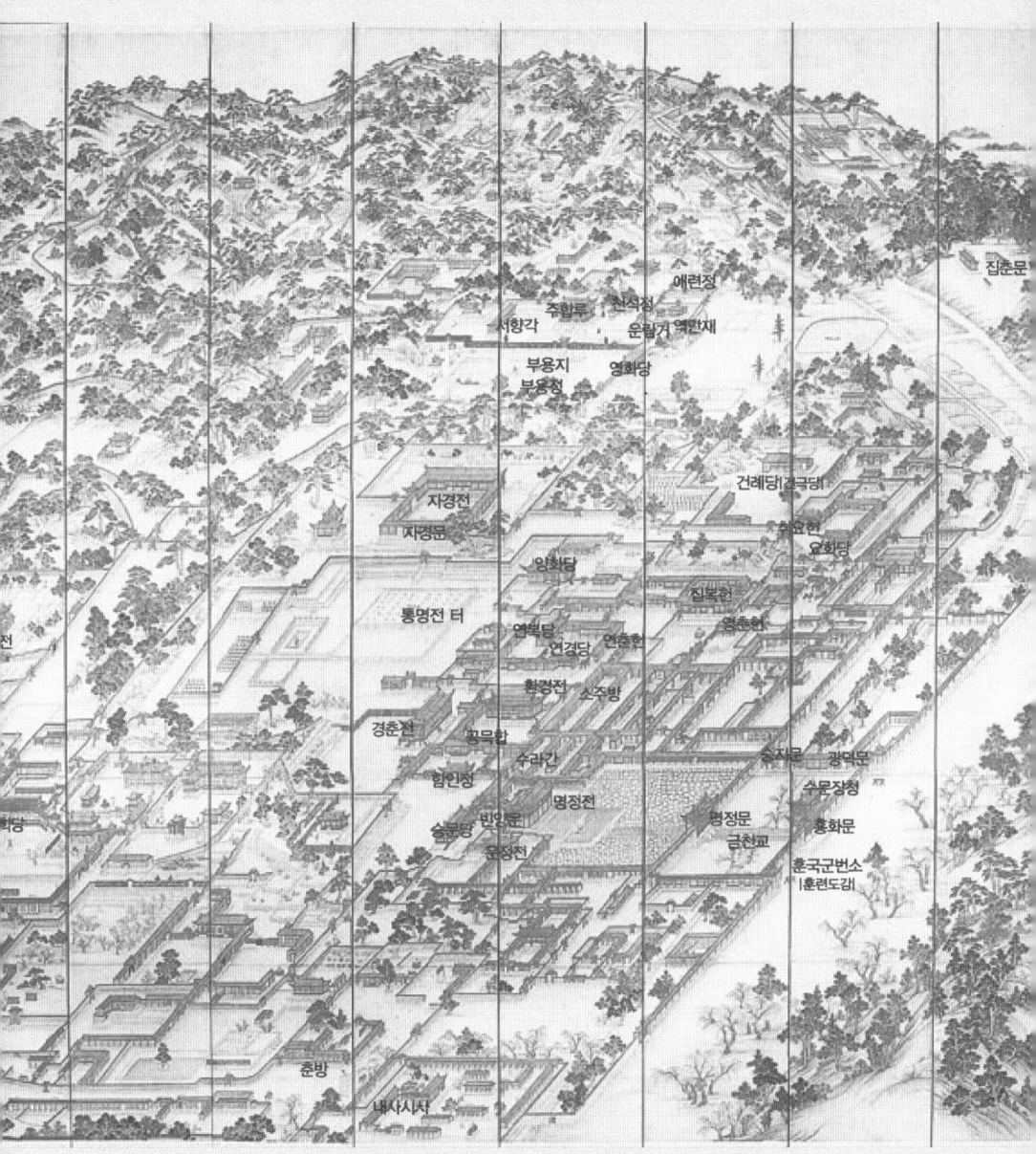

동궐도 순조 대에 그려진 동궐(창덕궁과 창경궁)의 모습. 조선의 법궁1[을] 궁은 본래 경복궁이나, 조선 후기의 왕들은 이궁인 창덕궁·창경궁이나 경희궁에 주로 머물렀다. ⓒ 동아대학교 박물관.

간택 단자 처녀 단자를 가리킴. 처녀 단자에는 처녀의 사주四柱와 거주지, 그리고 가족의 이력을 기록하여 가문 내력을 알 수 있도록 하였다. 간택에는 사족士族으로서 이씨가 아닌 자, 부모가 있는 자, 성씨가 다를 것 등의 제한이 있었다.

✱당시에는 간택이 형식적인 절차인 데다가, 뽑힐 가능성이 있다 해도 넉넉지 않은 집안에서는 처자의 의복, 가마에서부터 유모 등 수행원의 복장까지 마련해야 하는 부담 때문에 단자 올리는 것을 기피하였다.

정성왕후|1692~1757| 서종제徐宗悌의 딸. 1704년 연잉군|훗날의 영조|과 혼인하여, 1721년 |경종1| 연잉군이 왕세제|왕위를 이어받을 왕의 아우로 책봉됨에 따라 세제빈이 되었다. 1724년 연잉군이 왕위에 오르자 왕비가 되었으나 친자식 없이 죽었다.

선희궁|?~1764| 영빈英嬪 이씨李氏를 가리킴. 영조의 후궁이자 사도세자의 생모로, 어려서 궁녀 생활을 하다 귀인을 거쳐 1730년 영빈으로 봉해졌다. '선희궁'이란 이름은 1788년 정조가 영빈 이씨의 사당 이름을 '선희궁'으로 고친 데에서 비롯되었다.

화평옹주 영조의 서3녀이자 선희궁의 첫 번째 딸로 박명원과 혼인하였다.

사물 윗사람이 아랫사람에게 하사하는 물건.

그해|1743|에 나라에서 간택 단자✱를 올리라는 명이 내렸다. 누군가 이렇게 말하였다.

"선비의 자식이 간택에 참여하지 않아도 집안에 해로움은 없을 것입니다. 그러니 단자를 올리지 마시지요. 오히려 가난한 집안에서 옷을 마련하는 폐를 더는 것이 마땅할 것입니다."✱

그러나 아버지는 이렇게 말씀하시고 단자를 올리셨다.

"우리 집안은 대대로 나라의 녹을 받는 신하로서 내 딸은 재상의 손녀요. 어찌 감히 임금을 기망하려 들겠는가!"

그러나 그때 우리 집은 심하게 빈곤하여 옷을 새로 해 입을 방법이 없었다. 치마를 만들 천은 내 언니의 혼수에 쓸 것으로 마련하였고, 그 옷 속에는 낡은 천으로 속옷을 지어 입었다. 다른 차비는 빚을 내었다. 어머니께서 부지런히 일하여 준비해 주시던 일들이 지금도 눈에 선하다.

계해년|1743| 9월 28일에 첫 번째 간택날, 임금님께서는 못생기고 재주가 남보다도 못한 나를 과하게 칭찬하시며 귀여워하셨다. 정성왕후貞聖王后✱께서는 나를 가즉이|가지런히| 보셨고, 선희궁宣禧宮✱께서는 직접 간택을 하는 자리에는 없으셨지만, 먼저 나를 불러 보시고 화평한 기운으로 사랑하셨다. 내 곁에 궁인들이 다투어 앉아 나는 심히 괴로웠다. 선희궁과 화평옹주和平翁主✱는 사물賜物✱을 내려 주셨다. 또 내가 예를 받드는 모습을 보시고는 직접 예에 맞는 태도를 가르쳐 주셨다.

나는 가르쳐 주신 대로 하고 나와, 어머니 품에서 곤히

잤다. 이른 아침에 아버지께서 들어와 어머니께 "이 아이가
첫 번째로 물망에 오른 듯하니 이 어찌된 일인가!" 말씀하시
며 근심하셨다.

　"변변치 못한 선비의 자식이니 단자를 드리지 말았더라
면 좋았을 것을……."

조선의 궁궐과 서울 조선 후기 궁궐의 위치 및 서울의 모습을 한눈에 알아볼 수 있다.
김정호의 〈대동여지도〉 서울 부분. 보물 850호. ⓒ 성신여자대학교 박물관.

두 분의 근심하시는 말씀을 잠결에 듣고 나는 자다가 깨서 마음이 동하여 자리 속에서 많이 울었다. 또 궁중에서 어른들이 사랑하시던 일들이 생각나 내가 놀라며 근심하였다. 그러자 부모님들은 오히려 위로해 주셨다.

"아이가 무슨 일을 알겠느냐?"

그러나 나는 첫 간택 이후로 대단히 슬퍼하였다. 생각해 보면 궁중에 들어와 수많은 우여곡절을 겪으려고 내 마음이 스스로 동하였는지, 한편으로는 이상하고 한편으로는 인간사가 흐리지 않은 듯하다.

간택 후 갑자기 우리 집으로 찾아오는 일가들과 전에는 절연되었던 하인들도 다시 찾아오는 이가 많았으니 인정과 세태를 가히 볼 수 있었다.

계해년|1743| 10월 28일에 두 번째 간택날이 되었다. 부모님은 근심하시며 나를 궁중으로 들여보냈다. 부모님은 뜻밖의 행운으로 간택에서 빠지기를 기대하였다. 내가 궁중에 들어가자, 궐 안에서는 이미 세자빈을 완전히 정한 듯 거처

왕실의 혼례를 위한 간택 절차

조선시대에는 왕실 혼인을 치르기 위해 여러 후보자들을 대궐 안에 모아 놓고, 임금 이하 왕족, 궁인들이 직접 보고 적격자를 뽑았다. 본래 조선 초에는 이러한 제도가 없었다. 태종이 춘천 부사 이속李續에게 감찰을 보내 혼인 의사를 밝혔는데 거절당한 후 크게 노하여, 이때부터 후보자의 단자를 수집하여 직접 간택하는 제도가 생겼다. 간택의 절차는 먼저 금혼령을 내린 후 봉단령을 내린다. 금혼령 기간에는 양반뿐 아니라 서민도 결혼할 수 없었다. 봉단령은 적임자를 가진 집에서 스스로 단자를 내라는 명령이었다. 처녀 단자를 접수한 왕실에서는 이를 기초로 3차에 걸쳐 선발한다. 초간택의 후보자는 대개 30명 내외이고 여기서 5~7명을 선발하고 재간택에서 3명, 삼간택에서 1명으로 줄여 나갔다. 간택일은 점을 쳐서 정하였으며, 후보들이 궐에 들어오면 넓은 마루에 모아 놓고 각기 그 자리 앞에 아버지의 이름을 써 붙였다. 처자들에게는 각각 간단한 다과상을 내려 그 행동거지를 관찰하였다. 이렇게 하여 뽑힌 처녀는 곧바로 별궁으로 들어가 가례 전까지 약 50일간 비빈으로서의 예비 교육을 받았다.

를 가지런히 하고 대접도 달라졌다. 나는 더욱 당황하였다. 임금님 계신 곳에 올라가서도 임금님은 다른 처녀들과 다르게 나를 구슬발 안으로 들이시고 어루만지며 기뻐하셨다.

"내가 아름다운 며느리를 얻었도다! 너를 보니 네 할아버지 생각이 나는구나. 내가 네 아비를 보고 사람을 얻었다 기뻐하였더니 네가 그의 딸이로구나!"

또 정성왕후와 선희궁께서도 나를 사랑하고 기뻐하시니 내 분에 넘쳤다. 여러 옹주●들이 내 손을 잡고 귀여워하며 바로 내보내지 않았다. 그래서 나

영조 어진 영조는 왕의 상복인 익선관에 곤룡포를 입고 있다. 왕은 이 차림으로 일상 업무를 보거나 소례에 참여했다. © 궁중유물전시관.

는 경춘전景春殿이란 집에서 위엄 있는 태도를 차리고 오래 머물렀다. 점심도 보내 주셨다. 궁녀들이 웃옷을 벗겨 치수를 재려 하는데 놀라서 벗지 않으려 했으나 그 내인이 달래어 벗겨 치수를 쟀다. 그때 나는 눈물이 났지만 억지로 참았다가 나올 때 가마에 들어가 울면서 궐을 나왔다. 내가 가마에서 나올 때 액예按隷●들이 옆에서 붙들어 내고, 길에서 임금님의 전교●를 전하는 여종들이 흑단장을 하고* 서 있는 모습도 놀랍기가 비할 데 없었다.

옹주 옹주는 왕의 첩 또는 왕의 서녀庶女에게 준 작호.

액예 궐내에서 부리는 사람으로 액정서 소속. 액정서는 내시부에 부설되어 왕명 전달, 궁궐 열쇠 보관, 대궐 정원 관리, 임금이 쓰는 붓·벼루·먹 등의 조달을 맡은 관청이다.

전교 임금이 명령을 내리는 일이나 그 명령.

* 검은색 장옷을 입고 예를 갖추었다는 뜻이다.

집에 돌아와 내가 탄 가마가 사랑문*을 들어서자, 아버지께서 가마에 드린 발을 들어 주셨다. 도포를 입고 나를 부축하여 내려 주시는데 나는 어찌할 바를 몰라 불안하였다. 그래서 나는 부모님을 붙든 채 눈물이 저절로 흐르는 것을 막을 수 없었다. 어머니께서는 예복을 갖추어 입고 상 위에 붉은 보를 편 후 네 번 절하고 중궁전 글을 받으시고, 선희궁 글은 두 번 절하고 받으시면서 여간 두려워하지 않으셨다.

그날부터 부모님께서는 내게 말씀을 고쳐 높이고, 일가 어른들도 나를 공경하여 대하므로 내 마음은 불안함과 슬픔

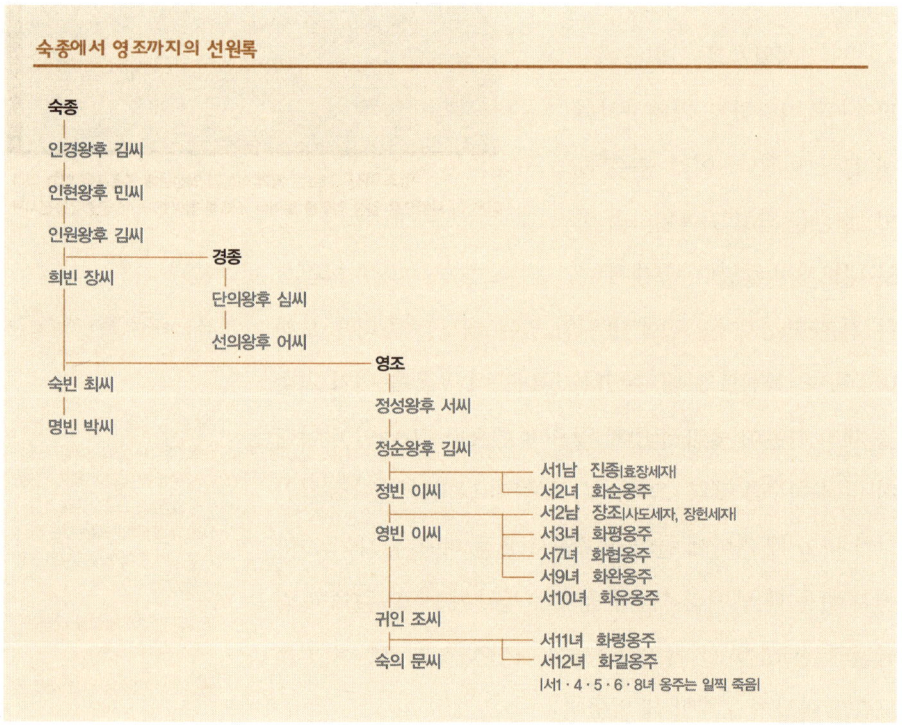

숙종에서 영조까지의 선원록

숙종
인경왕후 김씨
인현왕후 민씨
인원왕후 김씨
희빈 장씨 — 경종
단의왕후 심씨
선의왕후 어씨
숙빈 최씨 — 영조
명빈 박씨
정성왕후 서씨
정순왕후 김씨
정빈 이씨 — 서1남 진종(효장세자)
서2녀 화순옹주
영빈 이씨 — 서2남 장조(사도세자, 장헌세자)
서3녀 화평옹주
서7녀 화협옹주
서9녀 화완옹주
서10녀 화유옹주
귀인 조씨
숙의 문씨 — 서11녀 화령옹주
서12녀 화길옹주
(서1·4·5·6·8녀 옹주는 일찍 죽음)

이 형용할 수 없었다. 아버지께서 근심하며 경계하는 말씀이 많았는데, 나는 무슨 죄를 지은 듯 몸 둘 바를 몰라 하면서도 부모 곁을 떠날 일이 슬펐다. 그때 나는 간장이 녹을 듯하였고 모든 일에 흥미가 없었다.

가깝고 먼 친척들이 내가 입궐하기 전에 본다며 우리 집으로 찾아왔다. 먼 친척은 밖에서 대접하여 돌려보내고 양주° 증대부曾大夫° 이하로 뵈었는데 대부大夫° 한 분이 이렇게 경계하셨다.

"궁금宮禁[궁궐]이 지엄하니 한 번 들어가신 후에는 영원한 이별입니다. 궁중에서 삼가 예를 조심하여 지내십시오. 제 이름은 거울 '감鑑' 자와 도울 '보輔' 자이니 들어가신 후 생각해 주십시오."

내가 평상시에 뵌 적이 없던 대부였는데, 그 말을 들으니 더욱 슬펐다.

세 번째 간택날은 11월 13일이었는데, 집에 머물 날이 점점 줄어들자 내 마음은 갑갑하고 슬프고 서러워, 밤이면 어머니 품에서 잤다. 두 고모와 중모께서 나를 어루만지면서 이별을 슬퍼하셨다. 부모님께서도 아침저녁으로 나를 어루만지며 어여삐 여기시고, 궁으로 들어가는 나를 불쌍히 여겨 여러 날 잠을 못 주무셨다. 이제 다시 옛일을 생각하니 가슴이 막히구나.

두 번째 간택일 다음 날, 세자의 보모인 최상궁°과 색장色掌°인 김가金家 효덕孝德이라 하는 내인이 궐에서 나왔다. 최상궁의 풍채는 크고 엄연하여 작은 궁녀의 모양이 아니었

양주 경기도 중북부에 있는 고을.

증대부 촌수가 먼 증조 항렬의 남자. 여기서는 혜경궁 홍씨의 재종조가 되는 홍대보洪鑑輔를 가리킨다.

대부 할아버지와 같은 항렬의 먼 남자 친척.

✱ 사도세자의 교육을 맡아 보던 상궁이었다.

색장 빛장내인이라고도 함. 궐내의 문안 편지를 전달하는 일, 국혼이 있을 때는 봉명상궁을 따라 바깥 집에 왕비와 대비의 친서나 예물을 가지고 가는 일을 맡았다.

도유단 석류 무늬 사이에 복
숭아 꽃잎을 넣은 무늬의 비
단.

문단 무늬가 있는 비단.

오호로 호리병 모양의 호로박
다섯 개를 원형으로 배치한
무늬.

다. 여러 대를 궐에서 지내서 일과 예절도 잘 알고, 간대롭
지|망발되지| 않았다. 어머니께서는 최상궁을 맞아 친절하게
대접하였고, 그들은 내 옷 치수를 재 갔다. 세 번째 간택에
못 미처 또 최상궁이 나왔는데, 이번에 나온 색장은 문가門家
대복大福이란 내인이었다. 정성왕후께서 옷을 내려 주셨는
데, 초록 도유단• 당저고리, 송화색 포도 문단• 저고리, 보
라색 도유단 저고리 한 짝과 진홍 오호로• 문단 치마와 모시
적삼이 있었다.

　나는 어려서 곱게 입어 보지는 못하였지만, 남이 가진 것
을 입어 보고자 했던 적도 없었다. 나와 가까운 친척 중에 동
갑의 여자아이가 있었는데 그 집은 부유했다. 그래서 그 아
이는 귀한 딸로 자라, 의복과 단장하는 기구를 갖추지 않은
것이 없었다. 그러나 나는 그 아이를 한 번도 부러워한 일이
없었다.

　하루는 그 아이가 다홍색 깨끼저고리에 치마를 입고 왔
는데 퍽 고왔다. 어머니께서는 나를 보시고 물으셨다.

　"너도 저리 입고 싶으냐?"

　"저도 그런 옷이 있으면 안 입을 수 없겠지만, 일부러 새
로 장만해 입기는 싫습니다."

　그러자 어머니께서 몹시 감탄하여, "네가 가난한 집의 딸
이라 그러하구나. 그러나 네가 혼례를 할 때는 이 치마를 해
주마. 내가 오늘 어른같이 말하던 너의 뜻을 표하리라." 하
셨다. 내가 궁중에 들어가게 되니 어머니께서 눈물을 흘리
시며 말씀하셨다.

"어려서 고운 옷을 네게 입히지 못해 이 치마를 해 주려 하였는데……. 네가 궁궐에 들어가면 사사로운 옷은 입지 못할 것이니 내가 해 입히리라."

두 번째 간택 후 세 번째 간택을 하기 전까지 어머니는 이 치마를 내게 만들어 입히고 또 슬퍼하셨다. 나도 울면서 그 옷을 입었다. 내 생각에는 큰집의 사당과 외조부모의 사당에 하직하는 것이 마땅하여, "사당에 하직하고 싶습니다." 하였다.

금성위錦城尉[*]의 맏형수는 중고모의 시누이었다. 건너건너 전해서 선희궁께 말씀드리니 임금님께서 "가라!" 하셨다.

나는 어머니와 한 가마를 타고 큰집으로 갔다. 당숙 내외[*]는 딸이 없어서 평소에 나를 데려다가 집에 머물러 보내기도 하며, 사랑해 주셨다. 임금님께서 당숙 내외가 내게 각별한 애정이 있다는 것을 아시고 "대례ㅣ혼례ㅣ를 한가지로 보살피라." 말씀하셨다. 임금님의 이러한 명령으로 당숙은 국혼을 정한 후로 친정집에 와 머무셨다. 당숙모는 나를 보고 반기며 사당에 인도하였다. 나는 사당에서 허배虛拜[*]를 하였는데, 본래 예법을 따르면 큰집 사당에서는 자손들이 뜰에서 절하는 것이 당연하였다. 그러나 나는 정당正堂[*]에 올라가서 허배하고 내려오니 마음이 놀라 말이 나오지 않았다.

그날 외가에 갔는데, 외삼촌댁[*]이 반갑게 맞으며, 나와 이별하는 것을 섭섭해 하였다. 외사촌들은 내가 갈 때면 업어 주기도 하고, 안아 주기도 하여 정이 깊었다. 그러나 그날은 나와 멀리 떨어져 앉아 공경하여 대접하였다. 내 마음

금성위 박명원朴明源l1725~ 1790l을 가리킴. 1738년 화평옹주와 결혼하여 '금성위'라는 정2품 부위에 봉해졌다. 사은사로 청나라에 여러 번 다녀왔으며, 글씨를 잘 썼다고 한다.

* 홍상한과 그의 처 어씨魚를 가리킨다.

허배 신위에 절하는 것, 또는 그 절.

정당 정방正房, 정실正室이라고 하며 집의 가장 주된 방.

* 지례공 이병건의 처인 남양 홍씨를 가리킨다.

은 더욱 슬펐다. 외사촌 신씨申氏 부인은 나를 각별히 사랑해 주셨는데, 이별이 더욱 섭섭하고 서운하였다. 두 분 이모*를 만나고 집으로 돌아왔다.

어느덧 날이 흘러 세 번째 간택날이 되었다. 고모께서, "집을 두루 다 살펴보십시오." 하며 12일 밤에 나를 데리고 다니셨다. 달빛은 밝고 눈 위의 바람은 찬데 내 손을 이끌고 다니니 눈물이 흘렀다. 그날 밤은 내 방에 들어와 눈물을 참으며 잠을 이루지 못하였다. 이튿날 일찍부터 "입궐하라." 재촉하여 궐에서 세 번째 간택에 맞춰 나온 의복을 입었다. 그날 먼 친척이 되는 부녀자들은 작별을 고하고 가까운 친

통명전 창경궁의 내전으로 현재의 것은 1873년에 재건한 것이다. 왕비의 침전이기 때문에 지붕에 용마루가 없다. 왕이 이미 '용' 인데, 그 잠자리 위쪽에 용의 머리를 둘 수 없다는 뜻에서 용마루를 두지 않았다. 보물 818호.

척들은 별궁°으로 간다고 모였다. 사당에 올라가 하직하고 고유다례告由茶禮°를 지내고 축문을 읽으니 아버지께서는 억지로 눈물을 참고 계셨다. 모두 떠나기 어려워하던 광경을 어찌 다 말하겠는가.

권 안에 들어와 경춘전에서 쉬다가 통명전通明殿에 올라가 삼전三殿°을 뵈었는데, 인원왕후仁元王后°께서는 나를 처음으로 보시고 "내 오늘 너를 처음 보지만, 아름답고 극진하니 나라의 복이구나!" 말씀하셨다. 임금님께서는 나를 어루만지며, "내가 슬기로운 며느리로 잘 가리었구나." 말씀하시며 지나치게 사랑해 주셨다. 정성왕후께서는 기뻐하시고, 선희궁께서도 나를 극진히 사랑하셨다. 나를 사랑해 주시던 일들을 이루 다 말할 수 없으니 비록 어릴 적 마음이었지만 그 은혜에 감사드리고, 어른들을 우러러보는 마음이 저절로 나왔다.

나는 화장을 고치고 원삼을 입고 다소곳이 앉아 상床을 받고 날이 저물기를 기다렸다. 삼전께 네 번 절

원삼
조선 후기 여자의 예복. 황후는 황黃원삼, 왕비는 홍紅원삼, 세자빈 또는 왕의 후궁은 자적紫赤원삼, 공주·옹주는 금박을 박은 초록원삼을 입었다. 내명부·외명부, 일반 부녀자는 화문이 있는 초록원삼을 입었다.

별궁 특별히 따로 지은 본궁 외의 궁궐이나, 왕세자의 가례 때 빈嬪을 맞아들이던 궁을 별궁이라 이름.

고유다례 중대한 일을 치르거나 치르기 전에 그 내용을 사당에 고하는 차례.

삼전 영조와 중전인 정성왕후, 그리고 대비인 인원왕후를 가리킨다.

인원왕후(1687~1757) 조선 제19대 왕 숙종의 둘째 계비. 경은부원군 김주신金柱臣의 딸. 인현왕후가 죽은 뒤 1702년 왕비에 책봉되었으며, 소생은 없다.

덩
공주나 옹주가 타는 가마.

소학 주자가 소년들을 학습시킬 목적으로 만든 책. 유자징劉子澄이 편집하고 주자가 직접 교열, 가필했다. 내·외편으로 되어 있는데, 내편은 유교의 윤리 사상을, 외편은 한나라에서 송나라까지의 어질고 사리에 밝은 사람들의 언행을 기록했다. 조선시대에 도덕 수양서로 이용되었다.

훈서 『어제훈서御製訓書』를 이름. 영조가 1756년 지은 훈서로 왕실의 범절에 대해 씌어 있다. 경천敬天·애민愛民·예신隸臣 3항목으로 되어 있으며, 책에 적힌 말은 대부분이 『대학』, 『중용』 그리고 여타의 경서에서 인용하였다.

효순왕후 1715~1751 영조의 맏아들 효장세자의 빈. 조문명趙文命의 딸로 1727년 13세에 세자빈으로 책봉되었으나 이듬해 세자가 죽어 홀로 살다가 37세에 죽었다.

자장 여자의 몸단장에 관한 준비물 또는 화장에 쓰는 물건들.

하고 별궁에서 나오자 임금님께서 덩 타는 곳에 친히 오셨다. 나를 보시고 손을 잡으며 말씀하셨다.

"조히[편히] 있다가 오라. 내가 『소학小學』을 보낼 것이니 아비에게 배우고 잘 지내다가 들어오라."

임금님의 사랑을 받고 나오니, 이미 날이 저물어 불이 켜져 있었다.

궁인들이 좌우로 따라왔다. 나는 어머니 곁을 떠나 잠잘 일을 걱정하였다. 나도 밤중에 잠을 못 자고 슬퍼하였는데 어머니의 마음은 얼마나 슬펐겠는가. 보모인 최상궁은 성품이 엄하며 사사로운 정이 없었다. 최상궁은 "나라 법이 그렇지 아니하니 내려가소서." 하고 어머니와 같이 자지 못하게 했다. 쌀쌀맞고 인정이 없었다.

이튿날 임금님께서 『소학』을 보내셨다. 나는 날마다 아버지께 『소학』을 배웠는데, 이때 당숙[홍상한]과 중부[홍인한], 오빠[홍낙인], 어린 숙·계부[홍준한과 홍용한]도 아버지를 따라 들어왔다.

임금님께서는 또 『훈서訓書』를 보내셨는데, "『소학』을 배운 나머지 시간에 보라." 고 하셨다. 보내 주신 『훈서』는 효순왕후孝純王后께서 궁궐에 들어오신 후 지은 어제御製[임금이 지은 글]였다. 별궁에 배치된 가구와 병풍과 장막, 자장資粧 중에서 왜진주[왜나라에서 들여온 진주]로 된 큰 가지 모양의 노리개가 하나 있었는데 이는 선희궁께서 내게 주신 것이었다. 원래 내 5대 할머니이신 정명공주貞明公主*의 것으로 손자며느리인 조씨 부인에게 주었는데, 그 집에서 팔았는지 선희궁을 모신 궁인의 집과 연분이 있어 사 오셨다고 한다. 내가 정명공주의 자손으로 궁궐에 들어와 친정집의 옛 물건을 가지게 되니 이는 우연한 일이 아니었다.

정명공주|1603~1685| 선조와 인목왕후 사이에 태어난 공주로, 혜경궁 홍씨의 5대조인 홍주원과 혼인하였다.

내 할아버지께서는 서화를 즐기셨는데, 네 폭으로 된 수병풍|수를 놓은 병풍|이 있었다. 할아버지께서 돌아가신 후* 할아버지를 모셨던 하인이 가져다가 팔았는데, 우연히 선희궁에 있는 내인의 친척이 가지고 있었다. 선희궁께서 이 수병풍 네 첩을 구하여 침방에 치라고 보내셨다. 계고모가 이 병풍을 능히 알아보고 말씀하셨다.

*혜경궁 홍씨의 할아버지는 1740년|영조16|에 사망하였다.

"마누라, 할아버지께서 가지고 계시던 것을 궁궐에 들어와 오늘날 손녀이신 마마의 침방에 치게 되다니, 이상한 일입니다."

또 선희궁에 여덟 폭짜리 용병|용을 수놓은 병풍|이 쳐 있었는데, 아버지께서 이를 보시고 이렇게 말씀하셨다.

"이 병풍의 용 빛이 을묘년|1735| 6월 17일에 마마의 태몽 중 용의 빛과 같습니다. 그때 꿈을 꾼 후로 잊고 지냈었는데, 이 병풍을 보니 제가 꿈속에서 보았던 용과 같습니다."

무릇 수를 놓은 그림을 다시 갖게 되고, 용 병풍의 빛이 아버지께서 꾸신 꿈과 비슷하니 이상하다며 온 좌중이 놀랍게 여겼다. 그 용 빛인즉, 비늘은 검은 실로, 껍데기는 금실로 수놓았으니 검은색과 금색이 어리었다.

아버지는 다시 한 번 말씀하셨다.

"흑룡은 제가 본 그대로는 아니지만 모양이 전에 보았던 용과 흡사합니다."

별궁에서 지내기를 50여 일이 되었다. 삼전께서 상궁을 자주 보내 내 안부를 물으셨다. 상궁이 자주 오면 친정집을 청하여 만나 보고, 정성껏 대우해 주시니 감사한 마음을 어찌 다 형용하겠는가. 상궁이 오면 곧 잔상盞床*과 예관禮官* 이 따라 들어왔는데 상차림이 넉넉하고 후하여 이후 두고두고 갑자년甲子年1744, 영조20이 가례* 때 훌륭했던 일을 말하곤 하였다.

별궁에 머무는 동안 친정 할머님이 병이 드셨다. 대혼*이 닥쳐오는데 할머니의 병세는 중하여 내 부모님은 어찌할 줄을 몰라 하였다. 내 어찌 부모님의 마음을 생각하지 못하겠는가. 그때 집안이 평안하여도 나를 떠나보낼 마음은 어려우실 때였는데, 근심이 안으로 수없이 쌓였을 것이다. 그래도 내가 있는 별궁에 들어오셔서는 화평한 기운을 잃지 않으셨다. 할머니께서 피접避接*을 가시게 되자, 아버지는 친히 할머니를 업고 가마에 들어가고 나오시게 하였다. 궁인들은 대단히 칭찬하며, 궐 안에 들어와서도 내내 아버지께서 계모인 할머니께 효를 다하는 모습을 칭송하였다. 천만다행으로 할머니의 병환이 차도가 있었다. 우리 집안과 나라에는 아주 다행한 일이었다. 지금 생각해 봐도 그때처럼 초조한 적은 없었다.

1월 9일에 나는 빈嬪으로 책봉되고, 11일에 가례를 하였

다. 마침내 나는 부모님을 떠날 날이 가까워져서 슬픈 마음
을 참지 못하고 종일토록 소리 내어 울었다. 부모님 역시 인
정상 섭섭하셨을 것이나 슬픔을 참으셨다. 아버지께서는 미
리 내게 경계하며 말씀하셨다.

"본래 신하의 집이 왕실의 외척이 되면 당연히 임금님의
은총은 따르게 됩니다. 또 임금님의 은총이 따르면 집안은
성하고, 집안이 성하게 되면 재앙을 부르게 됩니다. 우리 집
은 왕실 사위의 자손으로 대대로 나라의 은혜를 입었습니
다. 그렇기에 나라를 위해서는 어떠한 어려운 일이라도 사

왕실 가례 행사　창덕궁 인정전에 문무백관이 모여 있고, 왕권을 상징하는 의장물이 총동원된 왕실 혼례 행사 모습.
〈헌종가례도병〉 부분도. ⓒ 동아대학교 박물관.

양하지 않을 것입니다. 그러나 세상 경험이 없는 선비의 집이 갑자기 왕실의 외척이 된다면, 이는 복의 징조가 아니라 화의 시초일 듯싶습니다. 그러니 오늘부터 두려움에 떨고 근심으로 죽을 곳을 모르겠습니다."

또한 내가 평소에 갖추어야 할 모든 행동을 가르쳐 주셨다.

"궁중에서는 삼전을 공경하여 섬기시고, 효성을 다하십시오. 또 동궁을 섬기실 때는 반드시 옳은 일로 돕고, 말씀을 더욱 조심하여 나라와 국가를 위해 복을 닦으십시오."

그러고도 이루 다 말할 수 없을 정도로 경계하시던 말씀이 많았다. 나는 아버지의 간절한 말씀을 다 듣고 울음을 그치지 못하였다. 그때 마음이야 목석木石인들 어찌 감동하지 않았겠는가.

초례醮禮를 하고 부모님께서 또 경계하는 말씀을 하였다. 그때 아버지는 다홍 공복에 복두를 쓰고 계셨고, 어머니는 원삼에 큰머리를 하셨으며, 일가친척들이 나와 이별하려고 모였다. 궐에서 사람이 많이 나왔지만, 부모님께서는 집 안팎에서 치루는 예법에 조금도 절도를 어기는 일 없이 엄숙하고 단정하게 치르셨다. 이를 보는 사람들은 모두 다, "나라가 사돈을 잘 얻었구나!" 하였다.

초례 후 궁에 들어와 대례大禮를 지내고, 12일

동궁 왕세자를 일컫는 말. '동궁'은 세자의 거처가 왕궁의 동쪽에 있었기 때문에 생긴 명칭이다. 따라서 왕세자가 거처하는 궁 자체를 의미하기도 한다.

초례 신랑 신부가 처음으로 만나 백년해로를 서약하는 친영의 한 과정으로 기러기를 드리는 전안례 이후 서로 절하여 예를 나누는 교배례와 술잔을 주고받는 합근례를 합쳐 부르는 말이다. 보통 '혼례를 치른다'는 것은 이 초례 과정을 말하며, 식을 치르는 장소를 초례청이라고 한다.

다홍 공복 다홍빛 관복.

복두 과거에 급제한 사람이 급제 증서를 받을 때 쓰던 모자.

솜족두리|어염족두리

떠구지

다래|다리

큰머리 궁중 의식 때의 머리 모양.
어여머리|족두리 위에 다래를 얹은 커다란 머리 위에 떠구지를 얹고 비녀와 매개댕기로 고정한다. 다래란 머리술이 많아 보이게 하기 위하여 덧넣는 딴 머리를 말한다.

에 임금님을 뵈었다. 임금님께서 말씀하셨다.

"네 폐백*까지 받았으니 조심하라. 세자를 섬길 때는 부드럽게 하고, 말소리와 얼굴빛을 가볍게 하지 말아라. 눈이 넓어도 궁중에서는 보통 일이니 모르는 척하여 아는 빛을 보이지 말아야 할 것이다."

나는 이를 경계하여 따랐다.

그날 임금님께서 통명전에 정성왕후와 선희궁을 거느리고, 아버지를 불러 은교恩敎[임금의 말씀]를 간절히 하셨다. 또 아버지께는 선온宣醞*을 내리셨지만, 술 남은 것을 소매에 붓고 감자柑子* 씨를 품에 넣으셨다. 임금님께서 나를 가리켜 말씀하셨다.

폐백 혼례 때 신부가 시부모나 그 밖의 시댁 어른들에게 처음으로 인사를 드리는 예를 올리기 위하여 준비해 가는 음식.

선온 임금이 술을 신하에게 줌.

감자 제주에서 나는 황귤나무의 열매. 황감이라고도 하며, 갈증과 술독을 풀고 대변을 부드럽게 하는 데 효과가 있다고 한다.

인정전 창덕궁의 정전[법전]이다. 정전은 임금님이 신하들의 하례를 받거나 궁중의식을 행하는 으뜸 전각이다.

"네 아비가 예를 아는구나!"

아버지께서는 감격하여 눈물을 흘렸고, 집에 돌아가 어머니께 말씀하셨다.

"성은이 이와 같으니 오늘부터 우리 집안 사람들은 마땅히 죽음으로써 그 은혜를 갚아야 하리라."

다음 날 인정전仁政殿에서 진하進賀*를 받으실 때 임금님께서, "본댁을 굿보게|구경하게| 하라." 하시며 나를 소개하셨다.

나는 진하를 지낸 후 대조전大造殿*으로 문안을 드리러 갔다. 그때 정성왕후께서 어머니를 보시고 은혜를 베푸는 모습은 정중하셨고, 대접하는 모양은 사사로운 친척 사이처럼 친밀하였다. 정성왕후께서는 어머니께 말씀하셨다.

"아름다운 딸을 낳아 이런 나라의 경사를 보게 하였으니 공이 크십니다!"

인원성모*께서 상궁을 시켜 잘 대접하셨다. 비록 어머니를 직접 보시지는 않으셨지만, 은애가 극진하여 영광스럽기가 이를 데 없었다. 선희궁께서도 즉시 어머니를 만나 보시고, 사돈 간의 사귐이 사사로운 친척보다도 더하였다. 어머니께서는 화평하며 말씀이 간략하였고, 성품이 인후하고 겸손하여 온 궁중에서 칭찬이 자자하였다.

이런고로 을해년乙亥年|1754, 영조30|에 내 어머니께서 돌아가시자 자전慈殿*과 대전에 있는 늙은 내인들이 다 슬퍼하며 울었다. 어머니께서 궁에서 얻으신 인심이 이러하였다.

나는 통명전에서 3일을 지내고 저승전儲承殿*으로 돌아왔

다. 내가 머무는 집인 관희합觀

熙閤*으로 들어가는 모습을

어머니께서 보시고 나가셨

는데, 그때 내 간장은 녹는 듯하였다. 어

머니는 놀라운 빛을 드러내지 않고 태연

히 나와 작별하였다. 그러면서 내게 경계하

며 이르셨다.

화유 옹주 금은 잠머리 수식
ⓒ 궁중유물전시관.

백옥 떨잠 · 국화문 앞꽂이
|머리 수식 ⓒ 궁중유물전시관.

관희합 저승전 옆에 있던 집.
전알 궁궐·종묘·문묘·능침
따위에 절하여 뵘.

　"삼전께서 마누라를 유별나게 사랑하시고 큰궁|선희궁|께

서 마누라를 딸같이 귀중히 여기십니다. 마누라께서 시간이

지날수록 효도에 힘쓰신다면 집안과 나라에 복이 될 것입니

다. 부모를 생각하시거든 이 말씀을 명심하소서."

　그러고는 가마에 올랐다. 궁을 나가실 때는 흐느껴

우시며 궁중 내인들에게 간절하게 부탁하셨다. 그

모습을 보고 궁인들은 감탄하여 말하였다.

　"본댁|혜경궁 홍씨|께서 하시는 거동을 보고

어찌 우리가 그 부탁을 저버리겠습니까!"

　15일에 나는 선원전璿源殿에 전알展謁*

하였고, 17일에는 종묘에 전알하였다. 비

록 내가 어린 나이였지만 대례를

거침없이 잘 하고, 무거운 수

식을 잘 견뎌 실수를 하지 않았

다. 그러자 임금님께서 이를 칭

찬하셨고, 선희궁께서는 기특히 여

기며 더욱 감격하였다.

대례시 머리|대쉬 수식
궁중 예식 때 왕비와 세자빈은 붉은색 적의를 입고 수십 개의 다래와
떨잠 8개, 비녀 9개로 화려하게 머리 장식을 했다.

아버지께서는 삭망朔望*으로 대궐에 들어오셨지만, 임금님의 분부가 있어야만 나를 만나 보았다. 항상 궁에 오래 머물지 않고, "궁금l궁궐l이 지엄한데 궁 밖의 사람이 오래 있으면 아니 됩니다." 하시며 즉시 나가셨다. 또 들어오실 때마다 마음과 힘을 다해 경계하시던 말씀은 이루 다 쓸 수 없구나.

아버지께서는 궁에 들어오시면 동궁을 뵙고 학문에 힘쓰기를 권하시며, 옛 글과 옛 사적을 아시도록 지성으로 말씀 드렸다. 그래서 경모궁景慕宮*께서도 아버지를 귀하게 대접하셨고 아버지도 경모궁을 우러러 받들었다.

아버지께서 갑자년l1744l 10월에 과거에 급제하셨을 때에, 동궁께서 "장인이 과거 하셨답니다." 하고 매우 기뻐하셨다. 그때 나는 딴 집에 있었는데 그 집까지 내려오셔서 즐거워하셨다. 경은慶恩* 국구國舅*댁에서도 과거를 한 사람이

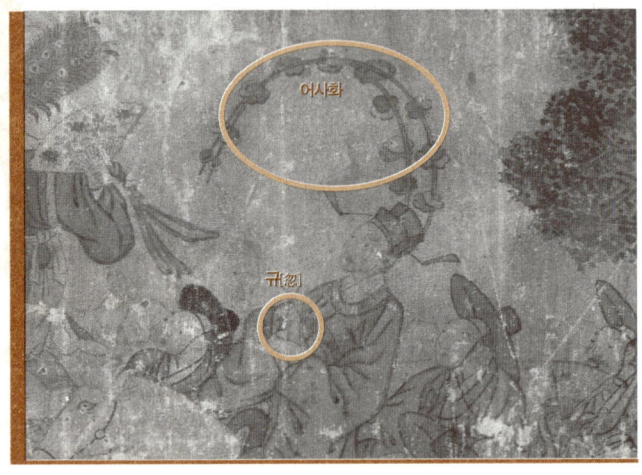

없었고, 달성達城 본곁*에는 더욱 입신출세한 사람이 없었다. 그래서 아버지께서 과거에 급제한 경사를 신기하게 여기시고, 충연沖年*이셨지만 그리 좋아하였던가 싶구나.

아버지께서는 창방唱榜* 후에 임금님을 알현했는데, 어사화*를 만지며 즐거운 일처럼 하셨다. 임금님께서는 지난해1743년에 과거 못 시킨 일을 애달파하셨다가 이번 일로 기뻐하고 즐거워하셨다. 인원·정성 두 국모께서도, "우리 사돈이 과거를 하니 나라의 기쁨이로다." 말씀하시며 나를 불러 치하致賀하셨다. 정성왕후께서는 당신 친정에 많은 풍상*을 겪어 편론을 하시는 것이 아니지만, 노론을 친척같이 하셨다. 그래서 우리 집에서 가례한 일을 심히 기뻐하셨는데, 아버지께서 과거에 합격하자 진실로 기뻐하시며 눈물을 글썽이셨다. 더욱 헤아릴 수 없구나.

아버지께서 매일 한 마음으로 동궁의 학업을 도우셨는데, 날마다 유익한 일로 옛사람의 글도 써 드리고 또 글을 지어 보내시면 평론하여 드렸다. 빈료賓僚*와 강연을 하지만 우리 아버지께 배우는 것이 많았다. 아버지는 동궁께서 천만년을 바라보고 태평성군이 되시기를 바라셨다. 그 지극한 정성을 어느 신하가 감히 따르겠는가. 서럽고도 서럽도다.

내가 어려서 궁중에 들어와 보니, 동궁의 기품은 영명,

홍패와 홍패를 담는 지통
조선시대에는 문과·무과의 전시殿試 급제자에게 준 합격 증서로 붉은색의 종이에 합격자의 이름과 등급, 성적 등을 쓰고 연월일을 적은 후 어보를 찍었다. ⓒ 국립민속박물관.

* 영조의 비 정성왕후의 친정을 가리킨다. 정성왕후는 달성부원군 서종제의 딸이다.

충연 열 살 안팎의 어린 나이. 당시 사도세자의 나이 열 살이었다.

창방 과거에 급제한 이에게 홍패紅牌를 주는 것.

어사화 조선시대 문·무과에 급제한 사람에게 임금이 내린 종이꽃. 청·홍·황색의 종이꽃을 한쪽은 복두에 꽂고, 다른 한쪽은 붉은 명주실로 잡아 매어 머리 앞쪽으로 넘겨서 입에 물었다.

* 노론이 경종을 죽이고 이이명을 임금으로 추대하려 했다는 목호룡의 고변으로 일어난 1722년 임인옥사가 일어났다. 이때 정성왕후의 조카 서덕수가 연잉군(훗날의 영조)이 역모에 가담했다고 자백하고 사형당했다. 이로 인해 정성왕후의 집안도 화를 입는다. 본래 정성왕후의 친정이 노론이기도 했지만, 이로 인해 정성왕후는 더욱 소론을 미워하게 된다.

빈료 빈객이라고도 하며 세자시강원에 세자의 교육을 담당한 관원. 1392년 세자시강원의 정2품직으로 좌우 빈객 각 1명을 두었는데, 같은 품계를 가진 타직의 관원이 겸임하였다.

위대하고 효성이 뛰어났다. 영묘l영조l를 두려워하는 것 외에는 효성도 지극하였다. 정성왕후를 받드는 효성은 동궁을 친히 낳으신 자모慈母l선희궁l에게 하는 효도보다도 더하였다. 사친私親*을 섬긴 일들이야 어찌 다 형용하겠는가.

선희궁께서는 천성이 어질고 사랑이 깊으셨고, 엄숙하였다. 당신이 낳은 자녀라도 교훈을 엄하게 하여 사랑을 나타냈다. 그래서 자녀들이 두려워하는 모양이 친어머니를 대하는 것 같지 않았다. 당신이 낳은 아들이 왕세자의 자리에 올랐지만, 감히 자모라고 나서지 않아서 궁중에서는 지극히 존대하였다. 가르침 또한 사랑함과 함께 극진하였다. 아드님께서 더욱 조심스럽고 또한 극진히 대하였다. 선희궁께서는 나를 늘 동궁과 마찬가지로 대접하셨다. 나는 며느리로 과한 대접을 받을 적마다 불안함이 심하였다.

나는 궁중에 들어온 후로 어른들께 문안드리기를 감히

사친 종실로서 궁에 들어가 대통大統을 이은 왕의 친어버이 또는 후궁의 아들이 왕이 된 경우 그의 친어머니를 가리킨다.

조선의 붕당정치와 노론

조선 중기 임진 · 정유난을 계기로 조선 건국에 공을 세웠던 훈구세력은 쇠퇴하고 유학을 신봉하던 사림이 정치의 주역으로 떠오른다. 선조 때 인순왕후의 동생 심의겸과 신진사림 김효원이 관료인사권을 가진 이조전랑직을 놓고 대립하면서 사림은 서인l심의겸측l과 동인l김효원측l으로 나뉘었다. 서인은 이이와 성혼이 중심이 되었고, 동인은 이황 · 조식 · 서경덕의 제자로 구성되었다. 동인은 기축옥사를 계기로 정권을 잡았던 정철l서인l이 실각하면서 선조 후반에 정권을 잡는데, 이때 이황의 제자가 중심이 된 남인과 그 외의 인물들로 구성된 북인으로 나뉜다. 정인홍을 중심으로 한 북인은 광해군 때 정권을 잡는다. 그러나 인조반정l1623년l으로 다시 서인이 정권을 잡는다.

숙종 초기 서인들은 내부의 입장 차이와 불화 속에서 윤증, 남구만 등 소장파를 중심으로 한 소론과 송시열 등 노장파를 중심으로 한 노론으로 나뉘었다. 노론은 경종의 아들이 없는 상태에서 그 동생인 연잉군l영조l을 후원했는데, 이것이 반대파인 소론에게 반역으로 몰려 많은 사람이 화신임l사화l를 입는다. 노론은 영조 즉위 후 소론에 대한 반격을 가하여 많은 사람을 제거하였고, 소론이 주도한 이인좌의 난과 나주 괘서 사건을 평정한 뒤로는 조정에서 확고한 우위를 유지하였다. 그러나 영조와 정조가 탕평책으로 국왕의 힘을 강화하는 과정에서, 국왕의 정책에 대한 입장 차이가 점점 중요한 의미를 지니게 되고 전통적인 붕당의 의미는 퇴색해 갔다.

게을리 하지 못하였다. 그래서 인원·정성 양 성모께는 5일에 한 번씩 문안드리고, 선희궁께는 3일에 한 번 하였지만 날마다 모실 적이 많았다. 그때는 궁중의 법도가 지극히 엄하여 예에 맞춰 옷을 입지 않으면 감히 뵐 수 없었고, 날이 늦어서는 모실 수 없었다. 그래서 나는 새벽에 문안하는 때를 어기지 않으려고 잠을 편히 자지 못하였다.

내가 들어올 적에 아지[유모]와 시비[侍婢] 하나를 데리고 들어왔다. 시비의 이름은 '복례'로 아버지께서 소과小科*에 합격하신 후 증조할머니께서 특별히 골라 주신 시비였다. 내가 어려서 복례를 데리고 놀음놀이를 하며 떨어지지 않았는데, 이 아이는 천성이 슬기롭고 민첩하며 충성됨이 천한 사람과 같지 않았다. 또 아지의 성품은 순박하고 충성되며 성실하였다. 나는 아지와 복례에게 단단히 타일러 아침 일찍 깨우는 일을 큰일처럼 감히 게을리 하지 못하게 하였다. 그래서 추운 겨울과 더운 여름, 비바람과 큰 눈이 와도 문안 가는 날이 되면 하루도 늦지 않았으니, 이는 다 아지와 복례의 공이다.

이후 아지는 내가 여러 번 아이를 낳을 때 시중을 들어 공이 적지 않은 고로, 아지의 자손은 요포料布*를 대대로 받았으며, 팔십이 넘도록 장수했다. 또 복례는 나에게 지극히 복종하고 섬겨서 내 수족같이 지냈는데, 50년 동안 나와 같이 여러 가지 일들을 겪어 내 마음에 슬픔과 고통, 기쁨과 즐거움을 잘 알았다.

경술년庚戌年[1790, 정조14]에 나라에 큰 경사*가 있었는데,

소과 생원과 진사를 뽑는 과거.

요포 관아의 구실아치들에게 급료로 주던 무명이나 베.

* 이 해 6월 18일 순조가 태어났다.

자상[정조]께서 갱반羹飯●을 대령하라고 상궁을 시키셨다. 그때 나는 칠십이 넘었지만 기력은 좋았다. 아지와 복례가 나를 잘 섬겨 내게는 어린 종처럼 굴었다. 나는 그 시비들의 덕을 입었기에 후일까지 잘 지내었던가 싶다.

옛날에는 궁중의 법이 어찌 그리 지엄하였던지……. 생각해 보면 문 안팎으로 어려운 일이 많았다. 그렇지만 나는 괴로워한 일이 없었다. 내가 옛날 사람의 됨됨이라 능히 감당하였던가 싶다.

나는 시누이들이 여럿 있었다. 내 시누이들은 나를 사랑하였지만, 나는 세자빈으로 시누이들과 처지가 달라 내가 대접할지언정 행실을 배우지는 못하였다. 나는 효순왕후를 따라 몸가짐을 바로했다. 나이 차이가 났지만, 가르침을 배우고 우애를 나눔이 특별하였다.

여러 옹주들 중 화순옹주●는 성품이 온순하고 공손하고, 화평옹주●는 성품이 유순하여 나를 지극하게 대접하였다. 또 아래로 두 시누이들✱은 동갑인 귀한 아기네로, 놀음하는

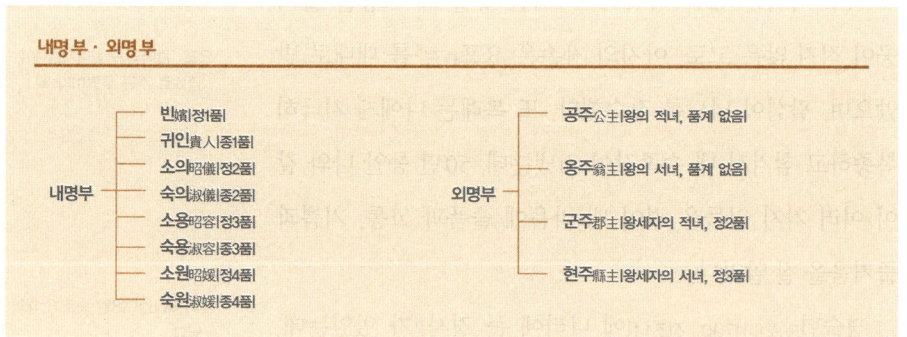

내명부 · 외명부

내명부		외명부	
	빈嬪[정1품]		공주公主[왕의 적녀, 품계 없음]
	귀인貴人[종1품]		
	소의昭儀[정2품]		옹주翁主[왕의 서녀, 품계 없음]
	숙의淑儀[종2품]		
	소용昭容[정3품]		군주郡主[왕세자의 적녀, 정2품]
	숙용淑容[종3품]		
	소원昭媛[정4품]		현주縣主[왕세자의 서녀, 정3품]
	숙원淑媛[종4품]		

것이 다 갖추어져 있었으나 나는 그들과 놀지 않았다. 내 주위에는 즐겁게 놀 만한 것들이 많았으나 내가 좋아한 일은 없으니, 선희궁께서 매번 안타깝게 여기셨다.

"네 마음으로는 얼마나 놀고 싶겠느냐! 그래도 놀지 않으니……. 대궐에 들어와서는 도리를 차려야 하니 옹주와 같이 놀지 말아야 한다."

선희궁께서는 모든 일을 내게 꼼꼼히 지도해 주셨다. 내 어찌 한때라도 잊고 지냈겠는가.

계해년|1743|에 내가 대궐로 들어올 때 중제仲弟|홍낙신|는 다섯 살이었고, 숙제叔弟|홍낙임|는 세 살이었다. 형제들이 나이에 비해 키가 크고 쌍둥이처럼 닮아서 어머니께서는 내 가례 후 일 년에 한두 번씩 궐에 들어오실 적이면 형제를 데리고 들어오셨다. 선조先朝|영조|께서 내 동생들을 사랑하셨기 때문에 매일 내가 있는 곳에 오셔서 동생들을 앞에 세워 다니셨다. 선조께서 동생들을 부르면, 순령수巡令守* 소리로 크고 길게 대답을 잘하여 동생들을 예쁘게 여기셨다. 이후 중제가 자라서 병술년丙戌年|1766, 영조42|에 과거에 급제하자 선조께서는 이렇게 기뻐하셨다.

"하하, 순령수처럼 대답 잘하던 아이가 급제하였구나. 영상*이 아들을 잘 낳아."

또 유신儒臣*으로 글을 읽으면 옥수玉手|임금의 손|로 중제를 두드리며 잘 읽는다고 칭찬하셨다. 경모궁께서는 이 아이를 더욱 사랑하셨다. 중제가 궁에 들어오면 잠시도 떠나지 못하게 하고, 좌우로 세우고 다니셨다. 한번은 중제가 아홉 살

순령수 대장의 전령으로 호위를 맡거나 또는 순시기, 영기를 드는 군사.

＊당시 영의정을 하던 홍봉한을 가리킨다.

유신 유학에 조예가 깊은 신하 또는 홍문관의 관원을 통틀어 이르는 말.

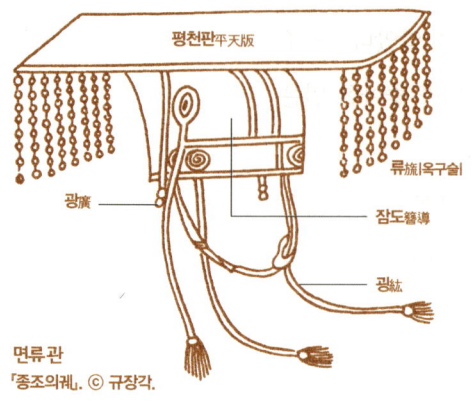

평천판平天版

류旒[옥구슬]

광纊

잠도簪導

광纊

면류관
「종조의궤」. ⓒ 규장각.

평천관 면류관의 별칭으로 왕은 구류면류관을, 왕세자는 팔류면류관을, 왕세손은 칠류면류관을 썼다.

자비 차비문이라고도 하며, 궁궐 정전[으뜸 건물]의 앞문.

즈음에 경모궁께서 종묘에 참배하시고 평천관平天冠●이 곁에 놓였기에 이렇게 물으셨다.

"하하, 네 머리에 씌워 주랴?"

"신하는 못 씁니다."

동생이 머리를 부둥켜 움켜쥐며 대답하였다.

"네가 예를 아는구나."

경모궁께서는 기특히 여기며 씌우지 아니하셨는데 그때 내 몸에 땀이 흘렀다. 요사이 아이들에게 비하면 아주 어른스러운 행동이었다.

궁중의 법도에 따르면, 10세가 넘는 사내아이는 궐내에서 잠을 자지 못했는데, 하루는 경모궁께서 숙제를 여러 번 부르셨다. 그런데 자비●에서 내관이 무슨 말을 공손하지 않게 하였는지 숙제가 원통해하고 분하게 여기며 들어오지 않았다. 그러자 경모궁께서 자비까지 친히 나와 불러 들이시고 물으셨다.

"네가 이처럼 강직하니, 어찌 나를 돕겠느냐?"

그러더니 부채에 친히 글을 써 주시던 일이 어제처럼 선명하구나. 반면에 중제의 성품이 고분고분하고 다스하니[온화하니] 내가 편애하였다.

아버지께서 등과하신 지 7년 만에 장임將任[대장의 임뮈까지 맡으셔서 공명이 빛났다. 남들은, 왕실의 친척이 되어서 그렇다 하였다. 그렇지만 조용할 때 선희궁께서 나에게 이렇게 말씀하셨다.

"어장御丈*께서 장의로 숭문당에 들어오실 적에 자상|영조|께서 처음 보시고 안에 들어와 '내가 오늘 크게 쓸 신하를 얻었으니 장의 홍 아무|홍봉한|가 그 사람이라.' 말씀하셨습니다."

이를 헤아리면 나라에서 내 아버지의 재능을 알아서 쓰신 것이지, 어찌 한갓 내 부친이라 하여 쓰셨겠는가.

이후 아버지는 전곡갑병錢穀甲兵*과 군국중사軍國重事*를 다 하셨는데, 아침저녁으로 먹고 자는 것을 잊을 정도로 진력을 다하였다. 그래서 사사로운 일을 잊고 나랏일에만 힘쓰셨다. 또 나를 보시면 매번 이렇게 말씀하시곤 하셨다.

"임금님의 은혜가 더없이 귀중하니 그 은혜를 어찌 갚을지 모르겠나이다."

나는 임신을 일찍 하여 경오년庚午年|1750, 영조26|에 의소懿昭를 낳았지만, 임신년壬申年|1752, 영조28| 봄에 아이를 잃어, 삼전三殿과 선희궁께서 매우 슬퍼하셨다. 내가 불효한 탓으로 어린아이를 잃어 죄스러웠다. 그해 9월 하늘이 도와 주상*을 낳았다. 내 보잘것없는 복에 이러한 경사가 있기는 뜻밖이었다. 주상은 풍채가 매우 훌륭하고 골격이 기이하여 진실로 용과 봉|봉황|을 닮았고, 하늘과 해를 닮은 풍모가 있었다. 임금님께서 주상을 보고 크게 기뻐하시며, 나에게 여러 번 감탄하며 말씀하셨다.

"이 아이의 모습이 범상치가 않구나. 이는 다 조종|조상| 신령의 도움이고, 종묘와 사직에 부탁한 뜻이라. 내 늘그막

어장 임금의 장인을 일컫는 말로, '국구'라고도 함.

전곡갑병 전곡은 돈과 곡식을 맡았던 일이고, 갑병은 병사를 다스리던 일을 말한다. 즉 홍봉한이 1762년 선혜청 당상관을, 1750~1758년까지 훈련대장 등을 역임한 일.

군국중사 국방과 나라의 중요한 일, 즉 홍봉한이 제조와 영의정을 했던 일을 뜻한다.

주상 임금을 달리 이르는 말. 여기서는 정조를 가리킨다.

에 오늘과 같은 경사를 볼 줄을 어이 알았을까. 네가 정명공주의 자손으로 나라의 빈嬪*이 되어 이런 경사가 있구나. 네가 나라에 큰 공을 세웠다. 이 아이를 부디 잘 기르되 의복을 검소히 하는 것이 복을 아끼는 도리일 것이다."

내가 어찌 임금님의 명을 받아 가슴속에 품어 두고 잘 지키지 않았겠는가.

내가 나이 어려 의소를 낳았을 때는 어미 된 도리를 못하였다. 그러나 봄에 의소를 잃었던 애석한 일 후에 금상今上정죄을 낳는 나라의 경사가 생겼다. 온 궁중이 처음 의소를 낳았을 때보다 백 배는 더 기뻐하였다. 어머니께서는 내가 해산하기 전에 궁에 들어오셨고, 아버지께서 궁에서 숙직하신지 7, 8일 후에 경사가 생겼으니 양친의 기쁨과 경축이 무궁하였다. 양친은 어린 금상이 범상치 않아서 더 기뻐하며 내

빈 '빈'은 임금의 1위 첩이나 왕세자의 정부인을 가리키며 정1품직인데, 빈이 왕비로 책봉되면 자동적으로 품계는 없어진다. '빈'이라는 용어가 문헌에 처음 나타난 것은 「서경書經」의 「요전堯典」으로, 요堯 임금이 두 딸을 순舜에게 주고 그들을 일컬은 칭호로 사용되었다. 이후에 고대 제왕의 딸이 출가하면 빈이라고 칭하였다. 빈은 여자에 대한 가장 큰 존경의 의미를 나타내는 용어로 죽은 처妻를 아름답게 부르는 칭호로 사용되기도 하였다. 일반적으로 빈궁이라 하면 왕세자빈을 지칭하며, 후궁의 빈에 대해서는 빈의 이름과 성을 붙여서 부르는 것이 관례였다. 희빈 장씨, 영빈 이씨 등이 그러한 경우이다.

용 그림 기린·봉황·거북과 함께 네 가지 신성한 상상의 동물 중 하나로, 훌륭한 왕·왕자나 위인과 같은 존재를 상징한다. 경복궁 사정전 내 천장에 그려진 그림.

게 하례하셨다. 내가 20세 전의 나이였지만 찐덥고|떳떳하고| 흐뭇해하는 것이 인정에 마땅한 일이다. 이 아들을 낳아 내 신세를 아이에게 의탁하는 것 같아 마음이 신령[靈]하였던가 싶었다.

신미년辛未年|1751, 영조27| 10월에 경모궁께서 용이 침실에 들어와 여의주를 희롱하는 모습을 꿈꾸고 잠에서 깬 후 이상한 징조라고 말씀하셨다. 경모궁께서는 그 밤에 즉시 흰 비단 한 폭에 꿈에 보았던 용을 그려 벽상에 붙였다. 그때 경모궁의 춘추가 17세이셨다. 이상한 꿈이라고 우연히 생각하실 만도 했지만, 경모궁께서는 "이 꿈은 아들 얻을 조짐이라." 말씀하시고는 성숙한 어른처럼 행동하셨다. 말씀 또한 가려서 하셨다. 과연 그 꿈 뒤에 주상|정조|을 얻었으니 기이한 꿈인가 싶었다. 경모궁께서는 말이 적고 엄하셨지만 아이를 보면 웃지 않은 적이 없었고, 나를 대하실 때도 스스로 하례하시며 말씀하셨다.

"이런 아들을 두었으니 무슨 근심이 있으리오."

그해|1752년|에 홍역이 크게 번져 옹주가 먼저 앓으니, 임금께서는 약원|내의원|에 묻고 명하셨다.

"동궁과 원손은 병을 피하여 거처를 옮기라!"

그때는 산후 삼칠일 전이라 움직이기 어려웠지만 임금님의 명을 거역할 수 없었다. 경모궁께서는 양정합養正閤*으로, 원손은 낙선당樂善堂*으로 옮기셨다. 원손은 삼칠일이 지난 아기였지만 몸이 커서 먼 곳으로 안고 옮겨 가도 염려되지 않았다. 아직 원손의 보모가 정해지지 않아서 늙은 궁인과

양정합 창경궁 저승전儲承殿 동편에 있는 전각.

낙선당 저승전 근처에 있던 전각.

약원|내의원
창덕궁 내에 위치. 조선시대 궁중의 의약을 맡은 관청으로 내국이라고도 한다.

출사표 위나라 토벌을 위해
전쟁에 나설 때, 제갈량이 유
선에게 바친 글. 전후 2편으
로 『삼국지』의 「제갈량전」,
「문선文選」 등에 수록되어 있
다.

한소열|161~223| 자는 현덕玄
德, 묘호가 소열제昭烈帝. 유
비로 잘 알려져 있는 중국 삼
국시대 촉한蜀漢|220~263|의
제1대 황제이다.

제갈량|181~234| 자는 공명孔
明. 촉한의 정치가로 유비를
도와 촉한을 건국했다. 유비
가 죽은 후 유선劉禪을 보필
하여 오나라와 연합하여 위
나라와 싸웠으나 사마의와
오장원五丈原에서 싸우다가
병으로 사망했다.

내 아지에게 원손을 맡겼다.

그러나 바로 그날 경모궁께서 홍역을 앓고 내인들도 다
홍역을 하여 경모궁을 돌볼 사람이 없었다. 선희궁께서 직
접 와 돌보시고, 밖에서는 아버지께서 숙직하며 경모궁을
보호하셨다. 경모궁의 증세가 심하지는 않았지만 열이 심해
서 아버지께서 옆에서 간호하셨다. 그때 아버지의 가즉한|지
극한| 정성을 어찌 다 기록하겠는가.

경모궁의 병이 좀 나으신 후에 아버지께서 매일 글을 읽
어 드렸다. 그러면, 경모궁은 "글 읽는 소리를 들으니 시원
하다." 하셨다. 아침저녁으로 읽은 글들을 다 기억하지는 못
하지만 제갈량의 '출사표'•를 읽으시며 이렇게 말씀하셨다.

"옛날부터 임금과 신하의 만남은 한소열漢昭烈•, 제갈량諸
葛亮•과 같은 이가 없으니, 신|홍봉한|은 평상시에 이 글의 아
름다움에 크게 감탄하곤 합니다."

또 옛날 옛적 현명한 군신과 이름난 신하의 말씀을 이야기로 아뢰면 비록 평안하신 중에도 응대함이 각별하셨다.

왕세자의 홍역이 좀 나아지자, 내가 미조차뒤쫓아 홍역을 하였다. 내가 해산 후 경모궁께서 큰 병을 얻게 된 것에 마음을 쓰다가 이제 큰 병을 얻은 것이다. 내 병의 증세는 가볍지 않았다. 금상정조도 한날 나와 같이 온몸에 꽃이 솟았다. 원손은 석 달 된 아기였지만 증세는 큰 아이처럼 고분고분하였다. 내가 큰 병을 앓는 가운데 원손에게 마음을 쓸까 염려하여 선희궁과 아버지께서는 내게 원손이 아프다는 말씀을 하지 않으셨다. 나는 원손의 병을 모르고 지냈지만, 아버지께서는 내가 있는 병소에도 오시고 또 원손을 보시려고 아침저녁으로 왕래하셨다. 아버지의 마음 씀을 어찌 다 형용할 수 있을까.

하루는 아버지께서 밤에 넘어져 걸음을 걷지 못하셨다고 하는데, 나는 병의 차도가 있은 후에야 비로소 이 사실을 알고 아버지께서 하신 그동안의 수고와 염려하심을 걱정하였다. 금상의 홍역은 아지 하나가 맡고 아버지께서 홀로 돌보셨으니 그 초조함이 어떠하였을까! 지금 생각해 보면 원손의 홍역이 순하게 지나간 일은 진실로 신기할 뿐이다.

주상은 홍역을 치른 후 잘 자라시고, 돌 즈음에 글자를 능히 알아 보통 아이들과는 달랐다. 계유년癸酉年|1753, 영조29| 초가을에 대왕께서 친히 대제학 조관빈趙觀彬*을 신문하실 때,* 궁중이 모두 두려워하자 당신이 손을 저으며, "소리를 지르지 말라."고 하였으니 두 살에 이런 비상한 지각이 어이

조관빈|1691~1757| 1714년 증광문과 병과로 급제하여 정치에 입문했다. 신임사화 때 화를 당한 아버지에 연좌되어 귀양을 갔다가 1725년 복귀하였다. 이후에도 좌천, 유배 등을 수차례 겪었다.

＊1753년, 조관빈은 죽책문竹冊文|대나무 쪽을 꿰어 만든 문서나 책에 임금의 명을 받아 시문을 지어 올리는 일을 거부하여 좌천되었다가 곧 유배되었다.

있었으리오.

세 살에 보양관輔養官●을 정하고, 네 살에 『효경孝經』●을 배우시되 조금도 어린아이 같지 않았다. 원손이 글을 좋아하여 가르침에 어려움이 없고, 어른처럼 일찍 소세●한 뒤에 글을 가지고 놀았다. 여섯 살에 유생을 불러 궁에서 시강侍講을 할 때였다. 임금님께서 원손을 불러 용상 머리에서 글을 읽히셨는데, 글 읽는 소리가 맑고 또 잘 읽으니 보양관 남유용南有容●이 임금님께 이리 아뢰었다.

"하늘에서 사는 어린아이가 내려와 글을 읽는 소리 같습니다."

용상 조선 영·정조대에 정전으로 쓰였던 창덕궁 인정전의 용상.
용상 뒤로 해와 달, 그리고 중국 5악岳 중 하나로 서왕모가 살았다는 곤륜산을 그린 〈일월오봉산도〉가 있다.

그 말을 듣고 임금님께서 기뻐하셨다. 우리 주상같이 일찍 숙성하신 이는 옛날에도 없을 것이다. 주상은 어렸지만 경모궁께 말없이 효도한 일이 많았다. 이를 어찌 다 일일이 열거하겠는가. 주상이 하신 모든 일들은 하늘에서 내린 사람이 하신 일이지 예사 사람이 어찌 이리 하겠는가.

내가 일찍이 이런 거룩한 아이를 두고, 갑술년甲戌年|1754, 영조30|에 청연淸衍*을 낳았고, 병자년丙子年|1756, 영조32|에 청선淸璿*을 얻었다. 청연은 기질이 부드럽고 온화하였고, 청선은 외모가 아담하게 생겼으며 마음이 온화하였다. 나는 이 두 아이를 손에 움켜쥔 두 개의 구슬처럼 애지중지하였다. 이때 내 팔자를 누가 부러워하지 않았겠는가.

내 친정 부모는 본성이 착하고 공명과 영화가 빛났으며, 형제 또한 많아 근심이 없었다. 어머니께서 궁에 들어오시면 계매季妹*와 계제季弟*를 앞세우고 들어오셨다.

계제는 부모님께서 늦게 본 아들이기에 사랑이 지극하셨다. 그 아이의 사람됨이 충직하고 순박하며 인정이 두터워 비록 어린아이일지라도 큰 그릇이 될 기상이 있었다. 주상께서 이 아이를 데리고 노시며 사랑을 하셨고, 나는 그 아이 하는 짓이 예쁘고 또 장래에 크게 될 것을 기대하였다.

계매는 어머니께서 내가 궁중에 들어온 후 나를 잊지 못하다가 낳은 동생이다. 사람마다 아들 낳기를 원하지만 우리 집은 오히려 딸 낳은 것을 행복으로 여기고, 온 집안의 기쁨으로 생각했다. 나는 계매가 있기에 부모님 곁에 내 자취를 남긴 것처럼 생각하여 기뻐했다. 계매의 기품은 아름

청연 혜경궁 홍씨의 장녀로 광은부위光恩副尉 김기성과 혼인했다.

청선 혜경궁 홍씨의 2녀로 흥은부위興恩副尉 정재화와 혼인했다.

계매 막내 여동생. 이복일李復一의 처妻가 된 이를 가리킨다.

계제 막내 남동생. 홍봉한의 4남 홍낙윤을 가리킨다.

다운 옥 같고 성품과 행실은 효성과 우애가 있었다. 그 아이는 예쁘고 순하여 부모님이 사랑하셨다. 동기들이 계매를 지나치게 사랑하였지만 교만하지 않았다. 궐 안에 들어올 때면 양 성모|인원·정성왕후|와 선희궁께서 모두 계매를 예뻐하셨고, 통명전 대례 때에는 육궁六宮의 내인들이 돌아가며 안아 보고 계매를 밝은 달과 연꽃 구경하듯 하였으니 그 아름다운 자질을 알 수 있다. 그러니 내가 특별히 사랑한 것이 어찌 한갓 동기간의 정뿐이겠는가.

계매는 나의 곁을 떠나는 일이 없었다. 경오년|1750| 계매의 나이 5세 때의 일이었다. 계매가 어머니를 모시고 궐에 들어왔는데, 내가 해산한다는 말을 듣고 말하였다.

"임금님께서 즐거워하시겠습니다. 또 우리 아버님, 어머님도 다 좋아하시겠지요."

하도 어른같이 말하여 듣는 사람들이 모두 이상하게 여겼다.

효순왕후께서 계매에게 노리개를 한 줄 채워 주셨는데, 그 후 그 노리개를 차지 않자 물으셨다.

"너는 어찌하여 내가 준 노리개를 차지 않았느냐?"

"마마님께서 아니 계시고, 보지 못해서 차지 못하였습니다."

임신년|1752| 3월에 나라에 슬픔*이 있었는데, 가을 무렵 계매가 궁중에 들어와 나를 보고 눈물을 흘렸다. 또 아이|의소|를 돌보던 보모의 손을 잡고 눈물을 흘리니 그때 계매의 나이는 7세였다. 어떻게 그리 성숙하였던지 이상하

대삼작 노리개
여자들이 몸치장으로
저고리의 고름이나 치마허리
등에 다는 패물. 궁중 의식이나
집안에 경사가 있을 때 달았고,
소박한 것은 평상시에도 달았다.
양반가에서는 집안에 내려오는
노리개를 자손 대대로 물려주어
가풍을 전하기도 하였다.
© 궁중유물전시관.

*혜경궁 홍씨의 첫째 아들인
의소가 1752년에 죽은 일을
가리킨다.

68

구나.

임신년[1752] 9월에 나라의 큰 경사*가 있어 어머니께서
궁에 들어오실 때 계매도 따라 들어왔다. 그때는 주상[정조]
탄생 후였다. 계매가 주상을 보고서 이렇게 말하였다.

"이 아기씨는 단단하고 숙성하시니, 형님마마를 걱정시
키지 않겠습니다."

그 말을 듣고 좌우에 있는 모든 사람들이 "옳다!" 하며 웃
었다. 그러자 어머니께서 도리어 계매를 꾸중하셨다.

"네가 말하는 것이 오히려 아이의 말과 같지 않구나."

내가 말씀 올렸다.

"어머님, 이 아이의 말은 옳을 듯하니 꾸짖지 마시지요."

이때 궁중의 복록福祿이 끊이지 않고, 친정집이 번성하여
남매가 모두 남만 못하지 않았으므로 모든 궁인들이 나를
우러러 칭찬하고 축하하였다.

* 창경궁 경춘전에서 정조가
태어난 일을 가리킨다.

왕가의 출산

임신이 확인되면 출산 예정일 두세 달 전에 산실청産室廳을 설치하고 어의와 의녀, 조정대신, 산産
자리를 거둘 하인 등을 두었다. 산실의 24방위에는 붉은색으로 간지를 그려 붙이고, 길한 방향
을 골라 산실과 산모를 지켜달라는 주문을 붙였다. 태를 받아 놓을 옷은 좋은 방향을 골라 방
에 놓고, 북쪽 벽에는 순산을 기원하는 부적을 붙였다. 산자리는 맨 밑부터 볏짚→빈가마니→
풀로 엮은 돗자리→양털방석→기름종이→백마가죽→고운 볏짚을 깔았다.
출산 후에는 붉은색 줄을 길게 묶어 산실문 밖 위쪽에 매달아 순산을 하였다고 알린다. 출산
후 3일째 되는 날 산모는 쑥탕에서 아이는 복숭아뿌리, 매화뿌리, 오얏뿌리와 호두를 넣고 끓
인 후 돼지쓸개를 넣은 탕에서 목욕을 했다. 7일째 되는 날 산자리를 걷는 의식을 행한다. 3일
또는 7일째에 태를 정결한 물로 씻는 의식을 거행하고 동전 하나와 함께 백자 항아리에 담는다.
7일 후에 태실에 안장하고 산실청을 해체한다.

백자 태항아리 ⓒ 국립중앙박물관.

경모궁께서는 내 어머니를 대접하는 것이 보통 여염집 악모岳母|장모|에게보다 지극하셨다. 어머니께서도 경모궁을 우러러 사랑하시고 귀중히 여기셨지만, 여염집 사위처럼은 대접하지 못하니 그 마음이 어떠하였겠는가.

어머니가 궁에 들어오셨을 때, 경모궁께서는 혹 성을 내신 일이 있다가도 어머니께서, "일이 그렇지 않습니다." 하고 아뢰면, 곧 안색을 돌이켜 고치셨다.

갑술년|1754|에 내가 청연을 낳을 때 어머니께서 50여 일을 궁중에 머무셨는데, 경모궁은 매일 어머니를 가깝게 모시고 지내면서 친밀하고 정중하게 대하셨다. 어머니는 경모궁의 행동에 고맙게 여기셨다.

슬프다! 세자|사도세자|의 기질과 학문이 점점 진보하고 기상과 기품이 모두 진취하였으나, 불행히 임계년壬癸年|임신년과 계유년, 1752~1753| 사이에 병환이 있으셨다. 나의 그음없는|끊임없는| 근심과 우리 부모 마음의 초조함이 어떠하였겠는가. 어머니께서 밤낮으로 초조해하시며 몸소 기도하시고, 명산대천名山大川에 정성을 미치지 않은 곳이 없었다. 밤에는 잠을 못 주무시고, 합장하여 하늘에 축원만 하셨으니 이는 다 못나고 어리석은 나를 두신 까닭이다. 나라를 위한 어머니의 지극한 정성이 아니면 어찌 이처럼 염려하였겠는가.

우리 오빠|홍낙인|는 부모님께서 일찍 얻으신 자식이다. 그래서 가르침이 엄하였고, 오빠는 문장을 일찍이 이루었다. 또한 의지와 기개가 높아 행실이 엄숙하고 정결하여 15세를 지나자 엄연히 큰 선비와 같은 기상이 보였다. 집안 사람들

은 모두 다 오빠를 존대했고, 노비들도 모두 엄한 상전으로 알았다. 또래 친구들도 감히 업신여기지 못하였다. 엄중한 장부의 법도가 있었으므로 할아버지께서는 오빠를 매번 집 안에 큰 동량棟樑으로 아셨다.

계해년癸亥年|1743|에 오빠가 결혼을 하려 하였지만, 나와 경모궁의 대혼大婚으로 인하여 을축년乙丑年|1745, 영조21|에 혼인을 하였다. 내 형님은 여양驪陽*의 증손녀이며 봉조하奉朝賀*의 손녀로, 세상에 으뜸가는 문벌이 높은 집안의 규수였다. 형님도 나와 같이 어려서 궁중에 들어와 삼전三殿의 두터운 은혜를 받았던 까닭에, 형님이 우리 집 며느리가 된 것을 삼전에서 아시고 기뻐하시며 신행新行* 때 우리 집으로 상궁을 내보냈다. 그날로 양 성모께서 상궁을 불러 광경을 물으셨으니 사돈 사이의 후한 덕을 가히 알 수 있다.

결혼 후 형님이 처음으로 궐에 들어오셨다. 자질은 맑고 아름다웠으며, 기품은 높고 수려하여 엄숙한 차림과 예절을 지키는 것이 더없이 훌륭하고 아름다웠다. 형님이 척신戚臣* 집 어린 부녀 사이에 서 있는 모습을 말하자면, 닭 무리에 학이 섞인 것 같고, 돌 가운데 옥이 빼어난 것과 같았다. 궁중 사람이라면 누가 눈을 기울여 보고 말하지 않겠는가.

두 분은 실로 누가 더 못나고 잘남을 가릴 것 없이 천생 배필이었다. 우리 집 장자와 맏며느리는 친척 중 으뜸으로, 부모님께서 세상에 드물 정도로 중히 여기셨다. 연달아 딸을 낳아 오랫동안 아들을 보지 못해 부모님께서 매우 답답해하셨는데, 을해년|1755| 4월 수영守榮*이 너를 낳았다.✳ 비

여양 조선 제19대 왕 숙종의 계비인 인현왕후의 아버지인 여양부원군 민유중|1630~1687|을 가리킨다.

봉조하 조선시대 전직 관원을 예우하여 종2품 이상의 관원이 퇴직한 뒤에 특별히 내린 벼슬. 이들은 녹봉을 받으나 실무에는 참여하지 않고, 국가 의식이 있을 때는 조복을 입고 참여하였다. 여기서의 '봉조하'는 인현왕후의 둘째 오빠인 민진원|1664~1736|을 가리킨다.

신행 혼인 때 신랑의 집에 신부가 오는 일.

척신 임금의 외척이 되는 신하.

수영 혜경궁 홍씨의 조카이자 홍낙인의 첫째 아들.

✳ 이 글은 혜경궁 홍씨가 조카 수영에게 주는 편지 형식으로 되어 있다.

록 포대기에 싸인 아이였지만 골격이 특출하고 얼굴 모양이 관옥冠玉* 같아서 내 부모님의 기대가 만금萬金 보배보다 더 하고 천 리를 달릴 뛰어난 말과 같았다.

친정집에서 정성스러운 편지로 너를 낳았다는 기쁜 소식 을 전했다. 내 생각에 큰오빠와 형님의 소생이니 응당 잘났 을 것이며, 또 내 친정집을 생각하면 너를 본 기쁨은 측량할 수 없었다. 이후 임금님l영조l께서 너를 보시고 지나치게 예 뻐하시며 이름을 '수영守榮'이라 지어 주시니 어린아이에게 이런 영광이 어디 있겠는가. 또 주상l정조l이 더욱 너를 사랑 하시니 너같이 어릴 적부터 임금님의 은혜를 입은 아이가 또 어디 있겠는가.

너를 낳은 후 우리 집이 더욱 험한 일은 없었는데…….
슬프구나! 을해년l1755l 8월 어머니께서 돌아가셨다. 어느 누 가 어머니를 잃은 슬픔이 없겠느냐마는 나의 마음은 천지간 에 혼자 떨어진 듯하였다. 나는 슬픔으로 하늘과 땅이 아득 하여 어찌 살고자 하였겠는가. 아버지께서는 현숙한 배필을 잃고 슬퍼하시더니 나를 보고 더욱 슬퍼하셨다. 내 비록 아 버지를 생각하여 내 몸을 버리지 못하였지만 한없는 슬픔을 어찌 잠시인들 참겠는가.

발상發喪*하던 날, 선희궁께서 친히 오셔서 내 어머니처 럼 나를 위로하셨다. 이런 자애는 여염집의 시어머니와 며 느리 간에도 찾을 수 없는 일이기에 나는 감동하여 감히 슬 픔을 참지 못하였다. 장사를 지낸 뒤 문안하러 올라갔는데

양 성모께서는 내 손을 잡고 눈물을 흘리며 위로해 주셨다. 내 슬픔은 컸지만 이런 영광이 어디 있겠는가. 내가 지극한 슬픔을 억지로 참고 세상에 살아 머물렀지만, 진실로 세상을 살고 싶은 마음이 없었다.

임금님께서는 내가 심하게 슬퍼한다고 말씀하시고 정성왕후와 선희궁께서도 꾸중하셨다.

"집상執喪*이 심하여 오히려 나라에서 지키는 예절과 다르다!"

나는 더욱 마음을 다하여 상사의 예를 치루지 못하는 것이 슬펐다.

중제I홍낙신I의 처妻와 계제I홍낙윤I의 처는 육촌 형제로, 동서가 되어 들어오니 귀한 일이다. 중제의 실室*은 현숙하고 유순하며, 계제의 배配*는 온순하고 효와 우애가 깊어 부모님께서 기뻐하셨다. 그러나 오래지 않아 어머니를 여의었는데 이때 가운데 두 동생의 나이가 17세와 15세였다. 혼인한 보람이 어디 있겠는가. 동생들의 처지가 불쌍하여 나는 동생들을 잊지 못하였다. 이때 계제는 6세였다. 아버지께서 할머니를 여의었던 나이와 같아 슬픔을 아는 둥 모르는 둥하였다. 내 누이는 슬퍼하며 상인喪人 모양을 하고, 계제를 불쌍히 생각하여 서로 의지하며 어른처럼 거느렸다. 계제는 할머니의 도움을 받고 컸으며, 계매는 형님I홍낙인I의 체이 거두어 길러 주셨다. 옷이나 음식 걱정은 없었지만 남매는 외로워하였다. 나는 동생들이 의지할 데 없는 모습을 생각하며 잠시도 이 아이들을 잊지 못하였다. 내게 보내는 계매의

집상 부모의 상을 당해 예절에 따라 상제 노릇을 하는 것.

실 처妻, 아내를 의미. 『예기』에 보면 "서른 살은 장壯이라 하여 아내를 둔다三十日壯有室"라 하였다.

배 처妻, 아내를 의미. 『시경』에 보면 "하늘이 그 배필을 정하시니天立厥配"라 하였다.

유수 개성·강화·광주·수원
등 주요한 지역을 맡아 다스
리던 특수 외관직. 품계는 2
품이며 각각 2명씩 두었다.
이러한 유수제는 조선 후기
에 더욱 확대되었다.

제수 추천을 받지 않고 임금
이 직접 임명하는 것.

편지에는 어머니를 생각하는 슬픈 말들이 종이 위에 솟아났
다. 그 편지를 볼 때마다 글씨 한 자에 내 눈물 한 줄을 흘리
며 보았다.

병자년|1756| 2월에 아버지께서 광주 유수留守●를 제수●받
으셨다. 아버지께서는 임지로 떠나는 일을 슬퍼하는 가운데
대부인|혜경궁 홍씨의 할머니|을 모시고 내려가셨다. 내가 할머니
대하기를 어머니같이 생각하였기에 헤어짐을 더욱 서러워
하였다.

그해 윤 9월에 청선을 낳았다. 예전에 내가 해산할 때마
다 어머니께서 궁에 들어오시던 일이 생각나 아픔이 심하였
다. 나는 임산부의 몸으로 내 몸도 돌보지 못하고 소식小食도
오래하여, 자연 기운이 없고 건강이 위태하였다.

임금님께서 내 건강을 염려하여 아버지께 보약을 많이
쓰라고 분부하였다. 나는 무사히 해산하였다. 그러나 슬픔
이 뼈에 사무쳐 그러하였던지 산후에 허약하기가 심하여
아버지가 많이 근심하셨다. 그 달에 아버지께서 평안 감사
監司●를 제수받아 떠나시게 되었다. 그때의 마음이야 또 오
죽하였겠는가. 사사로운 정이 철주掣肘●하였지만, 왕명이 더
없이 귀중하기에 부지런히 길을 떠나셨다.

그해 음력 11월에 경모궁께 천연두 증세가 있자, 아버지
께서는 매일 힘이 적은 것을 걱정하셨다. 천 리 밖 외지에서
경모궁의 소식을 듣고, 아침저녁으로 추운 방에서 거처하시
며 마음을 애태우신 나머지 아버지의 수염이 허옇게 희었다
고 한다. 다행히 경모궁께서 천연두를 잘 치러 종묘사직에

감사 관찰사의 별칭. 조선시
대에 13도에 1명씩 두었으며,
대개 병마절도사·수군절도
사의 무관직을 겸하고 있었
다. 관찰사의 관아를 감영監
營이라고 한다.

철주 '제주'라고 읽히기도 한
다. 남의 팔꿈치를 옆에서 잡
아당기며 간섭하여 마음대로
하지 못하게 한다는 뜻이다.

더할 나위 없는 큰 경사였다.

그러나 경모궁이 천연두를 앓으신 후 100일이 못 되어 정성왕후께서 돌아가셨다.* 그때 경모궁께서 슬퍼하시는 마음이 거룩하여 보는 사람들이 다 탄복하였다. 정성왕후의 인산[因山]* 때 온 백성과 선비들이 뒤를 따르며, 경모궁께서 슬퍼하시는 모습을 보고 감동하여 눈물을 흘렸다. 당시 나라의 일이 점점 갈팡질팡하니 경모궁의 병도 쉽게 쾌차되지 못하였다.

그해|1757| 5월에 아버지께서 내직|중앙 관직|으로 들어오셨다. 우리 부녀는 서로 헤어졌다가 다시 만나는 기쁨이 컸지만, 수두룩이 쌓인 근심으로 얼굴을 대하면 서로 눈물만 흘렸다. 동짓달에 임금님께서 몹시 노하신 일이 있었다.* 그때 아버지는 임금님에 대한 충정과 나라를 사랑하는 마음에서 당신 처지로는 하기 어려운 말씀을 아뢰었다. 그러다가 대조*의 노여움이 그치지 않아 삭직*되어 사대문* 밖으로 쫓겨나셨다. 갑자년|1744|에 빈嬪이 된 후로 아버님|영조|께서 내게 주신 사랑은 한결같아, 난처한 때라도 내게는 사랑을 멈추신 적이 없었다. 그러나 이때 처음으로 엄한 분부를 듣고 내 몸 둘 바를 몰라 아랫방으로 내려갔다. 오래간만에 아버지를 다시 복직시키시고, 나를 또 부르시며 전과 같이 사랑해 주시니 천만 가지 모든 일이 황공할 때였다. 지극한 임금님의 은혜는 몸을 쪼개고 뼈를 부순들 어찌 다 갚겠는가. 내가 겪은 일들이 무궁하여 일일이 다 쓰려 하였지만, 붓을 들어 쓸 말이 아니기에 다 기록하지 못한다.

* 1757년 2월 15일에 죽었다.

인산 임금·세자·세손과 그 비妃들의 장례. 국장國葬이라고도 한다.

* 왕세자가 7월부터 임금 뵙는 일을 빠뜨리자 왕은 승지를 불러 문책하고, 임금 자리를 세자에게 물려주겠다며 교지를 내리려 하였다. 이때 홍봉한은 왕세자가 임금 앞에 나아가 정무 보고하는 것을 두려워하여 아는 것도 대답치 못하였다고 아뢰었다가 영조의 노여움을 샀다.

대조 왕세자가 섭정하고 있을 때의 임금을 가리키는 말.

삭직 삭탈관직削奪官職의 준말로, 죄를 지은 사람의 벼슬과 품계를 빼앗고 벼슬아치 명부에서 지우는 것.

사대문 조선시대에 서울에 있던 4대문. 흥인지문|동쪽|, 돈의문|서쪽|, 숭례문|남쪽|, 숙정문|북쪽|이 있다.

*1757년 3월 26일에 죽었다.

빈전 국상 상여가 나갈 때까지 왕이나 왕비의 관을 두던 전각.

국운이 불행하여 정성성모께서 승하하신 다음 달에 인원성모께서 또 승하하셨다.* 양 성모를 모시며 깊은 사랑을 받다가 하루아침에 큰 아픔이 쌓이고 쌓여 의지할 곳이 없으니 어디에 견주겠는가.

그때 내 몸은 정성성모의 빈전殯殿* 가까이에 있었다. 그래서 작은 정성이나마 최선을 다해 빈전을 모셨다. 점심 즈음이면 간단히 사당에 제를 올리고, 아침저녁으로 하는 곡을 다섯 달 동안 하루도 거른 일이 없었다. 그럼에도 인원성모께서 나를 사랑해 주시던 은혜를 갚을 길이 없었다. 인원성모의 환후患候가 달로 깊어지고 정성성모께서 돌아가신

가례∥혼례∥행렬
영조가 정순왕후를 맞아 데려오는 모습으로 왕의 연 뒤에 왕비 책봉 의식을 위해 보낸 교명문·책문·보수·명복을 실은 가마가 지나가고 이후에 왕후의 가마가 뒤따른다. 「영조정순후가례도감의궤」 ⓒ 규장각.

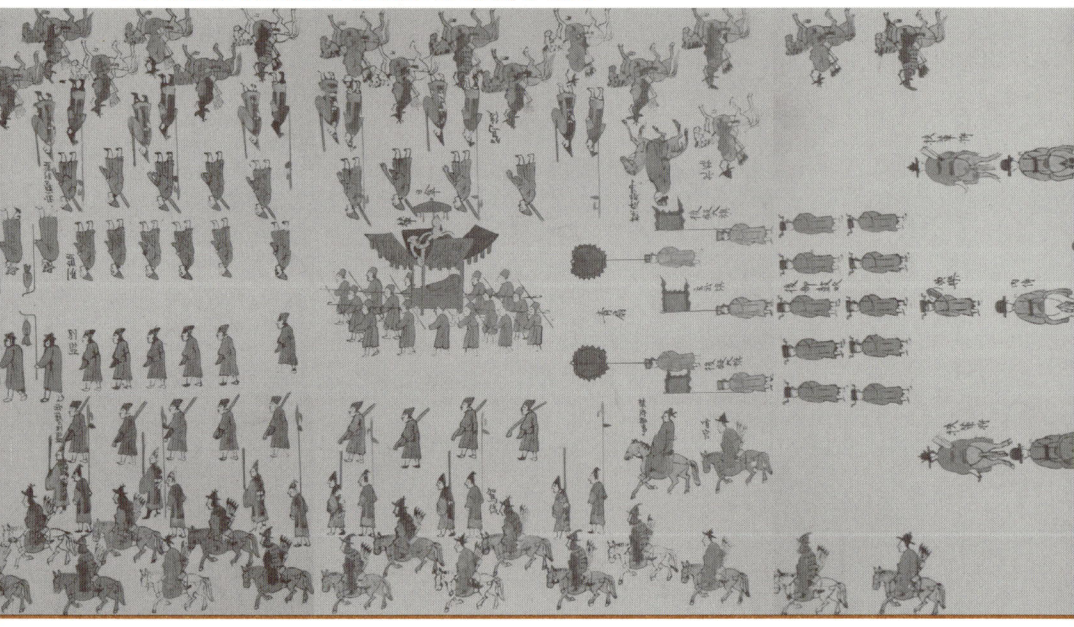

뒤, 외롭고 의지할 때 없어 정성성모를 그리던 마음이야 또
어떠하였겠는가. 임금님께서 아침저녁으로 시탕侍湯*하시며
옷을 벗지 않으시니 나는 더욱 애가 탔다. 인원성모께서
승하하신 후 임금님을 우러러보면 망극하고 허전하여 하염
없이 슬펐다.

    양 성모의 삼년상을 겨우 끝내고, 기묘년己卯年|1749, 영조35|
에 임금님께서 가례를 하셨다. 그때 말은 하지 않았지만 근
심이 많았다. 선희궁께서 내게 말씀하셨다.

    "정성왕후께서 아니 계시니 이 가례를 치러, 곤위坤位|왕비
의 지위를 정하는 것이 나라에 당연한 일이다."

    그러고는 임금님께 하례하시고 직접 정성스럽게 가례를

시탕 부모의 병환에 약시중을
하는 일.

차리시며, 궁중의 모양이 된 것*을 진심으로 기뻐하셨다.
이는 다 임금님을 향한 덕행으로 그 뜻이 거룩하였다.

가례 후 경모궁께서 임금님을 뵐 때 행례行禮*에 지극히
조심하시고 또 공경하셨다. 이는 경모궁의 타고난 성품으로
정성스럽게 효를 실천하는 일에서도 경모궁의 뛰어남을 알
수 있다. 임금님과 정순왕후貞純王后*께서 문안을 평안히 지
내시면 스스로 기뻐하던 사실은 궁중 사람 모두가 다 아는
일이다. 지극한 슬픔으로 하늘을 우러러 묻고자 하지만 물
을 도리가 없구나.

세자는 어버이에 대한 효도와 동기에 대한 우애가 유달
리 깊었다. 금상|정조|을 매우 소중히 여기시는 것은 말할 것
도 없었다. 그래서 군주郡主*들이 감히 바라보지 못하게 하
시고, 천출賤出도 우러러보지 못하게 하여 명분을 엄하게 하
셨다.

화순옹주와 화평옹주는 맏누님으로 공경하시고, 화협옹
주는 선조|영조|께서 귀하게 여기지 않는다며 불쌍히 여기고
더욱 귀하게 대접하셨다. 그러나 화협옹주가 세상을 떠나자
경모궁께서는 매우 슬퍼하셨다.

보통 인정으로 생각하면 정처鄭妻|화완옹주|*는 임금님께서
편애하셨으므로 당신 당하신 일과 비교해 당연히 온화한 기
색을 잃을 법도 하였다. 그러나 화완옹주를 대할 때 조금도
표정에 싫은 기색을 나타내지 않았다. 보통 사람이 이런 일
을 당하면 경모궁처럼 할 수 있겠는가.

신사년辛巳年|1761, 영조37| 3월에 주상|정조|이 입학하시고, 그 달에 관례를 경희궁*에서 하셨다. 그러나 경모궁께서 못 가 보시기에 나 또한 홀로 가 보지 못했다. 어미의 정으로 서운함은 물론이고 내 근심이 끝이 없었다.

아버지께서 이때 험난한 일을 당하셨는데, 임금님의 은혜도 갚고 소조小朝*도 보호하려고 마음을 심하게 쓰셨다. 그래서 아버지는 가슴이 답답한 병과 관격증關格症*이 잦으셨다. 나를 보시면 하늘을 우러러 "나랏일을 태평하게 하소서." 하시며 두 손을 모아 비시던 아버지의 붉은 정성이야……. 하늘이 내려다보고 천지신명이 곁에 있으니, 털끝이나마 사사로운 정으로 이 말을 하였겠는가.

신사년|1761| 3월에 아버지께서는 정승을 제수받으셨다.* 그때 대신大臣은 없고 상후上候*가 있어서, 아버지께서는 부지런히 출사出仕*하셨지만 어찌 본심이겠는가. 관직에서 물러나려 하였지만 성은이 지중하여 마음대로 하지 못하시고,

경희궁 서울 종로구 신문로에 있던 궁궐. 1620년 광해군이 건축하고 경덕궁이라 했는데, 1760년에 영조가 경희궁으로 이름을 바꿨다.

소조 임금을 대신해 나라의 정치를 하는 왕세자를 뜻하는 말. 여기서는 사도세자를 가리킨다.

관격증 먹지 못하고 구역질하며 토하고 대소변도 나오지 않는 병.

✱ 이때 홍봉한은 좌의정 겸 호위대장 약방 도제조를 겸임하였다.

상후 임금의 신체 안위를 뜻하는 말로, 당시 영조는 병이 들어 덕성각에 있었다.

출사 벼슬을 하여 관아에 나아감.

관례

넓은 의미의 성인식으로, 남자는 관례라 하여 상투를 짜고, 여자는 계례라 하여 쪽을 쪘다.

관례는 보통 결혼 전에 하는 예식으로, 15~20세 때 행하는 것이 원칙이나 세자의 경우 10세 전후에 했으며, 만 1년 내에 상喪이 없어야 행할 수 있었다. 또 일반적으로 관례를 치를 사람이 『효경』, 『논어』에 능통하고 예의를 어느 정도 알아야 했다. 옛날 사람들은 이 관례를 혼례보다 더 중요하게 생각하였으며, 미혼이더라도 관례를 마치면 완전한 성인으로서 대우를 받았다.

관례는 음력 정월 중의 길일을 잡아 행하는데, 예정일 3일 전에 사당에 고하고, 관례 당일에는 상투를 틀고, 망건을 쓴 다음 관冠을 쓰고 성인 복장을 하는 의식을 한다. 이때 관례를 치른 이에게 자字|본이름 외에 부르는 이름|를 지어 준다. 이러한 관례는 보통 자기 집에서 하지만, 세자의 경우 나이 많은 종친의 집을 빌려 세자시강원의 관료가 맡아 하였다. 예식이 끝나면 주인|관례의 주재자|이 관례를 치른 이를 데리고 사당에 고한 다음 부모와 어른들에게 인사를 드린다. 세자의 경우 관례 후에 곧 혼례를 올렸다.

천백 가지 근심이 끝이 없었다. 오직 몸을 바쳐 나라의 은혜를 갚으려 하셨는데, 어느 때인들 걱정하지 않고 어느 날인들 두려워하지 않았겠는가.

종묘에 기우헌관祈雨獻官*으로 가셔서 제사를 지낼 때 역대 임금의 신위를 우러러, '조종祖宗이 말없이 도우사 나라가 평안하소서!' 하고 마음으로 축원하셨던 말씀을 편지로 써 보내셨다. 나는 그 편지를 붙들고 울었다.

내 오빠I홍낙인I가 경오년庚午年I1750, 영조26I에 소과小科를 치르시고 궁에 들어왔는데, 경모궁께서, "뜻과 기개가 서로 어울리는구나!" 하고 말씀하셨다. 신사년I1761I에 오빠는 문과

기우헌관 가물 때 비가 내리기를 빌기 위해 나라에서 제사를 지내는데, 이때 임시로 임명해 보내던 제관.

종묘 정전 서울시 종로구 훈정동. 사적 125호.
종묘란 원래 정전正殿을 가리키며, 태묘太廟라고도 한다. 조선시대 왕의 신주를 모시고, 제사를 지낸 곳이다.

에 급제하여 강서원講書院* 관원으로 세손l정조l을 자주 모시고 학문에 힘써, 주상l정조l께 많은 공을 세웠다. 강서원에 입직入直*하면 우리 남매는 자주 만나서 나라의 근심을 말하다가, 문득 서로 모른 척하자고 하였다.

강서원 조선시대에 세자나 세손의 공부를 맡아 보던 관아.

입직 근무하는 곳에 들어가 차례로 숙직이나 당직을 함.

신사년l1761l 겨울에 세손l정조l의 빈嬪을 간택하였다. 아버지께서 청풍 김판서 성응聖應*의 어머니 수연壽宴l환갑잔치l에 가셨다가 어린 중궁전을 보시고, "비상한 자질이라."고 말씀하신 것을 들었다. 김공金公 시묵時默*의 딸의 단자를 경모궁께서 보시고 시묵의 딸을 간택하여 그 댁과 혼인하고자 하셨다.

김성응l1699~1764l 본관은 청풍. 1728년 이인좌의 난 뒤 장붕익의 추천으로 관직에 나아가 20여 년간 국가의 치안과 군사책임자로 국방 강화에 힘썼다.

김시묵l1722~1772l 정조의 장인이자 효의왕후의 아버지로, 청원부원군에 봉해졌다. 1750년 식년문과에 을과로 급제 후 여러 관직을 거쳤다.

중전이 덕행과 용모가 뛰어나 모든 궁궐의 의논이 한 군데로 모여 쉽게 정했다. 이는 실로 하늘에서 정한 것이다. 경모궁께서 그 며느리를 귀중하게 여기고 편애하는 뜻이 지극하셨다. 중전이 궁에 들어와 특별한 사랑을 받았기에, 어린 나이였지만 대상大喪l사도세자의 상례l 후에 슬픔이 심하였고, 세월이 지나갈수록 경모궁을 그리워하였다. 혹 말이 미치면 바로 눈물을 흘렸는데, 이는 경모궁의 사랑을 받은 까닭이었다. 그러나 효성이 없으면 어찌 이러하였겠는가.

내전內殿*이 두 번째 간택을 치르자마자 마마를 앓았다. 뒤쫓아 주상l정조l이 마마를 하셨지만 증세가 매우 순하였다. 그런데 세 번째 간택 때에 또 큰 병을 치르시니 내 마음이 또 어떠하였겠는가. 주상의 마마는 신사년l1761l 동짓달 회간晦間l그믐께l쯤에 시작하여 섣달 순간旬間l초열흘께l쯤에 다 나으셨다. 이는 보통 여염집에서도 기쁜 일이거니와 하물며 세

내전 넓게는 왕비를 비롯하여 후궁들이 거처하는 공간을 뜻하고 좁게는 중궁전을 뜻함. 여기서는 중궁전을 가리킨다.

손이니 나라의 경사임에 틀림없었다. 임금님께서는 마음을 쓰시다가 기뻐하셨고, 경모궁께서도 기뻐하시던 일이 어제처럼 느껴진다. 내 몸에 없는 정리情理로 주상의 중한 병환이 태평하게 쾌차하시기를 두 손 모아 천지신명께 빌던 일과, 아버지께서 숙직하시며 애태우시던 모습이야 어찌 말할 것이 있겠는가.

조상이 도와 세손과 세손빈이 차례로 병이 쾌차하시고 12월에 세 번째 간택을 지냈다. 임오년壬午年1762, 영조38 2월 초2일에 가례를 아무 탈 없이 순조롭게 치렀다. 나라의 큰 경사가 이 밖에 어찌 더하겠는가.

서글프고도 서글프도다! 모년 모월일의 일*을 내가 어찌 차마 말할 수 있으랴. 하늘과 땅이 맞붙고, 해와 땅이 어두운 변을 만났으니 내가 어찌 잠깐이라도 세상에 머물 마음이 있겠는가. 칼을 들어 목숨을 끊으려 하였지만 옆에 있던 사람이 빼앗아 내 뜻을 이루지 못하였다. 뒤돌아 생각하니 11세 세손에게 두터운 아픔을 끼치지 못하겠고, 내가 없으면 세손의 성취成娶를 어찌하겠는가. 참고 참아 모진 목숨을 보전하며 하늘만 부르짖었다.

그때 아버지께서 나라에 엄한 하교를 받아 서울 동대문 밖으로 물러 나와 계셨다. 일이 어쩔 수 없게 된 후에 들어오시니 그 끝없는 아픔을 누가 알겠는가. 그날 정신을 잃고 쓰러지셨다가 겨우 깨어나시니, 당신 또한 어찌 살아갈 마음이 있겠는가! 그러나 내가 이 세상을 살아가는 뜻처럼 아버지께서도 오직 세손을 보호하실 정성만 있었으니 죽지 못하는 이 열렬한 충심을 귀신이나 알지 누가 알겠는가.

그날 밤에 내가 세손을 데리고 사저私邸로 나왔다. 그 망극하고 놀라운 모습이야 천지도 응당 빛을 변할 일이니 말할 것이 어찌 있겠는가. 임금님께서는 아버지께 하교하셨다.

"네가 세손을 잘 보호하라."

이때 임금님의 말씀은 한없이 귀중하였다. 나는 세손을 생각하며 감격해 우는 일이 측량없었으나 늘 세손을 어루만지며 이렇게 경계하였다.

"성은을 갚으소서."

그러나 내 서러운 마음은 또 어떠하겠는가. 그 후 임금님의 명령을 받아 새벽에 궁으로 들어갈 때, 아버지께서 내 손을 잡으며 마당 한가운데서 소리 내어 우셨다.

"세손을 모시고 만년을 누리소서. 늙어서는 복록이 가득 차 넘치소서."

그때 내 설움이 만고萬古에 또 있겠는가.

경모궁의 인산因山 전에 선희궁께서 와 나를 보시니, 한없이 원통하신 설움이야 또 어떠하였겠는가. 선희궁의 슬픔이 너무 지나쳐 나는 도리어 아픔을 억제하였다. 그리고는 선희궁을 우러러 "세손을 위하여 몸을 버리지 마십시오." 하며 위로하였다. 장례 후 선희궁께서 경희궁으로 올라가시니, 내 외로운 자취를 더욱 의지할 데가 없었다.

8월이 되어 임금님을 뵈었는데, 내 서러운 마음이야 어떠하였겠냐마는 감히 말하지 못하고 눈물을 흘리며 아뢰었다.

"저희 모자가 목숨을 보전한 것은 모두 성은 때문입니다."

사저 나라에서 고관高官에게 마련해 주는 집에 대응하여 사적인 집. 여기서는 혜경궁 홍씨의 친정을 가리킨다.

임금님께서 내 손을 잡고 우시며 말씀하셨다.

"네가 저렇게 할 줄 생각지도 못하고, 내가 너 볼 마음이 어려웠다. 오히려 네가 내 마음을 이리 편안하게 하니, 아름답구나."

이 말씀을 듣고 내 심장은 더욱 막히고, 죽지 않고 모질게 살아남아야 한다는 생각이 갈수록 더했다. 그래서 또 아뢰었다.

"세손을 경희궁으로 데려가셔서 가르쳐 주십시오."

"네가 세손을 떠나 혼자 견딜 수 있겠느냐?"

"제가 세손을 떠나서 섭섭하기는 작은 일이요, 세손이 임금님을 모시고 배우는 일은 큰 일입니다."

나는 눈물을 흘리며 대답하였다.

세손을 경희궁으로 올려 보내려 하니 우리 모자의 헤어지는 마음은 오죽하였겠는가. 세손은 차마 나를 떠나지 못하고 울며 경희궁으로 갔다. 그때 내 마음은 둘로 베이는 듯

아팠지만 참고 지냈다.

성은이 갈수록 커져서 세손을 지극히 사랑하셨고, 선희궁께서도 아드님에 대한 정을 세손에게 옮겨 서러운 마음을 쏟았다. 그래서 좌와기거坐臥起居*와 음식범백飮食凡百*에 마음을 놓지 못하셨다. 또 세손과 한 방에 머물며 날이 채 밝지 않은 새벽에 깨셔서, "세손은 글을 읽으라." 내보내셨다. 칠십 노인이 세손과 같이 일찍 일어나 세손의 조반朝飯을 꼭 보살펴 드리니, 세손이 이른 음식|이른 아침 식사|을 못 진어進御*하셨지만, 할머님의 지극한 정성을 생각하여 억지로라도 드셨다고 한다. 선희궁의 그때 마음을 또 어찌 헤아릴 수 있겠는가.

좌와기거 앉고 눕고 생활하는 하나하나의 일상 행동을 가리킨다.

음식범백 온갖 음식을 이름.

진어 임금이 입고 먹는 일을 높여 이르던 말.

경춘전
창경궁 내에 위치. 정조가 이곳에서 태어났으며, 숙종의 계비 인현왕후 민씨가 죽은 곳이기도 하다.

주상l정조l이 4, 5세부터 글을 좋아하였으므로, 각 궐에 떨어져 지냈지만 글을 안 할까 염려하지 않았다. 그러나 세손이 나를 못 잊어 하기는 날이 지날수록 심하였다.

세손이 나를 그리워하는 정세가 간절하여, 밤이 깊어서는 임금님을 모시고 자고 새벽에 깨어서는 내게 편지를 하였는데, 서연書筵 전에 내 회답을 보고서야 마음을 놓으셨다. 아기네가 어미를 못 잊는 인정은 당연하지만, 3년을 서로 이별하여 지냈는데 한결같이 그리 하던 것은 주상이 이상하게 조숙하셨던 게 아닌가 싶다. 내가 경력한 병이 자주 났는데, 3년 동안 병이 떠나지 않았다. 세손은 멀리서 의관醫官과 내 병의 증세를 의논하여 약을 보내기를 어른처럼 하셨다. 이는 다 주상의 천성이 효성스러운 까닭이다. 10여 세 어린 나이에 어찌 그리 하셨는지……. 매사가 다 숙성하셨다.

그해l1762l 9월 천추절千秋節에 내가 자취를 움직이기 힘들었지만 임금님의 명으로 부득이 올라갔다. 내가 거처한 집이 경춘전 남쪽에 있는 낮은 집이었는데, 임금님께서 그 집 이름을 '가효당嘉孝堂'이라 하시고, 친히 현판을 써 주시며, "네 효심을 오늘날 갚아 내가 써 주노라." 말씀하셨다. 나는 눈물을 흘리며 받고, 감히 당하지 못하고 또 불안해하였다. 아버지께서는 이 일을 듣고 감축하시며 집안 편지에 매일 그 당호堂號를 써서 왕래하게 하셨다.

한중만록 2권

임오화변壬午禍變*은 일찍이 유래가 없는 변이다. 선왕l정조l
이 병신년丙申年l1776, 영조52l 초에 영묘l영조l께 상소하였다.

"『정원일기政院日記』*를 없애 버리십시오."

그래서 그때의 『정원일기』를 없앴다. 이 일은 선왕의 경
모궁에 대한 효심으로, 임오화변에 대한 일을 많은 사람들
이 무례하게 찾아보는 것을 서러워한 뜻이다.

오랜 세월이 흘러 그때의 흔적을 아는 사람이 없어졌다.
그 사이에 이익을 욕심내고 재앙을 즐기는 무리들이 사실을
왜곡하고, 소문을 어지럽혀 이렇게 말하였다.

"경모궁은 병환이 없었는데, 영묘께서 거짓말을 듣고 그
런 처분을 하셨다."

또는 이렇게 말하기도 했다.

"영묘께서 생각지도 못한 일을 신하들이 말씀드려 이런
슬픈 모양이 되었다."

선왕은 총명하였다. 그때 비록 어린 나이였지만, 선왕이

임오화변 임오년l1762l에 사도
세자가 화를 당한 일.

정원일기 조선시대에 왕명의
출납을 관장하던 승정원에서
매일매일 취급한 문서와 사
건을 기록한 일기로, 본래
『승정원일기』라 함.

다 눈으로 보신 일이다. 어찌 속겠냐마는 오히려 어버이를 위한 일에는 소홀하다 말이 날까 두려워 경모궁과 관련된 '모년사某年事'*라 하면 일례로 '그렇다.' 하고, 일찍이 옳고 그름, 참과 거짓을 분별하지 않았다. 이는 당신 가슴에 맺힌 아픔으로 부득이하게 한 일이다. 선왕은 그 일을 다 알고 지극한 정에 이끌려 그리 하였거니와 후왕순죄은 선왕과는 입장이 조금 다르다. 그러나 어떤 큰일임오화변을 자손이 되어 모르는 것은 사람의 도리와 천지 만물의 이치에 어긋난 일이다.

*임오화변을 가리킨다.

　주상순죄이 어려서 이 일을 알고자 하였으나 선왕정죄은 차마 자세히 말하지 못하였다. 어느 누가 감히 이 말을 하며, 또 누가 능히 이 사실을 자세히 알겠는가. 내가 없으면 궐 안에서는 알 사람이 없어서 이 일을 모르게 하였으니, 자손이 되어 조선祖先|조상의 큰일을 어둡게 만들 일이 망극하구나. 그래서 한 번 그 일의 전후사를 기록하여 주상을 뵙고 없애고자 하였다. 그러나 나는 차마 붓을 잡고도 쓰지 못하

임오화변과 시파 · 벽파의 대립

정조는 즉위 후 임오화변을 둘러싼 논란을 억제하면서 왕권 강화를 달성한 다음, 재위 12년 이후부터는 사도세자의 위상을 자신의 의향대로 설정해 나갔다. 영조 대의 집권 세력이자 사도세자의 죽음에 일조했던 노론 정권에 있어서 당시의 노론 중심 정국 운영에는 문제가 되었다. 이 과정에서 사도세자 문제에 대한 정조의 정책에 동의하지 않는 무리가 벽파로 결집되었다. 그러므로 벽파는 노론이 중심이 되었고, 이들은 사도세자가 광패狂悖하여 폐세자廢世子의 변을 자초하였으니 조금도 동정할 필요가 없을 뿐만 아니라, 그런 세자가 만일 왕위에 올랐다면 나라를 망쳤을 것이므로 적극적으로 배척해야 된다고 주장하였다. 그리고 정조의 정책에 동조하는 부류를 시류에 편승한다는 의미로 시파라 하여 배척하였다. 시파와 벽파의 대립은 정조가 사도세자 문제에 관한 자신의 의중을 분명히 하면 할수록 그에 비례하여 심화되었다. 임오화변과 정조의 정책을 둘러싼 시 · 벽의 대립은, 순조 초년 안동 김씨|순조의 비인 순원왕후 측근과 경주 김씨|영조의 계비인 정순왕후 측근가 대립하게 되는 중요한 명분이 되기도 하였다.

여 세월만 보내었다.

내 첩첩한 공사公私에 참혹한 재앙이 있은 후로는 목숨이 실과 같아서 거의 끊어지게 되었다. 이 일을 주상에게 모르게 하고 죽기는 실로 인정人情이 아니다. 그래서 죽기를 참고 피눈물을 흘리며 이렇게 기록하나, 차마 쓰지 못할 말은 뺀 것이 많고 지루한 곳은 다 거두지 못한다.

나는 영묘의 며느리로 평소에는 지극한 사랑을 받았으며, 그때에는 다시 태어나는 은혜를 입었다.* 경모궁의 아내로서도 소천所天*을 위한 정성은 하늘을 깨칠 것이다. 두 부자 사이의 일에 조금이라도 말이 지나치면 하늘의 신께서 죽음을 면치 못하게 할 것이다. 바깥사람이 모년일로 이러니 저러니 말하는 것은 다 허황되고 근거 없는 말이다. 이 기록을 보면 모년일의 시작과 끝을 분명히 알 것이다. 영묘께서는 경모궁에게 처음에는 사랑을 더할 수 없을 만큼 주셨으나 나중에는 거의 주지 않으셨다. 경모궁은 선천적으로 본성이 어질고 너그러워 거룩하였지만, 병이 많아 이루 다 말할 수 없구나. 종사宗社의 위망危亡이 가까워 경모궁께서 어쩔 수 없는 때를 당하였다.

나와 선왕은 경모궁의 처자妻子로 망극지변罔極之變을 당하고도 쉽게 죽지 못하고 목숨을 보전하였다. 또한 슬픔은 나의 지극한 슬픔이요, 의리는 나의 의리로 오늘날까지 왔으니 이 사연을 주상에게 자세히 알리고자 한다.

헤아려 생각해 보건대 이 일을 두고 영묘를 원망하고 경모궁의 병환이 아니라 말하며 신하에게 죄가 있다고 하면,

*임오화변 때 남편인 사도세자는 죽었지만, 혜경궁 홍씨는 살아남은 일을 가리킨다.

소천 아내가 남편을 이르는 말로 사도세자를 뜻함.

비단 본사本事|임오화변|의 실제 모습을 잃을 뿐 아니라 삼조|영조·정조·순조|에게도 다 망극한 일이다. 이것만 바로 잡으면 이 의리를 분간하기 무엇이 어렵겠는가. 내가 임술년壬戌年 |1802, 순조2| 봄에 이 일의 기초를 잡아 두고 미처 보지 못하였다. 오늘날 그간 겪은 일을 말하여 가순궁嘉順宮•도 자손에게 이 일을 알게 하는 것이 옳다고 생각해서, "이 일에 관해 쓰십시오." 청하기에 마지못하여 써서 주상께 보였다. 나의 온갖 힘이 이 기록에 다 있다. 나는 새롭게 놀라고 답답하며, 마음이 무너지는 듯하여 글자 한 자 한 자마다 눈물을 흘리며 기록하니 제대로 글씨를 이루지 못하였다. 세상에 나같은 사람이 어디 있겠는가. 억울하고 원통할 뿐이다.

을축년乙丑年 4월*

가순궁|1770~1822| 박준원朴準源의 딸 수빈 박씨. 1786년|정조10| 빈으로 입궁한 후 1790년 순조를, 그 뒤에 숙선옹주를 낳았다. 예절이 바르고 행실이 착하여 그 현숙함을 칭송받았다.

*이 편의 집필 연월일은 1805년. 대왕대비로 있던 정순왕후 김씨가 승하한 뒤이다.

무신년戊申年|1728, 영조4| 후로 왕세자의 자리가 오래 비어 있어서* 영묘께서 밤낮으로 몹시 걱정하셨다. 을묘년|1735| 1월에 선희궁께서 경모궁을 낳으셨다. 영묘와 인원·정성 양 성모께서는 종사宗社의 큰 경사에 매우 기뻐하셨다. 나라의 신하와 백성 또한 어느 누가 기뻐하지 않으며 춤추지 않았겠는가.

경모궁께서는 태어나실 때부터 용모가 특출나셨다. 궁중에서 기록하여 전하는 말을 보니, 태어나신 지 백 일 안에 기이한 일이 많았다. 넉 달 만에 걷고, 여섯 달 만에 영묘께서 부르자 대답하고, 일곱 달 만에 동서남북을 가리키셨다. 두 살에는 글자를 배워 60여 자를 쓰고, 세 살에는 다식茶食*을 올리자 '수복壽福'이란 글자 박은 것을 드시고, 팔괘八卦* 박은 것은 따로 놓고 드시지 않았다. 경모궁을 모시는 사람이 팔괘 박은 다식을 잡수시라 권하였다.

그러자 경모궁께서 말씀하셨다.

"팔괘라 아니 먹을 것이다. 싫다!"

그 후 태호太昊 복희伏羲*씨 그린 책을 높이 들라고 명하고는 절하시고, 천자千字를 배우다가 사치 '치侈', 가멸 '부富'에 이르러 사치 '치侈'자를 짚고, 입고 계시던 옷을 가리키며 "이것이 사치라." 하셨다. 영묘께서 어리실 때 쓰시던 감투* 중에 칠보七寶*로 만든 것이 있었는데 이를 쓰게 하니 "이도 사치라." 말씀하시며 쓰지 않았다. 주세周歲|생일|에 옷을 입히려고 하니, 또 이렇게 말씀하셨다.

"이 옷이 사치하구나. 남부끄럽다. 싫다."

1 정빈 이씨가 낳은 효장세자가 1728년 11월 16일에 죽었다.

다식 녹말·콩·송화·검은깨 따위의 가루를 꿀이나 조청에 반죽하여 다식판에 박아 낸 음식.

팔괘 역易을 구성하는 64괘의 기본이 되는 8개의 도형으로 건乾·태兌·이離·진震·손巽·감坎·간艮·곤坤을 말함. 괘는, 천지만물의 형상을 걸어 놓아 사람에게 보인다는 뜻을 담고 있다.

태호 복희 중국 고대의 전설상의 제왕 또는 신으로, 진陳에 도읍을 정하고 150년 동안 제왕의 자리에 있었다고 한다. 해와 달 같은 큰 성덕을 베풀었다 하여 끝없이 넓다는 뜻의 '태호'라 한다. 또한 팔괘를 처음 만들고, 그물을 발명하여 어로와 수렵 방법을 가르쳤다고도 전한다.

감투 말총으로 만들어 머리에 쓰는 옛 관.

칠보 금, 은이나 구리의 바탕에 유리질의 유약을 발라 구워서 여러 가지 무늬를 나타낸 세공.

세 살 난 어린 나이에 기이한 일이었다. 그래서 경모궁을 모시는 사람이 시험하여 명주와 무명을 놓고 물었다.

"어느 것이 사치이며, 어느 것이 사치가 아닙니까?"

"명주는 사치이고, 무명은 사치가 아니다."

경모궁께서 대답하였다. 그 사람은 경모궁이 어찌 하시는지 보려고 또다시 물었다.

"어느 것으로 옷을 만들어 입으시면 좋겠습니까?"

"이것이 좋겠구나."

경모궁께서는 무명을 가리키며 말씀하셨다. 이 일로 보아도 경모궁의 탁월한 기품을 잘 알 수 있다.

경모궁의 체격과 용모는 크고 웅장하며, 천성은 효성과 우애가 깊고 총명하셨다. 만일 부모님 곁을 떠나지 않고 그 곁에서 모든 일을 가르치어 지도하고 자애와 가르침을 병행하였더라면, 경모궁의 어질고 너그러운 도량과 재능의 성취함이 어떠하였을까. 그러나 일이 그렇지 못하여 일찍이 각각 멀리 떠나 계신 까닭에, 일이 이리저리 거쳐서 전해졌다. 그래서 오히려 작은 일이 크게 되어 필경 말하기 어려운 지경까지 이르렀다. 이것은 하늘이 정한 운수가 불행하고 또 국운의 망극함이니, 사람의 힘으로는 어찌할 수 없는 일이다. 나의 지극한 원통함을 어찌 측량하겠는가.

영묘께서는 동궁의 자리가 오래 빈 것을 염려하시다가 원량元良*을 얻고 매우 기뻐하셨다. 영묘께서는 경모궁을 멀리 떠나보내는 일은 돌아보지 않고, 동궁의 주인이 빨리 생긴 것만 기쁘게 여기셨다. 그래서 서둘러 법法만 차리려 하

원량 왕세자. 여기서는 경모궁[사도세자]을 가리킨다.

셨다. 경모궁은 태어난 지 백일 만에, 탄생하신 집복헌集福軒
을 떠나 보모에게 맡겨졌다.

경모궁은 오래 비었던 저승전이라는 큰 전각으로 옮기셨
는데 저승전은 본래 동궁을 들이는 전이다. 저승전 옆은 강
연하는 곳인 낙선당樂善堂과 소대召對*하는 곳인 덕성합德性
閣, 동궁이 축하를 받으시고 회강會講*하는 시민당時敏堂*이
있고, 그 문 밖에 춘계방春桂坊*이 있었다. 이는 동궁께서 장
성하시면 다 동궁에게 딸린 집인 까닭에, 어른처럼 저승전
주인이 되게 하신 임금님의 뜻이었다.

영묘께서 거처하시는 곳과 선희궁의 처소는 저승전과 서
로 멀었지만 두 분 영묘와 선희궁께서는 심한 추위와 더위
를 피하지 않고 날마다 오셔서 머무시는 일이 많았다고 한

소대 참판관 이하를 소집하여 왕이 친히 글을 강론함.

회강 경사經史와 그 밖의 다른 학문에 대해 강의한 것을 복습하던 일.

시민당 창경궁 회태문回泰門 안쪽에 있던 집.

춘계방 세자의 공부를 맡아 본 춘방春坊(세자시강원)과 세자의 시위를 맡아 본 계방桂坊(세자익위사)을 가리킨다.

집복헌 창경궁 내에 위치. 집복헌은 영춘헌의 서쪽에 있던 집이나 순조 때 재건되면서 모습이 많이 바뀌었다. 1735년 1월 사도세자가 태어난 곳임과 동시에 1790년 6월 순조가 태어난 곳이기도 하다.

다. 그러나 어찌 한 집안에서 아침저녁으로 양육하며 끊임
없이 교훈하는 것과 같겠는가. 어떤 헤아림이셨는지, 귀중
한 종사를 의탁할 아드님을 겨우 얻었으니, 법은 다음이요
부모 곁에서 양육하며 성취하게 했어야 하나 그렇게 하지
않으셨다. 처소가 멀어 세상일을 아실 때부터 자연 떨어져
있는 일이 많았고 모이는 일이 적었다. 경모궁께서 아침저
녁으로 대하는 사람은 환관과 궁첩뿐이었고, 듣는 이야기도
여항間巷|여염의 세세한 이야기뿐이었다. 벌써 이 일이 잘 되
지 못할 발단이었으니 어찌 슬프고 원통하지 않겠는가.

경모궁께서는 이미 어렸을 때 덕기德器●가 이상하고 행동
에 법도가 있어 도리에 벗어나지 않았다. 또 기상이 엄격하
였으며, 말이 많지 않으셨다. 그래서 보는 사람은 어른 임금
을 모시는 것과 다르지 않았다. 경모궁께서는 이런 기품과

덕기 어질고 너그러운 도량과
재능.

자질로 부모 곁을 떠나지 않았다. 부왕께서는 만기萬機를 보는 잠깐 사이에도 경모궁이 글을 읽고 배우도록 몸으로 가르치셨다. 모빈母嬪|선희궁|께서도 아드님이 성취하는 일을 으뜸으로 생각하여 손 밖에 내지 않았다. 일에 따라 가르치셨는데, 한편으로는 엄격하시고 한편으로는 사랑하셨다. 그렇게 흡연翕然한 사이가 또 없었다. 만일 경모궁을 내버려 두지 않았다면, 어찌 일이 이 지경에 이르렀겠는가.

처음 당한 일로 슬프고 애달픈 것이 있으니, 하나는 어린 아이를 저승전에 멀리 두신 일이고, 둘은 괴이한 내인을 들인 것이다. 여편네의 소쇄小瑣|사소한 것, 잔소리가 아니라, 사건의 시작을 대략 기록한다.

저승전은 어대비魚大妃께서 계시던 집인데 계시지 않은 지 오래되지 않았다. 저승전 저편에 취선당就善堂이 있었는

만기 임금이 처리해야 하는 여러 정사.

흡연 마음이 합해서 한군데로 모이는 모양.

어대비 경종의 계비 선의왕후 어씨를 가리킴. 소론의 지지를 받던 경종이 죽고 노론의 지지를 받던 영조가 즉위한 뒤 노론의 억압 속에 1730년 한스러운 생을 마감했다.

궁첩

조선시대에, 궁궐 안에서 대전·내전을 가까이 모시는 내명부를 통틀어 내인 또는 나인이라 했으며, 『대전회통大典會通』에는 궁중 여관, 즉 궁녀로 규정했다. 궁녀는 궁첩, 궁빈, 궁아, 시녀 등으로 불리기도 했다.

보통 때는 견습내인|애기내인·생각시라고도 함. 관례(성년식)를 치르기 전의 내인, 내인, 상궁으로 구별되었다. 입궁 후 대체로 35~36년이 되어 왕으로부터 정5품 이하의 상궁 봉첩奉牒을 받은 내인은 상궁이라 했다. 예외적으로 왕의 승은承恩을 입어 20대에 상궁이 되는 경우 특별상궁이라 하였다.

내인은 환관 이외의 남자와 접촉하지 못하며, 특별한 경우를 제외하고 평생을 수절해야 했다. 견습내인은 입궁하여 15년 후 관례를 치르는데, 이때 내인으로 승격되며 왕으로부터 첩지와 옷감, 새 이름을 받는다.

내인

첩지머리

봉첩을 받은 상궁

동궁 영역과 관천대 창경궁 명정전 남쪽으로 저승전과 낙선당 등이 있었으나 1756년 저승전 낙선당 화재로 인해
저승전과 그 일대 전각들이 소실되었다. 현재는 빈터에 관천대[보물 851호]만 남아 있다. 〈동궐도〉. ⓒ 동아대학교 박물관.

데, 희빈禧嬪*이 갑술년甲戌年[1694, 숙종20] 뒤에 머물며 인현성
모*를 저주하던 집이었다. 그런데 포대기에 쌓인 아기네[사도
세재]를 이런 황량한 곳에 혼자 두셨던 것이다. 또 희빈 처소
는 소주방燒廚房*으로 만들어 경모궁께서 잡숫는 음식 처소
로 삼았다. 어찌 이상한 일이 아니겠는가.

어대비의 국상 3년 후에 어대비께서 부리던 내인들은 밖
으로 다 내보냈다. 그러나 저승전을 동궁으로 차릴 때에 체
면만 있게 하라 하시며 각처에 있는 내인들을 다시 불러들
였으니, 임금님께서 어떤 뜻으로 그러하셨는지…… 경묘景
廟[경종]와 어대비전에 있다가 나간 내인 중에 최상궁 이하로
다 불러들여 원자궁의 내인으로 만들었다. 그때 처소 내인
의 모양이 경묘가 살아 계신 듯싶었을 것이다. 그 내인들은

억척스럽고 정이 없기가 말할 수 없었다. 그래서 아주 작은 일로 비로소 그 탈|임오화변|이 나니 어찌 한이 되지 않겠는가.

영묘께서는 그 아드님을 얻으신 후 지극한 자애慈愛가 비할 데 없었다. 아드님이 4, 5세 될 때까지 저승전에서 자주 함께 주무시고 거처하시며 틈이 없는 깊은 사랑을 베풀었다. 경모궁도 천성이 효성과 우애가 있을 뿐 아니라, 천리 인정으로 어릴 적에 어찌 부모를 사랑하지 않았겠는가. 비록 각각 처소의 거리가 멀었지만, 다른 일이 없었다. 부자간에 이렇게 사랑하고 교훈하여 일반 백성 부자간과 같았으면 어찌 티끌만한 틈이 있었겠는가. 그러자 국운이 잘못되려고, 형용도 없고 지적할 것도 없는 작은 일에 임금님이 말없이 격노하시던 일이 한 가지, 두 가지가 되어 어찌 된 줄도 모르게 동궁에 머무시는 일이 차차 줄었다. 그 아드님은 막자라는 아기네였다. 한때라도 가르치지 않고 잘못을 금지하지 않으면 제멋대로 되기 쉬울 때였다. 자연 보시지 않을 때가 많으니 어찌 탈이 나지 않겠는가.

영묘께서는 화평옹주를 유달리 사랑하셨다. 무오년|1738|에 금성위|박명원|를 택하여 미처 예식을 치르기도 전에 동궁 처소에서 놀게 하시니, 그 부마*를 옹주와 함께 특별히 사랑하셨음이다.

원자궁 내인들은 다 경묘의 내인이었다. 보모 최상궁은 잡념이 없고 뜻이 굳세어 충성심이 있었지만, 본래 성품은 시기심 많고 음험하여 마음이 온화하거나 조용하지 못한 사람이었다. 다음으로 한상궁은 일을 잘 꾸며 간사스럽게 속

부마 원래 부마는 한나라 천재왕|가 타는 부거|副|車|예비 수레를 끄는 말을 뜻했으며, 그 말을 관리하는 직책을 부마도위라 하였다. 그러나 부마도위의 봉록이 재상에 버금가게 되자 위魏 · 진晉나라 이후 천자의 사위에게 부여되는 벼슬이 되었다. 공주나 옹주에게 장가든 자는 부마|駙馬라 하여 '위|尉|'부마에게 주던 봉작로 봉하고 종2품의 품계를 주었다.

이는, 샘이 많은 인물이었다. 비록 동궁 내인이 되었지만, 본래 옛적에는 대전의 내인이었으니 영묘께 어찌 극진한 정성이 있겠는가.*

이러할 때, 천한 내인이 큰 뜻을 알지 못했다. 그래서 선희궁께서 동궁을 탄생하였지만 지극히 존귀하다고 생각하지 않았다. 내인들은 선희궁께서 미천한 신분일 때* 일만 생각하여 업신여기며 말도 공순하지 않고, 때로는 헐뜯고 다녔다. 이를 선희궁께서 거북하게 여겼는데, 영묘께서 어이 몰랐겠는가.

세초歲初|정초|에 경經을 읽는 날이었다. 금성위도 궁에 들어왔는데, 마침 날이 늦어 독경讀經 준비가 늦었다. 그때 내인들은 본래 공순하지 못한 인물들로, 화를 내며 헐뜯고, 서로 앉아 무엇이라 하였는지 선희궁께서 화가 나셨다. 영묘께서도 그 눈치를 아시고 괘씸하게 생각하였다.

그러나 사랑하는 금성위가 궁에 들어와 머무는데 내인들에게 죄를 주면 옹주와 부마에게 원망이 미칠 것을 염려하여 처분을 하지는 않았다. 영묘께서도 마음이 몹시 원통하고 분해하셨다. 영묘께서도 동궁에 가고 싶었지만, 그 내인들을 보기가 싫어 동궁 처소에 가는 일이 줄어들었다. 그 내인들을 모두 내치지 못하고, 도리어 동궁을 그 괴이한 내인들의 수중에 넣어 둔 것이다. 내인들이 밉기로 동궁을 드물게 보러 다니시다니 어찌 갑갑한 일이 아니겠는가.

그러는 동안 동궁은 점점 자랐다. 보통 아기네 마음으로 놀고 싶은 마음이 났다. 막 가르쳐야 할 때 자상께서 동궁에

* 동궁의 내인들은 경종이 왕으로 있을 당시의 대전 내인이었기에, 선희궁이나 동궁, 심지어 영조까지도 내심 하찮게 여겼다고 한다. 또한 이들은 소론이 지지하던 경종 시절의 궁인이다 보니, 훗날 경모궁이 노론보다 소론에게 귀기울였던 데에도 어느 정도 일조한 듯하다.

* 선희궁이 궁녀 생활을 하던 천한 궁인이었을 때를 가리킨다.

드물게 오시는 틈을 타서 한상궁이라 하는 것이 최상궁
에게 말했다.

"사람마다 하는 일을 말리고 거스르면 아기네 마음
이 울적하여 편치 못하실 것입니다. 그러니 최상궁은
엄하게 하여 옳은 도리로 인도하도록 도우십시오.
나는 아기네께서 놀 수 있게 하여 답답한 마음을 후
련하게 만들겠습니다."

한상궁은 손재주가 있어 나무와 종이로 월도月刀도
만들고, 궁시弓矢활과 살도 만들었다. 최상궁과 한상궁
은 교체하는 상궁이었다. 최상궁이 내려가는 때를 타,
어린 내인들을 약속이나 한 듯 문 뒤에 세웠다가 그 아이들
을 시켜 군기軍器 만든 것을 가지고 무예 소리를 하며 경모궁
과 놀게 하였다. 맹자는 성인의 자질이 있었어도 이사를 세
번이나 옮겼는데,* 동궁이 어찌 정신을 혹하지 않았겠으며
어찌 놀고 싶지 않았겠는가. 경모궁께서는 놀기를 탐하며,
부왕이 와서 보시면 꾸중이나 하실까 염려하셨다. 아기네 마
음으로 평소 부모님을 뵙던 마음이 달라지고, 모빈|선희궁|도
아실까 염려하여 그곳 내인들이 와도 꺼리는 마음이 났다.

막 배우시기 시작할 때, 괴이한 내인들이 그런 불길한 병
기로 놀게 인도하였으니……. 본래 선천적으로 타고나기는
영웅의 기상이었지만, 놀음에 마음이 쏠려 그 놀음을 좋아
하였다. 그 놀음이 늘어 나중에는 말하기 어려운 지경까지
이르렀다. 그 한상궁의 계교가 어찌 흉악하고 수상쩍지 않
겠는가.

월도를 든 병사
칼날의 모양이 초승달 같은 데서
월도 또는 언월도라 한다.
길이는 약 2.1m, 칼날의 길이 78cm,
자루는 130cm 정도이다.
『원행을묘정리의궤』. ⓒ 규장각.

✳ 전한前漢 말의 학자 유향劉向
이 지은 『열녀전』에 '맹모삼
천지교孟母三遷之敎' 라는 고
사가 나온다. 맹자의 어머니
가 자식을 위해 세 번 이사했
다는 것으로, 사람이 성장하
는 데 그 환경이 중요함을 강
조한 이야기이다.

그렇게 3, 4년이 지나고 동궁께서 7세 되던 신유년[1741]에 영묘께서 한상궁의 심술을 알고 내보내려 하였다. 다른 내인도 죄를 입은 이가 많았으니 그 처분은 지극히 옳았다. 그때 내인들을 다 내치고 징계를 깊이 한 뒤, 두 분께서 떠나지 않고 곁에 두시면서 가르치셨으면 그 효심에 어찌 아니 좋아하였겠는가. 그러나 영묘께서는 그 내인만 내보내시고 다른 내인은 다 두어 경모궁을 거룩히 받들게 하였다. 아기네를 넓은 집에서 어른이 보살피지 않고 마음대로 자라게 하였다. 경모궁께서 보는 것은 궁인과 환시[내시]뿐이었으니 무엇을 배우시겠는가.

　이러할 때 두 분 사이에 형용 없이 모모사某某事[자잘한 일]를 지적할 것은 없으나 아드님은 아버님을 두려워하시고, 아버님은 아드님이 어떻게 자라는고 혹 자신의 마음과 다른가 생각하셨다.

　두 부자분 성품이 몹시 달랐다. 영묘께서는 똑똑하고 인자하며 효성스러웠다. 모든 일을 자상하게 살피며 민첩하고 숙달한 성품이셨다. 경모궁께서는 말씀이 없고, 행동이 민첩하지는 못하였지만 덕량이 거룩하였다. 모든 일에 부왕의 성품과 달랐다. 평상시에 영묘께서 묻는 말씀에도 머뭇거리며 대답하였다. 부왕께서 무엇을 물어보려 하실 때에도 당신께서 생각하는 바가 없는 것은 아니지만, 이리 대답할까 저리 대답할까 고민하며 즉시 대답하지 못했다. 그래서 매번 영묘께서는 갑갑하게 생각하셨는데 이 일이 또 큰 사건이 되었다.

무릇 아이를 가르치는 것은 비록 존귀한 자리에 나섰더라도 당신 부모의 부림과 가르침을 받아 부모가 스스럽지|낯설지| 않고 허물이 없어야 한다. 그러나 그렇지 않았다. 동궁께서는 포대기에 싸여 있을 때부터 부모를 떠나, 내인들이 받들어 키웠다. 심지어 옷고름에서 대님 매기까지 다 하여 드렸으니, 매사에 편리하기가 지나치셨다. 강연에서 빈료들을 만날 때에는 점잖고 씩씩하였다. 글 읽는 소리도 크고 맑았으며, 글의 뜻을 이해함에도 그릇됨이 없으니 뵙는 사람마다 동궁의 거룩하심을 일컬어 궁중 밖에서도 좋은 명성이 많이 떠돌았다.

아! 갑갑하고 애달프다. 경모궁께서는 부왕을 모실 때에만 두렵고 어려워하며 응대를 재빠르게 못하였다. 영묘께서 한 번 갑갑하고 두 번 갑갑하여, 몹시 성을 내시며 근심도 하였다. 이럴수록 가까이에서 친히 가르치며 막역한 정을 나눌 도리는 생각하지 않으셨다. 매일 멀리 두고 경모궁 스스로 잘 되어 저절로 영묘의 뜻에 맞기를 기대하셨다. 이러할 때 어찌 변고가 없겠는가.

점점 서먹서먹하게 지내다가 마주하면 부왕께서는 도타운 사랑보다 허물을 꾸짖었다. 아드님께서는 한 번 뵙는 것도 조심하시며 몹시 두려워하였다. 그래서 무슨 큰일이나 치르는 듯하였다. 말이 없는 가운데 부자간 사이가 막히니 어찌 슬프지 않겠는가.

경모궁은 병진년丙辰年|1736, 영조12| 3월에 동궁으로 책봉받으신 후, 7세 되는 신유년|1741|에 글을 읽으셨다. 또 8세 되

왕세자 입학도 왕세자가 문묘에 나아가 예를 올리고, 성균관 명륜당 박사博士에게 수업 허락을 받고, 예물을 올린 후에 박사가 왕세
자에게 강독을 하는 입학의를 치른다. 그러고 나서 문무백관의 하례를 받는다. 「정축입학도첩」. ⓒ 경남대학교 박물관.

는 임술년壬戌年1742, 영조18 정월에 종묘에 참배하시고 3월에
입학하시니, 거룩하신 자질을 흠탄하지 않는 사람이 없었다.

계해년1743 3월에 관례하시고 갑자년1744 정월에 나와
가례하셨다. 내가 궐에 들어와 모양을 보니 그때 삼전이 계
셨는데, 법이 엄하고 예가 중하여 털끝만큼도 사사로운 인
정이 없었다. 두렵고 조심스러워서 나는 마음을 일시도 놓
지 못하였다. 경모궁도 부왕에 대한 사랑은 뒤고 엄한 법도
가 승하여서, 10세 된 아기네로 감히 마주 앉지 못하였다.

신하들처럼 몸을 굽혀 엎드리며 보셨으니 어찌 그리 지나치게 하셨던가 싶다.

경모궁은 소세梳洗를 일찍 하는 일이 없고, 매일 글 읽는 시간이 되어서야 보채듯이 하였다. 문안을 갈 때면 나는 일찍 세수하고 큰머리와 옷을 입고 가려고 하였다. 그렇지만 동궁이 앞서지 않으면 빈궁●은 감히 못가는 법이라 매일 기다리고 있었다. 아이 마음에 '어찌 세수가 저리 더디신고!' 이상히 생각되어, '경모궁께서 병이 계신가?' 여겼다. 과연 을축년l1745l에 아기네가 야단스럽게 노는 것이 달라 예사롭지 않고, 병환이 드신 듯하였다. 내인들이 모여서 가만히 말하고 근심하며 염려하였다. 그해l1745l 9월에 동궁께서 병이 심하게 들었는데 진퇴무상進退無常●하였다. 병의 증세가 심하니 내 어찌 점쟁이에게 길흉을 묻지 않았겠는가. 무당의 말이 한결같아 저승전에 계신 것이 화禍라고 하였다. 그래서 재물을 기울여서 신사神祀l신을 모시는 사당l에 기도도 하고 독경도 많이 하였지만 낫지 않았다. 동궁은 저승전을 떠나 대조전의 익실翼室●인 융경헌隆慶軒으로 피우避寓●하시고, 나는 집복헌으로 가서 지냈다.

병인년丙寅年l1746, 영조22l 정월에 경춘전으로 나까지 또 옮겨 가니 그때 동궁의 춘추는 12세였다. 경춘전은 연경당延慶堂●과 집복헌이 가까워서 선희궁께서도 자주 오셨다. 화평옹주의 성품은 어질고 무던하며, 공손하고 검소하였다. 그 오라버님을 귀중하게 생각하여, "연경당으로 드소서." 하며 친하게 지냈다. 영묘께서는 그 옹주를 매우 사랑하였다. 동

빈궁 조선시대에 왕세자빈이 거처하던 곳 또는 왕세자빈을 가리킨 말.

진퇴무상 병이 덜했다 더했다 하며 차도를 알 수 없다는 뜻.

익실 집의 대청 좌우편에 달려 있는 방.
피우 병을 고치고 몸조리를 하기 위해 거처를 옮기는 것.

연경당 창경궁 환경전 북쪽에 위치한 전각.

궁을 화평옹주와 더불어 좋게 대하시니, 기쁘고 즐거워 평소 부왕을 두려워하는 마음이 나았다. 화평옹주가 장수하셨더라면, 전궁殿宮|영조, 동궁| 사이를 도와 유익함이 얼마나 컸겠는가.

정묘년丁卯年|1747, 영조23|에는 경모궁이 서연書筵•도 착실히 하시어 근심 없이 지냈다. 그런데 10월에 창덕궁 행각行閣•에 화재가 나서 경희궁으로 임금님께서 거처를 옮기셨다. 경모궁의 처소는 집희당緝熙堂이고 선희궁은 양덕당養德堂이고, 화평옹주는 일녕헌逸寧軒으로, 사이가 멀어 보는 일이 드물었다. 그때부터 동궁의 놀음은 다시 시작되었다.

서연 조선시대에 왕세자에게 경서를 강론하던 자리.

행각 궁궐이나 정당正堂|중심건물|의 앞이나 좌우에 연이어 지은 줄행랑을 행각이라 한다.

대조전
창덕궁 내전 중 가장 중심이 되는 침전寢殿, 즉 중궁전. 대조전 정면에 4개의 드므가 있는데 이것은 물을 담아 놓는 큰 물동이로, 여기에 물을 담아 놓으면 화마火魔가 물에 비친 자신의 얼굴을 보고 놀라 도망간다는 주술적인 뜻이 있었다. 보물 제816호.

무진년戊辰年1748, 영조24 6월에 화평옹주의 상喪이 났다. 영묘께서는 특별히 사랑하시던 따님을 잃었다. 그래서 임금님께서는 몸을 버릴 듯 슬퍼하였고, 선희궁께서도 또한 같이 서러워하였다. 두 분은 이 참척慘慽에 모든 일이 꿈과 같아 그 아드님도 돌보지 못하였다. 동궁은 그 사이에 꺼릴 것 없이 놀기도 더 하고, 세상만사에 해 보지 않은 일이 없었다. 활 쏘고 칼 쓰고, 기예붙이를 능하게 하였는데, 즐겨 노는 일이 다 그와 같은 것이었다. 그림 그리기로 날을 보내고 경문經文, 잡서雜書를 좋아하여, 당주복자堂主卜者 김명기金明基에게 "경經을 써 오라." 명하여 이를 가지고 공부하며 외웠

참척 자녀가 부모보다 먼저 죽는 일.

당주복자 예전에 나라에서 지내는 기우제祈雨祭, 기설제祈雪祭, 기청제祈晴祭 따위에서 기도를 맡아 하던 소경 무당이나 점쟁이.

대조전 맞은편 행각과 대조전 부근도
목재가 주재료이다 보니 화재가 자주 일어나 다시 짓는 일이 많았다. 〈동궐도〉. ⓒ 동아대학교 박물관.

정광루위층
경훈각아래층

융경헌 대조전 흥복헌

희정당

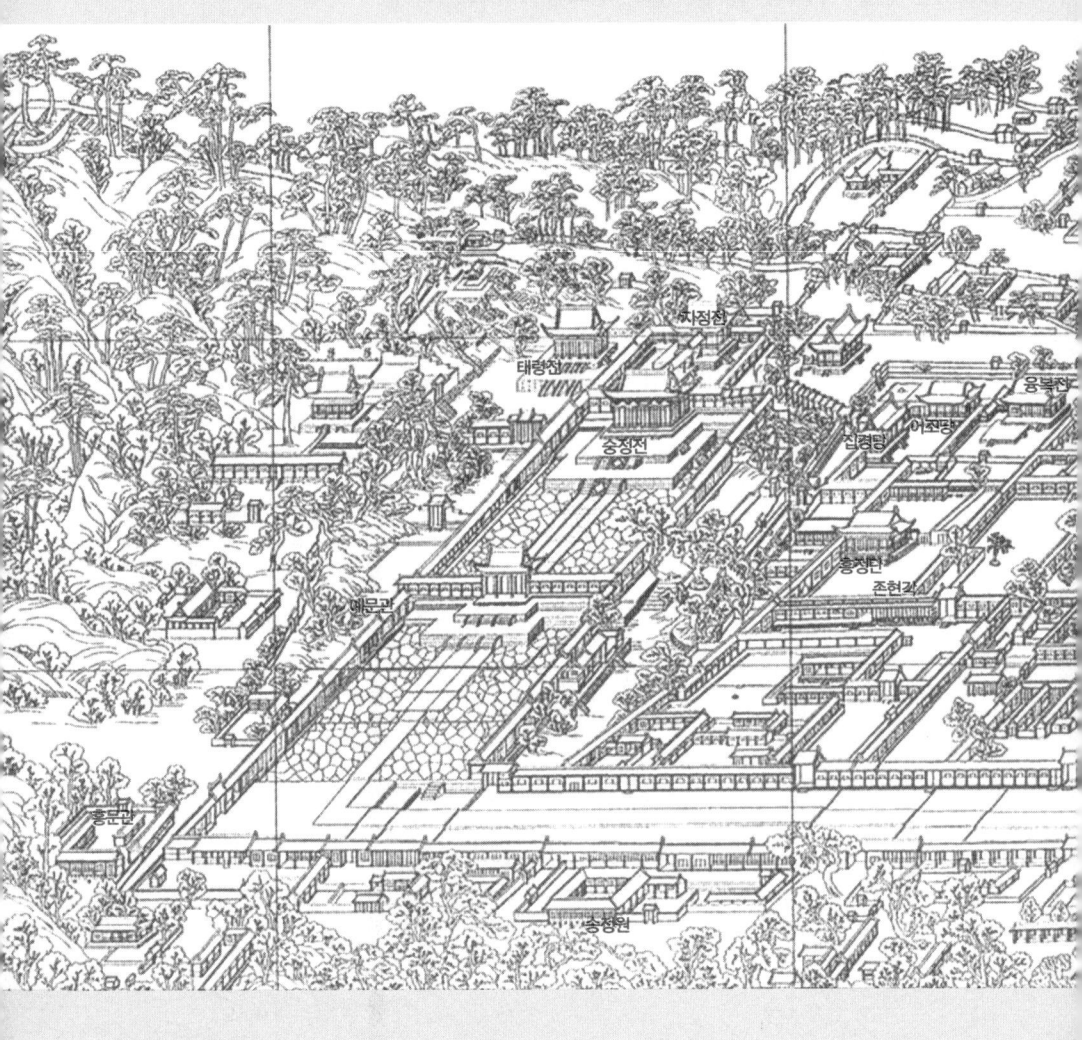

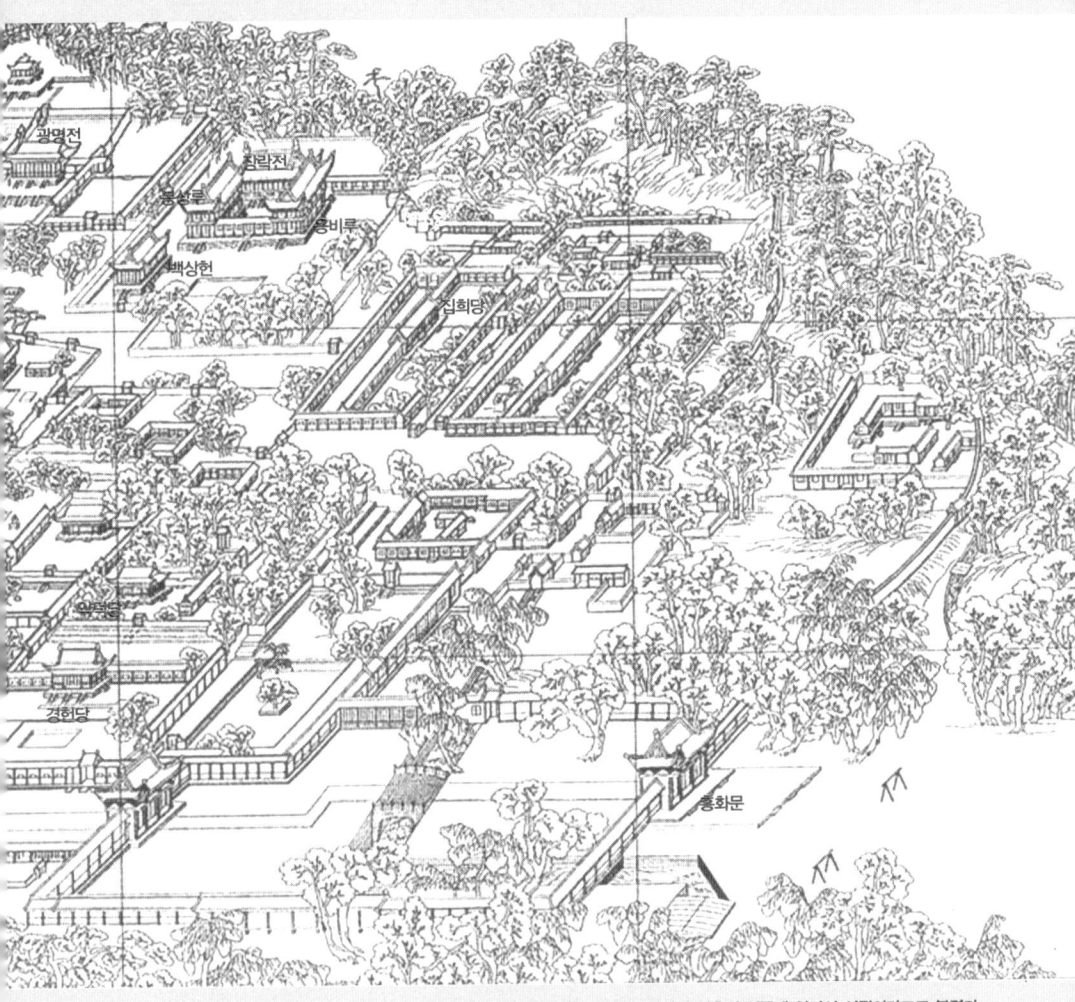

광명전

친리전

용성루

중비루

백상헌

집희당

영복당

경희당

흥화문

서궐 도안 경희궁은 서울 종로구 신문로에 있던 대궐로 위차상 서울의 서쪽에 있어서 서궐이라고도 불렸다.
원래 조선 광해군 대에 세워 '경덕궁'이라고 하던 것을 영조 대에 '경희궁'으로 고쳤다.
원본 〈서궐도〉는 고려대학교 박물관에 소장되어 있다. ⓒ 고려대학교 박물관.

다. 이런 잡일에 뜻을 두었으니 어찌 학문을 온전히 닦았겠는가.

이로 보아도 임금님 가까이 둘 적에는 학문에 힘쓰고 두 부자 사이도 가까워 유희도 안 했었는데, 멀리 계신 후로는 도로 노시며 학문도 힘쓰지 못하였다. 그래서 부자간에 서먹하기가 더 심하였다. 만일 부모님의 손 밖에만 나지 않았더라면, 어찌 이 지경이 되었겠는가. 이 한 가지 일만 생각하여도 지극히 서러울 뿐이다. 그런데 어떤 뜻인지 임금님께서는 조용할 때 아드님을 친근히 불러 앉히고 진정으로 교훈하시는 일이 없었다. 남에게 맡겨 둔 채 간섭하지 않고 내버려 두었다가 매일 남들이 모인 때면 흉보시듯이 말씀하였다.

한번은 임금님께 환후가 있었는데, 그때 인원왕후도 내려오시고 여러 옹주와 월성月城˙, 금성錦城˙ 두 부마도 궐에 들어왔다. 임금님께서는 많은 사람들이 모였을 때 내인들에게 이렇게 명하였다.

"세자가 가지고 노는 것을 가져오라!"

그러고는 그것을 모두에게 보여 세자를 무안하게 하였다. 강학講學 때나 차대次對˙ 날에 여러 신하들 많이 모였을 때 굳이 경모궁을 불러 글의 뜻을 물으셨다. 아기네가 자세히 대답하지 못할 부분인데도 글의 뜻을 야속하게 물으셨다. 본래 부왕의 면전에서는 분명 아시는 것이라도 주뼛주뼛하셨는데, 여러 사람이 모인 중에 물으시니 경모궁께서는 더욱 두렵고 겁이 나서 대답을 못하셨다. 그러면 임금님께

월성 김한신金漢藎(1720~1758)을 가리킴. 영의정 김흥경金興慶의 아들로 1732년 화순옹주와 혼인하여 월성위에 봉해졌다. 글씨와 전각篆刻에 뛰어났다.

금성 화평옹주의 남편 박명원.

차대 매달 여섯 차례씩 3정승, 사헌부와 사간원 대간, 홍문관 옥당들이 임금 앞에 나아가 정무를 보고하던 일.

서는 남이 보는 데서도 꾸중하고 흉도 보았다.

경모궁께서는 그런 일을 한두 번 하여도 감히 부왕을 원망하지 않으셨다. 그러나 당신을 진심으로 교훈하지 않는 것에 바짝 성이 나고, 두렵고 서먹하여 필경 천성을 잃기에 이르신 것이니 이런 원통함이 어디 있겠는가.

화평옹주가 계실 때에는 동궁의 편을 들어 일에 따라 대조께 간(諫)하고 풀어 여쭈었기 때문에 유익한 일이 많았다. 그러나 그 옹주가 돌아가신 후에는 자상께서 지나친 행동을 하시거나 자애가 부족하셔도, 누가 와서, "그리 마십시오." 하고 말할 사람이 없었다. 그러니 점점 자애가 부족하고 아래에 있는 사람은 두려움만 날로 심하였다. 그래서 자상께서는 자식에게 해야 할 도리를 점점 못하셨다. 만약 화평옹주께서 살아 계셨더라면, 부자간에 자애와 효도가 있을 것임에 틀림없다. 착하신 옹주께서 일찍 돌아가신 것이 어찌 국운에 관계하지 않겠는가. 지금 생각하여도 몹시 애석하고 안타깝다.

경모궁께서는 천성이 크고 너그러우며, 도량도 넓고 융통성이 있었다. 사람에게 신의가 두터워 아랫사람에게도 미쁘게|믿음직스럽게| 말씀하였다. 부왕을 무서워하였지만 부왕께서 잘못한 일을 물으시면 바른대로 말하여 털끝만큼도 숨기는 일이 없었다. 그래서 영묘께서도 속이는 일이 없는 것을 아셨다.

경모궁의 거룩한 효성은 위에서도 다 말하였지만, 우애도 특별하였다. 화평옹주는 부왕의 특별한 사랑을 받아 귀

하게 여기시는 것이 당연하다. 그러나 경모궁의 본심은 세勢|권세를 따른 것이 아니라 진정으로 형제를 사랑하였다. 화순옹주*가 어머님 없이 지내는 일을 불쌍히 여기고, 큰누이로 공경하였다.

화협옹주*는 계축년癸丑年(1733, 영조9)에 태어났다. 태어날 때 영묘께서 또 딸인 것을 슬퍼하였다. 옹주는 용모가 뛰어나고 효성도 있어 아름다웠지만 부왕의 사랑을 입지 못하였다. 그때 아들이 아닌 것을 슬퍼하시며, 심지어 화협옹주와 다른 형제들은 한집에도 머물지 못하게 하였다. 화평옹주가 홀로 사랑을 받는 것이 마음의 고통이 되어 아무리, "그러지 마십시오." 하고 여쭈어도 듣지 않으셔서 어쩔 수 없었다. 화협옹주가 사랑을 받지 못하여 도위都尉|부마도위인 영성위永城尉*까지 영묘의 사랑을 받지 못했다. 경모궁께서 나이도 비슷하고 부왕께 사랑을 잃은 처지도 같아서 매일 불쌍하게 여기시며 특별히 사랑으로 대접하였다.

기사년己巳年(1749, 영조25)에 경모궁이 15세가 되어, 1월 22일에 관례를 하고, 27일에 합례合禮*하기로 정하였다. 동궁을 늦게 얻으셔서, 15세가 되어 합례까지 하니 기쁜 마음으로 종요로이|오붓하게 재미를 보시면 좋은 일일 텐데……. 어찌된 뜻이신지 영묘께서는 홀연히 동궁에게 정사를 보라고 영을 내렸다. 그날이 바로 나의 관렛날이었다. 많은 일들이 정사를 대리한 후에 일어난 탈이니 어찌 슬프지 않겠는가.

영묘께서 효친봉선孝親奉先*과 경천애민敬天愛民*하신 성대한 덕은 옛 제왕들 중에서도 으뜸이었다. 내가 눈과 귀로 보

고 들은 일들을 기록한 바로도 역대에 비할 수 있는 임금님이 없을 것이다. 영묘께서는 겪은 일들이 많았는데, 신임辛壬|신임사화|을 지내고 무신역변戊申逆變●을 겪었다. 그래서 사외하시며|꺼리며| 걱정하던 일들로 병환이 되신 듯하니, 그 사이 자잘한 일들을 어찌 다 기록하겠는가.

임금님께서는 말씀을 가려 쓰셨는데, 죽을 '사死'자, 돌아갈 '귀歸'자를 꺼리셨다. 차대 때는 밖으로 나가실 때 입던 의대를 갈아입은 후에야 안으로 들어오셨다. 불길한 말을 주고받거나 혹 들은 날이면, 들어오실 때 양치를 하시고 귀를 씻으셨다. 그리고 먼저 사람을 불러 한 마디라도 처음 말씀을 하신 후에야 안으로 들어오셨다. 좋은 일과 좋지 않은 일을 하실 때에는 출입하는 문도 달랐다. 당신이 사랑하는 사람 집에는 사랑하지 않는 사람이 있지 못하게 하였고, 사랑하는 사람이 다니는 길에 사랑하지 않는 사람이 다니지 못하게 하였다. 지극히 황공하니 이처럼 사랑과 미움이 뚜렷하여 감히 헤아리지 못하였다.

정사를 대리하기 전에도 계복啓服●이나 형조공사刑曹公事,

무신역변 무신년|1728|에 일어난 이인좌李麟佐의 난. 노론이 지지한 영조의 즉위로 그 입지가 불안해진 소론 과격파들이 영조가 숙종의 아들이 아니며 경종 독살에 관계되었다고 주장하면서 밀풍군密豊君 탄坦|소현세자의 증손|을 왕으로 추대, 군사를 일으켰다. 곧 여기에는 남인들도 일부 가담하였다. 이인좌는 1728년|영조4| 3월 15일 청주성을 함락하고 서울로 북상하였으나 곧 관군에 진압되었다.

계복 조선시대에 임금에게 아뢰어 사형받을 죄인을 한 번 더 심문하던 일. 승정원 심의를 거쳐 임금에게 아뢴 후 9월, 10월 중에 날짜를 정해서 시행하였다.

신임사화

신축년|1721|과 임인년|1722|에 일어난 변을 신임사화辛壬士禍라 한다. 1720년 왕위에 오른 경종은 아들이 없고 병이 깊었으므로 노론이 연잉군|영조|을 지지하여 1721년 8월 왕세제로 책봉하였다. 노론은 이어 경종을 압박하여 왕세제의 대리청정까지 주장했다. 이에 소론이 왕이 살아 있는데 대리를 청하는 노론을 역모로 몰고 때마침 목호룡이 고변하는데, 노론이 경종을 시해하고 연잉군을 왕으로 내세우려 한다는 것이었다. 이로 인해 대옥사가 벌어져 노론 4대신이 죽었으며, 소론이 정권을 장악했다. 이때 연잉군의 처조카 서덕수|정순왕후의 조카|, 연잉군도 역모에 가담했다 하여 『임인옥안』에 역적으로 이름이 올랐다.

형조
추관이라고도 하며, 법률 · 소송 · 형옥 ·
노예 따위에 관한 일을 맡아 보던 관아이다.
「추관계첩」. ⓒ 서울역사박물관.

친국[親鞫]●과 같이 대궐에서 치르는 불길한 일에는 자주 세자에게 시좌[侍坐]●를 명하였다. 그러나 화평옹주와 무오생[戊午生|1738, 영조14] 옹주인 지금의 정처[화완옹주]● 방에 들어가실 때에는 사람을 만나 볼 때 입는 옷으로 갈아입으신 후에야만 들어가셨다. 그러나 세자께는 그렇게 하지 않았다. 밖에서 정사[政事]를 보시고 들어오실 때에 입으신 의대 차림으로 길에 오셔서 동궁에게 "밥 먹었느냐?" 하고 물으셨다.

경모궁이 대답을 하면 그 즉시 귀를 씻으셨다. 또 씻으신 물을 화협옹주가 있는 집 창문으로 버렸는데, 윗대궐인 까닭에 담 밖으로 세숫물을 버리니, 그 길로 갈 것이 아니었

114

다. 어떤 따님은 밖에서 입으신 의대를 갈아입으셔야 보시고, 귀한 아드님의 말은 듣고 씻으신 후에야 가셨다. 경모궁께서 화협옹주를 대하시면, "하하, 우리 남매는 씻는 자비*로구나!" 하며 서로 웃었다.

화평옹주는 당신을 지성으로 평안하게 해 드린 줄만 알고 감격하며, 털끝만큼도 의심하거나 시기하는 일이 없었다. 화평옹주가 영묘를 한결같이 대하시던 일들은 궁중 사람들이 다 아는 일로 모두 감탄하였다. 선희궁께서는 임금님의 사랑이 고르지 않은 것을 서러워하시며 어찌할 바를 모르셨다.

영묘께서는 매번 공사公事 중 금부禁府·형조刑曹·살육 같은 일에는 친히 감하지* 않으셨다. 안에 옹주들 처소에 계실 때에는 내관에게 맡겨 시켰다. 그러다가 동궁에게 정사를

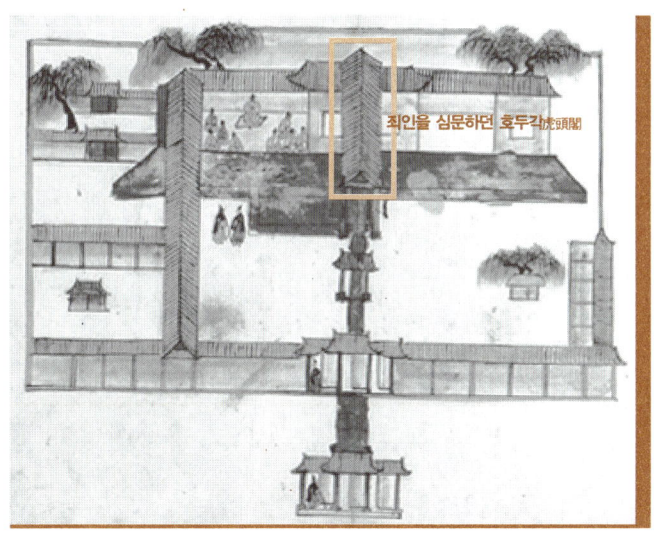

죄인을 심문하던 호두각虎頭閣

대리하실 때, "무진년戊辰年I1748, 영조24I 화평옹주의 상사喪事 후에 서러움도 심하고 병환도 잦아 정섭靜攝*하려고 동궁에게 정사를 대신 보게 한다."는 전교傳敎I임금의 명령I를 내리셨다. 그러나 사실은 안에 들이지 못하는 꺼림칙한 공사는 내관에게 맡기기 답답하니 동궁에게 맡기려 한 뜻이었다.

정사를 대리한 후에 공사는 내관을 데리고 하였다. 한 달 여섯 번 차대 중 망전望前* 세 번은 대조께서 하시고 동궁은 시좌를 하였으며, 망후望後* 세 번은 소조께서 혼자 하였다. 그럴 때에는 일이 순조롭지 않고 탈이 많았다.

조정의 신하가 올린 상서上書에 언사言事I나랏일에 대한 언급I가 있거나, 편론이 있으면 소조께서는 스스로 결정하지 못하였다. 그래서 대전께 상소하면, 그 상서가 아랫사람의 일로 소조께서 아실 일이 아닌데도 격노하였다. 소조와 신하가 조화롭지 못하여 전에 없던 상서가 났으니 모두 소조 탓이 되었다. 상소上疏에 대한 비답批答*을 대전께 여쭈면 임금님께서는 이렇게 꾸중하였다.

"쯧쯧, 그만한 일을 스스로 결단하지 못하고 내게 번거롭게 묻다니……. 내가 네게 정사를 대리시킨 보람이 없구나."

또 품稟*하지 않으면 이렇게 꾸중하였다.

"어허, 그런 일을 내게 묻지 않고 혼자 결정하였구나."

저리 한 일은 이리 하지 않았다고 꾸중하시고, 이리 한 일은 저리 하지 않았다고 꾸중하셨다. 이일 저일 다 격노하시며 마땅치 않게 여기셨다. 심지어 동뇌東餒*나 한재旱災* 같은 천변재이天變災異가 있어도, "쯧쯧, 이는 다 소조에게 덕

사직단 서울시 종로구 사직동에 위치. 보물 121호.
'사직'은 백성의 복을 위해 제사하는 국토의 신神인 '사社'와 곡식의 신인 '직稷'을 아울러 이르는 말.
사직단에서는 음력 2월·음력 8월·동지 후의 큰 제사와 한 해 농사가 잘 되기를 빌던 기곡제, 가뭄 때 기우제를 지냈다.

이 없어 이러하다." 며 꾸중하셨다.

　일이 이러하니 소조는 날이 흐리거나 겨울에 천둥이 치면 '또 무슨 꾸중을 들을까?' 근심하고 염려하였다. 그래서 모든 일에 겁을 내며 몹시 두려워하였다. 그런 까닭에 사사망념邪思妄念*이 나서 병환의 징조가 싹트고 있었다.

　영묘께서는 덕이 많고 인자하여 모든 일을 잘 성찰하기에 범연한 성품과는 달랐다. 그런데도 끔찍이 소중한 춘궁春宮*에 병환이 드는 줄을 깨닫지 못하셨으니 어찌 서럽지 않겠는가.

　소조는 영묘의 한 번 꾸중에 놀라고, 두 번 격노에 걱정

사사망념 올바르지 못하고 망령된 생각.

춘궁 세자궁의 별칭. 세자는 주로 궁궐 동쪽에 거처하였다. 동쪽은 계절로는 봄에 해당하며 봄은 사계절의 처음으로 풍성한 결실의 계절을 준비한다. 그처럼 세자도 장차 왕이 될 날을 위해 준비하고 기다려야 한다는 의미이다. 이러한 맥락에서 세자를 동궁 또는 춘궁이라 부른다.

정시 나라에 경사가 있을 때
나 궁중에서 보는 과거.

알성시 왕이 문묘에 가서 제
례를 올릴 때 성균관 유생에
게 치른 시험. 알성시는 문
과·무과만 치렀다. 국초에는
성균관 유생과 3품 이하의
조정 신하만 응시할 수 있었
으나, 뒤에 지방의 유생들에
게도 응시 자격을 주었다.

시사 시험을 통해 활 잘 쏘는
사람을 뽑던 일.

관무재 특별한 어명이 있을
때 시행한 초시와 복시의 2
단계 무과 시험. 한량, 군관,
조관 출신 모두 응시할 수 있
었다.

하였다. 소조께서 제 아무리 크고 위대하며 똑똑한 기품이 있었다고 한들 한 가지 일도 자유롭게 하지 못하였다. 영묘는 나라에 무슨 정시庭試*나 알성시謁聖試*, 시사試射*, 관무재觀武才* 같은 호화로운 것을 구경할 때에는 소조를 한 번도 부르지 않았다. 동지섣달 계복에나 시좌를 시키셨으니, 어찌 마음이 편하겠으며 또 서럽지 않았겠는가.

설사 아버님께서 지나치게 하셔도 아드님은 효도를 힘썼다. 혹 아드님을 못 미더워하시더라도 아버님이 갈수록 은애恩愛를 주셨더라면……. 까닭 없이 절로 걱정하여 일이 이러하였으니 이것은 하늘의 뜻이고 나라의 운이다. 사람의 힘으로는 어찌할 수가 없는가 싶다. 그러나 내가 본 일은 내 눈앞에서 벌어졌고, 그 아픔은 가슴에 박혀 있다. 이제 그 일을 써 내려고 한다. 영묘와 경모궁께서 하시던 일들이 상하에 부족한 덕인 듯, 쓰는 것이 죄스럽다. 그러나 실상을 기록하지 않을 수 없어 종이를 대하여 쓰려고 하니 가슴이

과거 제도

과거 제도는 고려 광종 때 쌍기의 건의로 처음 실시되었으며 조선시대에는 문과·무과·잡과가 있었다. 조선시대에 문관文官이 되기 위해서는 소과인 생진과를 거쳐 대과인 문과에 합격해야 한다. 소과를 통해 생원과 진사를 뽑는 절차는 지방의 초시初試를 거쳐 서울의 복시覆試에 합격해야 한다[100명]. 합격하면 성균관에 입학하고, 나중에 문과에 응시할 수 있다. 문과도 지방 초시를 통과한 후[240명] 서울 복시에 최종 합격되면[33명], 왕 앞에서 순위를 정하는 전시殿試를 본다. 무신武臣을 선발하는 무과도 그 시험 절차는 문과와 같다[28명]. 따라서 관리가 되려면 모두 5차례의 시험을 보아야 한다. 기술관 채용을 위한 잡과는 역과譯科[사역원의 통역관], 의과醫科[전의감의 의술인], 음양과陰陽科[관상감의 기술관], 율과律科[형조의 법률관]의 4과가 있었다. 대개 잡과는 양반의 서자 등 중인들이 응시했다. 과거 시험은 실시 기간에 따라 정기시와 부정기시로 나뉜다. 3년마다 보는 식년시가 정기 시험이고, 증광시[국가에 큰 경사가 있을 때 봄]·별시[보통 경사 때나 중하위직 관리 대상 시험]·알성시[성균관 유생 대상]·춘당대시[창경궁의 춘당대에서 실시한 데서 유래] 등 부정기 시험이 있었다. 이 중 알성시나 춘당대시는 단 한 번의 시험으로 관리에 임용될 수 있는 시험이었다. 그러나 부정기 시험이 증가하면서 과거 합격자가 지나치게 늘어나는 부작용이 초래되었다.

막힐 뿐이다.

경모궁께서는 15세가 되었지만, 한 번도 임금님을 모시고 능(陵)을 따라가지 못했다. 점점 장성하여 교외 구경을 하고 싶어도 매번 서울에서만 움직였고, 능행에 가는 일이 있을 때에 예조(禮曹)*에서 수가(隨駕)* 허락이 떨어지면, 혹 임금님을 모시고 따라갈까 하여 마음을 초조하게 졸이다가 번번이 못 갔다. 처음은 서운하고 섬뜩하였던 것이 점점 성화가 되어 우시는 때도 있었다.

당신 속은 본래 부모님께 대한 정성으로 거룩하였지만, 민첩하지 못하여 정성을 백분의 일도 드러내지 못했다. 부왕은 그러한 사정도 모르고 매번 미안한 모습은 있었지만 한 번도 그 사정을 봐주지는 않았다. 그래서 경모궁은 부왕을 점점 두려워하고 무서워하는 병이 들었다. 화가 나면 풀데가 없어 내관과 내인에게 풀고, 심지어 내게까지 푸는 일이 몇 번이었는지…….

경오년(1750) 8월에 나는 의소(懿昭)를 낳았다. 영묘의 마음에 어찌 기쁘지 않았겠는가. 그러나 무진년(1748)에 화평옹주는 해산을 못하고 상(喪)이 났다. 그 잔인하고 슬픈 일이 영묘의 가슴에 맺혀, 내가 순산하여 아들을 낳아 기쁜 마음에도 옹주가 남같이 순산하지 못한 것을 새롭게 슬퍼하였다. 영묘는 옹주를 생각하는 슬픔이 손자를 본 기쁨보다 더하였다. 그래서 그 아드님께, "네가 어느 사이에 자식을 두었구나!" 이 한마디 말씀도 하지 않으셨다.

예조 남궁·춘관이라고도 하며, 육조의 하나로, 예의·제향·조회·교빙·학교·과거에 관한 일을 관장하였다.

수가 임금의 궐 밖 거동시 임금님을 모시고 따르던 일.

나를 귀엽게 여기는 것이 분에 넘쳐, 나는 하늘의 은혜로 알고 있었다. 하지만 나만 홀로 은애와 칭찬을 받는 일이 불안하여 매번 조심하였다. 그러나 내가 해산한 후에는, "네가 이리 순산하여 아들을 낳으니 기특하구나." 하는 말씀도 없었다. 어린 나이에 아들을 낳은 기쁨을 몰라 오히려 두려웠다. 옹주를 잃은 대조의 마음이 새로워져 몹시 성도 내시고 기뻐하지도 않으셨다. 선희궁께서 그 따님|화평옹주| 생각이 어찌 없었겠는가. 그러나 내가 아들을 얻은 일은 종사宗社|종묘사직|의 큰 기쁨이기에 진심으로 귀하게 여기셨다. 내가 해산한 후 7일까지 산실 근처에 머무르며 돌봐 주셨다.

"선희궁은 옹주는 잊고 저리 좋아만 하니 인정이 박薄하구나."

영묘께서는 이리 말씀하시면서도 미안해하셨다. 그러자 선희궁이 웃으시며 임금님의 마음이 옹주에게만 치우쳐 있음을 탄식하였다.

경모궁께서는 조숙하여 어른과 같았다. 당신께 아들이 생기자 나라의 근본이 굳게 되었다고 기뻐하였다. 그러나 부왕이 덜 기뻐하시는 것을 감히 이렇다 저렇다 말하지 못하였다. 다만 슬픈 마음에 이렇게 말씀하셨다.

"나 하나도 어려운데, 아이가 생겼으니 어떠할꼬……."

나는 경모궁의 말씀을 듣기가 매우 근심스럽고 두려웠다. 이 기록은 쓸 것은 아니지만 마지못하여 쓴다.

내가 의소를 가졌을 때 화평옹주가 자주 보였는데, 내 침방에 들어와 옆에 앉아 웃기도 하였다. 그때 나는 아이와 같은 마음이었다. 옹주가 해산을 하다가 그 지경이 되어 산귀産鬼로 끔찍하게 꿈에 자주 보였다. 나는 내 몸을 염려하며 의소를 낳았다. 의소를 씻길 때에 우연히 보니 어깨에 푸른 점이 있고, 배에 붉은 점이 있었다.

그해[1750] 9월 12일에 온양으로 거둥*하셨다. 11일에 영묘와 선희궁께서 한편으로는 슬프고 한편으로는 기쁜 안색으로 오셨다. 갑자기 자는 아이의 옷깃을 풀고 벗겨 보시더니 과연 푸르고 붉은 표가 있으매 놀라시며, 옹주가 환생한 줄로 믿으셨다. 그날부터 아이를 화평 형제에게 하시듯이 귀중하게 여기셨다.

처음 아이를 낳았을 때에는 꺼리며 사랑을 주시지 않았다. 그래서 인견引見*하신 옷을 입으신 채로 들어와 보셨다. 그러나 그날부터 꺼리셨던 것들을 극진히 지키셨다. 영묘의 성몽聖夢[임금의 꿈]에 그리 보였던지, 그 일이 허망하고 괴이하여 알 길이 없었다.

100일 후 당신이 인견하던 환경전歡慶殿을 수리하여 옮기고 귀중히 여기셨다. 요행히 아들로 인하여 아버님께서 혹 나아지실까 기도하였다. 그러나 사실인즉 아이는 화평옹주가 되살아 난 줄로 알고 사랑한 것이었다. 그래서 아기를 낳은 부모는 이 아이로 인하여 더 귀할 것이 없어 전처럼 대하셨으니 알지 못할 일이구나.

그 아이는 겨우 열 달이 된 신미년[1751] 5월에 왕세손으로 책봉되었다. 아이를 사랑하는 마음으로 그러셨겠지만 지나친 일이었다. 그런데 임신년[1752] 봄에 그 아이를 잃었다.

거둥 '거가'라고도 하며 임금의 나들이를 뜻함.

인견 임금이 예식을 갖추어 3정승 등의 관리를 만나 보던 일.

환경전 창경궁 내전 중 하나로, 이괄의 난과 대화재 등으로 인해 소실된 것을 훗날 순조가 중건하였다.

영묘께서 심하게 슬퍼하셨으니 더 말하지 않아도 알 것이다.

하늘이 돕고 조종이 도와, 나는 신미년|1751| 납월臘月|음력
섣달|에 아이를 가져 임신년|1752| 9월에 남자아이를 낳았으니
곧 선왕|정조|이었다. 내가 가진 아주 적은 복으로 이 해에 이
러한 경사가 있기는 생각 밖이었다.

선왕은 나실 때 풍채가 뛰어나게 훌륭하고 골격이 기이
해서, 진실로 하늘에서 내린 진인眞人 같았다. 신미년|1751|
지월至月|동짓달|에 경모궁께서 침수하다가 일어나셔서 이렇
게 말씀하셨다.

"내가 용꿈을 얻었으니 귀한 자식을 낳을 징조라."

그러고는 흰 비단 한 폭을 내놓으라고 하였다. 그 밤에

진인 참된 진리를 깨달은 사
람.

꿈에 보았던 용을 손수 그려 침실 벽 위에 붙였다. 성인聖人이 인간으로 태어날 때 기이한 징조가 어찌 없겠는가.

영묘께서 의소를 잃고 슬퍼하시다가 다시 왕세자ᅵ정조ᅵ를 얻고 기뻐하시며 나에게 말씀하셨다.

"원손이 기이하고 범상하구나. 이는 조종 신령의 도움이다. 네가 정명공주의 자손으로 나라의 빈이 되었는데 네 몸에 이러한 경사가 또 있으니, 네가 나라에 공이 크구나! 어린아이를 부디 잘 기르되 검소하게 기르는 것이 복을 아끼는 도리이니 명심하여라."

내가 아버님의 말씀을 듣고 뼈에 사무치게 그 은혜를 잊지 못하였다. 내가 어찌 이를 지키지 않았겠는가. 경모궁께서도 매우 기뻐하셨고, 온 나라 백성들의 즐거움은 경오년ᅵ1750ᅵ 의소를 낳았을 때에 비해 백 배나 더 하였다. 우리 부모가 기뻐하며 경축한 뜻은 더욱 어떠하였겠는가. 뵐 적마다 성자聖子를 낳았다고 내게 축하하였다. 나이 스무 살이 되기도 전에 또 나라의 경사를 내 몸에 얻은 것이 떳떳하고 기쁠 수밖에 없고, 내 신세를 의탁한들 어떠하겠는가. 멀리 빌어서 장차 효도와 봉양받기를 기약하였다.

그해ᅵ1752ᅵ 10월에 홍역이 크게 성하여 옹주ᅵ화협옹주ᅵ가 먼저 앓았다. 그래서 경모궁은 양정합으로 거처를 옮기고, 원손은 탄생한 지 삼칠일도 안 되어 낙선당으로 옮겼다. 그러나 원손은 몸이 건강하였기 때문에 먼 데로 옮겨 가도 염려하지 않았다. 미처 보모도 정하지 못하여 원손을 늙은 궁인과 내 아지에게 맡겨 보내었다.

발반 홍역 꽃이 솟는 것. 홍역
따위의 병을 앓을 때에, 열이
몹시 나서 피부에 발긋발긋
하게 부스럼이 돋는 것, 또는
그 부스럼을 이른다.

여열 신열 뒤에 나는 열.

액예 궐내에서 부리는 사람.

대간 관료를 감찰하는 임무를
맡은 대관과 국왕에 대한 간
쟁 임무를 맡은 간관을 합쳐
부른 말. 이들은 사헌부와 사
간원에 소속되어 시정時政의
득실을 논하고, 군주와 백관
의 과실을 간쟁하고 탄핵하
며 관리의 임명에도 관여하
였다.

홍준해|1715~?| 1751년에 정시
병과에 급제 후, 대간과 옥당
|홍문관의 관원| 등으로 일했다.

선화문 창덕궁 희정당의 앞
문.

석고대죄 거적을 깔고 엎드려
서 임금의 처분이나 명령을
기다리던 일.

날이 채 지나기도 전에 경모궁께서 홍진|홍역|을 하였고, 홍역이 다 낳으실 때에 내가 또 하고 원손도 하였다. 내가 해산한 후 큰 병에 마음을 쓰다가 대병大病을 얻어 증세가 가볍지 않았다. 원손이 또 발반發斑*하였지만 증세가 순하였다. 그러나 내가 큰 병 중에 마음을 쓸까 염려하여 선희궁과 아버지는 나에게 원손이 아프다는 말을 하지 않았다. 경모궁께서는 홍역 후에 여열餘熱*이 심하였다. 아버지는 경모궁도 뵙고 나도 구호하고 원손도 보호하느라 세 곳을 밤낮으로 다니셨다. 그때 아버지의 걱정과 근심이 지극하여 수염과 머리털이 다 희었다.

화협옹주가 홍역으로 돌아가셨다. 경모궁은 그 누이와 자신의 처지가 같아 불쌍하게 생각하며 남다르게 우애를 극진히 하였다. 옹주가 아플 때에 액예*가 나가는 길에 묻곤했는데 옹주가 돌아가시자 슬퍼하였다. 이런 일을 보아도 경모궁의 천성이 착함을 가히 알 수 있다.

그해|1752| 음력 섣달에 대간臺諫* 홍준해洪準海*의 언사상소言事上疏|국사를 언급한 상소|로 영묘께서 대단히 격분하셨다. 선화문宣化門*에 엎드린 소조에게 엄교를 많이 내리셨다. 그때는 경모궁이 홍역을 앓은 후였는데, 눈이 온 뒤 추위가 심한 중에 석고대죄石藁待罪*를 하였다. 소조께서 엎디신 곳에 눈이 쌓여 어디에 엎디신 것인지조차 분간할 수 없었다. 또 움직임이 없어 인원왕후께서, "세자는 일어나라." 하셨지만 듣지 않았다. 영묘의 지나친 거동이 진정된 다음에야 일어났다. 경모궁의 천성이 침착하고 진중함을 알 수 있다.

그 후에도 임금님의 노여움은 그치지 않았다. 영묘께서는 그 달 15일 창의궁彰義宮*에서 인원왕후께 여쭈었다.

"세자에게 왕위를 전해 주려 합니다."

인원왕후께서 귀가 어두워 잘못 들으시고, "그리 하라." 대답하셨다. 그러자 영묘께서 말씀하셨다.

"내가 왕모의 허락을 얻었다. 세자에게 전위하련다."

그때 동궁의 어찌할 줄 몰라 당황해하시는 모습이 어떠하였겠는가. 소조께서 춘방관春坊官*들을 불러 상소를 쓰게 하는 데는 조금도 거침이 없었으니, 그때 춘방관이 나와 찬탄하였다고 한다.

영묘께서 구저|창의궁|에 오래 머무르며 환궁하지 않으니 인원왕후께서 말씀하셨다.

"내가 가는귀가 먹어 잘못 대답한 일이 종묘사직에 죄를 얻게 되었구나."

그러고는 작은 집으로 내려와 계시며 영묘께 편지를 드려 환궁을 청하였다. 동궁은 시민당 손지각遜志閣 뜰에 있는 얼음 위에서 석고대죄를 하다가, 창의궁으로 가서 또 석고대죄하였다. 동궁은 머리를 돌에 부딪쳐 망건이 다 찢어지고, 이마가 상하여 피가 났다. 이런 일들은 동궁에게 효성과 충성이 있기 때문이다. 동궁이 억지로 꾸며 하는 일이 아니기에 성체聖體를 상하게 하던 일들이었다. 그러할 때 또 꾸중은 어떠하였겠는가. 그러나 동궁은 공순히 도리를 다하여 변을 당하여도 처리를 잘하기로 명성이 자자했다.

그때 영묘께서 명령하셨다.

창의궁 지금의 서울시 종로구 통의동 부근에 있던 영조의 잠저潛邸. 잠저란 새로 나라를 세우거나 반정反正으로 임금에 추대된 사람, 또는 후사가 없어 종실에서 왕위를 이은 경우, 이들이 동궁에서 살지 않았기 때문에 동궁과 구분해서 잠저라 하였다. 또 이를 용이 못에 들어 있다가 승천함에 비유하여 잠룡潛龍이라고도 했다. 창의궁은 원래 효종의 4녀 숙휘공주의 부군인 인평위 정제현의 저택이었는데, 숙종이 연잉군에게 주었다.

춘방관 세자의 공부를 맡아본 세자시강원의 관원.

전지 승정원의 담당 승지를 통하여 전달되는 왕명서.

조참 한 달에 네 번 중앙에 있는 문무백관이 정전에 모여 임금에게 문안을 드리고 정사를 아뢰던 일.

옥추경 도가道家 경문의 하나. 『옥추경』을 읽으면 질병이 낫는다는 주술적 믿음 때문에 조선시대에 민간에서 가장 많이 익혔다. 병굿이나 신굿과 같은 큰 굿에서도 쓰였다.

옥추단 단옷날에 임금이 신하에게 나누어 주던 구급약으로 몸에 지니면 재앙을 물리친다 하여 패물처럼 만들어 몸에 지녔다.

"2품二品 이상을 다 먼 곳에 귀양 보내라."

내 아버지가 그 중에 들었으나 전지傳旨*는 내리지 않았다. 문 밖에서 동궁의 일을 수습하실 때 마음을 애태우며 의논했던 편지가 몇 장인 줄 누가 알겠는가. 내가 다 모아 두었는데 원손이 자란 후에 보고, 내 아버지의 지극한 충성에 감탄하며 "두고 보자." 며 친히 가지고 가셨다.

수일이 지난 후 대조께서 환궁하여 여러 신하들을 다시 임용하고 조참朝參*을 하였다. 내 아버지는 궁에 들어와 소조의 머리가 상한 곳을 보고 어루만지며 우셨다. 그 사이 지난 말씀을 하시던 일들이 눈앞에 펼쳐지는 것 같구나. 경모궁이 병이 나지 않았을 때에는 어질고 효성스러움이 극진하여 그 거룩함이 미진한 곳이 없었다. 그러나 병이 나면 곧 딴사람처럼 변하였으니 어찌 이상하고 서러운 일이 아니겠는가.

경모궁은 매일 경문經文과 잡설雜說을 지나치게 보았다.

"『옥추경玉樞經』*을 읽고 공부하면 귀신을 부린다고 하니 읽어 보자."

경모궁은 밤이면 『옥추경』을 읽고 공부하였다. 과연 늦은 밤에 정신이 어두워져서 "뇌성보화천존雷聲普化天尊|도교의 신이 보인다."고 말하며 무서워하였다. 그 뒤로 병환이 깊이 드니 원통하고 서러울 뿐이다. 10여 세부터 병이 생겨 음식 잡숫기와 행동하는 것이 다 예사롭지 않았다. 『옥추경』이 후로는 아주 딴사람이 된 듯 무서워하고, '옥추' 두 글자를 보지 못하고 단오에 먹는 옥추단*도 먹지 못하였다. 또 옥추

단이 들어가도 무서워하시기에 차지 못하였다. 그 후에는 하늘을 매우 무서워하여 우레 '뢰雷', 벽력 '벽霹'과 같은 글자를 보지 못하였다. 예전에는 천둥을 싫어는 하였지만 그리 심하지 않았다. 그러나 『옥추경』을 읽은 후에는 천둥이 치면 귀를 막고 엎드려 다 그친 후에나 일어났다. 이런 경모궁의 모습을 부왕과 모친이 아실까 싶어 모든 일이 두렵고 걱정스러웠다. 지금 그 일을 형용하지 못하겠다. 임신년|1752| 겨울에 그 병이 생겼으며, 계유년|1753|에는 경계증驚悸症*을 치렀다. 갑술년|1754|에도 그 병이 때때로 나 점점 고질병이 되었으니, 그저 『옥추경』이 원수였다.

그러다가 어찌어찌 하여 계유년에 양제良娣*란 것을 가까이 하여 자식을 가졌다. 경모궁은 대조께 꾸중을 들을까 두려워하고 겁을 내어 낙태를 시키려 하였다. 그러나 괴이한 것*이 화근이 되려 하니 갑술년|1754| 2월에 목숨을 보전하여 세상에 태어났다. 평소에도 꾸중이 많은데 그때에는 여러 번 엄교嚴教가 그치지 않아 날마다 두려워 벌벌 떨고 지내셨다. 내 아버지는 경모궁께서 엄한 꾸짖음을 받는 일이 민망하여, 위에 아뢰어 성노聖怒를 풀게 하였다.

궐 안에서는 투기를 하는 일이 없었다. 나는 본성이 사납지 못하고, 처음부터 선희궁께서, "그런 일을 거리끼지 말라." 경계하셨기 때문이다. 또한 경모궁께서 인絪의 어미를 총애하시는 일이 없어 새울|투기할| 거리가 없었다. 그래서 만삭이었으나 처리하지 않고 내버려 두었다. 경모궁께서는 실수한 일로 자식이 생긴 꾸중을 들을까 겁을 내며 돌본 적이

경계증 걸핏하면 잘 놀라고 가슴이 두근거리는 증상.

양제 종2품 여관女官. 여기서는 경모궁의 후빈後嬪인 숙빈 임씨를 가리킨다.

* 은언군恩彦君|1754~ 1801|을 가리킴. 사도세자의 서자이며 숙빈 임씨의 아들. 1771년 상인들에게 빚을 진 사실이 영조에게 알려져 동생 은신군과 함께 유배되었다. 정조가 왕위에 오른 후 그 소생이 없자 홍국영이 은언군의 아들 담湛을 상계군에 올리고 그를 앞세워 모반을 꾀하다 사이가 틀어져 상계군을 독살시켰다고 한다. 이때 은언군은 왕명에 의해 강화에 이주된다. 1801년 천주교도를 탄압한 신유교난 때 처 송씨와 며느리 신씨가 영세받은 사실이 들통나 도망치려 했으나 붙잡혀 사약을 받았다.

없었다. 선희궁께서도 아는 체하지 않았다. 하는 수 없이 내가 처리하지 않으면 어려울 듯하였다. 내가 무슨 식견이 있었겠는가. 힘이 닿는 대로 다 보살펴 주었다. 그러자 영묘께서는 내게 꾸중을 많이 하였다.

"남편의 뜻을 따라서 남들이 다하는 투기를 하지 않는구나."

나는 갑자년|1744| 이후 처음 엄교를 듣고 황송하게 생각하며 지냈다. 우스운 것은 예로부터 투기는 칠거지악七去之惡*에 든 죄이다. 부녀자가 투기하지 않는 것을 으뜸의 덕으로 아는데, 오히려 나는 투기를 하지 않는 것이 허물이 되었다. 이도 다 나의 운수인가 보다.

무릇 부자분 사이가 예사로워 그것|은언군 인|이 손자라고 영묘나 선희궁께서 조금이라도 사정을 봐주시거나, 경모궁께서도 그것에게 혹하였다면 내가 비록 도량이 있다고 한들 부녀자의 마음인데 어찌 편안하겠는가. 그러나 그렇지 않았다. 영묘와 선희궁께서는 알은체도 하지 않았고, 경모궁께서도 겁만 내며 어찌할 줄 몰라 하셨다. 이런 때에 내가 곁에서 덩달아 심하게 투기한다면 경모궁께서 그 황겁한 중에 근심으로 병이 더욱 악화될 것을 어찌 염려하지 않겠는가.

그해|1754| 7월 14일에 나는 청연清衍*을 낳았다.

"백여 년 만에 군주가 처음 나니 귀하도다."

영묘께서 기뻐하셨다.

을해년|1755| 정월에 인絪의 아우 진禛*이 태어났다. 두 번째로 태어나서 그때는 꾸중을 적게 들은 듯하다. 당시 경모

칠거지악 아내를 내쫓을 수 있는 이유가 되었던 일곱 가지 허물. 시부모에게 불손함, 자식이 없음, 행실이 음탕함, 투기함, 몹쓸 병을 지님, 말이 지나치게 많음, 도둑질이 그것이다.

청연 사도세자의 1녀. 혜경궁 홍씨의 딸.

진 은신군恩信君|1755~1771|을 가리킴. 사도세자의 서자이자, 흥선대원군의 조부. 1771년 형 은언군과 함께 유배되었을 때 제주에서 죽었다.

궁의 병 증세가 종이에 물이 젖듯 심하였다. 문안도 더 드물게 올리고 강연에도 힘쓰지 못했다. 마음병으로 늘 신음하는 일이 잦아 병으로 망하는 모양이었다. 대조께서 춘방관을 불러 강학 말씀을 물을까 두려움만 더하셨다.

을해년|1755| 2월에 역변|을해역변|이 나자 대조께서는 5월까지 친국을 하셨다. 그때 역적을 법으로 다스려 백관을 서열에 따라 세울 때면 동궁도 내보내어 보게 하였다. 날마다 친국에서 들어오는 때는 인정人定* 후나 이경*, 삼사경*이 될 적도 있었다. 그러나 대조께서는 하루도 폐하지 않고, "동궁을 불러라." 하셨다. 그리고 동궁께 물으셨다.

"밥 먹었느냐?"

대조께서는 동궁의 대답을 들으신 후 바로 가셨다. 동궁에게 대답시키신 것은 그날 친국하신 일을 씻고 가시려는 뜻이었다. 사실인즉 좋고 길한 일에는 참여하지 못하고, 상서롭지 못한 일에는 간섭하게 하였다. 긴헐緊歇* 사이에 수작이나 하면, 그리 하련마는, 날마다 다른 말씀은 한마디 하시는 일이 없었다. 대조께서는 동궁에게 대답을 들어 친국

인정 계절에 따라 달랐으나 대개 밤 10시 무렵 지금의 종로 네거리에 있는 종루에서 28번의 종을 울려, 4대문의 문을 닫고 야간 통행을 금지한 제도.

이경 오후 9시에서 11시 사이.

삼사경 삼경은 11시부터 새벽 1시까지, 사경은 새벽 1시에서 3시.

긴헐 필요한 일이나 필요하지 않은 일.

을해역변

나주 괘서 사건으로 인한 대옥사를 가리킴. 나주 괘서 사건은 이인좌의 난 때|1728| 제주도로 유배되었다가 나주로 옮겨져 30여 년간 풀려나지 못했던 윤지尹志가 나주 목사와 지방 유지, 선비, 소론의 잔여 세력들을 모아 노론 제거를 모의한 사건이다. 윤지는 신임사화 때 노론 제거에 앞장선 소론 강경파 윤취상의 아들이다. 윤지는 민심 동요를 위해 나라를 비방하는 글을 나주 객사에 붙였는데, 그 내용은 '조정에 간신이 가득하여 백성들의 삶이 도탄에 빠졌다' 는 것이었다. 그러나 윤지와 그 무리들은 곧 발각되어 사형당하거나 유배되었다. 이를 을해년에 일어났다 하여 을해옥사라고도 하며, 이 사건으로 소론과 소론의 지지를 받던 사도세자의 입지는 더욱 좁아졌다. 탕평을 주장하던 영조 역시 노론에 더욱 기울어지는 계기가 되었다.

하신 일을 씻고 가시려고 하루도 빼지 않고, 밤중이라도 상관하지 않았다. 아무리 지극한 효성을 가지고 있고, 또 병이 없는 사람이라도 어찌 서럽지 않겠는가.

소조의 증세로 보면 화가 나서 "어이 부르시나이까?" 하실 듯하지만, 그 병환에 능히 참고 날마다 밤중이라도 부르시는 때를 어기지 않았다. 대조의 명령을 기다리다가 그 대답을 어기지 않고 하였으니, 소조 본연의 효를 가히 알 수 있다. 소조의 병이 이상한 것은 처자나 애쓰고 내관·내인이나 아침저녁으로 두려워 지냈지, 자모도 자세히 모르시고 부왕께서도 자세히 알지 못하였다. 어른들을 뵐 적과 신하를 대할 적에는 보통 때와 다름없었다. 그 일이 더욱 갑갑하고 서럽구나. 소조의 병환이 어이없이 용서할 도리가 없게 절박한 때에는, 위임금에서부터 춘방관까지라도 병의 증세를 다 알 수 있도록 나타나게 하셨으면 싶었다. 역옥을해옥사 때에도 양대·소조 사이에 근심이 많았다. 마음이 갑갑했던 일을 어찌 다 기록하겠는가.

동짓달 즈음에 선희궁께서 병환이 있었다. 선희궁을 뵈려고 집복헌에 가셨는데, 영묘께서 옹주화완옹주 있는 곳과 가까운 것을 꺼리고 미워하시어 대단히 화를 내셨다. 그래서 세자께, "바삐 가라." 하였다. 세자는 창황히 높은 창을 넘어서 나왔다. 그날 성교聖敎가 엄하여서, "낙선당에 머물거라. 청휘문淸輝門 안으로는 들어오지 말고, 『서전書傳』「태갑편太甲篇」을 읽으라." 하셨다. 선희궁의 병환을 뵈러 갔다가 잘못한 일도 없는데 그리 하였으니 너무 슬프고 원통하

서전 『서경』에 주해를 달아서 편찬한 책. 송나라 때 주희가 제자 채침을 시켜 만들었다. 그 중 「태갑편」은 은殷나라 왕 태갑太甲이 어질지 못한 정치를 하자 그를 깨우치기 위해 신하 이윤伊尹이 태갑 삼편을 지은 것이라 한다. 태갑은 정치를 잘못하여 쫓겨난 후 잘못을 뉘우치고 다시 등극하였다.

여, "자살하려 한다." 하였으나 겨우 진정하였다. 부자 사이가 점점 망극하니 무엇이라고 말을 하겠는가.

병자년I1756I 1월 1일에 자상自上께서 존호尊號*를 받는 의식을 하였는데, 경모궁을 참석시키지 않으셨다. 경모궁은 병환도 점점 깊어져 강연을 멀리하시고, 취선당 바깥에 있는 소주방의 한 집이 깊고 고요하다고 말씀하시며 그곳에 많이 머물러 계셨다. 어떤 일이 근심스럽지 않으며, 어떤 일로 마음을 애태우지 않았겠는가.

5월에 영묘께서 숭문당에서 보시고도 홀연 낙선당으로 보러 가셨다. 경모궁은 소세도 깨끗하지 않고 의대 모양도 모두 단정하지 않았다. 그때는 금주禁酒가 엄한 때였다. 영묘께서는, '경모궁이 술을 먹었는가?' 의심하여 많이 노하시고 이처럼 명령하셨다.

"세자에게 술 드린 이를 찾아내라."

경모궁께는 누가 술을 내주었는지 엄하게 물으셨다. 그러나 경모궁은 진실로 술을 잡수신 일이 없었다. 아! 슬프고 이상한 일이구나. 영묘께서 어떤 일이든지 억측하여 물으시면, 그 후에 그 일을 그대로 행하니 다 하늘이 시키는 듯하였다. 영묘는 그날 경모궁을 뜰에 세워 술 먹은 일을 엄하게 물었다. 진실로 잡수신 일이 없었지만 너무 두렵고 또 감히 변명을 못하는 성품이었다. 하도 화급히 문초하시기에 어쩔 수 없이 경모궁이 대답하였다.

"술을 먹었나이다."

영묘께서 다시 물으셨다.

존호 임금이나 왕비가 생전에 큰 공덕을 이룬 것을 찬양하기 위해 올린 칭호. 사후에 올리는 경우도 있었다.

"누가 주더냐?"

"밧소주방*에 있는 큰내인 희정이가 주었나이다."

영묘께서 두드리시며 엄하게 꾸짖었다.

"네가 금주를 하는 때에 술을 먹어 난폭하게 구는구나!"

그때 보모인 최상궁이 아뢰었다.

"세자께서 술을 잡수셨다는 말씀은 몹시 억울합니다. 마마, 세자께 술 냄새가 나는지 맡아 보소서."

최상궁이 그리 아뢴 뜻은 술이 들어온 일이 없고, 경모궁께서 드신 일이 없어 너무 억울하여 아뢴 것이다. 그럼에도 경모궁께서는 영묘 앞에서 최상궁을 꾸중하셨다.

"먹고 아니 먹고, 내가 먹었노라 아뢰었다. 자네가 감히 말을 할 것이 있는가. 물러가거라."

보통 때는 상전 앞에서 주뼛주뼛하며 말씀을 못하였는데 그날은 원통하게 꾸중을 들어서 그리 말씀을 잘하시었는지. 그때 송구하고 두려운 중에도 그리 말씀하신 일은 다행이었지만, 영묘께서는 또 격노하셨다.

"네가 내 앞에서 그 상궁을 꾸짖으니 어른 앞에서는 개나 말도 꾸짖지 못하는데 어찌 그리 하는가!"

"감히 와서 변명하기에 그리 하였습니다."

경모궁께서는 안색을 낮추며, 아랫사람의 도리를 잘하여 대답하셨다. 그러나 금주하는 때에 동궁에게 술을 드렸다고 하여 희정이를 멀리 유배 보내고, 대신 이하를 불러서 보라고 하셨다. 그리고, "우선 춘방관이 먼저 들어가 면계面誡만 나서 타이르는 겟하라!" 하셨다.

밧소주방 외소주방이라고도 하며 임금님이 거처하는 대전 밖에 있던 음식을 만들던 집.

경모궁은 억울하고 원통하여 서러운 마음이 하늘을 찌를 듯하였다. 경모궁은 병환이 있었지만 겉모양을 봐서는 몰랐다. 춘방관이 들어오자 처음으로 호령하시었다.

"너희 놈들이 부자간을 화和하게는 못할지언정 오히려 내가 원통하고 억울한 말을 듣게 하였다. 너희들이 말 한마디 아뢰지 않고 감히 들어오느냐. 다 나가라!"

춘방관 하나는 누구였는지 모르지만, 하나는 원인손元仁孫●이었다. 그들이 무엇이라 아뢰고 썩 나가지 않으니 경모궁께서 화병을 내셨다. "어서 나가라!"

춘방관을 쫓아내실 즈음에 자리 위 촛대가 거꾸러져 낙선당 온돌 남쪽 창문에 닿아 불이 붙었다. 그러나 붙잡을 사람은 없고 불기운만 급하였다. 낙선당에서 덕성합●으로 내려가는 문이 있어서 경모궁은 춘방을 쫓아 그리로 내려갔다.

한편 춘방은 쫓기어 나갔다. 매일 숭문당에서 인견이 있

원인손|1721~1774| 1740년 진사시에 급제하고, 세자를 호위하는 세자익위사 세마司馬정9품|가 되었다. 1753년 정시문과에 급제하여 사서司書 등을 지냈다. 이후 여러 관직을 거쳐 우의정에 이르렀다.

덕성합 경서를 강론하거나 정사에 대한 의논을 하던 곳.

창경궁 명정전 지붕의 잡상과 드므
지붕 위의 잡상은 「서유기」의 인물들과 토신으로 살煞을 막아 준다고 한다.
용마루 끝의 치미|바다에 사는 짐승|와 드므는 화마火魔를 막기 위한 주술적 의미에서 세워졌다.

치미　　잡상

손 손아랫사람을 '사람' 보다는 낮추고 '자' 보다는 좀 대접하여 이르는 말로 여기서는 신하를 뜻함.

서연소대 입시한 관원과 함께 왕이 학문을 강론하던 일.

을 적에 대전에 입시하는 손*이 건양문建陽門을 돌아 집현문集賢門으로 갔는데 문이 닫혀 있어서, 시민당 앞으로 갔다. 그리고 그 앞에 있는 서연소대書筵召待*하는 집, 즉 덕성합을 지나 보화문普化門으로 들어왔다. 춘방이 나가고 궐에 들어오는 손이 막 덕성합 앞을 지나갈 때 경모궁께서 소리를 높였다.

"너희가 부자간을 좋게는 못하면서 녹祿만 먹고 간諫하지는 않는데, 입시를 하러 들어가니 저런 놈들을 무엇에다 쓰겠는가!"

그 과한 거동과 모습이 어떠하였겠는가. 그럴 때에 불기운이 급하였다. 원손을 관희합이라고 하는 집에 두었는데, 낙선당과 관희합은 한 일자一字로 두어 간間* 사이였다. 갑자기 화재가 나므로 내가 경황없이 원손을 데리고 나오려고 달려갔다. 그때 나는 청선을 가진 지 5, 6개월이었으나 반간半間이나 되는 섬돌을 바삐 뛰어서 내려갔다. 그리고 자는 아기를 깨워 보모에게 안겨 경춘전으로 가게 하였다. 나는 어쩔 수 없이 관희합이 다 타 버리리라고 생각했다. 그러나 기이하게도 가까이 있던 관희합에는 불이 미치지 않고, 휘돌아 기와도 닿지 않은 양정합에 불이 번졌다. 임금 되실 이가 계신 관희합에 화재가 이르지 않은 것이 기이하였다.

의외의 곳에서 불이 나니 영묘께서는 아드님이 홧김에 불을 지른 것으로 알고 열 배나 더 화를 내셨다. 함인정涵仁亭에 여러 신하를 모은 후 경모궁을 불러 말씀하셨다.

"네가 불한당이냐? 불은 왜 질렀느냐?"

간 길이의 단위는 척尺, 양의 단위는 승升, 무게의 단위는 관貫으로 하는 도량형법[척관법]에 의한 길이의 단위로, 1간은 1.8181m이다.

함인정 창경궁 명정전 서쪽에 위치. 본래 이곳에는 인양전이 있었는데 임진왜란 때 불타 버린 뒤, 인조 때 인경궁의 함인당을 이건하여 함인정이라 하였다. 영조는 이곳을 과거 시험에 장원 급제한 사람들을 접견하는 장소로 사용했다 한다.

그때 설움이 가슴에 복받쳐서, 거기서도 그 불이 촛대가 굴러서 난 불이라고 여쭙지 않으셨다. 술에 대한 사건이 있었던 때처럼 변명을 하지 않고 스스로 하신 일인 듯이 구셨다. 마음이 마디마디 끊어질 듯이 서럽고 갑갑하였다. 그날 그 일을 지내고 가슴이 막혀서 청심환을 잡수시고 울화를 내리시며 이렇게 말씀하셨다.

"아무리 해도 못 살겠다."

그러고는 저승전 앞뜰의 우물로 가서 빠지려고 하였다. 그 놀랍고 위태로운 모습을 어찌 말로 이르겠는가. 가까스로 구하여 덕성합으로 나오시게 하였다.

내 아버지께서 그해 2월에 광주 유수를 하여 내려가게 되
었다. 외직을 하면 경모궁께서 더 의지할 곳이 없음을 알고,
대조께서 그 일로, "대내對內*하라." 하시기에 들어오셨다.
대조께서 지난 말씀과 걱정을 무수히 하였다. 그리고 소조
께서는 술을 드셨다 하여 꾸중을 듣던 일과 화재가 난 일 두
가지 원통한 말씀을 하셨다.

"아마도 서러워 살기가 어려울 듯싶습니다."

그러나 듣는 마음은 어떠하겠는가.

아버지는 대조께는, "자애를 잃지 마소서." 누누이 아뢰
셨다. 그리고 소조께는, "갈수록 효성을 닦으소서." 하고 울
면서 아뢰었다. 소조께서는 과한 거동을 하시다가도 장인이
아뢰고 타이르면 마음이 수그러들었다. 그리저리 하여 겨우
진정하신 듯하였다.

내가 가을에 어머니를 잃고 서러운 마음이 이를 데 없었
는데, 경모궁의 병환이 점점 심하자 근심이 많았다. 그때 그
광경을 당해 어찌할 바를 모르고 지냈는데, 아버지를 만나
서로 붙들며 울던 일이 눈앞에 본 듯하구나.

소조께서는 5월 불 소동으로 한바탕 풍파를 겪은 후 놀라
서 병환도 더하고, 외조外朝정사를 보는 데 지나친 행동도 하
였다. 강연도 더 드물게 하고, 차대 때나 억지로 기운을 차
렸다. 무슨 의욕과 경황이 있었겠는가. 더구나 울적한 마음
을 견디지 못하여 대조께서 거동을 하시면 후원으로 가서
활도 쏘고 말도 달리며, 군기와 병기를 가지고 내인들을 데
리고 놀았다. 그 내관들은 취타吹打*까지 다 하였다.

영화당 창덕궁 후원 부용지 서쪽에 위치. 이곳에서 조선의 왕들은 주로 연회를 베풀거나,
건물 앞 넓은 마당(춘당대)에서 왕이 참석한 가운데 과거 시험을 치렀다.
또한 활쏘기나 군사 훈련 참관을 하기도 했다.

그해(1756) 7월, 인원왕후의 칠순에 기로과(耆老科)°를 보고, 후원에서 진하(進賀)°를 하였다. 어찌된 일인지 소조를 부르시니, 그 진하를 무사히 지내고 돌아오셔서 대단히 좋아하셨다. 이런 일로 보아도 분명히 대조께서 좋은 얼굴빛으로 타일렀다면 조금은 견디었을 텐데 어이하여 이 지경에 이르렀는가. 부자 두 분이 자기 뜻대로 못 하셔서 그리들 하였으니, 다 하늘의 뜻이요 그저 원통할 뿐이다.

경모궁은 22세가 되도록 능행 수가를 못 갔다.* 봄에 갈까, 가을에 갈까 마음을 태우다가 한 번도 가지 못했다. 그 일로도 서글퍼 울화가 되었는데, 병자년(1756) 8월 1일에 처

기로과 조선 후기에 왕·왕비·대비·대왕대비 등이 60, 70세가 되었을 때를 경축하기 위해 늙은 선비를 대상으로 하여 실시한 과거 시험. 1756년 7월 인원왕후의 70세 생일을 기념하기 위하여 60세가 넘은 선비에게 시험을 치르게 한 것이 최초이다.

진하 나라에 즐거운 일이 있을 때 백관이 축하하던 일.

＊『영조실록』에 따르면, 사도세자는 1752년 2월 영조가 태묘(건원릉)와 영희전에 나갈 때 등을 비롯하여 이후 여러 차례 능행 수가하였다고 나와 있으므로 혜경궁 홍씨의 착각으로 보인다.

명릉 조선 제19대 왕 숙종과
계비 인현왕후, 두 번째 계비
인원왕후의 능. 경기도 고양
시에 있는 서오릉 내에 있다.

음으로 명릉* 수가를 하게 되어 경모궁의 마음이 시원스러
워 보였다. 즐거운 마음으로 정성을 다하여 목욕을 하고, 다
행히 아무 탈 없이 다녀오셨다. 명릉 수가를 가신 사이에 인
원·정성왕후와 선희궁께 편지를 올리고 자녀에게까지 편
지를 보내었는데, 그 편지를 지금 내가 간직하고 있다. 그런
일은 조금도 병이 계신 이처럼 보이지 않았고, 아무 탈 없이
순조롭게 잘 돌아온 일을 스스로 큰 경사처럼 여기셨다.

능행 후 한동안은 큰 꾸중을 들은 일이 없었는데, 그것은
정처가 8월 초에 딸을 낳아 대조의 마음이 기쁘셨기 때문에
아무 탈이 없었던 것이다. 인지상정人之常情으로 생각하면
그 누이는 그렇게 총애하고, 당신은 때를 만나 뜻을 이루지
못하였으니 어떤 마음이 있을 듯하였다. 그러나 그때까지
한 번도 불효不孝한 기색이 없었고, 누이가 순산한 일을 기특
하게 여기었다.

경모궁께서 처음으로 능행 수가하게 된 것은 선희궁께
서, "지금 세자가 능행 수가를 하지 못하시면 민심도 괴히
여길 것이다." 하시며 정처에게 여쭈라 시키셨기 때문에 능
행 수가를 하게 된 듯싶다.

청선 사도세자의 2녀. 혜경궁
홍씨의 딸.

그해|1756| 윤 9월에 청선清璿*을 낳았는데 예전 같으면 오
죽 좋아하였겠는가마는, 들어와 보신 일이 없었으니 경모궁
의 병이 심하였음을 가히 알 수 있다.

오래지 않아 아버지께서 평안 감사를 제수받아 그날로
떠나셨다. 두렵기가 날로 더한데, 떠나야 하는 일로 민망해
하시며 근심스러워하였다. 그해|1756| 동짓달 초10일에 경모

궁께서 덕성합에서 마마꽃이 돋았는데, 증세는 순하였지만 마마꽃이 많이 돋아 겁이 났었다. 그러나 마마꽃이 수그러들어 마마를 잘 치렀다. 22세에 격화激火는 이를 것이 없는데, 곱게 회복하였으니 그런 경사가 어디 있겠는가.

선희궁께서는 가까이 오셔서 머무시며 주야로 애를 태우셨다. 원손은 공묵합恭默閤 으로 피하게 하고, 나는 좁은 방에서 경모궁의 병을 구완하기 위해 한 곳에서 지냈다. 그때 추위가 보통이 아니었는데, 삼면에 성에가 끼어 얼음벽이 된 곳에서 그 중병을 순탄히 지냈다. 종사宗社에 그런 무한한 경사가 없었다. 그러나 대조께서는 그 병중에 한 번도 친히 오신 일이 없었다. 아버지는 관서|평안도|에 아오라이|멀리| 계시고 나만 혼자 아득히 애쓰던 말들을 어찌 다 쓰겠는가. 마마가 다 나은 후 경춘전으로 옮겨 조리하였다.

공묵합 창경궁 환경전 남쪽에 있던 집.

천연두와 호구거리

마을에 천연두가 돌 때, 민간에서는 천연두 신을 모시는 호구거리라는 굿을 했다. 천연두 신은 '호구아씨'라 하는 여신이다. 천연두를 아직 앓지 않은 사람이 있는 집에서 굿을 하여 이 신을 모시면 천연두가 걸리더라도 쉽게 낫는다 믿었다. 별성거리 또한 천연두 신을 모시는 굿인데, 그 대상이 되는 신은 남자 신이다. 천연두가 순조롭게 지나가면 배송굿이라 하여 천연두 신을 전송餞送하는 굿을 하기도 했다. 후에 서울 무당의 경우 사도세자를 '별성', 최장군녀를 '호구'라 하고 굿을 했는데 두신|마마신|으로 설정하고 제사를 지낸 것이다.

호구 거리 망사를 뒤집어 쓴 무녀가 천연두가 순하게 지나가기를 축원하는 모습. 「무당내력」

정축년[1757] 2월 13일에 정성왕후의 오랜 병이 갑자기 중하였다. 정성왕후의 손톱이 다 푸르고, 토한 피가 한 요강이나 되었다. 그런데 붉은 피도 아니고 검고 괴이한 빛이었다. 어릴 적부터 수년을 두고 모은 것이 나왔는지……. 놀랍고 두렵기를 어찌 다 헤아릴 수 있겠는가. 나는 먼저 정성왕후께 가고, 경모궁께서는 바로 미좇아[뒤이어] 오시니, 피를 토하고 위태하셨다. 경모궁께서는 정성왕후가 토한 그릇을 붙들고 눈물을 흘리셨다. 그러니 보는 사람이 누가 감동하지 않겠는가. 대조께 미처 아뢰지도 못하고, 그릇을 들고 중궁전 장방長房*에 친히 나가 의관에게 보이며 우셨다고 한다. 비록 지극한 사랑을 받았지만 친자식과는 달라 틈이 있을 듯하였다. 그러나 경모궁의 천성이 효성스럽고 착하기 때문에 스스로 효성을 다했으니 어느 누가 경모궁께서 병환이 있는 줄로 알겠는가.

밤에 정성왕후께서 큰 병환을 치른 끝에 경모궁이 어찌 계시겠는가 싶어, "그만 돌아가라!" 여러 번 권하였다. 삼경이나 되어 경춘전에 잠깐 내려가 계셨는데, 새벽에 내인이 와 여쭈었다.

"마마께서 아주 깊이 잠드셔서 아무리 여쭈어도 대답이 없으십니다."

놀라 가 보니 혼침昏寢[아주 깊이 잠들다]하셨는지 아무리 여쭈어도 대답이 없기에 천만 번이나 부르짖어 여쭈었다.

"소신이 왔소, 왔소."

그래도 모르시니 경모궁이 망극하여 우시던 일들은 다

장방 각 궁의 서리실. 여기서는 왕비의 소속 서리실을 가리킨다.

140

쓸 수가 없구나.

날이 밝은 다음 날 14일에 위에서 아시고 오셨다. 양전|영
조·정성왕후| 사이가 극진한 것은 아니지만, 병환이 위중하였
기에 오신 것이다. 경모궁께서는 아버님을 뵙고 또 황축惶縮**
하여 울고, 하던 일도 못하고 몸을 굽혀 고개를 못 드셨다.
경모궁은 그 병환에도 세세히 마음을 쓰고 눈물을 삼키며,
망극하여 서러워하셨다. 이에 곁에 있던 사람들이 감동하여
눈물을 흘리며 슬피 울었다. 아무리 부왕이 무서워도 무릅
쓰고 우시고 싶으면 울면서 인삼차를 계속해서 흘려 떠 넣
으시고, 정성왕후의 병을 보살피며 그 병환 증세를 대조께
말씀이나 올렸으면 대조께서 보시기가 좀 나으셨을 것이다.
그런데 경모궁께서 급한 가운데 좁은 방 한 구석에서 황송
해하며 엎디어 있으시니, 아까 울고 서러워하던 것을 영묘
께서 어찌 알겠는가. 의대 입은 것, 행전* 맨 모양까지 걱정
하시며 꾸중하셨다.

황축 황공하여 몸을 움츠림.

"내전 병환이 이러한데, 어찌하여 너는 몸을 그리 갖느냐?"

천지간에 터질 듯 갑갑한 것은, 아까 그 지극하던 모양을
다 감추었던 것이다.

차마 "아까는 저리 하지 않으셨습니다." 하고 말할 수도
없고, 위에서는 불효하고 버릇없다고만 하시니 선희궁께서
애쓰신 것과 내 속이 타던 것을 어디에 비하겠는가.

공교롭게도 일성위의 병이 위중하여 옹주를 내보낸 후라
영묘의 산란한 마음은 말할 것이 없었다. 정성왕후의 문안
이 점점 위급하여 15일 신시申時|오후 3시~5시 사이|에 승하하셨

행전 바지나 고의를 입을 때
정강이에 감아 매는 것. 반듯
한 헝겊을 소맷부리처럼 만
들고 위쪽에 끈을 두 개 달아
서 돌려 매게 되어 있다.

관리합 창경궁 안의 대조전 서편에 있는 집.

발상 머리를 풀고 울면서 초상난 것을 알리는 것.

고복 흔히 초혼招魂이라고 함. 죽은 사람의 혼을 다시 불러들이는 것.

다. 망극함을 어디에 이르겠는가. 동궁은 관리합˙ 아랫방으로 내려와 발상發喪˙하려 하시고, 나도 발상 때 고복皐復˙을 막 하려던 참이었다. 이때 위|임금|에서, 많은 내인들과 양전이 서로 만난 말씀과 이제 이리 여의신 말씀을 길게 하셨다. 그렇게 날이 저무니 동궁께서는 가슴을 치며 망극애통해하시고, 때를 어겨 발상을 하지 못하여 당황해하였다. 그때 일성위의 부음이 들어오자 그제서야 위에서 애통해하며 즉시 움직였다. 정성왕후께서는 신시에 운명하셨는데 저물어서야 발상을 하였으니, 그런 망극한 일이 없었다.

16일에야 습襲˙을 하고, 대조의 환궁을 기다렸다가 염殮˙을 하였다. 동궁께서는 하늘을 향해 부르짖고 슬퍼하시는 일이 과하였다. 때때로 봉심奉審˙하시고 부르짖어 눈물을 줄줄 흘리시니 친부모와 자식 사이인들 이 이상 더하겠는가. 경모궁의 애통해하는 모습을 대조께서 보셨더라면 혹 감동하셨을 것이다. 환궁 후 경모궁이 황송해하며 엎드려 계속 눈물을 줄줄 흘리며 우는 모습을 대조께서는 또 보지 못하였으니, 어찌 갑갑하고 이상하지 않으리오.

습 시신을 씻긴 뒤 새 옷을 입히는 일.

염 죽은 사람의 이목구비를 베로 싸는 일.

봉심 임금의 뜻을 받들어 종묘나 능을 살피는 일.

정성왕후께서는 평소에도 대조전 큰방에 거처하시되 주무실 때나 감기만 있어도 건넌방에 와서 지내셨다. 환후가 위중하자 정성왕후께서는 이렇게 말씀하셨다.

"대조전이 지중한데 어찌 내가 이 집에서 몸을 마치겠느냐."

그러고는 서익각西翼閣˙ 관리합이라 하는 집으로 바삐 내려와 계시다가 승하하셨다. 염을 한 후 재궁梓宮˙에 모시고, 경훈각景薰閣을 빈전殯殿˙으로 하였다. 옥화당玉華堂˙이라 하

서익각 건물의 몸채가 되는 정당 좌우에 연결되어 딸린 전각을 익각이라 하는데, 서익각은 서편에 딸린 전각을 뜻한다.

재궁 왕이나 왕후의 시신을 모시는 관.

빈전 능에 묻기 전, 왕이나 왕비의 관을 모셔 두는 집.

옥화당 창덕궁 경훈각 서익각을 영휘당이라 하며, 영휘당에 연접하여 옥화당이 있다.

는 집에 동궁의 거려청居廬廳*을 만들고, 오삭거려五朔居廬*를 거기서 하였다. 경모궁께서는 조석전朝夕奠*과 조석상식朝夕上食* 후 주다례晝茶禮*를 계속해서 참석하셨다. 어떤 날은 육시六時* 곡哭을 거의 다 하셨고, 나는 관리합 맞은편의 방인 융경헌에 있었다.

인원왕후께서는 칠순이 넘어 심히 쇠약하였다. 정성왕후의 국상 후에 슬퍼하시는데 연기와 안개 가운데 있는 듯이 슬픈 것을 자세히 모르시는 것 같았다.

2월 그믐께에 병세가 도로 더하여 증세가 좋아졌다 더했다 하였다. 대왕대비|인원왕후| 장방으로 피하여 요양하시다가

거려청 상제가 거처하도록 마련한 집.

오삭거려 상제가 다섯 달 동안 조그만 초막 같은 데서 지내는 일.

조석전 장사 전에 날마다 아침저녁으로 시체 앞에 주과를 차려 놓음.

조석상식 상가喪家에서 아침저녁으로 궤연 앞에 올리는 음식.

주다례 왕이나 왕후의 장례 후 3년 동안 신위를 모신 전각|혼전| 또는 아직 이름을 정하지 않은 새 능|산릉|에서 행하는 제사.

육시 하루를 여섯으로 나눈 때, 새벽·아침·한낮·저녁·초야·밤중을 뜻함.

경훈각 창덕궁 대조전 북서쪽에 연이어 있는 전각으로 원래 2층 건물로, 상층은 징광루이고 하층은 경훈각이었다. 그러나 1917년 화재로 인해 불타 없어지고 현재 징광루 없이 단층으로 재건되었다.

3월 26일에 승하하시니 망극하였다. 영묘께서 망칠쇠경望七衰境*에 큰일을 당해 슬픔이 과하시니 더욱 망극하였다.

인원왕후는 성덕이 탁월하였다. 궐내 법도도 인원왕후가 계셔서 지엄하였고, 동궁을 그음없는끊임없는 지성으로 사랑하셨다. 또 내가 궐 안에 들어왔을 때 자별히 사랑하시던 성은을 어찌 다 기록하겠는가. 동궁을 향한 사랑으로 정을 다하여 특별한 반찬을 자주하여 보내 주셨다. 궐내 음식 중에서도 인원왕후전 음식이 아주 맛이 좋았다.

인원왕후께서는 대·소조 사이에 난처한 소문을 들으시고 깊이 근심하셨다. 나를 보시면 가만히 걱정하시며 물으셨다.

"아니 민망하냐?"

동궁께서는 상복 입으신 모습을 차마 보지 못하시고 이렇게 말씀하셨다.

"저리 하고 있으니 가뜩이나 울게 하는구나."

그러고는 자주 걱정하셨다. 법을 엄히 하여 좁은 방에서라도 옹주네가 감히 빈궁과 어깨를 나란히 있지 못하게 하셨다. 그 문 안에 화순옹주가 있었지만 병으로 몸을 잘 쓰지 못하고, 화유옹주*만 나를 따라다녔다. 좁은 방에 앉을 때에 내 어깨와 나란히 하였는지, "빈궁이 중하건대 네가 감히 어깨를 나란히 하느냐?" 하고 분해하셨다. 병으로 위중하신 중에도 체면을 엄히 하도록 시키셨다.

정성왕후께서는 그 아드님 위하시는 마음이 컸다. 대조께서 동궁에게 민망히 구시는 일이 지극한 한이 되어 애달프고 답답해하셨다. 동궁이 과한 행동을 했다는 소문이나 들으면, 나랏일을 근심하시며 선희궁을 매일 찾아가 지성으로 걱정하셨다.

달을 이어 두 성모께서 승하하시니 궁중이 텅 빈 듯하고 지엄하던 법이 어느 사이 무너졌다. 한심스럽고 어찌할 바를 몰랐다.

경모궁께서는 그 할머님|인원왕후|의 사랑을 많이 받아 슬픔이 각별하셨다. 부자분 사이가 얼마간이라도 예사로웠다면 아니 좋았겠는가. 영모당永募堂에서 습렴•을 하고, 경복전景福殿•으로 오르시고, 빈전은 통명전으로 하여 그믐날 입관을 하였다. 그날 소판상|휘 판재|의 소금저•를 덮어, 평소 자전께서 후원 출입하시던 요서문耀西門으로 본 처소 내인들이 상여를 메고, 위의威儀는 대례를 받으실 때처럼 메니 우러러

습렴 염습. 죽은 이의 몸을 씻긴 후에 옷을 입히는 것.

경복전 선원전의 북쪽에 있었던 전각. 원래는 경복당이라 했는데, 경종 때 인원왕후가 이곳에 거처하면서 '전'으로 승격했다.

소금저 흰 비단으로 만든 관 덮개.

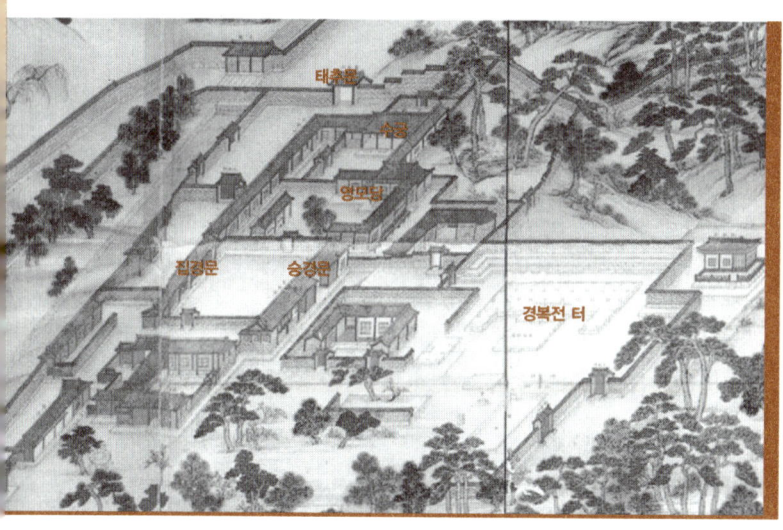

영모당과 경복전 부근도
영모당은 창덕궁 내 경복전 서편에 있는 전각으로 인원왕후가 거처하다 승하했다. 경복전은 순조 때 화재로 불타고 그 터만 남아 있다.
〈동궐도〉. ⓒ 동아대학교 박물관.

체원합 창경궁 양화당 남쪽에 있던 집.

망조 망지소조圈知所措의 준말로, 너무 당황하거나 급하여 어찌할 줄을 모르고 갈팡질팡함을 뜻함.

조전 장사에 앞서, 이른 아침마다 영전에 지내는 제식.

육시곡읍 하루 여섯 번 곡하는 일.

현빈궁 영조의 첫째 아들 효장세자의 처 효순왕후 조씨.

문녀 영조의 후궁 숙의淑儀 문씨文氏.

별감 액정서 소속의 잡직.

＊영조의 서11녀인 화령옹주를 가리킨다.

사약 액정서에 소속되어 있는 잡직의 하나로 궁궐 내 각 문의 열쇠를 관리했다.

차마 뵙지 못했다. 대조의 거려청은 체원합體元閣＊에 하였다.

영묘께서 환후 때부터 초황焦惶 망조罔措＊하여 밤낮으로 머무르며 지성으로 약시중을 들었다. 인산 전 5개월을 조전朝奠＊부터 육시곡읍六時哭泣＊을 한 번도 빠지는 일이 없으셨다. 영묘의 춘추가 예순 넷이신데……. 그러한 효성과 정신, 기력이 다시 어디 있겠는가. 당신은 이리 하신데, 아드님께서 하시는 일은 본심도 모르고 나쁘고 잘못하는 줄만 아셨다. 양 성모가 아니 계시고 궐내 모양이 말이 안 되니 더욱 아득하였다.

무릇 부자분 사이가 중간에 더 좋지 못하는 것은 곡절이 있었다. 다름이 아니라 신미년|1751| 한겨울에 현빈궁賢嬪宮＊의 상사喪事 때 영묘께서 효부孝婦를 잃고 애통하여 장사와 삼년상을 친히 하셨다. 영묘께서는 간곡하게 정성을 다하여 미치지 않은 곳이 없었다.

그런 와중에 그곳 시녀 내인이 있었으니 문녀文女＊라 했다. 상사 후에 가까이 하여 수태受胎하였다. 그 오라비가 문성국文性國이란 놈인데, 그것을 별감別監＊으로 사랑하고, 누이|문녀도 총애하여 계유년|1753| 3월에 옹주＊를 낳았다. 그때에 인심이 소란하여, "그것 남매가 아들을 못 낳아도 다른 자식을 데려다가 아들을 낳았노라고 말하려 한다."는 고이 말이 어지럽게 나돌았다. "그 어미는 중이 환속한 것인데 딸의 해산에 들어왔다." 하는 말도 들렸다.

성국이 제 무슨 마음으로 동궁에 그리 흉한 뜻을 먹었는지, 요악간흉妖惡奸凶한 놈이 아닌가. 별감으로 사약司鑰＊에

육상궁　서울시 종로구 궁정동에 위치. 영조의 생모인 숙빈 최씨의 신주를 모신 사당. 당시 영조는 문녀|숙의 문씨|를 총애하여 그 오빠 문성국을 육상궁 별감으로 두었다. 그리고 육상궁을 수십 번 오가며 문성국을 만났다.

오르고, 누이는 신미년辛未年|1751, 영조 27| 겨울부터 승은을 입어 남매의 총애가 더할 수 없이 지극하였다.

　영묘께서 어릴 적부터 계시던 집이 건극당建極堂*이었다. 효장세자孝章世子*에게 내주셔서 현빈이 거기서 머물렀으며 신미년 상사喪事도 거기서 치렀다. 그 아래 고서헌古書軒에 문녀를 두고 거기서 해산을 하게 하였는데, 갑술년|1754|에 또 딸을 낳았다.* 후원 중정문 밖에 문녀의 차지내관次知內官* 전성해를 두고, 성국이도 그 내관 처소로 와서 뵈었다. 대·소조 사이가 좋지 못한 줄을 고놈이 알고, 틈을 타서 영묘의

건극당　창경궁 안 명정전의 가장 북쪽, 고서헌 서편에 있던 집.

효장세자|1719~1728|　영조의 첫째 아들로, 이름은 행緈이며, 어머니는 후궁 정빈 이씨. 영조 즉위 이듬해에 왕세자로 봉해졌으나 일찍 죽었다.

＊영조의 서12녀인 화길옹주를 가리킨다.

차지내관　각 궁방 일을 맡아보는 내관.

마음에 맞추어 소조께서 하시는 일을 다 알아다가 고해 바쳤다. 소조께서 하신 일을 누가 그 사이에서 말할 이가 있겠냐마는, 성국이는 상황이 유리함을 믿고 무서운 마음이 없었다. 동궁의 하인들이 다 자기와 같은 무리이기에 동궁의 미세한 일을 서로 알아내어 듣는 족족 대조께 아뢰고, 문녀는 안에서 도는 소문을 다 말씀드렸다. 동궁의 일을 모르실 때에도 의심하셨는데 날마다 들으시니 편치 않은 성심聖心이 갈수록 갑갑하였다.

국운이 불행하여 요망한 계집과 간악한 흉적이 생기는 일이 서럽구나. 그 남매가 여쭙는 말은 의심 없이 받아들이시면서도 어떤 일인 줄은 똑똑히 알지 못하였다. 병자년 |1756|에 부릴 내인이 없어 세자궁과 빈궁의 사약, 별감의 딸을 내인으로 뽑으려 하였다. 소조께서 생각하신 일이 아니라 내가 "내인이 없으니 뽑아야 합니다." 말하고, 그것들의 딸을 궁에 들이기로 하여 사약 김수완의 딸과 별감의 자식을 잡아 두었다. 그런데 아침에 했던 일을 어느새 아시고, 낮에 소조를 불러 단단히 꾸짖으셨다.

"네가 어이하여 내게 아뢰지 않고 내인을 뽑았느냐?"

그때 놀랍기가 이를 데 없었는데, 김수완이가 곧 성국이와 친한 것이었다. 대조께서 그리 급히 아신 일을 보니, 제 자식을 궁에 아니 들이려고 성국에게 청한 것이요, 분명 성국이가 아뢴 일이었다.

소조께서는 병자년|1756|에 마마를 앓은 지 얼마 되지 않아 인원왕후와 정성왕후의 상喪을 당하고 슬퍼하셨다. 마음

을 많이 써서 병은 점점 더하였고 지나친 행동이 잦아졌다. 성국이가 듣는 말을 모두 아뢰어 두 분 사이는 더욱 망극하였다.

대조께서 다섯 달 동안 빈전에서 경훈각으로 곡을 하러 오시면 옥화당에 가셨는데, 무슨 일이나 잡히면 소조를 꾸중하셨다. 소조가 통명전에 가면 또 꾸중을 들었다. 소조는 화를 불같이 냈다. 소조는 사람들이 모이고 내인들이 많은 곳에서 허물을 드러내시는 성품이었다. 통명전에는 인원왕후전 내인이 가득하였다. 6, 7월 한창 더울 때에 통명전에서 여러 가지로 책망을 자주 받았다. 그대로 격화와 병환이 점점 더하여 내관을 매질하기가 그때부터 심하였다. 초상初喪 때에 거룩히 서러워하던 일에 비하면, 상중에 매질은 잘못하신 일이다. 정축년l1757l부터 의대병衣襨病이 나니 그 말이야 어찌 다하겠는가.

다섯 달 동안 지극히 어려움을 지내고, 6월에 정성왕후의 인산이 되었다. 소조의 서러움은 초상과 다르지 않아 성 밖까지, 나가서 대여大輿를 곡하여 보냈다. 관리와 백성들 중 누가 아니 감동하여 눈물을 흘리지 않았겠는가. 본 마음이 나시면 이러하였지만 대조께서는 이를 모르셨다. 대조께서는 경모궁이 곡송哭送하고 들어

대여 국상 때에 쓰던 큰 상여. 「국조오례의」. ⓒ 규장각.

영여 반우 때 혼백|임시 신주|을 모시고 오는
작은 가마이다. 「국조오례의」. ⓒ 규장각.

반우 장례를 마치고 신주를
모시고 돌아오는 것.

휘령전 창경궁 문정전의 별
칭. 정성왕후의 국장 뒤 3년
간 신주를 모시던 전각.

당번내관 차례로 숙직하는 내
관.

효시 죄인의 목을 베어 높은
곳에 매달아 남에게 보임.

올 때와 반우返虞˚에 맞아 곡을 하러 나가실 때에 어떤
탈이 났으며 상황이 어떤지 다 생각하지 못하였다.
그때 나라에 가뭄으로 인한 재해도 있어서 대조
께서는 화를 심하게 내시고 엄교도 많았다. 그
밤에 소조께서 덕성합 뜰에서 휘령전徽寧殿˚을
바라보고 우시면서 죽으려 하던 일을 어찌 다 적겠는가.

그해|1757| 6월부터 경모궁의 화병이 더하여 사람을 죽이
기 시작하였다. 그때 당번내관˚ 김한채라는 것을 먼저 죽이
셨다. 그 머리를 들고 들어와 내인들에게 효시梟示˚하였다.
내가 그때 사람의 머리 벤 것을 처음 보았는데, 흉하고 놀랍
기가 이를 데 없었다. 사람을 죽인 후에야 마음이 조금 풀리
시는지 그때 내인 여럿을 죽였다. 내 마음이 갑갑하기는 측
량할 수 없었다. 마지못하여 선희궁께 가서 여쭈었다.

"소조의 병이 점점 더하여 이리 행동하십니다. 어찌합니
까?"

그러자 선희궁이 놀라셔서 곡기를 끊고 누워 걱정하시며
그 말씀을 알은 체하셨다. 그러자 경모궁께서 "누가 이 말
을 했는고?" 하셨다. 찾아내시면 나를 보실 분이 아니었다.
내 몸에 급한 화가 미칠까 싶어 선희궁께 울며, "너무 안타
까워, 아는 일을 아뢰지 않을 수 없어 여쭈었는데 저러시니
어쩝니까?" 하여 겨우 진정하였다. 그때 점점 어떻다 할 도
리 없이 애쓰던 말을 어찌 다 형상하겠는가. 그저 죽어서
모르고만 싶었다.

7월에 인원왕후의 인산이 되었다. 그때 큰 비가 내렸는

데 대조께서는 능소陵所까지 따라가 반우를 하시고 돌아오셨다. 대조께서는 지극한 효를 다하시고 소조께서는 효를 다하지 않은 것이 아닌 것을…… 소조의 병이 점점 더 심하여 사람 죽이는 일이 생기자, 인심은 흉흉하고 언제 죽을 줄 몰라 전전긍긍하니 그런 모양이 어디 있겠는가.

아버지는 5월에 관서에서 조정으로 돌아오셨는데 대조께서는 아버지를 반기며 애통해하셨고, 소조도 뵈었다. 그 사이 소조께서는 큰 병환을 지내고 대고大故│부모의 상사를 만나셨으며, 또 병환으로 근심하고 두려워하던 일로 부녀가 서로 붙들고 서러워하였다.

9월에 경모궁께서 인원왕후전 침방내인●인 빙애를 데려오셨다.✷ 그 내인은 현주●의 어미이다. 여러 해 그 내인을 마음에 두고 있다가 화병도 점점 나고 마음 줄 데도 없던 차에, 인원왕후께서 없으신 때를 놓치지 않았다. "내 말을 누가 여쭈랴?" 하시며, 데려다가 방을 꾸미고 살림살이를 갖추는데 없는 것이 없었다. 그 사이 내인들을 가까이 하셨는데 순종하지 않으면 때려서 살이 터진 후에라도 가까이 하시니 누가 좋아하였겠는가. 가까이 하신 내인이 많았지만 잠시 그러시고 대수롭지 않게 구셨다. 자식 낳은 양제도 용서하심이 없었는데, 이것에게는 그리 대수롭게 구셨다.

그런데 그것의│빙애 인물됨이 또 요악妖惡하였다. 동궁에게 무슨 재력이 있겠는가. 그때부터 내사內司●를 이용하시니 민망하기 이를 데 없었다. 내사 차지次知● 이하로 대조께 아뢰지는 않았지만 어찌 모르시며, 성국이 어찌 아뢰지 않았

침방내인 옷을 만들고 꿰매는 일을 하는 내인.

✷ 대왕비, 대왕대비가 살아 있을 경우, 대전보다 대왕비전이나 대왕대비전이 더 격이 높다. 때문에 왕이나 세자가 후궁을 얻을 경우 웃전 내인을 본다면 다시없는 불경이 되는데, 사도세자가 인원왕후의 내인을 보았으니 이 일로 사도세자는 영조에게 큰 미움을 산다.

현주 왕세자의 서녀에게 주던 정3품 봉작. 여기서는 빙애의 친딸 청근현주를 가리킨다.

내사 내수사의 별칭으로, 궁중에서 쓰는 쌀·베·잡물과 노비 따위에 관한 일과 왕실의 사유재산, 토지 관리를 맡아 보던 관아.

차지 각 궁방의 일을 맡아 보던 사람.

겠는가.

9월에 빙애를 데려오셨는데, 12월에 대조께서 이 사실을 아셨다. 그날은 동짓날이었다. 대조께서는 크게 노하셔서 동궁을 불러 물으셨다.

"네가 감히 그리 하였느냐?"

소조의 허물이 없을 때에도 엄히 문책하기를 그치지 않으셨는데 하물며 허물이 있었으니 오죽하였겠는가. 대조께서는 노여움을 그치지 않고 "그 내인을 잡아내라!" 하셨다. 그때 동궁께서 그것에게 혹하여 한사코 못 나가게 하셨다. 대조께서는 "어서 잡아오라!" 하시고, 소조께서는 내보내려 하지 않았다. 빙애를 죽기 살기로 위협하며 안 내보내니 일이 매우 급하였다. 대조께서 그 내인의 얼굴을 모르시니 여기 침방내인 중 나이가 비슷한 것을 내보내어 "빙애입니다." 하였다.

나는 갑자년|1744|* 후로 대조의 자별한 사랑을 받았다. 그 아드님이 미우시니 그 처자도 한가지로 미운 것이 당연한 이치지만, 나를 항상 사랑하시고 내 자녀도 귀중히 여기셨다. 그 아드님의 처자와 같지 않게 여기셨으니 매양 임금님의 은혜에 감축하였다. 그러나 그 일로 또 불안한 것들이 무수히 많았으니 어찌 다 형상하겠는가. 내가 부모님을 모신 지 14년 만에 처음으로 심한 꾸중을 들었다.

"세자가 빙애를 데려올 때에 네가 알았으련마는 내게 말하지 않았구나. 너마저도 나를 속이니 이런 일이 어디 있느냐? 네가 남편의 정에 끌려 양제 때에도 시기하는 일이 조

*혜경궁 홍씨와 사도세자가 국혼한 때이다.

금도 없고 그 자식을 거두기에, 내 인정으로 너에게 미안하였다. 그런데 감히 웃전[인원왕후] 내인을 데려다가 저같이 하였는데도 내게 알리지 않았다니, 내가 오늘 알고 묻는데도 즉시 대답하지 않으니 너의 행동이 이러할 줄을 내가 몰랐구나.”

대조께서 땅을 두드리며 꾸짖었다. 그 문책을 받고 황공하여 내가 아뢰었다.

“어찌 감히 남편이 한 일을 위에다 이리 하였다고 말씀드리겠습니까? 소인의 도리가 그렇지 못합니다.”

그러자 더욱 꾸중하셨다. 내가 대조의 사랑만 받다가 처음으로 엄교를 들으니 송구하기 이를 데 없었다.

그럴 즈음에 그 내인을 감추어 다른 내인과 안동眼同* 하여 내보냈다. 마침 정처鄭妻가 시댁에 나가 있는 때라 빙애를 그 집으로 보내어, “감추어 두라.”고 하였다. 그 밤에 대조께서 거려청 공묵합으로 동궁을 불러 또 꾸중을 많이 하셨다. 서러움에 그 길로 양정합 우물에 빠지니 그런 망극한 광경이 어디 있겠는가. 방직房直* 박세근이라 하는 자가 소조를 업어내는데, 우물가에 얼음이 가득하고 마침 물이 많지 않아 무사히 구했다. 그러나 소조는 가슴이 막히고 상하기도 하여 점점 이러하시니 무슨 말이 있겠는가. 또 대조께서는 가뜩이나 내인 일로 소조를 멀리 하셨는데, 우물에 빠진 해괴한 일까지 보시고 어찌 진노를 아니 하였겠는가.

그때 대신 이하가 모두 대궐에 입시하여 그 광경을 목격하였다. 그때에 영의정은 상로尙魯* 였는데 음흉한 사람이었

안동 사람을 따르게 하여 데리고 감.

방직 왕이나 왕비, 세자, 세손 등의 방을 지키는 사람.

김상로|1702~?| 1734년 정시 문과 병과로 급제하여 정치에 입문했다. 여러 관직을 거쳐 1759년 영의정에 올랐으며 1762년 임오화변 때 사도세자의 처벌에 참여하여, 훗날 영조가 이를 후회하게 되면서 청주로 쫓겨났다가 곧 풀려났다.

다. 소조를 뵐 때는 뜻을 맞추는 척하고, 대조께는 망극한 표정을 하며 뵈었으니 음흉하였다.

아버지께서는 소조께서 문책을 받은 일과 우물에 빠진 일을 보시고, 근심과 괴로운 마음을 이기지 못하여 입장을 돌보지 않고 대조께 아뢰었다.

"옛말에 부득어군不得於君이면 열중熱中*이라 하였으니 군신도 그렇습니다. 하물며 부자의 천성은 이를 것이 없습니다. 자애를 잃고 전전하여 저러시니 이런 곡절을 생각하시기를 천만 바랍니다."

임금과 신하 사이에 의사가 잘 통하는 것이 오랫동안 드물어 추고推考* 한 번 하신 일이 없었다. 그러나 그날 아뢰는

말씀에는 격노하셨다. 나도 거북해하신 때라 내 죄를 겸하여 아버지를 삭직하시고 엄교가 대단하셨다. 아버지께서는 황급히 나가셔서 성 밖 월과계라는 곳에 계셨다.

대·소조의 지나친 행동은 그러하였고, 백성들도 내 아버지만 믿다가 인심이 요란하게 되자 어찌될지 알 수 없었다. 나도 엄교를 처음 들어 놀랍고 두려워서 하실下室에 내려갔는데, 오랜만에 아버지와 나를 다시 부르셨다. 대조의 사랑은 여전하셨으니, 천만 가지로 황공한 때나 지극한 성은을 뼈가 가루가 된들 어찌 다 갚겠는가.

신축년 1월 5일 호동*대방 쓰다[歲辛丑 元月 初五日 壺洞大房 書]

한중만록 3권

무인년/戊寅年/1758, 영조34/ 정월 초에 대조께서 편찮으셨다.
그러나 소조도 병환이 한결같아 문안을 하지 않았다. 달이
갈수록, 날이 갈수록 점점 어려웠다. 소조는 만나 뵐 적마다
정신이 혼미하였다. 내가 어찌 형상하리오.

정월에 월성위/月城尉/화순옹주의 남편 김한신/의 상/喪/이 났다. 화
순옹주는 아이가 없었다. 화순옹주는 우직한 마음으로 큰

화순 옹주 홍문 정문
충남 예산군 신암면 용궁리에 위치.
유형문화재 제45호.
영조의 딸이자 김정희의 증조모인
화순옹주의 정절을 기려 정조가
하사하였다. 1758년 1월 4일
남편 김한신이 세상을 떠나자,
화순옹주도 그 뒤를 따라 숨을
거두었다. 화순옹주는 조선왕조의
왕실에서 나온 유일한 열녀라고 한다.

뜻을 품고, 17일 동안 음식을 먹지 않아 또 상_喪이 났다.

일찍이 왕가에서는 이런 거룩한 일이 없었다. 그러나 영묘께서는 늙은 아비를 두고 당신 말씀을 듣지 않고 돌아가신 것이 불효라며 화를 내셨다. 그래서 정문_{旌門}* 세우기를 허락하지 않았다. 소조께서는 그 누님의 절의가 굳은 것을 탄복하여 많이 말씀하였다. 그 병환 중에도 어찌 그리 하였는지 싶구나.

대조께서는 정축년|1757| 동짓달 변란* 후에 관희합에 머무셨는데, 무인년|1758| 2월에 대조께서 또 무슨 일로 불평하시며 소조가 있는 곳으로 찾아갔다. 경모궁께서 하고 계신 것이 어찌 눈에 거슬리지 않았겠는가. 숭문당으로 오셔서 소조를 부르시니, 정축년|1757| 동짓달 이후로 처음 만난 것이다. 여러 일들로 많이 꾸중하셨다. 소조께서 사람 죽이신 일을 위|임금|에서 응당 아시고 바로 아뢰시는지 보려 하신 것이다.

"네가 한 일을 바로 아뢰라."

경모궁께서는 원처|다른 곳|*에서 아시면 큰일이 날 일인 줄 아시면서도, 대조 앞에서는 당신 하신 일을 바로 아뢰는 성품이었다. 경모궁의 천성이 숨김이 없어 그리 하셨는지 이상하구나.

그날 그 말씀에 경모궁께서는 있는 그대로 대답하셨다.

"제 마음속에 울화가 나면 견디지 못하고 사람을 죽이거나 닭, 짐승을 죽여야 마음이 낫습니다."

"어찌하여 그리 하느냐?"

정문 충신 효자 열녀를 표창하여 세우는 붉은색 문.

*1757년 11월 경모궁이 여러 날 진현|임금님께 나아가 뵙을 하지 않아서 영조가 진노하여 양위하겠다는 전교를 내리자 세자가 정신을 잃고 낙상한 일을 가리킨다.

*부왕인 영조를 비롯하여 종실의 여러 웃어른들을 가리킨다.

"마음이 상하여 그리 하였습니다."

"어찌하여 마음이 상하였노?"

"마마께서 사랑해 주지 아니 하시기에 서글프고, 꾸중하시기에 무서워 화火가 되어 그러합니다."

그러고는 사람 죽이신 수를 하나도 감추지 않고 세세히 다 말씀드렸다. 영묘께서도 그때 잠시나마 천륜의 정이 통하였는지, 마음에 경모궁을 불쌍히 여기셨는지 이렇게 말씀하셨다.

"내가 이제는 그리 하지 않겠다."

그리고 그 진노가 조금이나마 줄어들었다. 영묘께서 경춘전으로 오셔서 물으셨다.

"세자가 이리이리 하니, 그 말이 옳으냐?"

부자간에 그런 말씀은 처음이었다. 나는 갑자기 의외의 말씀을 듣고 기뻐서 눈물을 드리우며 말씀드렸다.

"그렇다 뿐이오리까? 어려서부터 사랑을 받지 못하여 한 번 놀라고, 두 번 놀라 마음의 병이 되어 그러합니다."

"마음이 상하여 그리 하였다 하는구나!"

"소조 상한 일을 어찌 다 말씀드리겠습니까? 은혜와 사랑을 주시면 그렇지 않을 것입니다."

나는 말씀을 올리며 서럽게 울었다. 대조께서 얼굴빛을 좋게 하시고 말씀하셨다.

"그러면 내가 그리 한다 말하고, 잠은 어찌 자며 밥은 어찌 먹는지 내가 묻는다고 하여라."

그날이 무인년I1758I 2월 27일이었다.

내가 대조께서 관희합으로 가시는 모습을 보고 또 무슨 변이 날까 혼비백산魂飛魄散하여 애를 쓰다가, 의외의 하교를 듣고서 너무 감격하여 울고 웃으며 말씀을 올렸다.

"이리 해서 경모궁께서 마음을 잡으신다면 오죽이나 좋겠습니까!"

그러고는 절을 하고 손을 비비며 빌었다. 내 모습이 아니 꼽사웠던지 영묘께서는 엄한 빛이 없이, "그리 하여라." 하시고 가셨다. 어찌된 분부였는지 꿈만 같아서 아무런 느낌이 없었다. 소조께서 나를 오라고 말씀하시기에 가 뵙고 내가 말씀드렸다.

"마마, 어찌하여 사람 죽인 일을 묻지도 않으셨는데 사람 죽이신 말씀을 하셨습니까? 스스로 저리 말씀하시고 나중에는 남의 탓을 하시는데 아니 답답하십니까?"

"다 알고 물으시니 내가 다 말씀드렸지."

"무엇이라 말씀하십니까?"

"그리 말라 하시네."

내가 또 여쭈었다.

"오늘 이리 들었으니 이후에는 부자 사이가 행여 나아지겠습니까?"

이에 화를 벌컥 내시며 말씀하셨다.

"자네가 아버님께서 사랑하는 며느리기에 그 말씀을 곧이 다 듣는가? 일부러 그리 하신 말씀이니 믿을 것이 없네. 필경 내가 죽고 말 것이네."

경모궁께서 그리 말씀하실 때에는 병이 계신 사람 같지

않았다. 아까 대조께서 흐뭇하게 천륜으로 말씀하셨으니 믿지는 못하지만 한때 말씀이라도 감축하여 울었고, 소조께서 그 병환 중에 능히 밝은 소견을 말씀하신 것을 들으며 또 울었다.

무릇 하늘이 부자 두 분 사이를 그대도록 하시게 하여* 아버님께서는 말아야지 하다가도 누가 시킨 듯이 도로 미운 마음이 나고, 아드님은 뵙는 때나 기이오실[속이는] 일 없이 당신 과실을 숨기는 일이 없었다. 이는 경모궁의 천성이 착하기 때문이다. 조금만 예사로웠다면 어찌 이토록 하였겠는가. 하늘의 뜻이 어찌하여 조선국에 만고에도 없는 슬픔을 끼쳤는지 애통할 뿐이다.

이때 의대병이 심하였으니 어쩐 일인지. 의대 병환은 더욱 형용할 수 없는 이상한 괴질이었다. 보통 의대 한 가지를 입으려고 열 벌이나 이삼십 벌을 갖다 놓으면, 귀신인지 무엇인지를 위하여 놓고 혹 태우기도 하였다. 한 벌을 순하게 갈아입으면 천만다행이었다. 시중을 드는 이가 조금이라도 잘못하면 의대를 입지 못하셨다. 당신도 애쓰시고 사람이 다 상하였으니 이 아니 망극한 병환인가! 어떤 때는 너무 심하게 그리 하시니, 동궁 세간에 무명인들 얼마나 많겠는가. 미처 만들지도 못하고 옷감도 얻지 못하면 사람 죽는 것이 호흡 사이에 있었다. 그것을 아무쪼록 하려* 하기에 마음이 쓰였다.

아버지께서 이 말을 듣고 근심하여 몹시 탄식하셨다. 내가 애쓰는 일이나 사람이 상한 일에 민망해하시며 의대 만

* 문맥상 '그토록 나쁘게 하여'의 뜻으로 추정된다.

* '사도세자의 옷감을 대는 일, 사람 죽이는 일이 없도록 하는 일 등을 어떻게든 해내려'의 뜻이다.

들 옷감을 대어 주셨다. 6, 7년간 그 병환으로 그리 하였는데 극히 심한 때도 있었고 적이 진정할 때도 있었다. 의대를 입지 못하여 애를 쓰다가 어찌하여 병이 나아져서 한 벌을 천행으로 입으면, 당신도 무척 다행스럽게 여기며 더럽도록 입었다. 그 무슨 병환인가! 천백 가지 병 가운데 옷 입기 어려운 병은 자고로 없는 병이다. 어찌하여 지존하신 동궁께서 이런 병이 드셨는지 하늘을 불러도 알 길이 없었다.

정성왕후[*], 인원왕후[*] 두 분의 소상小祥[*]을 차례로 무사히 지내고, 두어 달은 큰 탈 없이 지냈다. 국휼國恤|국상| 후에 소조는 홍릉弘陵에 참배하지 못하였는데, 대조께서 마지못해 수가를 명하였다. 그해 장마가 지루하였는데 거둥하는

정성왕후 영조의 비. 달성 서씨. 1757년 2월 15일 창덕궁 관리합에서 죽었다.

인원왕후 숙종 계비, 경주 김씨. 1757년 3월 26일 창덕궁 영모당에서 죽었다.

소상 사람이 죽은 지 한 돌 만에 지내는 제사.

홍릉 경기도 고양시 서오릉 내 위치. 사적198호.
앞쪽의 정자각은 제사를 지내는 곳이며 뒤쪽으로 정성왕후의 능이 있다.

날에 큰비가 내렸다. 대조께서는 날씨가 이런 것은 소조를 데려온 탓이라고 말씀하셨다. 그래서 능에 미처 가지 못하여 소조께 "도로 궁에 들어가라." 하셨다. 그리고 대가大駕●만 능으로 가셨다. 소조께서 능에 참배하려다가 못하셨으니 백관군민百官軍民의 소견엔들 오죽 이상하였겠는가.

대가 임금이 타는 수레.

대·소조께서 거둥을 잘하고 오시기를 축수하였는데 이 기별을 들었다. 선희궁을 모시고 앉았다가 한없이 망연하였다. 나는 소조께서 궁에 들어오셔서 얼마나 화를 내실까 걱정하였다. 그 큰비를 맞으며 도로 들어오셨으니 그 마음이 어떠하였겠는가. 소조는 격한 마음이 들어 궁으로 바로 오실 수가 없으셨는지 경영고京營庫●에 들르셨다. 그곳에서 기막힘과 울분을 진정하여 들어오시니, 얼마나 고통스럽고 힘들었겠는가. 소조를 생각하니 그 일은 병들어서가 아니라 대순大舜●의 효심으로 한 일이다. 소조께서 서럽지 않을 리 없었다. 선희궁과 나는 마주 붙들고 울 뿐이었다. 당신도, "내가 점점 살 길이 없노라." 말씀하셨다.

그 후에 '의대를 잘못 입고 가서 그런 일이 났는가?' 하는 생각에 경모궁의 의대병이 더하니 안타까웠다.

그해1758| 12월에 대조의 병이 대단히 중하여 기묘년 |1759| 정월 초하루에 혼전魂殿● 제사를 친히 하지 못하셨다. 소조는 문안드리는 일로 또 갑갑해하셨다. 혹 문후를 해도 대조께서 부드럽게 보지 않았다. 소조께서도 병환이 심하여 무서워하니 어찌 문안하려 하셨겠는가. 대조께 문안하던 중에도 한심하고 슬퍼하셨다. 그때 영상|영의정|이 김상로였다.

경영고 서울에 있는 군영.

대순 중국 고대 성군으로 꼽히는 순 임금을 높인 말. 순은 전욱의 6대손인 순의 아버지가 후처를 얻었는데 후처가 아들을 낳은 후 순을 학대하였다. 그래도 순은 모든 것을 참으며 아버지와 계모에게 효도를 다했다. 소문을 들은 요 임금은 순을 불러두 딸과 결혼을 시킨다. 그런데 순의 이복동생인 상이 어머니와 짜고 아버지를 꾀어서 순을 죽이려고 했다. 지붕 위에 올라간 순이 내려오지 못하게 불을 질렀지만 미리 준비한 삿갓 두 개를 펴서 땅으로 뛰어내리고, 생매장을 시키려 했지만 통로를 미리 마련해 놓았다가 빠져나온다. 순은 자신을 괴롭힌 계모와 이복동생, 아버지를 받들었다.

혼전 왕이나 왕족의 장례 후 3년 동안 그 신주를 모신 집.

상로는 소조가 "대조께 잘 말씀 올리라." 하고 말씀하시면, 대조께서 소조의 뜻을 알지 못한다고 서럽게 생각하는 척하며 말을 음흉하게 하였다. 그래서 경모궁은 정축년|1757| 동짓달의 변*부터는 그를 은인恩人이라 말씀하셨다.

소조께서는 "대조의 병환이 심하신데 국사를 어찌할꼬?" 근심하는 말씀을 대신들에게 자주 하셨다. 그때 신하들의 처지가 난감하여 대·소조 사이에서 말씀 올리기가 극히 어려웠다. 그러나 상로는 소조께는 흘러가는 듯이 좋게 말하고, 대조께는 성의聖意를 받들어 울며 서러워하는 기색을 보였다. 내가 말씀을 아뢰려고 하였지만 침전에는 선희궁께서 주야로 대령하며 계시고, 대조 가까이에는 내인들이 있었다. 그래서 아무 말도 못했다.

거려하는 곳인 공묵합은 방이 두 칸이었다. 대조는 속방 |안방| 지게* 밑에 누우시고, 바깥방 한 칸에는 삼제조三提調*와 의관醫官이 입시하였다. 대신이 대조께서 머리 두신 곳에 바로 엎드려서 은밀히 작은 말로도 족히 말할 수 있었다. 그러나 상로는 왕을 모시고 있는 이들을 꺼려하여 매번 방바닥에 손가락으로 써 보였다. 그러면 자상*께서는 문지방을 두드리며 탄식하시고, 상로는 엎드려서 슬퍼하였다. 그때에 으뜸가는 대신[體極大臣]을 본 이들이 어찌 통곡하지 않았겠는가.

상로는 대전과 동궁 사이에서 말을 음흉하게 하였다. 어찌 그럴 수가 있는가. 선희궁께서는 매일 거기 계셨는데, 상로가 대조께 글자를 써 보이는 것을 보시고 너무 원통하고 분하여 "흉하다." 하셨다.

지게 지게문의 준말로, 마루와 방 사이의 문이나 부엌의 바깥문을 뜻함. 흔히 여닫는 문으로 안팎을 두꺼운 종이로 싸서 바른다.

삼제조 제조 세 사람을 가리킴. 제조는 각 사司나 원院의 우두머리가 아니되 종1품 또는 종2품의 관직자가 잡무와 기술 계통 기관에 겸임한 관직이다.

자상 자신의 웃어른을 이르는 말. 여기서는 영조를 가리킨다.

대조의 병환 중에 청연이 역질|천연두|을 앓았다. 처음은 가볍지 않았는데 나중에는 순하게 나았다. 상후上候•도 설을 지낸 후에는 곧 평상시처럼 회복하여 청연을 보러 오셨다. 그때에는 경사롭게 지냈다.

상후 임금의 신체 안위나 그
에 대한 소식.

기묘년|1759| 3월에 세손|정조|을 책봉하시고 효소전•과 휘령전•에 전알하였다. 소조께서는 그 병환 중에도 세손이 책례册禮•하는 일을 기특하게 여기시며 기뻐하셨다. 그러나 병이 심할 때에는 처자를 알아보실 길이 없었다. 세손을 귀중해하시기는 말할 것이 없어, 군주들이 감히 바라보지 못하고 천출들이 우러러보지 못하게 명분을 엄히 하셨다. 이런 때에는 어찌 병이 계신 이와 같겠는가.

효소전 인원왕후의 혼전.

휘령전 정성왕후의 혼전.

책례 세손 책봉의 예식.

두 분 성모의 삼년상을 마치고 5월 초6일에 인원왕후의 신주를 태묘|종묘|에 모시기까지 하고 보니 텅 빈 듯한 심사를

태묘|종묘|의 신실 내부 모습
왕, 왕비의 삼년상 후에 그 신주를 모시는 신실의 모습.
옥책·신주·보|도장|를 보관하는 책장·신주장·보장과 제사시 신주를 올려 놓는 신탑|탁재이 있다.

부태묘 왕, 왕비 또는 왕비의
삼년상을 마친 뒤 그 신주를
태묘l종묘에 모시던 일.

＊영조의 비, 즉 왕비를 정하기
위한 간택을 말한다.

어찌 다 형용하겠는가. 부태묘祔太廟＊ 전에 예조에서 간택＊을 청하였다. 효소전에 이를 고하고 간택하기를 정하여 6월에 가례를 행하였다. 그때 소조의 병환이 점점 깊어 말을 하지는 않지만 근심이 많았다. 선희궁께서 나에게 말씀하셨다.

"정성왕후께서 아니 계시니 이 가례를 행하여 곤위坤位l왕비를 정하는 일이 응당한 일이다."

선희궁은 영묘께 하례賀禮하시고 몸소 가례를 차리시며 정성을 다하셨다. 선희궁께서 영묘의 성궁聖躬l임금의 몸을 위해 하신 덕행이 훌륭하셨다.

가례 다음 날에 소조와 내가 중궁전에서 뵐 때에 양전l영조와 정순왕후l이 함께 인사를 받으셨다. 소조께서는 예로써 지극히 공경하였다. 행여 예절이 겸손하지 못할까 조심하였으니, 소조의 효성이 뛰어나신 것을 이런 일에서 더욱 알 수 있었다.

윤 6월에 세손 책례를 명정전明政殿에서 지내니 세손의 나이 8세였다. 어릴 적부터 사람됨이 훌륭하니 어찌 다 이르겠는가. 외면으로 보면 당신 몸은 청정聽政＊하는 저군儲君l왕세재이고 아들은 8세가 되어 세손 책례를 지내니, 나라는 태산 위에 반석과 같았다. 무슨 근심이 있었겠는가. 그러나 궁중의 모습은 조석朝夕을 보전하지 못했다.＊ 갈수록 하늘을 우러러 물을 길이 없었다.

가을과 겨울 사이에는, 가례를 하신 후 성심이 자연 한가롭지 못하여 드러난 일이 적었다. 겨우 그해를 보냈는데 경진년l1760l에 소조의 병환이 더 심해 대조의 꾸짖음이 날이

청정 신하가 정사에 대해 아뢰는 말을 임금이 듣고 처리하는 것.

＊궁중의 사정이 하루도 편안하지 못했다는 의미이다.

166

명정전 창경궁의 으뜸 궁궐로 나라의 공식적인 행사나 연회, 과거 시험을 치르는 곳이었다.

갈수록 심해졌다. 그래서 소조의 격한 마음은 점점 심해지고 의대 병환은 더 극심하였다. 갑자기 사람이 지나가지도 않는데 보인다 하셔서, 다니실 때에는 미리 사람을 보내 지나가는 것을 금하였다. 지나실 때 미처 피하지 못하여 얼핏이라도 사람을 보면 그 의대를 못 입고 벗으셨다. 비단 군복 한 짝[벌]을 입으려 하시면, 군복 몇 벌을 지어 무수히 불태우고서 겨우 한 벌을 입었다. 기묘년|1759|과 경진년|1760| 사이에 군복을 만들어 태워 버린 비단이 몇 궤인 줄 알겠는가. 조금이라도 범연泛然한 비단으로는 옷을 못 지으니 그때 내 간장이 얼마나 상하였는지 알리요.

이상한 일은, 정월 21일이 소조의 생일이니 그날을 예사
롭게 보냈으면 좋으련마는 대조께서는 꼭 그날 차대次對*를
하시거나* 춘방관을 불러 동궁 말씀을 하였다. 그 일이 큰
슬픔이 되어 소조는 갈수록 서글프고 애달파하였다. 어느
해인들 생일을 예사롭게 보냈겠는가. 그날 기어이 굶으시니
온 궁중이 어찌할 바를 몰라 하며 지냈다. 어찌 팔자가 그토
록 기구하셨는지 그저 서럽구나.

경진년[1760] 생일에 또 무슨 일로 격분한 마음이 대단하
였는데, 그날부터 부모공경하는 말씀을 못하셨다. 상말로,
천지를 분별하지 못하는 듯이 노엽고 서러워, "살아 무엇하
리." 하셨다. 또 선희궁께 공손하지 못한 말씀을 많이 하시
고, 세손 남매가 문안드릴 때에는 큰 소리로 이처럼 말씀하
셨다.

"부모를 모르는 것이 자식을 알겠느냐! 물러가라."

9세, 7세, 5세의 어린아이들이 아버지의 생신이라고 용
포龍袍도 입고 장복章服*도 하여 절을 하려고 왔다가 엄한 호
령을 듣고 크게 놀라 두려워하던 모습은 오죽하였겠는가.

소조께서는 병환이 심하면 나나 괴롭히시지, 어머님께는
그리 못하더니 그날은 병환을 감추지 못하였다. 예전에는
선희궁께서 비록 소조의 병환 이야기를 듣기는 하였으나,
'혹 과하게 부풀린 말인가?' 의심도 하셨다. 그러나 소조의
모습을 처음 보시고 두렵고 놀라서 말씀을 못하였다. 소조
의 병환이 점점 깊어져 칠순 자모慈母도 못 알아보고 자녀를
사랑하시던 것도 잊으시니……. 선희궁의 마음과 자녀들의

어제준천도 영조는 1760년 봄에 청계천 하천과 교량을 준설하고 보수하였다. 청계천은 해마다 여름이면 홍수 피해가 심했으나 그해 여름은 심하게 가물었다. ⓒ 서울역사박물관.

놀란 기색이 차디찬 잿빛 같으니 저런 광경이 어디 있겠는가. 그때 내 마음은 깎는 듯이 서러워, 당장이라도 죽고 싶었지만 죽지 못하였다. 내 모습이 어찌 사람의 모습이었겠는가.

그해 봄은 병환이 날로 심하여 주야로 애태우는 가운데 여름을 맞았다. 여름 가뭄으로 대조께서 또 걱정하시며, "이 가뭄은 소조가 덕을 닦지 않은 탓이라." 하셨다. 그러고는 차마 들을 수 없는 하교가 많았다. 여지없는 병환에 이렇게 하시니 차마 견디지 못하시고 내 근심은 무궁하였다. 잠시라도 살 길이 없으니 그저 밤낮으로 죽기만을 원하였다.

정처가 나중에 세손께 괴상히 굴었지만,* 경모궁의 일에
는 스스로 몸을 다했다. 그러나 동궁에 대한 영묘의 마음이
풀릴 수 있게 간하지 못했으니 그것이 죄라 하겠다. 정처는
그 오라버님이 두려워 어떤 일이라도, "그 일은 못하겠습니
다." 라고 말하지 않았다. 경진년|1760|에 소조는 자신의 병
환이 더한 후로부터 비로소 재물을 주며 잘 해내라고 하셨
다. 그 전에는 조용히 잘하여 달라고 말씀이나 전하시더
니……. 소조의 격한 감정은 심해지고 서러움은 더할 나위
없었다.

"저는 자애를 극진히 입고 나는 어이 이러한고!"

소조는 그 누이 탓인 듯, 참았던 분이 터져서 "다, 다 잘
하라." 하셨다. 그 사람은 두렵고 민망해하였으며, 어떤 때
에는 위태하다가도 무사하였다.

소조는 정처가 대조께 바로 여쭈면 일이 어떻게 될 줄 모
르기에 백방으로 도모하여 무사하게 할 말로 아무런 탈이
없게 하였다. 또 인견引見을 하면 소조에 대한 말이 나오기
때문에, 정처에게 "인견을 못 하게 하라." 하셨고, 혹 정처
가 나가면 그 사이에 또 무슨 일이 있을까 염려하여 "내 다
시는 너를 안 보겠다." 호령하시며 한동안 그 집을 나가지
못하게 하셨다. 그래서 양자 후겸厚謙*의 관례를 6월 10일경
궐을 나가서 지내려 하였지만 나가지 못했다.

소조는 당신 병환과 당하신 일이 점점 어려워지자 대조
와 한 대궐 안에서 지낼 방법이 없었다. 홀연 대조께서 이어

정후겸|1749~1776| 인천에서
어업에 종사하던 서인庶人 출
신이었으나 화완옹주의 양자
가 되어 영조의 총애를 받았
다. 일찍부터 관직에 올랐으
며, 1775년 세손|정조|이 대리
청정을 하게 되자 홍인한 등
과 이를 극력 반대하였다. 유
언을 퍼뜨려 세손의 비행을
조작하고, 심상운을 시켜 세
손을 보호하는 홍국영을 배
척하는 등 세손을 모해하려
고 하였다. 정조가 즉위하자
유배되었다가 곧 사사賜死되
었다.

移御[임금의 거처를 옮김]를 하시면 당신 혼자 궐에 계시다 후원에 나가 군기軍器를 가지고 답답한 마음을 후련하게 풀려는[消暢] 마음이 생겼다. 그리하여 7월 초에 정처에게 말하였다.

"아무래도 한 대궐 안에서 살 길이 없구나. 네가 가서 윗대궐[영조]을 보자고 청하거나, 어떤 계교를 내어 모시고 가라."

그때에 소조가 정처에게 가서, 그 일을 하여 내라고 나를 조르던 것이 얼마나 심하였는지……. 그때 내가 겪은 일은 죽고 사는 것이 호흡 사이에 있었다. 옹주가 어떻게 도모하였는지 초8일[1760]로 택일하여 대조께서 이어移御하기로 정하셨다. 초6일에 소조께서 옹주를 불러다가 칼자루에 손을 대고 말씀하셨다.

"이후에 내게 어떤 일이라도 생기면, 이 칼로 너를 베리라."

선희궁께서는 소조가 그 옹주를 어찌할까 하여 따라왔다가 그 광경을 보았다. 선희궁의 마음이 어떠하였을까! 옹주가 울면서 애걸하였다.

"이후로는 잘할 것입니다. 한 목숨만 살려 주십시오."

소조가 말하였다.

"내가 대궐 안에만 있어 갑갑하고 싫구나! 네가 나를 온양으로 갈 수 있게 하겠느냐? 내가 습濕*으로 다리가 허는 일은 너도 알 것이다. 그러니 온양으로 갈 수 있게 하여라."

"예, 그리 하겠습니다."

옹주가 대답하고 갔다. 곧 대조께서는 먼저 온양으로 거처를 옮기셨고 소조의 온양 거둥령도 내렸다. 이는 아무래도 옹주를 보챈 일로 성사된 일이지, 그렇지 않고는 어떻게

습 습창, 즉 다리의 피부가 곪으면서 생기는 부스럼 같은 병.

갑자기 대조가 이어하시고 소조가 온양을 갈 수 있었겠는가. 과연 신통하였다. 이 수단을 벌써부터 써서 미리 부자 사이를 떨어뜨려 놓았더라면 얼마나 좋았을까? 하늘이 다 홀로 그리 하신 일이니 어찌 하겠는가.

대조가 이어하게끔 일을 만들지 못하였다고, 소조는 서 있는 내게 바둑판을 던져 내 왼쪽 눈이 상하였다. 하마터면 눈망울이 빠질 뻔한 것을 다행이 그 지경은 면하였다. 그러나 붓기가 대단하여 대조께서 이어하시는 데 하직을 못하고, 선희궁도 보지 못했다. 깜짝 놀라서, 떠나는 회포를 어떻게 해야 할지 몰랐다. 하릴없이 살 방법도 없어 죽으려 하였다. 그러나 차마 세손을 버리지 못하여 결단하지 못하였다. 여러 가지 위태롭고 어지러운 일의 실마리가 무수히 많으니 어찌 다 쓰겠는가.

대조께서 이어하시자 소조는 온양 거둥을 준비하여 7월 30일에 떠났다. 선희궁은 어머니의 사랑으로 "온행溫行l온양 거둥l을 어찌 갔다가 돌아올꼬?" 하시며 마음을 졸였다. 또 소조에 대한 걱정을 떨치지 못하는 마음은 말할 것도 없어 찬합饌盒을 계속해서 보냈다. 그때 선희궁의 질자姪子l조카l 이인강李仁剛이 공주 영장營將*으로 있었으므로, "소조가 가셔서 어떻게 지내는고? 소문이나 듣고서 보내라." 하셨으니 어찌 그렇지 않겠는가.

온행하실 때 어떻게 도모하였는지 대조께서 "하직 말고 바로 가라." 하셨다. 소조께서 거둥하는 모습은 쓸쓸하기가 말로 다 못하였다. 당신은 전배前陪*도 많이 세우고, 순령수

영장 진영장鎭營將의 준말로, 정3품 관직. 중앙의 총융청·수어청·진무영 등에 속한 것과 각 도의 감영·병영에 속한 것의 두 계통이 있었으며, 모두가 겸직이었다.

전배 벼슬아치가 행차할 때나 상관을 배견할 때, 앞에서 인도하던 관아의 하인.

巡令手* 소리도 시원히 시키고, 취타도 크게 하여 떠나려고 하셨는데……. 대조께서 마지못해 보내는 것이니 어떻게 그렇게 차려 주셨겠는가. 그때 신하들인들 두 분 사이에서 누가 감히 입을 벌리겠는가.

소천所天남편이 아무리 중요하지만 이루 말할 수 없이 두려웠다. 내 목숨이 어느 날에 마칠지 몰라 나는 한마음으로 두 분이 만나지 말기만을 원하였다. 그래서 소조께서 온행하신 그때라도 다행으로 여긴 것 같았다.

아버지께서 민망해하시던 일과 두 분 사이에서 어렵게

순령수 조선시대에 대장의 전령과 호위를 맡으며, 순시기나 영기를 들던 군사.

온양 별궁 전도 조선의 왕들은 눈병이나 종기 등 질병 치료를 위해 온천욕을 즐겼는데 이를 위해 온천이 있는 온양에 별궁을 두고 종종 찾아왔다고 한다. ⓒ 규장각.

지낸 일을 붓으로 어찌 다 기록하겠는가. 잠을 자고 날을 샐 때마다 우리 부녀는 간장만 태우며 지냈으니, 이런 정경이야. 후세 사람들이 상상하여도 거의 알 것이다. 온행하신 사이에 세손이 "계구季舅*와 수영守榮*이를 궁에 들여 주십시오." 하고, 또 내 목숨이 조석朝夕에 있어 친척들이 하직이나 하려 하였다. 그래서 내 아우와 그의 댁들이 들어왔다.

온행하려 할 무렵 소조는 사람이 다 죽게 된 듯 보였는데, 성문을 나서니 격한 마음이 진정되었는지 명을 내리어 길에 폐를 끼치지 못하게 하셨다. 그리고 지나는 길에 은혜와 위엄을 나란히 행하였다. 백성들이 기뻐 춤추며 소조를 두고 이렇게 말들 하였다.

"성명지주聖明之主*시라."

그리고 행궁行宮*에 드신 후로는 한결같이 덕을 베풀었

영괴대비 충남 아산시 온천동. 충남 문화재자료 228호. 1760년 온양 별궁에 왔을 때 사도세자가 무술을 연마하던 곳. 훗날 정조가 이곳에 대[영괴대]를 만들고 비석[영괴대비]을 세웠다.

다. 온양의 온 고을이 고요하여 왕세자의 덕망을 축수하고 찬양하였다. 그때 시원하게 소조의 병환이 물러나고 본연 천성이 나온 듯싶더라. 모처럼 가셨지만 온양 소읍에 무슨 경치가 있으며 장엄하고 화려한 경치가 있겠는가. 10여 일을 머물자 또 답답하여 8월|1760| 초 6일에 환궁하셨다.

경모궁은 "온양은 답답하니 평산*이나 가자." 하셨다. 그렇지만 또 평산 가자고 말씀을 올릴 길이 없었다. 그래서 평산은 좁고 갑갑하기가 온양만도 못하다 하며 그 길은 가시지 않았다. 그저 답답해하셨다.

춘방관이며 신하들은 "대조께 나아가 뵈십시오." 하고 상서上書*를 계속해서 올렸다. 그러나 소조가 가실 모양이 못 되었다. 그래서 그 일로 크게 근심하였다.

대조께서는 세손을 자주 데려다가 두시고 점점 근심을 많이 하셨다. 연중筵中*에서도 장늘 하시는 말씀이 근심과 탄식이고, 염려가 미치지 않은 곳이 없었다. 자연 종사를 위해서 세손을 믿고 세손께 나라를 의탁하겠다고 말씀하셨다.

세손은 어린 나이에 비해 숙성하고 영민하였다. 그래서 세손의 응대와 행동을 기특히 여기어, 사랑하시는 하교가 자주 있었다. 소조께서는 연설筵說*을 한결같이 사관史官*에게 써 오도록 하여 보셨다. 그런데 연설 중에 대조께서 세손을 칭찬하고 사랑하신 내용뿐 아니라 '나라의 중책을 세손에게 맡기려 하노라.' 하신 부분을 보셨으니 소조의 격한 마음은 어떠하겠는가. 소조도 세손을 사랑하지만 제왕가의 부자간이 예로부터 어려웠는데, 하물며 병환 중이고, 당신은

평산 황해도에 있는 고을.

상서 신하가 왕이나 왕세자에게 글을 올리던 일이나 그 글.

연중 임금과 신하가 서로 모여 자문하고 아뢰는 자리.

연설 연중에서 임금의 물음에 응답하여 올리는 말.
사관 역사 기록 초고草稿를 쓰는 관원. 예문관의 검열이나 승정원의 주서注書를 일컫는다.

어릴 적에 자애를 못 받은 것이 지극한 원한이 되었는데 그 아들만 칭찬하시니…….

세손의 한 몸에 종사의 존속과 멸망이 달렸고, 그 몸이 평안하여야 나라를 보전할 수 있었다. 세손을 무사하게 할 도리는 그 연설을 소조께서 보시지 않는 것인데 그 연설을 보시지 않게 할 방법이 없었다. 나는 내관에게 시켜 사관이 써 오거든 그 연사延辭|연설|를 고쳐서 보시게 하였다. 위급한 때면 내가 내관에게 친히 빼버리게 하고 이르고 또한 이 사연을 아버지께 알렸다.

"아버님, 아무쪼록 세손을 평안하게 할 도리를 취하소서."

아버지도 충심으로 두루 힘써, 그런 말은 밖에서 빼어서 써 오게 하였다. 아버지는 험난한 때에 대조의 은혜도 갚고, 소조도 보호하고 세손도 위하여 종사를 평안케 만들기 위해

창덕궁 후원
창덕궁의 후원 입구에 부용지와 부용정이 있다. 사도세자는 이곳 후원에서 군기를 가지고 무술 연습을 하곤 했다.

노력하셨다. 타는 듯한 걱정이 심할 때에는 격기가 성하여 관격증關格症*으로 늘 고생하였다. 나를 보면 하늘을 우러러 나라가 태평하기만을 축수하였다. 세손을 보존하여 종사를 잇게 할 기틀은 그 연설을 소조께서 보시지 못하게 하는 일에 있었다. 우리 부녀가 마음을 애태우던 일은 당연한 인정이었다. 그때 고심하던 정성은 분명 신명神明|천지신명|께서도 알 것이다. 만일 세손을 칭찬하시던 상교上敎를 소조께서 그대로 다 보셨다면, 세손께서 놀라실 일이 어느 지경에 이르렀을 줄 알겠는가.

이렇듯 신사년|1761|이 되니 병환이 더욱 심하였다. 대조께서 거처를 옮기신 후 후원에 나가서 말 달리기와 군기 같은 것으로 소일을 할까 하다가, 7월 후에는 후원에 오래 가 계셨는데 그것도 신통하지 않았다. 그러더니 뜻밖에 미행微行*을 시작하셨다. 처음에는 놀라움에 어이가 없었다. 이를 어찌 다 형용하겠는가.

병환이 나면 사람을 상하게 하였는데, 그 의대 시종을 현주縣主*의 어미가 들었다. 소조는 병환이 점점 더하자 그것을 총애하시던 일도 잊으셨다. 신사년|1761| 정월에 소조께서 미행을 하려고 "의대를 가져오라." 하셨다. 그런데 의대병이 나서 그것을 죽도록 친 후에 나가셨다. 바로 대궐에서 잘못되니 제 인생도 가련할 뿐만 아니라, 자녀가 있으니 어린 것들의 정경이 더 참혹하였다.

대조께서 언제 들어오실지 몰라 그 시체를 잠시도 둘 수 없어 그 밤을 간신히 새우고 내보냈다. 용동궁에서 초상을

관격증 음식이 급하게 체하여, 먹지도 못하고 대소변도 못 보며 정신을 잃는 위급한 병.

미행 대궐을 몰래 빠져나가 신분을 감추고 다니는 일.

현주 왕세자의 서녀에게 주었던 정3품 봉작. 여기서는 귀인 박씨|빙애|의 딸 청근현주를 가리킨다. 귀인 박씨는 현주 외에 1남을 더 두었는데 그가 은전군恩全君 찬褼이다.

치르고 상喪에 드는 비용을 극진하게 해 주었다. 대조께서 들어오셔서 이 일을 듣고 어떻다 말씀을 하지 않았다. 정신이 다 없었으니 일마다 이루 다 말할 수 없었다. 소조께서는 정월과 2월, 3월에 계속 미행을 하여 출입이 거침이 없었다. 그때 내 마음이 무섭고 조심스럽기가 어떠하였겠는가.

3월에 세손이 입학을 하고, 그 달에 관례를 경희궁에서 하였다. 내 마음에 어찌 보고 싶지 않았겠는가! 그러나 소조께서는 가서 보실 모양이 못 되니 나 혼자 무슨 낯으로 가보랴. 그래서 병이 있어 가지 못한다고 말하였으니, 그런 정리가 어디 있을까.

그해 2, 3월에 잇달아 이천보李天輔*, 이후李㷞*, 민백상閔百祥* 세 정승이 죽었다. 대조께서 병으로 편찮으신데 조정에는 대신이 없었다. 3월에 아버지는 대배大拜*를 받았다. 당신의 처지나 나라의 형편을 볼 때 어찌 본심으로 출사하였겠는가. 다만 아버지는 안락과 환란을 함께하는 마음[休戚之義]과 목숨을 버리고 희생하려는 마음[捨生之心]만 있었다. 그때 당신이 물러나면 세상의 도리와 인심을 하나도 믿을 수 없다고 생각하였다. 그래서 나라와 종사를 단단히 하려는 한 점 붉은 마음으로, 오직 몸을 바쳐 나라와 존망을 같이하려고 했다. 아버지께서 어느 때인들 두려움으로 근심하지 않고, 어느 날인들 마음 졸이지 않았겠는가.

3월 그믐께에 소조는 관서關西*로 미행을 하셨다. 서백西伯[평안 감새은 옹주의 시삼촌이 되는 정휘량鄭翬良*이었다. 고로 그리로 가도 웃전에 아뢰지 못할 것을 짐작하고 가셨다.

이천보|1698~1761| 1739년 알성문과에 을과로 급제하였다. 이후 여러 관직을 거쳐 1749년 이조참판, 1752년 우의정이 되고 같은 해 좌의정을 거쳐 1754년 영의정에 승진된 후 돈령부영사로 전임했다. 1761년 재차 영의정이 되었으나, 사도세자의 관서 미행 사건에 책임을 지고 자결했다.

이후|1694~1761| 1750년 식년문과에 급제 후 여러 관직을 거쳐 1758년 이조판서를 거쳐 우의정이 되었으며, 이어 좌의정에 올라 세자부世子傅[세자의 교육 담당]를 겸했다. 이때 사도세자의 관서 미행 사건이 일어나 왕이 추궁하자, 음독자결했다.

민백상|1711~1761| 1740년 증광문과에 급제하고, 5년 뒤 동지사 서장관으로 청나라에 다녀온 뒤, 경상도 관찰사·대사성 등을 지냈다. 신임사화 때 소론에 대해 중벌을 주장하다 거제로 유배되었다. 1751년 풀려나와 대사헌·이조판서·우의정에 이르렀으나 사도세자의 관서 미행 사건 때 자결했다.

대배 정승의 벼슬을 받음.

관서 평안도와 황해도 북부 지역.

정휘량|1706~1762| 화완옹주의 시숙이 된다. 1737년 별시문과에 을과로 급제한 뒤, 1755년 「천의소감闡義昭鑑」을 펴는 데 참여했다. 1761년 좌의정에 올라 왕의 탕평책을 반대하고, 소론의 제거를 주장했다. 이후 사직하여 중추부영사의 한직에 전직하였다.

소조가 신분을 밝히지 않는다고 감사가 어찌 감영에 태평하게 있겠는가. 감영을 떠나 밖에서 대령하여, 음식과 나와서 쓸 물품을 다 진상하였다. 정휘량은 간장을 태우다가 길게 뻗친 숲을 나올 때 피를 토하였다고 한다. 그 사람은 조심성이 많지만, 조카 일성위[화완옹주의 남편 정치달]는 조심성이 없었다. 평소에 대조께서 옹주만을 편애하시기에 두려워하더니, 그때 놀랍고 송구하기가 어떠하였겠는가.

서행西行하신 후 내 걱정은 이를 것도 없고 아버지께서 마음을 애태워, 넌지시 감사에게 소식을 알아다가 들으셨다. 오래 대궐에 계시다가 혹 집에 돌아와도 마루에 앉아 밤을 새우셨으니 당신 심사가 어떠하였을까! 소조께서 하신 일을 대조께는 차마 아뢰지 못할 것이니 간諫할 곳이 어디 있겠는가.

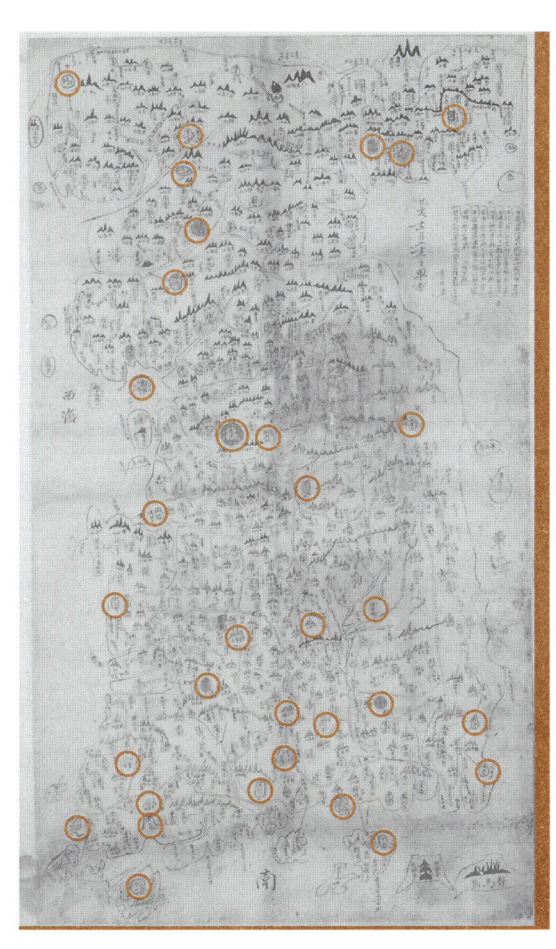

조선의 별궁
왕은 전국에 이궁이나 행궁을 두고 도성 밖 행차를 하여 민생을 살피거나 휴양을 했다. 8도에 있는 모든 궁이 지도에 붉은 점으로 표시되어 있다.
김정호의 〈조선전도〉 ⓒ 서울역사박물관.

만약 간할 만하였다면 무슨 마음으로 간하지 않았겠는가.
설사 간한다 해도 들으실 리가 없고, 연좌連坐|연루|되면 내 몸
도 보전하지 못할 것이요, 자녀들까지 어찌될 줄 몰랐다. 그
래도 대조께 아뢰려고 하였다. 소조는 완전히 병환이시니
일심으로 세손만이라도 보전하려는 고심이었다. 그러나 모
르는 이는 "세자의 보도補導＊를 잘못한다." 책망을 하였다.
누구에게 이러이러하다고 속말을 하겠는가. 그저 세상을 만
난 바가 기구하니 서글프고 서글프구나.

소조께서는 서행하신 후 20여 일이 지난 4월 20일쯤에야
돌아오셨다. 나는 초조해하며 지냈는데 도리어 아무렇다 말
도 못하였다. 소조는 서행하신 동안에 "소조께서 병환이 계
십니다." 라고 말씀드리기로 내관과 약속하였다. 그래서 장
번내관＊인 유인식柳仁植은 속방에 누웠다가 소조께서 하신
말씀과 같이 하였다. 그러나 내관 박문흥朴文興은 모든 일을
사실대로 다 대답하였다. 무섭고 망극하여 어찌 다 기록하
리오. 그때 윤재겸尹在謙의 상서＊가 올라왔다. 신하가 해야
할 당연한 일은 간하는 것이지만 소조께서는 이 일을 아실
지경이 못 되었다. 대조께서 아시면 무슨 변이 날 줄 알리
요. 그러나 다행히 간할 틈이 없게 되었다. 소조는 서행 후
적잖이 마음을 잡은 듯 차대도 하시고 강연도 하셨는데, '진
정하실까.' 바라던 내 마음이 가련하였다.

그 후 차대에서 홍계희洪啓禧＊가 무엇이라 아뢰니 소조께
서는 하령下令을 엄하게 하시고, 강충江充＊이 말씀까지 하셨
다. 그때 소조의 모습은 병환이 다 나으신 듯하여 아버지는

너무 기뻐하시며 들어와 내게 이 일을 전하셨다.

5월 10일 후에 소조께서는 처음으로 경희궁으로 오셔서 승후承候*를 하셨다. 천행으로 아무 탈 없이 다녀왔다. 나도 보름 즈음에 세손과 같이 경희궁에 올라가 대조를 우러러 받들었는데, 선희궁을 보니 가슴이 막히었다. 그러니 무슨 말을 나누었겠는가.

승후 웃어른께 문안함.

6월에 소조께서는 학질을 얻어 두서너 달을 민망히 지내셨다. '그해 봄부터 미행을 하셔서 옥체를 잘못 가지어 병환이 나셨나?' 싶기도 했다. 오히려 이 말이 사람의 일에는 이상한 뜻이구나. 소조께서는 만고에 없는 일[萬古所無之事]을 겪으시니, 그 병환에 돌아가셨다면 소조를 여읜 아픔만이 있을 뿐이요, 당신의 설움과 처자妻子의 지극한 원한이 이토록 심하고 세변世變의 망극함과 사람의 상함과 내 집의 원통함이 이 지경에 이르렀겠는가. 참으로 하늘의 뜻을 알지 못할 일이로다.

8월에 학질이 나으시고, 9월에 대조께서 『정원일기』를 보시다가 서명응徐命鷹*의 상서에서 서행에 관한 말을 보셨다. 그때 비로소 이 일을 아시고 한바탕 야단을 치렀으나 큰 변이 나지 않은 것은 정휘량의 힘이 컸다.

서명응1716~1787 1754년 증광문과 급제 후 이듬해 청나라에 다녀왔다. 이후 승지가 되고, 대사간 등을 거쳐, 1779년에는 수어사 봉조하에 이르렀다. 실학의 대가로 북학파의 시조이다.

창덕궁에 거동도 하려 하시고 그때 내관도 다스리시니 어찌 그리 하지 않으리오. 어렸을 때부터 이제까지 대조께서 하시는 일을 겪어 보니 작은 일에는 까다롭게 세세히 살피시고, 일이 어렵고 커서 대단하면 작은 일에 격노하시는 일보다 덜 하셨다. 소조께서 살생하였다는 말씀을 들으시고

"마음이 상하여 그러하다." 하시며 도리어 위로하셨으나, 소조께서 서행하신 일을 아신 후에는 진노와 처분이 어떠하시겠는가. 그러나 나중에 그렇게 꾸짖지 않으셨는데, 너무 일이 커 하릴없이 그러하셨는가 싶었다. 그때 거동령이 나서 당신께서 사용하시던 군기와 갖가지 기구를 다 치웠다. 당신도 무사하지 못하실 듯하였는지, 그때 환취정環翠亭*에 계셨다. 여러 해 동안 정답게 하시는 말씀을 듣지 못하였는데 그날 나더러 이렇게 말씀하셨다.

"아마도 무사치 못할 듯하니 어찌할꼬?"

내가 갑갑하여 대답하였다.

"안타깝지만 설마 어찌하시겠습니까?"

"어이 그리할꼬? 세손은 귀하게 여기시는데, 세손이 있는 이상 내가 없다고 한들 크게 상관을 하시겠는가?"

"세손은 마누라의 아들입니다. 부자는 화복禍福이 같지요. 어찌하시겠습니까?"

"자네는 생각을 못하네. 나를 몹시 미워하여 일이 점점 어려운데, 나를 폐하고 세손을 효장세자의 양자로 삼으시면 어찌하겠나?"

그 말씀을 할 때에는 병환도 없어 보였다. 처연히 그리 말씀을 하니 그 말씀이 슬프고 서러워 "그럴 리가 없습니다." 하였다.

"두고 보소. 자네는 귀여워하시니 내게 딸린 사람이지만 자네와 자식들은 예사롭고, 나만 그리 하여 이리 되고…….. 병이 이러하니 어디 살게 하시겠는가?"

환취정 창경궁 자경전 서편에 있던 집.

나는 너무 서러워 울면서 들었다.

훗날 갑신년[1764]에 망극하고 지극한 원과 억울함*을 당하였으니 그날 소조께서 하시던 말씀이 미래의 일을 능히 헤아리신 것 같아 이상하구나. 경모궁께서 영험하게 총명하시던 것이 원통하고 지극한 한이로다.

대조의 거동이 거듭해서 없으시니 소조의 화색이 다소 진정되었다. 그러나 한 번 그런 일을 겪으면 병의 증세는 더하였다. 10월 즈음에 증세가 더 중하여 망극하였다.

이 무렵 세손빈의 간택을 정했다. 청풍집*이 덕망 높은 명문가[大家德門]요, 김판서 성응聖鷹 대부인*의 수연壽宴에 아버지가 가셨는데, 대비전*을 어릴 적에 보시고 "비상한 자질을 지녔습니다." 하시던 말씀을 들었다. 처녀 단자에 '김참판金參判* 시묵의 여女'라고 쓰인 것을 소조께서 보시고, 사돈을 맺고 싶어하셨다. 그래서 옹주에게 기별하였다.

"이곳과 사돈이 못 되면, 네 알리라."

그런데 당시 대조의 뜻은 윤득양尹得養*의 딸에게 기울고, 궁중의 소견들도 그러하였다. 소조께서 간택에 못 가시는데 내 어찌 홀로 가리오. 내가 그 아들을 천륜에도 없는 특별한 정으로 의지하였는데, 간택을 보지 못하니 일도 궁금하고 인정 밖의 일이기에 한심해하며 지냈다. 소조께서는 김참판 댁과 사돈이 되지 못할까 마음을 쓰시다가 그 댁으로 정하니 크게 기뻐하셨다.

두 번째 간택을 지내자마자 빈궁[세손빈]이 즉시 마마를 앓고, 이어 세손이 성두成痘를 하여 섣달 10일에 완치하였다.

* 1764년 2월 20일 세손인 정조를 일찍 죽은 영조의 첫째 아들 효장세자의 양자로 삼아 국통을 이은 사건을 가리킨다.

청풍집 청풍 김씨 김성응의 집.

대부인 남의 어머니를 높여 부르는 말. 여기서는 김성응의 어머니를 높여 불렀다.

수연 장수를 축하하는 잔치로 보통 환갑 잔치를 이름.

* 정조의 비, 효의왕후를 가리킨다. 『한중만록3』이 쓰여진 때가 순조 대이므로 혜경궁 홍씨는 '대왕대비', 효의왕후는 '대비'가 된다.

김참판 참판은 조선시대 육조에 속해 있던 종2품 관직을 말하며, 김참판은 김성응의 아들이자 정조의 국구인 청원부원군 김시묵[1722~1772]을 가리킨다.

윤득양[1720~?] 1747년 벼슬길에 나와 옥당을 거쳐 이조 참의를 하였다.

성두 천연두를 다 치름.

대조께서 마음을 쓰다가 기뻐하시고, 소조도 좋아하시며 능히 조심하시니, 그런 때에는 병환이 없는 듯싶었다. 나는 남에게는 없는 마음으로 세손의 중한 병환에 두 손을 모아, '세손의 두창이 태평하게 나가소서.' 축원하며 천지신명에게 빌었었다. 또한 아버지가 숙직하며 주야로 애쓰시던 정성이야 더욱 이를 것이 있겠는가.

조종의 신령들이 도우셔서 양궁l세손과 빈궁l이 차례로 병이 나으시고, 12월에 세 번째 간택날이 되었으니 그 경사를 어찌 다 형용하겠는가. 삼간에는 부모를 안 볼 수 없어서 소조와 나를 오라 하셨다. 세손과 빈궁을 볼 일이 기뻤지만 한편으로는 소조께서 어찌 다녀오실까 갑갑하게 마음을 조였다. 내 우려를 벗어난 일이 어디 있겠는가.

소조께서 의대 병환으로 한 벌을 여러 번 갈아입으시고, 망건도 똑같이 여러 번 가셨다. 도리 옥관자玉貫子●가 마땅한 것이 없어서 그날 공교롭게 통정 옥관자●를 붙이고 가셨다. 사현합思賢閣●에서 대조와 소조가 마주쳤다. 어찌 대조의 마음에 순순히 살펴보셨겠는가. 이미 자식의 대사大事를 보려고 와 계신데, 아무리 그 통정 옥관자가 호반虎班l무반l의 관자같이 크고 괴이하여 왕세자답지 않다고 그렇게까지 하실까. 그보다 더한 일이 많은데 그 관자 일이 무슨 큰일이라고

도리 옥관자 옥관자 또는 민 옥관자. 1품 관원이 쓰는 관 모에 붙인 옥관자. 옥에 모양 을 새기지 않았다.

통정 옥관자 정3품 관원이 쓰 는 관자로 조각을 했고, 대형 이다.

사현합 경희궁에 있던 전각.

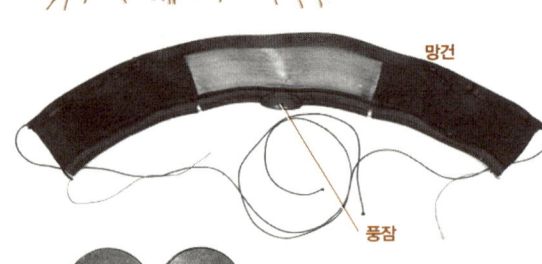

망건과 관자
망건은 상투를 튼 머리카락이 흘러내리지 않도록 이마를 중심으로 두르는 것이며, 관자는 망건에 달아 당줄을 꿰는 작은 단추 모양의 고리. 관품에 따라 재료나 새김 장식이 달랐다. ⓒ 국립민속박물관.

대조께서는 미처 처녀가 들어오지 않았을 때 관자 일로 노하여 소조를 꾸짖으셨다. 그러고는 "보지 말고 돌아가라." 말씀하셨다. 그 일을 실로 너무 슬펐다. 그렇게까지 아니하셔도 될 일로 차마 어찌 그리 하시는가.

소조께서는 며느리를 보지도 못하시고 가시니 어떠하셨겠는가. 소조께서는 어쩐 일인지 화증을 내지 않으시고 공순히 내려가셨다. 나는 나중에 죽을 변을 당할 양으로 두려워하며 돌아왔었다. 세손빈을 보고 가려서, 겨우 삼간을 지내고 생각하니 소조께서 삼간까지 보시지 못한 것이 정리에 박절하고 일도 어지러울 듯하였다. 그래서 그때 중궁전과 선희궁, 옹주에게 이렇게 말씀드렸다.

"자하自下●로 데려가기 황공하지만, 별궁 길이 창덕궁을 지나니 위[임금]에 여쭙지 않고 소조께 들르면 아마 소조께서도 빈궁을 보실 것입니다."

의논이 그렇게 하기로 하고 협시夾侍내관●에게 일렀다.

"아랫대궐을 지날 때 내 연輦과 같이 들게 하라."

그리하여 세손빈을 데리고 왔다. 소조께서는 세손빈을 보지도 못한 채 마음이 좋지 못하게 가 계시다가, 어이가 없고 서러워 덕성합에 잠

자하 윗사람의 승낙을 받지 아니하고 스스로 해 나가는 것.

협시내관 가까이서 시위하는 내시.

연 왕과 왕비가 거동할 때 타고 다니는 가마로 덩과 비슷한데, 좀더 화려하게 장식되어 있다. ⓒ 궁중유물전시관.

잠히 누워 계셨다. 그때 "세손빈을 데리고 옵니다." 하니 반기시며 그 며느리를 어루만지고 좋아하셨다. 밤에야 세손빈을 별궁으로 보냈다. 형편상 어찌할 수 없어 데려와 뵈었으나 대조를 기이온।속에। 듯 죄송하고 또 죄송하였다.

경모궁께서는 날로 서러워하고 날로 병환이 더하여, 부왕।영조।께 공손치 않은 말씀을 점점 더 심하게 하였다. 이 아니 망극하랴. 내 마음은 놀랍고 주야로 두려워, 내 목숨이 어느 때에 어찌될 줄 몰라 서둘러 큰일।세손의 가례।을 치르려 하였다.

해가 변하여 임오년।1762।이 되었다. 세손의 가례를 2월 초2일로 택일하니 어서 날짜가 되어 가례를 잘 치르기만 바랐다. 정월 순후旬後*에 갑자기 목병이 대단하였다.＊ 큰일은 가까웠는데, 어떨꼬 안타까웠다. 침을 맞고 즉시 회복하셨으니 천만다행이었다. 가례 기약이 이미 차서 막중한 인륜의 일을 폐하지 못하게 하였다. 초2일에 영묘께서 전교하셨다.

"세손을 데리고 오라."

그리하여 세손은 먼저 갔다. 그날 일찍이 올라가 숭현문 밖에서 쉬고, 경현당景賢堂*에서 초례醮禮를 하였다. 한 집에 조자손祖子孫।영조·경모궁·정조। 삼대가 모여 그 손자의 가례를 치렀다. 전안奠雁*을 하러 보내니, 그 즐겁고 장한 일과 막대한 경사가 다시 어디 있겠는가. 초례를 지내고 대례는 광명전光明殿*에서 지냈다. 동궁은 집희당緝熙堂에서 머물고, 세손 양궁은 광명전에서 밤을 지냈다. 이튿날 양전, 양궁이 한곳에서 세손빈의 조현朝見*을 받을 때 양전은 광명전 북벽에

순후 음력 초열흘이 지난 뒤, 또는 열흘 뒤.

＊『영조실록』에 보면, 그해 1월 6일에 왕세자를 약방에서 진찰하였다는 기록으로 보아 목병에 걸린 이는 소조일 듯 하다.

경현당 경희궁 내 양덕당 남쪽에 있던 전각.

전안 혼인 때 신랑이 신부 집에 기러기를 가지고 가서 상위에 놓고 절하는 예.

광명전 경희궁에 있던 집으로 축하연 장소로 쓰였다.

조현 신하가 조정에 나아가 임금을 뵙는 일.

있는 교의交椅|의재에, 동궁의 좌석은 동편, 내 좌석은 서편에 있었다. 세손빈이 어리고 새색시의 걸음이 쉽지 못하여 그 사이 두 분이 서로 오래 마주하였다. 그러나 보기 싫어하시며 말씀을 참으니 기색이 어찌 좋겠는가. 나는 우러러 말씀하시 않기를 마음으로 빌었다. 나는 나가서 세손빈을 재촉하여 들여 세우고, 조율반棗栗盤|폐백 대추와 밤과 하수반遐壽盤* 을 재촉하여 양전, 양궁께 태평히 드렸다. 천만다행이 아닐 수 없었다.

소조께서는 그렇게 어려워하면서도 3일간 세손과 세손빈이 지내는 것을 보시고 가려 하였다. 소조께서 그리 할 적에는 병환증도 없어서 당신께 좋게 대접을 하면 그래도 나을 때였다. 임금님도 막중한 대례를 소조께 보이지 않을 수 없었으나, 조현까지 지내자 소조를 더 이상 머물게 할 뜻이 없어서 동궁의 행차령을 내셨다. 그리고 나는 3일을 보고 가게 하셨으나 나는 혼자 있기 난처한 일이 많아 겨우 핑계를 대고 소조의 뒤를 쫓아 내려왔다.

세손과 빈궁은 3일 후, 창덕궁으로 내려왔다. 소조께서는 기다리시다가 좋아하시며, 빈궁을 데리고 휘령전에 전알하게 하고 한편으로 슬퍼하셨다. 이러할 적에는 본심이 돌아오고 그 며느리를 지나치게 사랑하셨다. 소조께서는 대비전|정성왕후|의 특별한 자애를 받았다. 어렸지만 대비전이 돌아가신 후에는 슬픔이 심하였고, 세월이 갈수록 추모함이 더하였다. 혹 대비전에 대한 말이 미치면 눈물을 흘리지 않은 적이 없었다. 이는 소조께서 대비전의 자애를 받으셨기

때문이다. 효성이 없으면 어찌 이리하셨겠는가.

근년에는 아버지를 사사롭게 만나신 일이 없었다. 그때 아버지는 북도北道[함경되]에 있는 능으로 봉심奉審*을 가게 되었다. 대조께서 아버지께 "세손빈을 보고 가라." 하셔서 아랫대궐로 오시니 소조께서 그날은 병환도 좀 덜하고 며느리 자랑도 하시려고 오셨다가 함께 만나 보셨다. 원래 소조께서 자라실 적에 보양관輔養官*과 춘방관 외에는 주위에 친척이 없었고, 또 궁 밖 사람과 친하게 지내며 본 사람이 없었다. 가례 후에 아버지를 보시고 대접하시며 친하게 지냈다. 아버지께서도 삭망으로 문후하셨지만 상교上敎[임금의 허락]가 있어야 뵈었고, 들어오신 때라도 매번 오래 머물지 않았다.

"궁금[궁궐]이 지엄하니 궁 밖에 사는 사람이 오래 머물지 못합니다."

아버지는 이렇게 말씀하시고 즉시 나갔다. 소조를 뵐 적에는 한마음으로 예학睿學*을 권하여 힘쓰게 하고, 사적을 부지런히 힘써 아뢰었다. 유익한 옛사람들의 문자를 자주 써 드리고, 소조께서 글을 지어 보내면 글의 잘되고 못됨을 논하여 드렸다. 그래서 아버지께 배우는 것이 많았다. 소조께서 천만년을 두고 태평성군이 되시기를 비는 아버지의 지성을 어떤 신하가 만분의 일이나 미칠 수 있겠는가.

소조를 향한 아버지의 사랑은 끝이 없었지만, 반드시 옳은 일만 도왔다. 규례[관습]에 척리*들이 동궁께 완호지물玩好之物[장난감]을 드려 놀도록 하는 일이 있었다. 그러나 아버지는 일절 그러신 적이 없었다. 혹이라도 소조를 보시면, 처음

부터 끝까지 번번이 이르시는 말씀이 "마마, 효도에 힘쓰소
서." "마마, 학문을 부지런히 닦으소서." 이 두 마디밖에는
다른 말씀을 하신 일이 없었다. 이 때문에 소조께서 귀하게
여기시면서도 매우 기대하시고 조심하셔서 경모궁은 점점
병이 들었지만, 아버지를 보고 이렇다 말씀하신 일이 없었
다. 난감하신 때는 '점점 어려우니 잘하라, 믿노라' 고 내가
아버지께 편지를 썼지 당신께서 써 보내신 일은 없다. 소조
의 의대 병환으로 죽고 사는 고비에 처해 내가 아버지께 "장
난감을 얻어 주십시오." 하고 부탁하였지 소조께서 달라고
하신 일은 없었다. 소조는 금성위와 정처에게는 장난감을
가져오게 하였지만, 내 집에서는 장난감을 한 가지도 가져
온 일이 없었다. 미행을 시작할 때 응당 내 집에 먼저 가실
듯하지만, 금성위의 집으로 가시고 내 집에는 한 번도 가신
일이 없었다. 그런고로 일찍이 소조를 대접하지 못하여서
어렵게 여겼다. 그 사이 변괴가 거듭해서 나고 미행한 일은
스스로 겸연쩍게 여기셔서 아버지를 대하면 말씀을 못하
였다.

밖으로 차대할 때나 병환 때, 대신해서 한결같이 입대入
對*하였다. 사적私覿*을 해포|여러 해 동안| 못하셨는데, 그날 입
대하여 우러러 반기우신 데다 젊은 나이에 며느리를 얻고,
양궁|세손과 세손빈|이 당신을 보는 것이 귀엽고 기뻐서 하례를
하셨다. 소조께서도 평상시처럼 친절하게 대접하였다. 그래
서 조금도 병환증이 나타나지 않았던 것이다. 이상하고 서글
프구나.

입대 대궐에 들어가서 임금님
을 뵙는 일.
사적 관리가 사사로운 일로
임금님을 뵙는 일.

3월이 되어 소조의 병환이 많고 중하여 안팎으로 어지러
웠다. 차마 내가 붓으로 어떻게 쓰겠는가. 소조께서는 화중
이 나면 내관, 내인들로 하여금 감히 못할 말을 시키셨다.
그것들이 죽기를 두려워하여 큰 목소리로 차마 말하기 어려
운 못된 말을 하였다. 그저 하늘이 무섭고 망극하니 죽어서
모르고 싶었다. 소조께서는 병자년|1756|에 술을 드시지 않
고도 억울하게 꾸지람 들은 일을 원통해하시더니, 대조께서
하시던 말씀처럼 금주가 지엄할 때에 술을 많이 들여왔다.
본래 주량이 적으셨으므로 변변히 잡숫지도 않고 술만 궐내
에 흩뜨려 어지럽게 하였으니 어느 일이 근심이 아니겠는가.

경진년|1760| 이후에 내관과 내인이 상한 일이 많아 다 기
억하지 못한다. 그러나 두드러진 이는 내사|내수새차지次知•
서경달徐京達이다. 소조께서는 내사의 일을 느리게 한 일로
서경달을 죽이고, 출입내관•도 여럿 상하고, 선희궁에 있는
내인 하나도 죽이셨다. 점점 어려운 지경이 되었다.

신사년|1761| 미행할 때에 승년|여승| 하나를, 관서關西 미행
할 때에 기생 하나를 데려다가 궁중에 두었다. 또 잔치를 하
신다 하실 때에는 사랑하는 고자鼓子|내관가 데려온 계집들과
기생들이 들어와 잡되게 섞였다. 만고萬古에 그런 모습이 어
디 있겠는가!

2월 회간晦間|그믐께에, 소조께서 옹주를 찾으셨는데, 옹주
를 마음 내킬 때까지 데리고 있다가 소조께서 말씀하셨다.

"내 병이 서러워 이리 하였노라."

"너무 서럽습니다."

차지 각 궁방의 일을 맡아 보
던 사람.

출입내관 날짜를 정하여 교대
로 궁중에 번을 드는 내관.

옹주도 겁이 나서 이런 공손하지 못한 말을 하였다. 나는 차마 듣지 못하고, 죽기를 다해 감히 옹주의 말을 거둔 일이 없었다. 옹주를 데리고 통명전에서 잔치를 하였다. 잔치를 한 곳은 후원 아니면 통명전이었다. 또 머무시는 곳인 환취전에서도 하셨다.

3월에는 어찌할 바를 모르며 지냈고, 4월이 되었다. 소조가 사는 곳의 모든 일이 살아 있는 사람의 모습과 같지 않았다. 돌아가신 사람의 빈소[•] 모양과도 같고, 다홍빛으로 명정銘旌 모양을 세우고 영침靈寢[•] 형상처럼 하여 놓고 그 속에서 주무셨다. 잔치를 하다가 밤이 깊으면, 상 위에 음식은 가득하고 상하 사람들이 다 지쳐서 잤다. 그 모습이 다 귀신이 한 일이요, 하늘이 시키는 것일 뿐 어떻게 할 도리가 없었다.

또한, 맹인들로 하여금 점을 치게 하셨는데, 그것들이 말을 잘못하면 죽는 일도 있었다. 의관, 역관이며 액속[액정서 소속]들도 죽은 것도 있고 병신이 된 것도 있었다. 하루에도 대궐에서 사람 여럿을 져냈다.[*] 조정과 여항의 인심이 두려워하고 원망스러워했다. 발을 잘못 디디면 죽을지 몰랐다. 당신 천성은 진실로 거룩하셨지만 그 착하신 본성을 잃고 아주 그릇되시니 이를 어찌 차마 말하겠는가.

홀연히 5월에 땅을 파고 집 세 칸을 짓고, 사이에 장지문을 달아 마치 묘 구덩이같이 만들었다. 드나드는 문은 위로 내었는데, 사람이 겨우 몸을 놀릴 만하게 하여 널 두에[뚜껑]를 덮고 그 널 위에 띠를 덮으니 집을 지은 흔적이 없었다.

빈소 발인 전에 영구를 안치하는 곳.

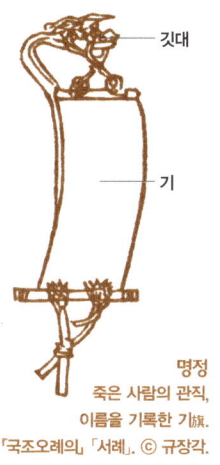

깃대

기

명정
죽은 사람의 관직, 이름을 기록한 기旗.
『국조오례의』 「서례」. ⓒ 규장각.

영침 시체에 옷을 거듭 입히고 이불로 싸서 베로 묶은 후 시체를 안치하는 곳.

[*] 문맥상으로 '죽여서 지고 나갔다' 라는 뜻일 듯하다.

옥등 옥으로 꾸미어 만든 등.

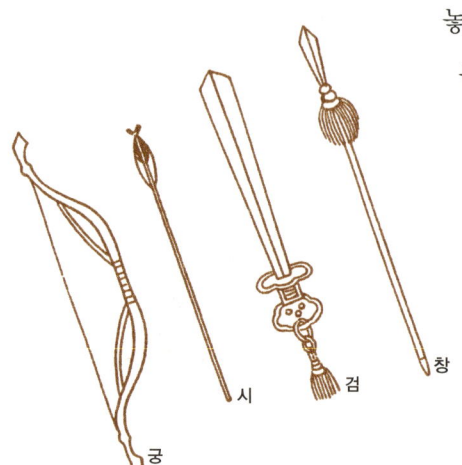

시

검

창

궁

군기 붙이
「종조의궤」. ⓒ 규장각.

영결 죽은 사람과 산 사람의
영원한 이별을 뜻함.

수석시 장수를 축하하는 시.
헌작 술잔을 부어 드리는 것.

대련 임금이 타는 큰 가마.

대기치 진중陣中에서 방위를
표시하던 깃발.

차악 슬픈 일을 당하여 몹시
놀람.

소조는 "참 묘하구나." 하시며 그 속에 옥등玉燈*을 달아 놓고 앉아 계셨다. 이는 대조께서 오시면 군기 붙이와 말까지 다 감추려 하신 일이지 다른 뜻은 없었다. 그러나 그 집 일로 더욱 망극한 말이 있었으니 이는 다 흉한 징조를 귀신이 시킨 듯하였다. 사람의 힘으로 어찌 하겠는가.

그 달에 선희궁이 세손의 가례 후에 처음으로 세손빈도 보실 겸 아랫대궐로 내려오셨다. 소조께서도 반갑고 귀하시기에 대접을 너무 과하게 하셨다. 마음에 영검하여 마지막 영결*로 그리 하셨는지……. 잡숫는 음식이며 잔칫상이 거룩하였다. 과실은 높게 고이고 인삼과도 차려놓고, 수석시壽席詩*를 지으시며 헌작獻爵*을 하시고 남은 것 없이 받으셨다. 작은 교자로 선희궁을 후원에 모셔 갈 때, 그 모양을 대련大輦*같이 하였다. 선희궁께서 마다하셨지만 소조께서 우겨서 타시게 하였다. 앞에는 대기치大旗幟*를 세우고 취타도 하며 모셨다. 그 모습이 당신은 극진히 효를 다하는 일이었다. 그러나 선희궁께서는 당신 병환을 망극 차악嗟愕*하게 생각하시며, 점점 어찌할 도리가 없는 줄 보셨다. 어느 지경에 가실 줄 모르시니 나를 대하면 눈물만 흘리셨다. 그리고 앞일이 두려워 "어찌될꼬?" 걱정만 하셨다. 겨우 수일을 묵고 올라가 어머님도 우시고 아드님도 두려워하였다. 세상을 마지막으로 영원히 헤어지려 하셨는지…….

나는 날로 나라가 위태하고 혼란한 가운데 '소조의 살아 있는 모습을 다시 뵙지 못하는가!' 싶어 마음이 더 베이는 듯하였다.

그때 영상인 신만申晩*이 탈상을 하고 다시 정승을 하였다. 대조께서는 그 사이 3년을 못 보시다가 다시 보니 새 사람과 같아, 틈틈이 하시는 말씀이 다 소조에 관한 것이었다. 소조께서는 신만으로 인해 당신 흉이 나니 이처럼 말씀하셨다.

"그 정승은 복이 없고 밉다!"

소조는 차차 신만이를 꺼림칙해라고 무서워하였다. 또 대조께 무슨 참소讒訴*나 할까 싶으셔서 분을 못 이기며 이를 가셨다. 그로 더욱 화가 돋아 점점 망극하니 어찌할꼬!

망극하고 망극하더니 천만 뜻밖에 나경언羅景彦의 일*이 났다. 그때 형조참의는 내 외사촌인 이해중李海重*이었다. 그놈의 상언尙彦이 무슨 흉심으로 그 짓을 하였는지, 중요한 때에 망극함이 이를 것이 없었다. 경언을 대조께서 친히 신문하시고 소조를 부르셨다. 소조께서 창황히 윗대궐로 행보하시니 그 경색이 어떠하였겠는가.

가뜩이나 어려운 때에 흉한 놈이 나타나, 소조의 병환은 물론 부자간 형상도 말할 것이 없었다. 경언을 사형하고 소조께서 경언의 아우 상언을 잡아다가 시민당 손지각 뜰에서 형벌하여 가르친[사주한] 이를 물었다. 바로 죄상을 털어놓지 않자 신만이를 더 미워하시며, "그 아비의 죄로 잡아 죽이려 한다." 하시니 그때 위급한 형편은 이를 데 없었다.

주립

철릭

융복 무관의 군복이자 문관이 왕을 수행할 때나 사신으로 갈 때, 국란을 당했을 때 입는 옷.

영성위를 오늘 잡아 온다, 내일 잡아 온다 하셨으나, 영성위가 죽을 때가 아니었는지 썩 잡아 오지는 않았다. 선희궁께서는 소조 하시는 일이 점점 망극하니 어찌할 도리가 없으셨고, 또 소조께서 옹주에게 잘하지 못한다고 편지를 써 보내신 일은 망극하고 망극하여 차마 하지 못할 말이다.

"수구를 통하여 윗대궐로 가겠노라."

소조께서는 이렇게 말씀하시고, 영성위를 갈수록 별렀다. 비록 잡아오진 못했으나 영성위의 관복 · 조복 · 융복 · 일용제구日用諸具와

금관조복 문무백관이 종묘와 사직에 제사 지낼 때나 정초의 하례식, 왕이나 세자의 즉위식, 궁중 혼례 때 입던 법복. 금관을 쓰고 조복을 입었다. 「종조의궤」. ⓒ 규장각.

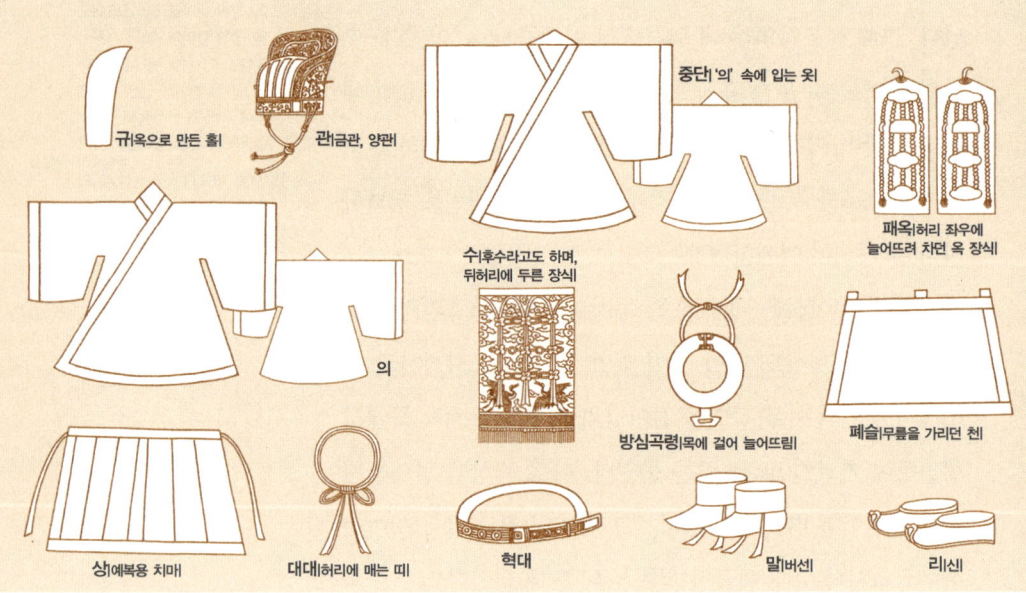

규옥으로 만든 홀

관|금관, 양관

중단|'의' 속에 입는 윗

패옥|허리 좌우에 늘어뜨려 차던 옥 장식

수후수라고도 하며, 뒤허리에 두른 장식

의

방심곡령|목에 걸어 늘어뜨림

폐슬|무릎을 가리던 천

상|예복용 치마

대대|허리에 매는 띠

혁대

말|버선

리|신

패옥佩玉과 대帶띠까지 다 가져다가 불태우고 깨뜨리니, 영성위의 목숨이 경각에 있었다. 선희궁께서 영성위를 아끼신 것은 아니지만 소조께서 점점 이러하니 안타깝게 마음만 쓰시다가, 소조께서 하시는 일이 극한 지경에 오르자 여지없이 망극해하셨다.

소조는 윗대궐을 수구水口*로 통해 간다며 가시다가 못 가시고 도로 오셨다. 이때가 윤5월 11일과 12일 사이였다. 그러할 즈음에 황황한 소문이 보태어 아니 나겠는가? 소문이 수두룩한데 소조께서 하신 일이 다 본심으로 하신 것이 아니건마는……. 사람 일의 정신이 흐리실 때는 화火에 들떠서 하시는 말씀이, 병화病火*로 "내 아무리* 하려노라." 하시고, 검을 들고서 "내 아무리 하고 오고 싶구나." 하셨다. 그러나 조금이라도 인지상정이 계시면 어찌 이러하였겠는가? 당신의 이상한 팔자가 험하고 기구하여, 천명을 다 못하고 만고에도 없는 일을 당하려는 팔자니 하늘이 아무쪼록 이상하다. 흉악한 변을 지어 몸이 그리 되도록 만들려 하시니, 하늘아! 하늘아! 어찌 이리 만드는가?

선희궁께서는 병드신 아드님을 아무리 책망하여도 달리 믿을 데가 없었다. 어미의 마음으로 다른 아들 없이 이 아드님께만 몸을 의탁하여 계시거늘, 차마 어찌 이 일을 하고자 하셨겠는가. 소조께서는 어릴 적에 자애를 받지 못하여 이같이 되신 것이다. 대조께서 무감하셔서 당신의 한평생 아픔이 되었으나, 이미 병세가 이토록 극심하고 부모를 알지 못하는 지경에 이르렀다. 사사로운 마음으로 차마 어찌 못

수구 대궐 밖에 방어를 목적으로 파놓은 개울로 물이 흐르는 구멍.

병화 병으로 생긴 화증.

*누군가를 죽여 피를 보고자 한 일을 뜻하는 듯하다.

하고 느릿느릿 하다가, 어쩌다 병증이 급하면 알아볼 것 없이 생각지도 못할 일을 저지르려 하였다.

400년 종사를 어찌하겠는가. 당신의 도리로는 성궁聖躬˙을 보호해야 옳지만 이미 병으로 어찌할 도리가 없었다. 선희궁께서는 "차라리 세자의 몸이 없는 것이 옳다. 삼종혈맥三宗血脈이 세손께 있으니˙ 천만 번 사랑하여도 나라를 보전하기는 이 수밖에 없다."고 하셨다.˙

13일에 소조께서 내게 편지하셨다.

> 어젯밤의 소문이 더욱 무서우니 큰일일세. 일이 이리 된 후이니 내가 죽어서 모르거나, 살면 종사를 붙들어야 옳고, 또 세손을 구하는 것이 옳으니 내가 살아서 빈궁을 다시 볼 줄 모르겠노라.

나는 그 봉서封書˙를 붙들고 울었는데, 그날 그런 큰일이 일어날 줄이야 어찌 알았겠는가.

그날 아침에 대조께서 무슨 전좌殿座˙를 나와 하시고, 경현당景賢堂 관광청觀光廳에 계셨다. 선희궁께서 그곳에 가 우시며 대조께 고하셨다.

"세자의 병이 점점 깊어 바라는 것이 없습니다. 마마, 소인이 이 말씀은 차마 어미된 정리에 못할 일이지만, 성궁을 보호하고 세손을 건져 종사를 평안히 하는 일이 옳으니 대처분을 하옵소서. 하오나, 부자간 정으로 차마 이리 하시지만 다 세자의 병입니다. 병을 어찌 책망하겠습니까? 처분은 하시나 은혜를 끼치셔서 세손 모자를 평안케 하시어 주소서."

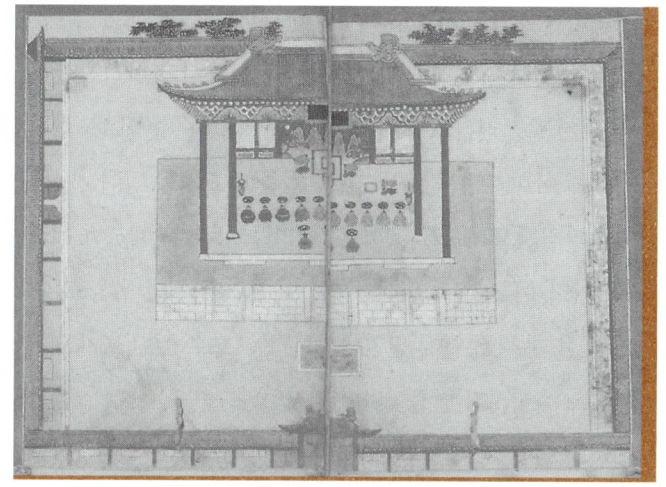

내가 차마 그 아내로서 이를 두고 "마마, 옳게 하셨습니
다." 하지 못했다. 일인즉 어쩔 수 없는 지경이니 내가 따라
죽어 모르는 것이 옳으나 차마 세손과 이별하지 못하였다.
만난 바*의 몹시 살기 어려움을 서러워할 뿐이구나.

　대조께서 들으시고 조금도 지체하지 않고 창덕궁 거동령
을 급히 내렸다. 선희궁께서도 어머니로서의 정을 버리고 큰
뜻으로 말씀을 아뢰었다. 그리고 곧 가슴을 치고 죽는 듯이
괴로워하셨다. 당신 계시던 양덕당으로 오셔서 음식을 먹지
않고 누워만 계시니, 만고에 이런 정리가 어디 있겠는가.

　전부터 선원전으로 거동하는 길이 두 길이었다. 만안문萬
安門l동뮌으로 드시는 거동 때에는 탈이 없고, 경화문景華門 거
동 때에는 탈이 났었다. 그런데 그날 거동령이 경화문으로
났다.

　소조께서 11일 저녁에는 수구水口로 다녀오셔서 몸을 상

* '자신이 만난 세월이' 정도
로 뜻을 새길 수 있다.

하시고, 12일은 통명전에 계신데 그날 대들보에서 부러지는 듯한 소리가 크게 났다. 이 소리를 들으시고 탄식하셨다.

"내가 죽으려나 보구나. 이 어인 일인고……."

그때 아버지께서는 첫 5월에 엄중한 교지를 받아 재상직에서 파직되고, 동교(東郊)에 한 달 가까이 나가 계셨다. 소조께서 당신이 스스로 위태하다 느끼셨던지 계방(桂坊) 조유진(趙維進)을 통해 춘천에 원임대신(原任大臣)으로 있던 조재호(趙載浩)에게 올라오라 말을 전하셨다.

이런 일을 보면 병환이 계신 이 같지 않았으니 이상한 하늘의 뜻이로구나. 거동령을 들으시고 두려워하여, 아무 소리 없이 기계(器械)(군기붙이)와 말을 다 감추었다.

"내가 이른 대로 하라."

그러고는 교자를 타시고 경춘전 뒤로 가시며 나를 오라고 하셨다. 근래에는 사람이 눈에 보이면 곧 일이 나니, 교자에 가마 뚜껑을 하고 사면장(四面帳)(사면에 치는 휘장)을 치고 다니셨다. 그러면서도 춘방관과 학질이 밖에는 있다고 하였다.

교자 가마 뚜껑을 하고 검은색 사면장을 한 모습. 〈조선통신사 행렬도〉. ⓒ 국립민속박물관.

그런데 그날 나를 "덕성합으로 오라." 하셨다.

그때가 정오 쯤이었다. 홀연 까치가 무수히 경춘전을 에워싸고 울었다. 이것이 어떤 징조인지 괴이하였다. 그때 세손은 환경전에 있었다. 내 마음이 몹시 급하여 세손의 몸이 어찌 될 줄 몰라서 그리로 내려가 세손에게 일렀다.

"밖에 아무 일이 있어도 놀라지 말고 마음을 단단히 먹으라!"

천만 당부하고 어찌할 바를 몰랐다. 대조께서 거동을 지체하시더니, 미시未時*가 지나서야 "대조께서 휘령전으로 오신다." 는 말이 있었다. 그럴 때에 소조께서 나를 "덕성합으로 오라." 하시기에 가 뵈오니, 그 장하신 기운도 없으시고 좋지 않은 말씀도 않으셨다. 소조께서 고개를 숙이고 깊이 생각하시며 벽에 기대어 앉아 계셨다. 소조의 안색은 놀라서 핏기가 없었다. 나를 보시고 응당 화증을 내실 터이니, '소조의 화증이 오죽 심하지 않을까?' 싶어 내 목숨이 그날 마칠 줄 알고 스스로 염려하였다. 그래서 세손에게 경계를 부탁하고 왔는데, 소조의 사기辭氣|사께가 내 생각과는 달랐다. 소조가 말씀하셨다.

"아무래도 괴이하니 자네는 잘 살게 하겠네. 그 뜻들이 무서우이."

나는 눈물을 머금고 말없이 있다가 황당하여 손을 비비고 앉았다. 이때 대조께서 휘령전으로 오셔서 소조를 부르신다 하였다. 이상할 뿐 어찌하겠는가.

피하자는 말도 달아나자는 말도 않고, 좌우를 치우지도

미시 오후 1시부터 3시까지.

휘항
머리에 쓰는 방한구. 겉은 검은 공단으로, 안은 가죽으로 만들었다. 정수리 부분은 뚫렸고, 크기는 앞이마와 귀머리 전체를 완전히 덮고 길이는 등을 넉넉히 덮을 정도이다. 앞쪽에 끈을 달아 앞가슴에서 여미도록 되어 있다.

않고 조금도 화를 내신 기색이 없이 "빨리 용포를 달라." 하여 입으셨다.

"내가 학질을 앓는다고 말씀드리려 하니 세손의 휘항揮項을 가져오라."

내가 그 휘항은 작아서 당신 휘항을 쓰시게 하려고 내인에게 말하였다.

"소조의 휘항을 가져오라."

소조가 뜻밖에 말씀하셨다.

"자네는 무섭고 흉한 사람이로세. 자네는 세손을 데리고 오래 살려 하는구려. 내가 오늘 나가 죽을 터이니 그를 꺼리어 세손의 휘항을 쓰지 못하게 하려는 심술을 알겠네."

내 마음은 당신이 그날 그 지경에 이르실 줄을 모르고, '이 끝이 어찌될꼬? 사람이 다 죽을 일이요, 우리 모자의 목숨이 어떠할런고?' 하였다. 내가 어찌한다 말씀을 하지 않았는데 천만 뜻밖의 말씀을 하시니 내가 더욱 서러워 다시 세손의 휘항을 갖다 드렸다.

"그 말씀은 너무 마음에 없는 말이시니 이를 쓰소서."

"싫다! 꺼려하는 것을 써서 내 무엇할꼬?"

이런 말씀이 어이 병환 있으신 분 같으며, 어이 공순히 나가려 하시던고? 다 하늘의 뜻이니 원통하고 원통하구나. 그러할 때에 날이 늦었다. 재촉하여 나가시니 대조께서 휘령전에 앉아 계셨다. 칼을 안고 두드리시더니, 그 처분*을 하시었다. 차마 망극하니 이 모습을 내가 어찌 기록하겠는

＊사도세자를 폐하여 서인으로 강등하고 뒤주에 가둔 일을 말한다.

가. 서럽고 서럽도다.

소조께서 나가시자 대조의 노한 목소리가 들려왔다. 휘령전과 덕성합이 멀지 않아 담 밑에 사람을 보냈다.

"벌써 세자께서 용포를 벗고 엎디어 계십니다."

대처분인 줄 알고 천지가 망극하여 내 마음이 무너지고 깨지는 듯하였다. 거기 있는 것이 부질없어 세손이 있는 곳에 와, 서로 붙들고 어찌 할 줄 몰랐다. 신시申時[*] 즈음에 내관이 들어와 말했다.

신시 오후 3시에서 5시까지.

"밧소주방의 쌀 담는 궤를 내라 합니다."

어쩐 말인고! 저들도 어찌할 줄 몰라 하며 궤를 내지 못하고있는 가운데, 세손궁이 망극한 일이 있는 줄 알고 대문 안에 들어가 아뢰었다.

문정전 창경궁 내 위치.
창경궁의 편전(임금의 집무실)으로 옛날에는 문정전 정면에서 앞뜰 쪽으로 길게 복도가 있었다.

"마마! 아비를 살려 주소서!"

"나가라!"

대조께서 엄히 말씀하셨다. 할 수 없이 세손은 왕자 재실로 돌아가 앉아 있었다. 내 그때의 정경이야, 고금천지간에 없었다. 세손이 나가자, 하늘과 땅이 맞붙는 듯, 해와 달이 깜깜한 듯하니, 내가 어찌 잠시나마 세상에 머물 마음이 있었겠는가. 칼을 들어 목숨을 끊으려 하자 옆에 있던 사람이 빼앗아 뜻대로 못하였다. 다시 죽고자 하였지만 촌철寸鐵이 없어 못하였다. 숭문당을 지나 휘령전으로 나아가는 건복문 밑으로 갔다. 아무 것도 보이지 않고 다만 대조께서 칼을 두드리는 소리와 소조가 말씀하시는 소리만 들렸다.

"아버님! 아버님! 잘못하였습니다. 이제는 아버님께서 하라시는 대로 다 하겠습니다. 글도 읽고, 말씀도 다 들을 것이니 이리 마소서."

내 간장은 마디마디 끊어지고 눈앞이 캄캄하니 가슴을 두드린들 어찌하겠는가.

당신의 용맹스러운 힘과 건장한 기운으로, 아버님께서 "궤에 들어가라!" 하신들 아무쪼록 들어가시지 말 것이지 어찌 들어가셨는가. 처음에는 뛰어나오려 하다가 이기지 못하여 그 지경에 이르니, 하늘이 어찌 이렇게 하셨는지…… 만고에 없는 설움

왕자 재실 왕자가 기다리는 방.

촌철 자그마하고 날카로운 쇠붙이나 무기.

뒤주
쌀 따위를 넣어서 보관하던 것. © 국립중앙박물관.

뿐이다.

내가 문 밑에서 목놓아 슬피 울었지만 소용이 없었다. 소조는 벌써 폐위되었으니 처자인 내가 어찌 편안히 대궐에 있겠는가. 세손을 밖에 그저 두어서 될지 어떨지 차마 두렵고 소마소마|조마조마|하여, 그 문에 앉아 대조께 상소하였다.

"마마, 처분이 이러하시니 죄인의 처자인 제가 편안히 대궐에 있기에 황송합니다. 또 세손을 저리 오래 밖에 두면 죄가 더 무거워질까 두렵습니다. 이제 본집|친정집|으로 나가겠습니다. 천은天恩으로 세손을 보존하여 주소서."

가까스로 "내관을 찾아 들이라." 하였는데, 오래지 않아 내 오라버니|홍낙인|가 들어왔다.

"마마, 동궁을 폐廢하여 평범한 서인이 되었으니 대궐에 있지 못할 것입니다. 임금님께서 본집으로 나가라고 하시어 가마를 들여왔으니 나가십시오. 세손은 남여藍輿를 들여오라고 하였습니다. 나가십시오."

남여
조선시대에 늙은 재상이나 대신들이 타고 다니던 가마. 뚜껑은 없고 발디딤판·등받이·팔걸이가 있다.
ⓒ 서울역사박물관.

우리 남매는 서로 붙들고 통곡하였다. 나는 오라비에게 업히어 청휘문淸輝門을 지나 저승전 차비문|앞문|에 놓인 가마로 갔다. 윤상궁이란 내인이 함께 안에 타고 별감이 가마를 메었다. 허다한 상하 내인들이 다 뒤를 따라 쫓으며 통곡하였다. 만고천지간에 이런 정

상狀이 어디 있겠는가. 나는 가마를 탈 때 가슴이 막혀 정신을 잃었다. 윤상궁이 나를 주물러 겨우 목숨이 붙었지만 오죽하였겠는가.

집으로 온 나를 건넌방에 누이고, 세손은 내 중부|홍인한|와 오라버니가 모셔서 나오고, 세손 빈궁은 그 집에서 가마를 가져와 청연과 함께 들려 나왔다. 그 경색이 그지없어 차마 어찌 살겠는가.

내가 스스로 목숨을 끊으려 하였지만 못하고, 일이 어쩔 수 없이 되었다. 돌이켜 생각하니 11세 세손에게 겹겹이 쌓인 지극한 아픔을 끼칠 수 없고,* 또 내가 없으면 세손이 장가드는 것을 어찌하겠는가. 참고 참아 모질게 목숨을 보전하고 하늘만 부르짖으니, 만고에 나 같은 모진 목숨이 어디 있겠는가. 집에 와서 세손을 서로 만났다. 나이 어린 세손이 그 망극한 모습을 보고 서러운 마음이 어떠하였겠는가. 세손이 놀라 혹 병이 날까 하여, 나는 망극해하며 말하였다.

"망극하고 망극하나 다 하늘의 뜻이다. 네가 몸을 평안히 하고 착해야만 나라가 태평하고 또 성은을 갚을 것이다. 비록 설움이 있으나 네 마음을 상하게 하지 말라."

아버지께서는 궐내를 떠나지 못하셨다. 오라버님도 벼슬에 매여 궐을 왕래하였다. 세손을 모시고 있을 이는 중부와 세손의 두 외삼촌|홍낙신과 홍낙임|으로 밤낮으로 세손을 모셔 보호하였다. 내 계제|홍낙윤|는 어릴 적부터 궁에 들어와 세손을 모시고 놀았었는데, 그 아이가 작은 사랑에 세손을 모시고 자며 8, 9일을 지냈다. 판서 김시묵과 그 자제인 김기대金

*사도세자의 죽음에 혜경궁 홍씨의 죽음이 더하면 세손의 아픔은 더할 것이다. 그래서 죽지 못했다는 것이다.

김기대|1714~1775| 구연九衍에게 입양되어 숙종의 계비 인원왕후의 친정 조카가 되었다. 1756년 식년문과에 급제 후, 대사헌, 경기도 관찰사 등을 거쳐 1768년 예조판서를 지냈다.

교리 홍문관·승문원·교서관 등에 둔 정5품 관직.

봉고파직 못된 짓을 많이 한 고을의 관리를 파면하고 그 관가의 창고를 봉하여 잠그던 일.

*『영조실록』에 의하면 1738년 5월 2일에 홍봉한이 파직당하고 신만이 영의정에 제수되었다. 그리고 5월 7일에 홍봉한을 다시 좌의정에 제수했다. 결국 사도세자를 폐하고, 홍봉한은 영조에 의해 서용되었다. 사도세자 처분이 있던 때에 신만과 좌의정 홍봉한, 판부사 정휘량, 도승지 이이장, 승지 한광조 등이 이미 궐에 들어왔으나 미처 진언하지 못하였다. 임금이 세 대신과 한광조의 파직을 명하니, 모두 물러갔다가 다시 신만과 홍봉한, 정휘량이 들어왔지만 역시 간하지 못하였다고 한다. 그렇다면 이 부분에 대한 혜경궁 홍씨의 진술은 잘못된 것일 것이다.

서용 죄가 있어 파면당하였던 이를 임용하는 것.

*사도세자에 벌하는 소식.

혈심단충 참된 정성과 마음에서 우러난 충성.

嚣大도 "세손을 뵙겠습니다." 하며 찾아왔다. 그러나 내 집은 좁고, 세손궁의 상하 내인이 전부 나와 있었다. 남쪽 담장 밖에 있는 교리校理 이경옥李敬玉의 집을 빌려 담을 트고, 김판서 댁이 며느리를 데리고 와서 빈궁을 모시고 있게 하였다.

그때 아버지께서는 봉고파직封庫罷職을 하여 동교에서 오래 계셨었다. 대조께서 대처분을 하셔서* 아주 어쩔 수 없이 된 후에 아버지를 다시 서용敍用하셨다. 대조께서 다시 배상拜相|재상직에 임명|을 하여 부르셨다. 아버지께서는 뜻하지 않던 차에 그 처분 소식*을 듣고, 놀라움과 지극한 슬픔 속에 급히 궐에 들어오다가 궐 밑에 이르러 쓰러지셨다. 세손이 왕자 재실에 계시다가 이 소식을 듣고 당신 자시던 청심원을 내주어 겨우 깨어났다. 아버지 당신이 또한 어찌 이 세상에 뜻이 있겠는가마는, 나와 뜻이 같아서 망극 중에도 극진히 세손을 보호하려는 정성만 있었다. 나와 같이 죽지 못하고 세손을 옹호하여 종사를 보전할 혈심단충血心丹忠은 천지신명께서 가히 옳고 그름을 밝히실 것이다.

내 운수가 모질지만, 독한 목숨은 붙어 있었다. 소조께서 당하신 일을 생각하니 소조께서는 어찌 견디셨는고……. 마음이 타는 듯하니 차마 어찌 견딜 수 있는 모습이었겠는가.

"세손께서 석고|석고대죄|하시게 하십시오."

오유선, 박성원이 내 집 대문 밖에 와서 여쭈었다. 석고대죄가 당연하지만 차마 어린 아기에게 어쩌라고 하겠는가. 세손은 낮은 집에 계셨다.

대궐을 나온 후에 아버지를 못 보고 망극하고 망극해하였다. 그 이튿날 아버지께서 성교聖教|임금님의 교제를 받들고 나오셨다. 우리 모자가 아버지를 붙들고 한바탕 통곡을 한 후에 아버지께서 성교를 전하셨다.

목숨을 보전하여 세손을 보살펴라.

이때 성교가 망극한 지경이었다. 나는 세손을 생각하여 감격해하며 하염없이 눈물을 흘렸다. 세손을 어루만지며 성은에 감사하여 말하였다.

"나는 네 아버님의 아내로 이 지경이 되고, 너는 네 아버지의 아들로 이 지경을 만났구나. 다만 스스로 살아 있는 목숨을 서러워할 뿐이지, 누구를 원망하며 탓하겠느냐? 우리 모자가 이때에 목숨을 보전하는 것도 성은이요, 우러러 의지하여 목숨을 삼는 것도 또한 성상의 뜻이다. 내가 너에게 바라는 뜻은, 임금님의 뜻을 이어받아 힘쓰고 가다듬어 착한 사람이 되는 것이다. 이는 곧 성은을 갚는 길이고 또 네 아버님께는 효자가 되는 것이다. 이밖에 더한 일은 없구나."

이어 아버지께 천은天恩을 감축하며, "남은 날은 임금님께서 주시는 날입니다. 하교를 받으려는 사연을 아버님|영조께 아뢰어 주십시오." 하고 울었다. 지금 내가 한 이 말은 조금도 지어낸 것이 아니다. 처음부터 그리 된 것이 서글프지 점점 그 지경에 이르신 것을 어찌하겠는가. 나는 조금도 마음에 담아 둔 것 없다. 감히 대조께 이렇다 원망하지도 못한다.

아버지께서는 나와 세손을 붙들고 통곡하시며 위로하셨다.

"어머니의 뜻이 옳으니, 세손께서는 현賢이 되시고 성聖이 되십시오. 이는 성은을 갚는 길이고, 낳으신 아버님께는 효자가 되실 것입니다."

날이 갈수록 차마 망극한 지경을 생각지 못하여 마음이 흐리고 어쩔 줄 몰라 하며 누웠다.

15일은 굳게 굳게 하고 깊이 깊이 하여 놓으시고,* "윗대궐에 오른다." 하니 하릴없었다. 대궐에 필단疋緞 * 붙이도 내어 올 길이 없었다. 그래서 습렴제구襲殮諸具 * 를 모두 다 아버지께서 준비하여 세상에 남아 있는 소조의 한을 없게 하였다. 예전에 소조께서 여러 해 병을 앓을 때에도 물건을 무수히 대어 주셨는데, 아버지께서 소조의 수의壽衣도 다 준비하여 당신을 위한 마지막 정성을 지극히 하였다.

20일 신시 쯤 폭우가 내리고 뇌성도 쳤다.

"소조께서 뇌성을 두려워하셨던 일이 있었는데 지금은 어찌 계신고?"

차마 그 형상을 헤아리지 못하여 내 마음이 음식을 끊어 죽고자도 하고, 깊은 물에 빠져 죽고도 싶고, 수건을 어루만지며 칼도 자주 들었다. 그러나 마음이 약하여 강한 결단을 하지 못했다. 나는 먹을 수가 없어 냉수나 미음조차도 먹은 일이 없었다. 소조께서는 능히 오래 견디어 염일念日스무날 밤에 하릴없이 계셨다고 한다. 비 오던 때가 수진垂盡 * 하시던 때였는가 싶다. 차마 어찌 견디어 그 지경이 되셨는지 그저 온몸이 뼈저리게 원통하여 내가 살아난 것이 흉완兇頑 * 할

* 사도세자를 뒤주에 가두어 놓은 일을 뜻한다.
필단 대궐 내에 있는 필로 된 비단.
습렴제구 시신을 씻기고 옷을 입히는 염습과 각종 장례도구.

수진 사람의 생명이 거의 끊어질 시기에 이름.

흉완 흉악하고 고집이 셈.

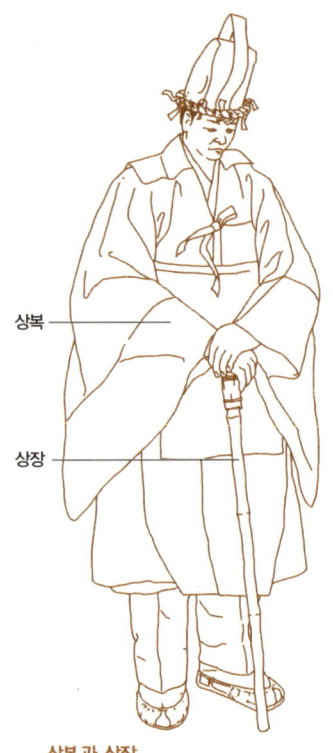

상복 —

상장 —

상복과 상장
상복은 상중에 입는 옷이며 상장은 상제가
짚는 지팡이. 상장은 아버지 상에는
대막대기를 쓰고, 어머니 상에는
머귀나무 막대기를 쓴다.

뿐이었다.

선희궁이 마지못하여 대조께 그리 아뢰었지만 이는 종사를 위한 대처분이었다. 소조께 병환이 있었으니 대조께서 슬퍼하시며 은혜를 더 베푸시고 복제服制나 행하기를 바랐다.

대조께서 그 처분을 내리셨지만 노여움은 줄지 않았다. 곧 가까이 있던 기녀와 내관 박필수 등과 별감, 장색, 무녀들까지 다 죽이셨다. 이는 당연한 일이어서 감히 말하지 않겠다.

다만 몹시 원통한 것은 소조의 의대 병환으로 무수히 여러 가지 옷을 갈아입으시다가 어찌하여 생무명 옷 한 벌만 입으셨는데 그날도 생무명 의대를 입으셨다. 대조께서는 평소 소조를 보실 때 도포, 용포를 입은 것만 보셨는데 무명 의대는 그날 처음 보셨다. 소조의 병환은 모르시고 "네가 나를 업신여기고자 한들 어찌 생무명 거상居喪l상복l을 입었느냐?" 하시며 크게 꾸짖으셨다.

그리고 남은 것이 없다고 여기시고, "소조가 평상시 쓰던 세간을 다 내어라." 하셨다. 그 중에 군기인들 없으며 무엇이 없었겠는가! 아무리 국휼l國恤l인들 상장이야 하나뿐이지 어찌 더 있겠는가. 소조의 이상한 병환으로 생전에 상장을 여러 개 만들었다. 일생 동안 사랑하여 좌우에 떠나지 않는 것이 환도環刀와 보검들인데, 뜻밖에도 그것을 상장 모양처럼 하였다. 그 속에 칼을 넣어 두에l뚜껑l를 맞추어 영낙없는

상장 모양이었는데, 소조는 이것을 가지고 다니셨다. 가끔
나에게도 보이셨는데 끔찍해서 놀라곤 했
다. 그런데 그것을 없애지 않았다
가 대조께서 얻어 낸 물건 중에
그것이 있으니, 대조는 더욱 놀라
고 분해하셨다. 그러니 복제를 어
이 거론하겠는가. 소조의 병환은 모르시고 다만 모두 소조
께서 불효한 탓만 하셨다. 지극히 원통하고 원통할 뿐이다.

환도
군복을 갖추어 입고서 차던 군도.
주로 허리에 차는 칼을 일컫는 것으로,
전체 길이는 대략 1m 정도이다.
ⓒ 육군박물관.

처음에는 조신朝臣의 복제는 법대로 하려 하였는데 그렇
게 하지 못했다. 그래서 이 지경을 당하여 세손이나 목숨을
건진 것이 천은天恩이려니와, 소조는 병환으로 처분하신 것
이다. 소조께서 14년이나 대리저군代理儲君 ●하셨으니 복제나
상하에서 행하면 웃사람의 덕이신데 그를 못하였다. 그저
서글플 따름이요, 스무날은 하릴없는 형편이었다.

대리저군 저군은 왕세자의 별
칭이며, 대리저군은 임금을
대신하여 정무를 처리하는
왕세자를 뜻한다.

소조께서 복위를 하셔야 초종제구初終諸具 ●를 갖출 형편인
데, 대조의 뜻이 하지 않으려는 것은 아니지만 복위를 아끼
셨다. 범절의 예를 갖춰 하는 것을 망설이다가, 부득이하게
21일 밤에 소조를 복위하셨다. 이날 밤 대신들이 대궐에 들

초종제구 초상이 난 뒤부터
졸곡卒哭은 지 석 달 뒤에 지내는
첫 제사까지 필요한 여러 도
구.

복제|다섯 가지 상복 제도|

참최는 거친 생포生베로 상복을 만들고, 머리끈과 허리끈은 삼으로 하며 대나무 상장을 만든다. (복상 기간 3년)
재최는 3년간 참최용 상복보다 덜 거친 생포로 상복을 만들고, 머리끈과 허리끈은 베로 한다. (복상 기간 3년)
대공은 거친 숙포表백한 베로 상복을 만든다. (복상 기간 9개월)
소공은 대공용 상복보다 덜 거친 숙포로 상복을 만든다. (복상 기간은 5개월)
시마는 아주 가는 숙포로 상복을 만든다. (복상 기간은 3개월)

갈충진성 정성과 충성을 다
함.

사시 임금이 신하에게 시호를
내려 주던 일. 이때 영조는
세자를 애도한다는 뜻에서
'사도思悼'라는 시호를 내렸
다.

삼도감 빈전도감, 국장도감,
산릉도감을 이름. 국상이 났
을 때, 장례에 대한 모든 절
차와 능을 만들고 지키는 일
까지의 모든 일을 관장한다.
나라에 큰일이 생길 때마다
이를 처리하려고 나라에서
임시로 두었던 관아이다.

도제조 조선시대에 승문원·
봉상시·사역원·훈련도감
따위에 두었던 으뜸 벼슬. 정
승을 지낸 사람을 임명하거
나 정승이 겸임하게 하였는
데, 실무는 보지 않았다.

거애 상례에서 죽은 사람의
혼을 부른 뒤에, 상제가 옷을
갈아입고 곡을 하여 초상난
것을 발표하는 일.

초종의대 초상 때부터 졸곡
때까지 입는 여러 제복 등.

습 시체를 씻기고 옷을 입히
는 일.

어와 초상에 관한 일체의 절차를 정하였다. 처음에는 빈소
를 용동궁에 하자 하였다. 아버지께서 이 지경을 당했을 때
조금이라도 잘못해 성심을 어기면 내 집이 다 멸하기는 둘
째치고 세손을 보전하지 못할 것이었다. 그때 대조의 노여
움은 불같았다. 그래서 아무쪼록 아버지께서 성심을 잃지
않게 하면서도, 돌아가신 이를 저버리지 않고 왕세손의 잊
을 수 없는 한을 남기지 않으려고 갈충진성竭忠盡誠●하였다.
아버지께서는 일이 잘 되도록 이리저리 힘을 써, 소조의 복
위 후에 소조께 사시賜諡●하도록 하였다. 소조의 관을 모시
는 빈궁은 시강원으로 하고, 삼도감三都監●은 법대로 하여 겨
우 다 정했다. 그리고 당신이 도제조都提調●를 맡아 몸소 보
살피고 단단히 경계하여 묘소의 범절에 조금도 흠이 없게
하였다. 아버지의 도움이 없었으면 어느 신하가 감히 말을
내며, 어찌 성심을 돌렸겠는가.

그날 소조를 시강원으로 모시게 하고 새벽에 집에서 나
와 우리 모자를 궐로 들여보내실 때에, 아버지께서 내 손을
잡고 뜰 가운데에서 말씀하셨다.

"세손을 모시고 만년을 누려 늙어서는 복록을 많이 받으
십시오."

그러고는 실성통곡하였다. 그때 내 설움이 만고에 또 어
디 있으랴. 궐에 들어와 시민당에서 발상을 하고, 세손은 건
독합에서 거애擧哀●를 하고, 빈궁은 내 곁에서 청연과 함께
있었다. 천지간에 이런 모습이 어디 또 있겠는가.

초종의대初終衣帶●를 차려 즉시 습襲●을 하였다. 세손께서

는 열이 심했으나 조금도 몸이 어떻다고 아니하시니, 그 설움은 차마 생각하지 못할 일이었다. 소조를 습하고 염殮*을 하기 전에 나가니 내 정경이 천고에 드물고 남에게 없었다. 서러운 중에도 아버지께서 하시던 말씀을 생각하면 호천극지呼天極地*하였다. 살아 있는 것이 부끄럽고 이 세상과 저 세상이 달라 소조의 충천하신 기운을 뵐 길이 없으니, 죽지 못하고 살아 있는 내 한이 어떠하겠는가.

초종의 모든 일이 서글프기 이를 데 없었다. 신하가 복제를 못하니 대전관과 내관류가 다 천담복淺淡服*이었다. 재궁梓宮* 밖에서 제전*을 지내는데 안에서 준비하는 것이 두려워 기회를 보았다. 그러다가 다시 제祭를 줄이라는 엄한 교지가 없기에 조석상식朝夕上食*과 삭망전朔望奠*을 다 예사롭게 지냈다. 세손 양궁과 군주는 경모궁을 관에 모시기 전에는 차마 보이지 못하고, 성복成服날*에 나와 곡을 하게 하였다. 그때 세손께서 애통해하시는 곡성은 차마 듣지 못할 지경이니 그 누가 감동하지 않겠는가.

7월은 소조의 인산因山I국장I이었다. 인산 전에 선희궁이 오셔서 나를 보시고, 재실梓室I왕세자의 관을 향해 머리를 두드리고 가슴을 치며 통곡하셨다. 그 마음에 끝이 없음을 또 어찌하였겠는가. 인산 후에는 대조께서 오셔서 제주題主*까지 친히 쓰셨다. 부자분이 유명을 달리한 사이에 서로 어떠하셨는가! 차마 생각하지 못하겠다.

7월에 춘방春坊I세자시강원I을 설치하시고 세손이 완전히 왕세자가 되었다. 비록 성은으로 세손이 왕세자가 되었지만,

염 시신의 이목구비를 베로 싸는 것.

호천극지 하늘이 넓고 끝없음과 같이 부모의 은혜가 한없이 넓고 큼.

천담복 육자복六字服이라고도 함. 3년상을 치른 뒤 100일간 입는 옥색의 제복祭服. 100일 뒤에는 색깔 옷을 입어도 되나, 남편 상을 치른 경우 여자는 평생 흰옷만 입었다.

재궁 사당 옆에 제사를 하기 위해 지은 집.

제전 재궁에서의 제사와 모든 의식.

조석상식 상가에서 아침저녁으로 죽은 이에게 올리는 음식.

삭망전 상중에 집에서 죽은 이에게 매달 초하루, 보름에 지내는 제사.

성복날 초상이 났을 때 상복을 처음 입는 날, 즉 초상난 지 나흘째 되는 날.

제주 장례를 마치고 나서 신주I위패I에 붓으로 글을 쓰는 일.

내 아버지께서 충성을 다해 세손을 보호하신 공이 어찌 나타나지 않으리오.

8월에 대조께서 다례茶禮*에 맞춰 선원전으로 오셨다. 나는 황송하였지만 아니 보면 슬픔이 터질 듯하기에, 진전眞殿 |선원전| 가운데 습취헌拾翠軒이라는 집으로 가서 뵈었다. 나의 서러운 회포가 어떠하겠는가마는 감히 조금도 풀지 못하고 여쭈었다.

"저희 모자가 목숨을 보전하는 것은 다 성은이옵니다."

영묘께서 내 손을 잡고 우시며 말씀하셨다.

"네가 이러할 줄 생각지도 못했구나. 내가 너 보기를 어렵게 생각했더니 네가 내 마음을 편하게 하는구나. 아름답도다."

영묘의 말씀을 듣고 내 심장이 더욱 막히어 모진 목숨이 원망스러웠다. 곧 내가 말씀드렸다.

"세손을 경희궁으로 데려가셔서 가르침을 주시면 좋겠습니다."

"네가 세손을 떠나 견딜 수 있겠느냐?"

나는 눈물을 드리우며 아뢰었다.

"세손이 저를 떠나서 마음이 섭섭한 것은 작은 일이지만, 세손이 대조를 모시고 배우는 일은 큰일입니다."

곧 세손을 올려 보내기로 정하였다. 모자간 정리에 서로 떠나 지내는 모습을 어찌 견딜 수 있겠는가. 세손이 나를 차마 떠나지 못하여 울고 갔다. 내 마음은 칼로 베는 듯하였지만 참고 지냈다. 성은이 지중하여 세손을 지극히 사랑하시

다례 다달이 삭망 또는 명절이나 조상 생일 등에 지내는 간단한 낮제사.

고, 선희궁께서도 아드님을 사랑하던 정을 세손에게 옮겨, 좌와기거坐臥起居[일상생활]와 음식범백을 한마음으로 돌보시며 지성으로 보호하셨다. 선희궁의 정리에 어찌 그리 아니하였겠는가.

세손은 4, 5세부터 글을 좋아하였다. 서로 궐을 떠나서 지냈지만 강학에 힘쓰지 않을까 염려하지는 않았다. 그러나 세손께서 나를 잊지 못하기는 날로 심하였다. 세손이 나를 그리는 마음이 간절하여 새벽에 깨어나 내게 편지를 하면 서연 전에 회답을 보고서야 마음을 놓았다. 3년을 서로 떨어져 지내는 동안 한결같이 그리 하셨다. 이상하게 세손이 숙성하였다. 내가 경력한 병이 자주나 3년 동안 병이 떠나지 않았는데, 멀리서 의관과 증세를 써 약을 보내기를 어른같이 하였다. 이는 다 세손의 천성으로 지극히 효를 행하신 것이니, 10여 세 어린 나이에 어찌 그리 하셨는지 싶구나.

그해[1762] 천추절千秋節*을 맞아 내가 자취를 움직이지 않았는데 자상[영조]의 부름을 받아 부득이 올라갔다. 자상께서 나를 보시고 불쌍하고 가련히 여기는 것이 전보다 더하였다. 내가 거려한 집이 경춘전 남쪽에 있는 낮은 집이었다. 내가 올라간 때에 그 집 이름을 '가효당嘉孝堂'이라 하시고 친히 현판을 써 달게 하신 뒤 이렇게 말씀하셨다.

"내가 네 효심을 오늘날 갚아서 이것을 써 주노라."

나는 눈물을 드리우며 받들었지만, 감히 감당하기 어려워 불안해하였다. 아버지께서 들으시고 감축하셨다.

"오늘날 이 '가효' 두 자를 현판하게 하시니 이는 자손의

천추절 고려시대에 임금의 생일을 기념한 날이며, 중국 황태자의 생일을 이르기도 한다. 여기서는 정조의 생일인 9월 22일을 가리킨다.

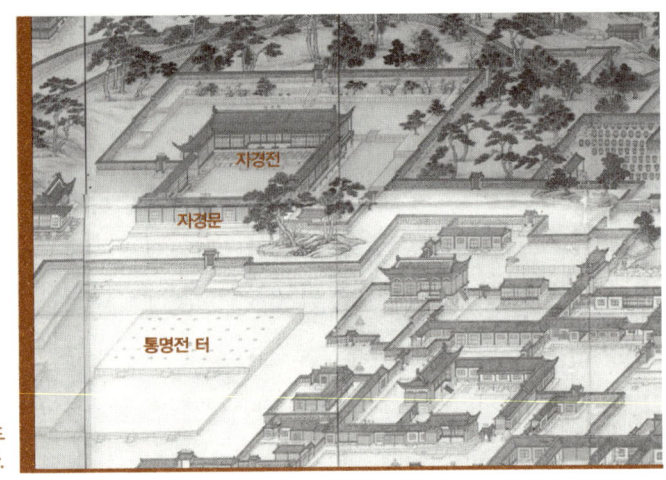

보배가 될 것입니다. 자상의 자애와 아래로 이를 받는 효성
의 아름다움에 감탄할 뿐입니다."

그리고 성은을 받드는 도리로서 우리 집안 편지에 그 당
호를 쓰게 하였다. 이 일을 감축하여 뼛속에 새기는 뜻이었
다. 또한 영묘께서 자경전慈慶殿을 지어 나를 그곳에 있게 하
셨다. 그때 내 처지가 높고 빛난 집에 있을 것은 아니지만,
성은에 감동하여 부지런히 힘써 들고 그 집에서 내 남은 평
생을 마칠 생각이었다. 그래서 '가효당' 현판을 옮겨서 자
경전 상방上房 남쪽 문 위에 걸어 두었다. 영묘께서 나를 사
랑해 주시는 은혜를 잊지 말고자 한 뜻이다.

그해|1762| 납월|음력 섣달|에 조칙詔勅*이 나왔다. 자상께서
세손을 데리고 혼궁魂宮*으로 오셔서 칙조勅詔*를 받으라 하
셨다. 환궁 때에 세손을 도로 데리고 가려 하시다가, 세손이
이 어미 떠나기를 차마 서운해하시며 우는 모습을 보시고

조칙 조서라고도 함. 임금의
뜻을 일반에게 널리 알릴 목
적으로 적은 문서.

혼궁 왕세자의 장례 뒤 3년
동안 신위를 모시던 전각.

칙조 칙서라고도 함. 임금이
특정인에게 훈례하거나 알릴
내용을 적은 문서.

말씀하셨다.

"세손이 차마 너를 떠나지 못하여 저리 하니 두고 가자."

혹 당신은 세손을 자애하시는데 세손이 당신의 자애는 생각지 아니하고 어미만 못 잊어 하는가 서운히 여기실 듯하여 내가 아뢰었다.

"내려오면 위(임금)가 그립고, 올라가면 어미가 그립다 하더이다. 환궁 후는 또 아버님을 그리워하며 이리 올 것이니 데려 가십시오."

"내가 데리고 가랴?"

금세 얼굴에 기쁜 빛을 띠시며 세손을 데리고 환궁하셨다. 세손이 영묘를 모시고 가며 어미가 인정 없이 떠나보내는 일을 섭섭히 생각하여 무수히 울고 갔다. 그때 내 마음이 어떠하였겠는가.

모자가 그리워하는 것은 사사로운 정이요, 영묘를 모시고 올라가 시봉侍奉*하여 그 아버님(사도세자)께서 못 다하신 아들의 도리를 잇는 것이 옳은 일이다. 정사며 나랏일을 배워 아는 것이 옳기에, 떠날 때 못 잊는 정을 베어 보냈다. 이것이 다 이전의 일을 경계하고 세손으로 하여금 일심으로 위에 효성을 다해 세손을 자애하는 아버님의 뜻을 털끝이라도 어김이 있을까 염려하는 뜻이었다. 이 어찌 세손을 위한 사사로운 정이겠는가. 종사와 나라의 안위가 세손 한 몸에 있으니 나의 걱정스러운 마음은 하늘에 물어도 알 수 있다. 나 혼자만의 마음이 아니었다. 아버지께서 나를 인도하여 부녀의 작은 사정을 돌보지 않고 대의大義로써 타이른 힘이

시봉 봉시라고도 함. 어버이를 모시어 받든다는 뜻.

다. 내 아버지께서 마음과 힘을 다해 충성을 다하고, 세손을 위하고 종사를 위하던 일을 누가 자세히 알겠는가.

세손이 혼궁을 떠났다가 내려오며 애통하던 곡소리에 누가 아니 감동하겠는가. 혼궁의 목주木主l위패l는 의지할 데가 없는 듯이 계셨다. 그러다가 그 아들이 와서 곡을 하면 신위神位가 반기는 듯하고 외로운 혼궁의 빛이 있는 듯, 애통 중에 도리어 위로하니, 내가 세손을 낳지 않았더라면 이 종사는 어찌할 뻔하였는지……. 엎어진 나라를 보전하려고 경오생庚午生*을 낳은 후 임신년l1752l의 경사*가 있었던가 싶더라.

*1750년 8월 27일에 태어난 의소를 가리킨다.
*1752년 9월 22일에 정조가 태어난 일을 가리킨다.

임오화변은 만고에 없는 변으로 당신께서는 천만 불행하여 그 지경이 되었으나, 아들을 두셔서 당신 자취를 잇게 하였다. 상하l영조와 정조l가 서로 자애롭고 가까이 지냈으니 다시 무슨 일이 있을 줄 꿈에나 생각하였겠는가.

그런 때에 갑신년l1764l 2월 처분*이 내리니 천만 뜻밖이었다. 위l임금l에서 하신 일을 아랫사람이 감히 이렇다 하겠는가마는, 그때 내 심정은 망극하여 견줄 곳이 없었다. 내가 화변 때에 모진 목숨을 결단치 못하고 살아 있다가 이런 일을 당할 줄이야……. 크나큰 죄요, 한이니 즉시 죽고자 하였지만 내 목숨을 뜻대로 하지 못하고, 위의 처분을 원하는 듯하여 스스로 굳이 참았다. 그러나 그 망극하고도 슬프기는 모년l1762l보다 덜하지 않았다. 선희궁께서 음식을 끊고 슬퍼하시던 일을 어찌 다 기록하겠는가.

세손은 어린 나이에 고금에 없는 큰 아픔을 품고, 또 제

*1764년 2월 20일 왕세손 정조를 효장세자의 양자로 처분한 일을 뜻한다.

왕가에서 겪지 못할 변례變例|임시로 바꾼 법례를 당하여 심하게 슬퍼하였다. 최복衰服|상복을 벗을 때 곡을 하며 우는 소리는 천지에 사무쳤고, 초상으로 천지가 깜깜하여 꽉 막히던 때보다 설움이 더하였다. 연세도 두 해가 더하여 당신께서 당한 일을 갈수록 더 원통해하였다.* 이를 대하는 내 간장은 쇠가 녹을 듯 돌이 터질 듯, 당장이라도 목숨을 결단코자 하였지만 세손이 서러워할 모습은 차마 견디지 못할 일이었다. 내가 없으면 세손의 몸이 더욱 위태하였다. 이 지경에 이르러서는 갈수록 세손을 보호하는 일이 으뜸이었다. 나는 마음을 굳게 먹고 세손을 위로하였다.

"서러울수록 보배로운 네 몸을 보호하거라. 비록 한이 많지만 스스로 착하게 행동하여 아버님의 한을 갚으라."

여러 가지로 깨우쳐 진정하게 하였다. 세손이 종일 음식을 끊고 곡을 하며 우는 것이 지나쳤다. 차마 애처로워서 위로하며, 곁에 품고 누워서 달래어 잠이 들게 하였다. 그러나 늦게까지 잠을 이루지 못하니 그 정경이 고금에 어디 있겠는가.

그날*은 2월 21일이었다. 어찌하여 그런 처분이 내렸는지 이상하구나. 갑자기 대조께서 거동하여 선원전에 오래 머무시며 나를 찾아와 보셨다. 내가 무엇이라고 감히 아뢰겠는가.

"저희 모자가 지금 살아 있는 것은 마마의 은혜 덕입니다. 마마의 처분이 이러신데 제가 무슨 말씀을 아뢰겠습니까?"

*정조가 열한 살 되던 해에 아버지 사도세자의 변상을 당하고 그로부터 2년 후인 1764년 2월에 효장세자의 양자가 되었다. 영조는 「보첩譜牒」에 '모년모월일에 특명으로 왕세손으로서 효장세자를 잇게 하였다.'라고 쓰도록 명하였다. 그리고 2월 23일에 효장세자의 묘에 가서 정조에게 제문을 읽도록 시키고, 효장의 후사로 삼은 것을 고했다.

*정조를 효장세자의 후사로 삼은 날을 뜻한다.

대조께서 말씀하셨다.

"네가 그리 하는 것이 옳으리라."

가뜩이나 슬픈 마음에 이 서러운 한이나 없으면 그렇지는 아니할 터인데…… . 갈수록 내 명도命途ㅣ운명과 재쉬가 기박하고 죄가 많아, 스스로 몸을 치고 싶은들 어찌 했겠는가. 만고에 없는 일이로구나.

7월 담사禪祀*에 선희궁께서 내려와 지내시고, "가을이 지나면 모여 고부간에 상의하자." 정녕 기약하시었다. 그러나 홀연 등에 작은 부스럼이 나서서 7월 26일에 하세下世ㅣ별세하셨다. 망극하기가 어찌 여염집 고부간의 정에 비하겠는가. 당신이 나라를 위하여 어머니로서는 하지 못할 일을 하시고, 비록 선군先君ㅣ영죄을 위해 하신 일이지만 그 아픔이 오죽하였겠는가!

평소에 선희궁께서는 이렇게 말씀하셨다.

"내가 소조에게 차마 못할 일을 하였으니 내 자취에는 풀도 나지 않을 것이다. 내 본심은 종사를 위하고 임금을 위한 일이었으나, 생각하면 모질고 흉한 일이구나. 빈궁은 내 마음을 알 것이다. 그러나 세손 남매야 나의 이 마음을 어찌 알겠는가?"

늘 밤에 잠을 못 주무시고, 동편 퇴ㅣ물림퇴*에 나와 앉아 동녘을 바라보며 상심하셨다.

"혹 내가 그런 행동을 하지 않았어도 나라를 보전했을까? 내가 잘못하였는가?"

그러다가 또 이렇게 말씀하셨다.

담사 사람이 죽은 지 두 해 만에 지내는 제사인 대상大祥을 지내고 그 다음 다음달에 지내는 제사.

물림퇴 물림간이라고도 하며, 집의 본채 앞뒤나 좌우에 딸린 반 칸 너비의 칸살.

"그렇지 않다. 여편네의 유약한 소견이지. 내가 무엇을 잘못하였겠는가."

혼궁에 오실 때면 부르짖어 울고 서러워하셨다. 그것이 마음에 병이 되어 세상을 하직하시니 더욱 서글프구나.

생각해 보면 모년의 일|임오화변|을 지금 사람들이 누가 나만큼이나 알겠으며, 서러움이 나와 선왕|정조| 같은 이가 어디 있겠는가. 경모궁께 빈틈없는 정성을 다한 나와 같은 사람이 또 어디 있겠는가. 그러기에 나는 매번 선왕께 말씀드렸다.

"마누라는 경모궁의 아들이십니다. 그때 어린 나이셨으니 나만큼 자세히 모를 것입니다. 모년에 속한 일은 어떤 일이라도 나에게 물으시지 바깥 사람들의 효효嚻嚻•한 말은 곧이듣지 마십시오. 저희들이 한순간의 계략으로 마누라 들으시게 별난 소문처럼 알아다 드려도, 그것은 모두 다 괴이한 말입니다."

선왕께서는 이렇게 대답하셨다.

"누가 모르겠습니까? 그놈들이 부모를 위한 정성이 없다고 욕을 무한히 하니, 그 욕을 피하고 또 아버님을 위하여 자식 된 도리에 그렇지 않다고 차마 말을 못할 뿐입니다. 누구에게 추증追贈•하며 누구에게 시호諡號•하겠습니까? 저희가 하자는 대로 해 가니, 그런 일을 분명 알면서도 끌려다녀 흐린 사람이 되기를 면치 못하겠습니다."

내가 차마 선왕의 지극한 아픔을 생각하지 못하였던 것

이다.

무릇 모년사[임오화변]에 대해 세상에는 두 가지 의논이 있었다. 둘 다 옳지 않고 사실과 어긋났다. 한 가지 의논은 영묘의 대처분이 광명정대하여 천지간에 내세워도 틀리지 않으니, 영묘의 성덕대공盛德大功을 말하고 경모궁의 죽음은 조금도 슬퍼하는 뜻이 없었다. 이는 경모궁이 불효한 죄가 있기 때문에 돌아가셨다고 하는 말이요, 영묘의 처분이 무슨 적국을 휩쓸어 없애거나, 반역을 평정한 모양이 되었다. 이렇게 말을 하면 경모궁께서 어떤 몸이 되시며, 선왕[정조]께서는 또 어떠한 처지가 되겠는가. 이는 경모궁과 선왕께 망극한 말이다.

또 다른 의논은 경모궁께서 본래 병환이 없으신데, 영묘께서 경모궁을 헐뜯는 말을 듣고 그렇게 지나친 행동으로 복수를 하여 수치를 씻고자 한 것이라 하였다. 이는 경모궁을 위하여 신설伸雪*하는 말인 듯하다. 그러나 영묘께서 누구의 참언을 듣고 무죄한 동궁에게 그 처분을 하시는 과오를 저지른 셈이 되니, 이리하면 영묘께서 또 어떤 덕을 잃게 되지 않겠는가.

두 의논이 삼조[영조 · 경모궁 · 정조]께 망극하고 실상과는 다르다. 아버지께서 여러 차례 하신 말씀처럼 경모궁의 병환이 망극하여 성궁과 종사가 위태위태한 것이 경각에 달렸으니, 영묘께서 애통망극하시나 마지못하여 그 처분을 하신 것이다. 경모궁께서도 본심으로는 그 덕을 욕되게 할까 근심하다가, 안타깝게도 병환으로 천성을 잃고 당신께서 하시

신설 신원설치伸寃雪恥의 준말로, 가슴에 맺힌 원한을 풀어 버리고 창피스러운 일을 씻어 버림을 뜻함.

220

는 일을 다 모르신 것이다.

경모궁께서 병환 드신 것이 망극할 뿐이다. 병은 성인도
면치 못한다 하니 어찌 경모궁께 조금이라도 누덕累德!덕을 욕
되게 함이 되겠는가. 실상이 이러하고 그때 사정이 이러하다.
바른대로 말을 하면 영묘의 처분도 애통망극한 가운데 부득
이 하신 일이요, 경모궁께서도 망극한 병환으로 어쩔 수 없
이 불행한 일을 당하셨다. 선왕도 또한 애통 따로, 의리 따
로 말을 하여야 실상도 어기지 않고 의리에도 합당하였다.
만약 앞의 두 의논 같으면 하나는 영묘께 실덕이 되고, 하나
는 경모궁께 누덕이 된다. 또한 선왕께는 망극한 일이다. 이
두 의논이 다 삼조께 죄를 짓는 말이다.

다른 한편의 의논은, 영묘의 처분이 거룩하다 하면서 아
버지만 죄를 삼으려고 일물一物*을 궁에 들였다 하였다. 일
물을 들이지 않은 곡절은 다른 기록에 올렸으니* 여기서는
또 쓰지 않는다. 이런 말하는 놈이 영묘께 정성을 다하는지,
경모궁께 충절을 하는지, 선왕이 "모년 일을 위하노라." 하
면 동서남북의 말을 꾸며서 하였다. 그리고 모년 모일에 시
비가 있다 하면 유죄와 무죄를 가리는 사이에 선왕이 직접
"그렇지 않다."고 못하실 줄 알고, 그 일을 가지고 잘못을 못
되게 이용하여 저희 뜻대로 말을 조작하였다. 이리하여 사
람들을 해하고, 저리하여 충신이라고 자처하였다. 만고에
이런 일이 어디 있겠는가. 근 40년간 그 일로 충신과 역적이
뒤섞여 시비가 뒤바뀌고 지금도 정하지 못했다.

경모궁의 병환이 잦아서 어쩔 수 없고 영묘의 처분은 부

일물 한 가지 물건, 여기서는
사도세자가 갇혀 죽은 뒤주
을 가리킨다.

*뒤주가 궁에 들어올 때 홍봉
한은 방관하였다고 한다. 그
래서 혹자는 사도세자가 죽
은 책임을 홍봉한에게 두는
데, 반면 혜경궁 홍씨는 「한
중록」을 통해 자신의 집안이
임오화변에 최선을 다해 세
자와 세손을 보호했다고 주
장한다.

득이하게 하신 일이다. 일물은 선조|영조|께서 스스로 생각하신 일이다. 나나 선왕의 지극한 아픔은 자신의 아픔이고, 의리는 스스로의 의리이다.* 망극한 가운데도 목숨을 보전하여 종사를 길게 지탱한 성은에 감축 드린다. 그때 여러 신하들이 어쩔 수 없이 말한 것을 후대 사람이 상상하여, 그런 때를 만난 것을 불행히 여기기를 바랄 뿐이다. 모년 일에야 군신 상하 사이에 이렇다 저렇다 말을 어찌 용납할 수 있겠는가.

모년에 있었던 일을 내가 차마 기록할 마음이 없었지만, 다시 생각해 보니 주상|순조|이 경모궁의 자손으로 그때 일을 망연히 모르는 것이 망극하구나. 또한 시비를 분별하지 못함이 민망하여 마지못하여 이리 기록하였다. 그러나 차마 일컫지 못한 일 가운데 기록 못할 일은 빠진 경우도 많다. 내가 늙어서 얼마 남지 않은 여생에 이를 능히 써내니, 사람의 흉완궁독|凶頑窮毒|모질고 흉악함|함이 어디 이에 이르겠는가. 하늘을 우러러 흐느끼며, 타고난 팔자를 한탄할 뿐이로다.

* 비록 사도세자의 죽음은 개인적으로도 슬픈 일이나 나라를 위해서는 옳은 일이었다는 뜻으로, 이 말은 훗날 홍봉한이 영조에게 올린 상소에도 나타나 있다.

한중만록 4권

갑신년|1764| 2월 처분*은 나라에 지중한 일이었다. 내가
감히 이렇다저렇다 어찌 말하며, 처분 후에는 더욱 말할 수
없었다. 그러나 내 그때 사정은 말할 것 없으되 부득이하게
약간만 쓰겠노라.

＊ 왕세손 정조를 효장세자의
대를 이을 양자로 한 일.

내가 모년|1762|에 죽어야 했으나 죽지 않고 모질게 살아
남아 험한 일을 당한 한이 이를 데 없이 컸다. 선희궁께서
심하게 슬퍼하시기에 내가 도리어 위로하였다. 세손도 어린
나이에 마음에 지극한 아픔을 품고, 또 당하지 못할 일을 당
하여 심하게 슬퍼하였다. 세손의 몸이 상할까 걱정이 되어
내가 도리어 위로하였다. 슬프다! 누가 모자母子가 없겠는가
마는 주상|정조|과 나 같은 모자의 슬픔이 어디 있겠는가.

그해|1764| 7월에 선희궁께서 내려와 경모궁의 대상大祥*
을 치른 뒤 신주를 사당에 모시는[入廟] 모습을 보고 오래 지
나지 않아 하세下世|별세하셨다.* 당신의 서러움이 병이 되어
세상을 하직하니 내 아픔이 또 어떠했겠는가? 선희궁께서

대상 삼년상을 마치고 지내는
제사.

＊ 1764년 7월 26일 선희궁이
죽었다.

안 계신 후로는 궁중의 모양과 인심이 점점 달라졌다. 정처 |화완옹쥐는 영묘의 지나친 사랑만을 믿었다. 또 여자의 천성으로 남을 이기려 하는 마음이 많았다. 시기심은 더욱 심하여 내외 권세가 다 그의 몸에 돌아가니, 내게 더욱 민망스럽고 사나운 일이 많았다. 내 스스로 이런 처지에 놓일 수밖에 없는 것을 탄식하였다. 그러나 그때 사정과 사기辭氣가 걱정할 만한 것은 아니었다. 내게 다른 시동생은 없고 두 그림자 |화협·화완옹쥐뿐이니, 성궁聖躬을 받들고 세손을 보호하는 것이 큰일이었다. 나는 말과 얼굴빛이 조금도 변함이 없었다. 아버지도 내 마음과 같아서 매번 세손께 훈계하셨다.

"고모|화완옹쥐를 대접하소서."

그리고 내게도 이리 권하셨다.

선희궁 터
서울시 종로구 신교동에 위치.
왕실의 사묘인 선희궁이 있던 곳.
왕실의 사묘란 정실 왕비가 아닌
후궁에게서 태어난 임금이 자기 모친의
신위를 모신 사당을 말한다. 영조는
영빈 이씨가 사망하자 이듬해 시호를
'의열' 이라 추증하고 묘의 이름을
'의열묘' 라 하였다. 이것을 정조 12년
|1788|에 '선희궁' 이라 하였다. 그후
영빈 이씨의 신주는 육상궁으로 옮겨졌다.

"형제 사이의 사랑을 잃지 마십시오."

근본인즉 이리 헤아리나 저리 헤아리나 나라를 위한 단단한 고심이었다.

아버지는 옹주의 양자 후겸이를 후히 대접하고, 그 시삼촌 정휘량은 색목色目*이 다르지만 사이좋게 지내셨다. 그 사람도 우리를 고맙게 여겼는데, 그가 죽은 후 후겸이 혼자 있다가 과거에 급제한 후로 사람들의 꾐에 빠져 마음이 변하였다. 이것이 우리 집에 제일 화근이 된 일이다. 후겸이가 무자년戊子年1768, 영조44에 수원 부사를 하고 싶어서 아버지께 여쭈었다.

"새로운 영상 김치인金致仁*에게 청을 하여 주십시오."

"내 어찌 말 한마디를 아끼겠는가. 그러나 스무살 아이에게 5,000병마 맡길 벼슬l수원 부새를 시키는 것은 실로 나라를 저버리는 일이다. 이는 후겸이를 사랑하는 도리가 아니다."

아버지는 이렇게 말씀하시며 끝내 하지 않았다.

나와 형제들이 "어찌하여 집안을 돌보지* 아니하십니까?" 하고 여러 번 말씀드렸지만 듣지 않으셨다.

이 일이 후겸이와 사이가 벌어진 원인이 되었다.

오흥鰲興*이 국구國舅*가 되자 갑자기 선비들이 존대하여 모든 일이 서먹하게 되었다. 아버지께서는 편안함과 걱정을 함께 하실 마음으로 지도하셨다. 가르침이 부자父子나 형제 사이와 같아서 범사에 탈이 나지 않게 하였다. 그래서 처음에는 오흥이 감격하였고, 나 또한 대비전을 우러러보아 감히 내가 먼저 궁에 들어오고, 나이가 많은 것을 생각하지 않

색목 노론·소론·남인·북인의 사색당파를 가리킴. 당시 정휘량은 소론, 홍봉한은 노론이었다.

김치인1716~1790l 1747년 생원시를 거쳐, 1748년 춘당대 문과에 장원하였다. 영의정에까지 올랐으나, 1772년 당파를 조성했다는 죄로 유배되었다가 곧 풀려났다. 정조 즉위 후 청나라에 다녀오고, 『명의록』, 『대전통편』 등의 편찬을 주관했다. 1786년에는 다시 영의정이 되어 당쟁의 조정에 힘썼다.

＊정후겸을 수원 부사가 되게 하여 두 집안 사이를 평안하게 하는 일을 가리킨다.

오흥 정순왕후의 친아버지인 오흥부원군 김한구를 뜻함.

국구 임금의 장인을 뜻함.

내가 대비전을 한마음으로 공경하고, 대비전께서는 나를 지극히 대접하였다. 두 집* 사이가 조그만 틈도 없어 백년을 서로 잘 지낼까 생각하였다. 그러나 세력이 두터워지고 알고 지내는지 오래되면서, 먼저 된 우리 집 사람들을 꺼려하며 가르치는 뜻을 저버렸다.

영묘께서는 기묘년[1759]* 이전에는 내 아버지를 척리나 아주 가까운 친척[肺腑之親]이 아니라 일가로서 사랑하셨다. 아버지께 장상將相을 맡기어 나랏일을 협의하여 결정하고, 예로써 대우하셨다. 이는 천고에 없는 드문 일이었다.

병술년[1766]에 아버지는 대고大故*를 당해 집에 들어앉았다. 그 사이 귀주龜柱*와 후겸이 서로 부합하였다. 후겸은 예전의 일*로 우리 집을 싫어하고, 귀주는 제 집이 우리 집만 못한가 꺼려 하여, 당치도 않은 일에 화를 내고 형상 못할 지경으로 모해하였다. 이利를 즐기고 세력을 따르는 이런 무리들은 스스로 겉으로는 사류士類[선비]를 자처하였다. 좌左로는 꼬이고 우右로는 해하는 가운데, 일의 상황을 보아 가며 친한 벗과 가까운 친척들이 다 한가지로 세상을 떠났다. 내 집의 위태함이 아침저녁 사이에 있었지만, 선대왕[영조]의 은혜가 갈수록 지극하여 아버지께서는 해상解喪[탈상] 후에 영의정을 거듭 임명받았다. 선대왕의 총애는 여전하였으나 이럴수록 반대 세력의 모함 또한 끝이 없었다. 안팎으로 도와주는 사람은 없고 해하려는 사람만 벌떼같이 일어나니, 속담에, '열 번 찍어 안 넘어가는 나무 없다.' 는 말과 같아서 오늘 해치고 내일도 해하였다. 말이 없는 가운데 은혜와 사

*영조의 계비 정순왕후는 혜경궁 홍씨보다 나이가 10세나 어렸다.

*정순왕후 친정인 오흥부원군 김한구의 집과 작자의 친정인 홍봉한의 집을 가리킨다.

*정순왕후를 새 왕비로 맞아 들인 해이다.

대고 어버이나 할머니의 상사喪事. 이 해에 홍봉한의 어머니의 상사가 났다.

김귀주[1740~1786]는 정순왕후의 친오빠로 누이가 영조의 계비가 된 후, 음보로 벼슬에 올라 궁중에 출입하기 시작했다. 1762년 김상로, 홍계희 등과 함께 사도세자를 무고하여 죽게 했다. 1763년 증광문과 급제 후, 홍문관 부교리에 임명되었다. 1772년 그가 속한 '청명류淸名流'라는 정치적 모임이 들통나 탕평을 강조하던 영조로부터 유배를 받았다. 정조 즉위 후, 흑산도에 유배되었고 1784년 왕세자 책봉 때 특사되어 나주에 옮겨졌으나 병사했다.

*수원 부사를 하고 싶어서 청했다가 거절당한 일을 가리킨다.

랑이 절로 줄어들었던지…….

귀주와 관주觀柱•가 우두머리가 되어 경인년1770 3월에 한유韓鍮의 흉한 일을 지어냈다. 아버지께는 큰 무고와 욕된 일들이 더할 수 없이 많았다. 분통하고 억울한 심정을 어디에 비하겠는가.

선대왕께서는 아버지께 특별한 은혜를 베풀어 휴치休致•를 명하였다. 그때에 내 마음은 끝없이 놀랍고 에어지는 듯하였다. 오히려 아버지께서 태연히 여기며 성은에 감격하여 우셨다. 그리고 선마宣麻• 후에

장

궤

선마와 궤장연
조선시대에 왕은 나라에 공이 많은 신하에게 궤장의자와 지팡이과 함께 글선마을 내리고 연회를 베풀어 주었다. 「사궤장연회도첩」. 보물 930호. ⓒ 경기도 박물관.

궤장

영미정 흥인문[동대문] 밖 숭인
동에 있었다. 단종이 수양대
군[세조]에게 왕위를 찬탈당한
후 노산군으로 강등되어 영
월로 유배되었을 때, 단종의
비인 정순왕후가 이곳에 '정
업원'이라 하는 작은 초가를
짓고 단종의 명복을 빌었다
한다. 현재 이 자리에는 1771
년 영조가 정순왕후를 추모
하기 위해 세웠다는 '정업원
구기'라는 석비만 남아 있다.

영미정永美亭*으로 나아가셨으니 잊을 수 없는 설움이로구
나. 선왕을 우러르고 아버지를 의지하여, 임금과 신하가 서
로 의사가 잘 통하기를 바랐었다. 그러나 아버지께서 군소群
小 무리의 미움으로 끔찍한 일을 만나 하루아침에 물러나시
게 된 것이다. 나는 아버지께서 벼슬을 버린 것이 안타까운
것이 아니라, 선대왕께서 아버지의 굳은 충성심을 알지 못
할까 하여 놀랍고 원통하였다. 내 그때의 심사를 또한 어찌
한 붓에 다 쓰겠는가!

아버지께서는 과거에 급제하시기 전부터 남다르게 선대
왕과 뜻이 잘 맞았다. 갑자년[1744]에 내가 가례를 한 후 아버
지께서 과거에 급제하셨다. 그때 조정 깊은 곳에는 신하가
없었다. 선대왕께서는 아버지가 벼슬이 높지 않았던 때부터
나라의 크고 작은 일을 모두 믿고 특별하게 의지하셨다. 아
버지가 대궐에 들어오신 지 30년 동안 외임[외직]에 있을 때
와 상중에 초막에서 거처한 때 외에는 대궐로 맞아들여 대
면하지 않은 날이 없었다. 오영*의 장임[대장]과 탁지[호조] 혜
당*으로 일하시고, 10년 동안 장수와 재상을 겸임하면서 백
성의 뜻과 팔도八道의 희로애락을 당신 몸의 일처럼 아셨다.
이런 임금과 신하 사이는 옛 사적史籍에도 찾을 수 없는 아주
드문 일이다.

오영 훈련도감·어영청·총융
청·금위영·수어청의 오군
영五軍營을 가리킨다.

혜당 선혜청의 제조. 선혜청
은 조선시대에 대동미·대동
포·대동전의 출납을 관장한
관청이다.

또 그때 과거가 잦았고 한 가문의 운수가 장성하여, 집안
의 자제들이 연달아 과거에 급제하였다. 처지가 남다르고
평화로운 시대가 계속되어, 운명인지 요행인지는 몰라도 우
리 집안이 지극히 과분하게 번창하였다. 지금 생각하면 영

화로운 자취를 거두지도 못했는데, 과거에 급제한 벼슬아치로 몸을 적시니 사람의 시기심과 귀신의 꺼려함을 어찌 면하겠는가. 아버지께서는 벼슬에서 물러나고 싶은 마음이 아침저녁으로 맺히어 잊지 못하셨다. 그러나 임금의 은혜가 성중하고 처지가 자별하여 임의로 물러나지 못하고, 어렵고 험한 때를 만나 옛사람과 같은 곧은 절개를 다 이루지 못하셨다. 이는 다 임금을 위하여 힘써 그 뜻을 받든 것이었다. 그렇지만 만일 조정과 백성들 중 강직한 사람이 "윗사람의 뜻을 잘못 이어받고 있습니다." 라고 시비하면, 당신도 웃으며 마땅히 그 조언을 받으실 것이다.

나인들 어찌 이를 마음에 두겠는가마는, 내 집을 해치는 사람은 귀주의 당이며, 후겸의 당이다. 겉으로는 다른 당이지만 사실인즉 마음이 서로 통하여 넘나드는 도당徒黨|불순한 무레으로, 흉한 말과 고약한 계교로 내 집을 아주 없애 버리고자 하였다. 하늘이 내려다보고 응당 살피시기를 바랐지만, 우리 집안을 괴롭히는 것은 던져두고 내 지극한 설움은 또 어찌 참을 수 있겠는가.

그때 화색禍色이 점점 급하였다. 내 생각에 귀주의 마음은 풀릴 길이 없고, 정처에게나 우리 집안의 화를 면할 수 있게 간곡히 부탁하고자 하였다. 그러나 그 사람이 아들|정후겸의 말만 들어 예의 깊던 정이 달라진 지 오래였다. 내 한마디의 말로 마음을 움직이기 어렵고, 사세를 보니 그 아들을 사귀어야 좋을 도리가 되었다.

그러나 오라버니|홍낙인는 무슨 일로 미운 사람이 되었고,

중제|홍낙신| 또한 그러하였다. 다만 숙제|홍낙임|만이 있었는데 어릴 적부터 의지와 기개가 얼음과 같이 맑고 옥같이 깨끗하여, 구차하게 속되고 더러운 일을 할 사람이 아니었다. 숙제는 우리 형제 중 나이가 적고 담력과 지략이 풍부하였다.

옛사람은 부모를 위하여 죽은 효자도 있다. 지금은 부친을 위하여 후겸이와 사귀어서 집안을 구하는 것이 옳을 것이다.

나는 숙제에게 편지하여 권하고 또 권하였다. 숙제는 내 말대로 몸을 돌보지 않고 부지런히 후겸이와 사귀었다. 숙제는 옛사람의 권술|권모술수|을 행하여 후겸이와 친하게 지냈다. 숙제가 자못 세상의 미움을 받고 몸을 더럽힌 것은 다 이 누이의 탓이다.

숙제는 오라버니께 글을 배웠는데 글재주가 어린 나이에 비해 훌륭하였다. 금방 소과를 하고 전시殿試*에 장원을 하여, 조고祖考*를 계적繼蹟*하여 앞길이 만리처럼 탄탄하였다. 그런데 가진 것을 다 펴 보지도 못하고 우리 집안의 화를 염려하여 타고난 성품을 지키지 못하였다. 후겸이와 사귀는 것을 스스로 부끄럽게 여기는 마음에 이렇게 맹세하였다.

"우리 집이 평안하면 내 몸은 세상에 나아가지 아니할 것이다."

또 번리*에 있던 집을 궁 동서東西로 가까이 옮기고 내게 이렇게 편지하던 글들이, 새삼 내 눈에 선명하게 떠오른다.

전시 왕이 친림하여 행하던 대과.
조고 돌아가신 할아버지를 이르는 말.
계적 장원하던 조상의 행적을 이음.

번리 문맥상 궁에서 멀리 떨어진 서울 변두리를 뜻하는 듯하다.

저는 멀리 못 갈 몸입니다. 앞으로는 서울 변두리 마을에서 배회하며 마음으로 대궐을 의지하고 벼슬을 버리고 청렴하게 살려 합니다.

신묘년辛卯年|1771, 영조47| 2월에 아버지께서 당하신 일들* 은 또한 천만 뜻밖의 일이었다. 귀주의 숙질叔姪*이 조용히 일을 도모하여 우리 집안을 아주 없애려고 하였다. 선대왕 은 지극히 영명하시나 춘추가 높아지시니 어찌 미처 살피었 겠는가. 일이 급하게 되었는데, 아버지께서는 청주에 부처付 處*를 하고 계셔서 일이 어느 지경에 이를지 몰랐다.

세손이 외가를 보호하려고 중궁전|정순왕후|에게 많은 말씀 을 올렸다. 그날 한기漢耆가 후겸이에게 한자리에서 우리 집 안을 없애기로 정하고, "그리 아뢰자." 하였다. 후겸의 뜻이

* 『영조실록』에 따르면, 영조는 홍봉한을 관직에서 내쫓았는 데, 사도세자의 아들인 인과 진에게 초헌|종2품 이상의 벼슬 아치가 타던 수레|을 빌려 주기 도 하고 간혹 교자|종3품 벼슬 아치와 기로소의 당상관이 타던 가 마|를 만들어 주었기 때문이 었다.

숙질 아저씨와 조카를 이르는 말로, 여기서는 김귀주와 그 조카 김한기를 가리킨다.

부처 중도부처中途付處의 준말 로, 어떤 지역을 지정하여 그 안에만 머물러 있게 하는 형 벌.

정조의 선원록

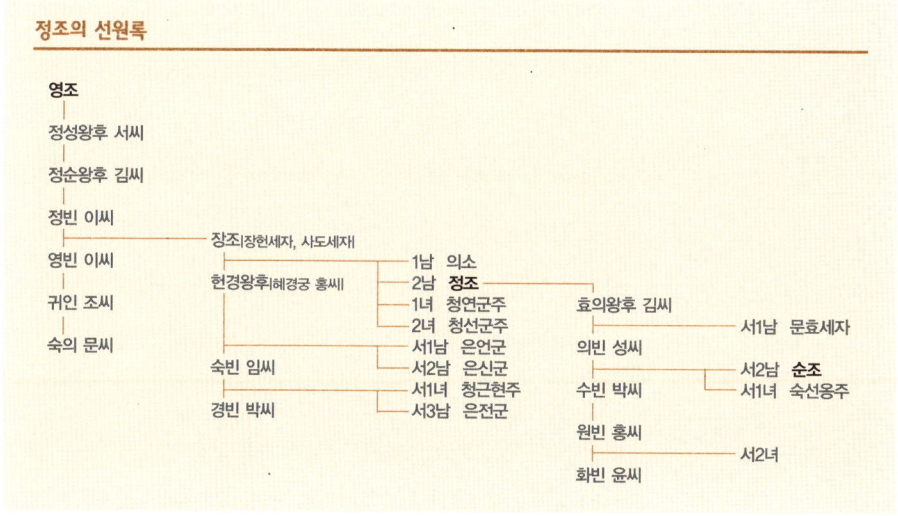

영조
정성왕후 서씨
정순왕후 김씨
정빈 이씨
영빈 이씨 ─── 장조|장헌세자, 사도세자|
귀인 조씨 헌경왕후|혜경궁 홍씨|
숙의 문씨

1남 의소
2남 **정조** ─── 효의왕후 김씨
1녀 청연군주
2녀 청선군주
서1남 은언군 의빈 성씨 ─── 서1남 문효세자
서2남 은신군
서1녀 청근현주 수빈 박씨 ─── 서2남 **순조**
서3남 은전군 서1녀 숙선옹주
원빈 홍씨 ─── 서2녀
화빈 윤씨

숙빈 임씨
경빈 박씨

예전과 같았더라면 어찌 되었을지. 다행히 숙제를 사귀어서 인지 즉석에서 한 뜻으로 우리 집을 해하려고 의논하지 않았다. 또한 그 어머니|화완옹주|도 나갔다 들어와 마음을 풀어 말씀을 드렸던지, 급한 일들이 잠잠하게 없어졌다. 눈앞에 닥쳤던 고마움으로 은인이라 일컬었으나 애당초 일이 없었던 것과 같겠는가.

이때 귀주 숙질의 모함은 다름이 아니라 숙빈 임씨*가 인의 형제를 잇달아 나니 선왕|영조|께서 화근이 될까 근심하신 데서 비롯하였다. 아버지께서도 어찌 우려하지 않았겠는가마는, 드러난 죄가 없는데 은혜와 원망을 먼저 말할 것이 아니기에 조심스럽게 아뢰었다.

"신의 처지에는 세손께서 지극한 몸이십니다. 신이 좋은 빛으로 저희들을 대접하여 원망을 부르지 않게 하는 것이 좋을 듯싶습니다."

저희들이 잡것에 반하는 일이나 없게 하자는 뜻이었다. 그러나 그것들의 됨됨이가 잘못되어 가르침을 받지 않고, 분별없는 일도 많았다. 아버지께서는 이를 불행히 여기고 걱정을 많이 하셨으나, 가르쳐 감동할 인물들이 아니기에 이후로 믿음을 둔 일이 없었다. 당신의 고심으로 나라에 무사함을 빌던 일이 뜻처럼 되지 못하자 한탄하였다.

경인년|1770| 후에 귀주의 무리가 이 일로 모함하다가 뜻대로 안 되자 또 다른 일로 모함하여 다시 일이 위급하게 되었다. 그러나 세손|정조|의 덕으로 적잖이 진정되었다. 인정천리人情天里로 당신 외손을 위한 정성이 어떠하실 리가 없는

* 원전에 숙빈 박씨로 잘못 나와 있는데, 혜경궁 홍씨의 오기인 듯하다. 숙빈 임씨는 은언군 인과 은신군 진을 낳았다.

데, 이치 밖의 일로 해하려고 하였다. 인정이 나쁘고 거친 것이 무섭고 무섭도다.

아버지께서는 청주에 부처되셨다가 즉시 귀양에서 풀려나셨다. 그러나 논란의 상소가 끊이지 않아 과천 촌사村舍에서 죄를 기다리고 계셨다. 4월에 영묘께서 아버지를 서용敍用하시고, 6월에 궁궐로 다시 들어오셨다. 우리 부녀는 서로 만나 반갑고 지난 원통함도 풀었다. 8월에 한유의 상소가 다시 났다.* 이 일은 귀주의 음흉한 모략이었다. 뜬구름이 해를 가리듯이 간사한 무리들이 영묘의 총명을 가리고 있어 엄교가 내렸다. 아버지의 죄명이 중하여 문을 걸어 잠그고 집 안에만 계셨다. 오라버님 내외가 모시고 가서 지내니 그때의 마음이 어떠하였겠는가.

경인년1770에 영미정에 계실 때 큰집은 서울에서 사당을 모시고 숙제 내외가 부모님을 모시고 지냈다. 그때 숙제의 부인이 우리 집에 들어온 지 얼마 되지 않아 어머니께서 세상을 떠나셨다. 숙제 부인은 매일 어머니를 추모하고, 엄구嚴舅시아버지와 백사伯姒맏동서를 지극히 공경하고, 소고小姑시누이를 정성을 다해 사랑하였다. 영미정에서 모시고 있을 때에는 맏며느리가 아닌 며느리로 하기 힘든 일이었으나 지성을 다해 받들었다.

신묘년1771 2월에 일이 급하게 돌아갔다. 그때 숙제의 아내는 임신한 지 여러 달이었다. 그러나 몸을 아끼지 않고 찬물에 목욕하고 동망봉東望峯*에 올라 아버지를 위하여 하늘께 자주 빌었다. 그해 9월에 숙제의 아내가 세상을 이별

* 『영조실록』에 따르면, 1771년 8월 2일 한유가 홍봉한을 참하라고 또 한 번 상소하였다. 이에 왕이 한유를 지난 2월 8일 심의지와 함께 석방했던 일을 후회하시며 한유를 호서궁에 하송하고 소장상소문은 불태워 버렸다. 한유는 이미 1769년에 홍봉한을 참하라 상소한 바 있었다.

동망봉 동대문 밖 숭인동 뒷산. 영미정이 세워진 곳 근처에 있다. 단종의 비 정순왕후 송씨가 영월로 유배간 단종의 명복을 빌며 올랐던 바위를 훗날 영조가 동망봉이라고 이름지었다.

하였다. 아이를 밴 몸으로 몸을 돌보지 않고 찬물에 목욕한 탓 같아서 내가 각별히 서러워하였다.

임진년壬辰年[1772, 영조48] 정월에 특별히 아버지께서 죄를 용서받았다.* 영묘께서 내 아버지께 쏠리는 마음을 조유詔諭*에 써 보내셨다. 아버지께서는 마지못하여 삼호로 다시 돌아와 머물다가 대궐로 입시하였다. 영묘의 화평하고 즐거운 천안天顏[임금의 얼굴]이 이전과 다름이 없었다.

그해 7월 21일에 관주와 귀주가 이어서 흉한 상소*를 올렸다. 상소의 어떤 말이 모함이 아니며, 또 어떤 말이 흉한 모략이 아니겠는가! 세상의 망측한 변고요 인심의 흉악함이었다. 제 처지가 남과 다른데* 무슨 원한으로 이 지경까지 이르렀는지 이상하지 않는가. 선대왕께서는 일을 해와 달같이 잘 헤아려 아버지의 무고함을 벗겨 주셨다. 뿐만 아니라 두 척리 집이 이러는 줄 아시고 크게 분노하셨다. 귀주에게 육단부형肉袒負荊*을 하여 사죄하게 하시고 처분을 내리셨다. 나는 그때 작은 집으로 내려와 석고대죄를 하였는데, 영묘께서 나를 불러 이렇게 위로하셨다.

"내가 내전[정순왕후]께도 너를 예전과 달리 대하지 말라 하였다. 내전도 내 말을 들으실 것이니 너는 내전께 조금도 원망스런 마음을 가지지 말아라."

나는 영묘의 은덕이 하늘과 같아 갚을 바를 알지 못하였다. 누구나 나라의 은혜를 입었겠지만 나와 같은 이가 다시 어디 있겠는가. 이날 내가 겪은 일이 절절이 괴이하여 처신

*1772년 정월 12일 혜경궁 홍씨를 위로하기 위해 영조는 홍봉한을 다시 봉조하에 임명하였다.

조유 임금이 명령을 내려 깨닫도록 타이름.

*홍봉한을 탄핵하라는 상소. 『영조실록』에 따르면, 김귀주는 홍봉한이 영조의 약으로 쓸 삼을 제대로 관리하지 못하고도 병이 낫자 자기 공인양 자랑했다고 비난하였다. 또 김관주는 심의지와 한유의 무리에 대한 이야기와 삼 이야기를 하였다. 그러나 영조는 이 상소를 읽고 연소한 사람을 검속하지 않아서라며 귀주는 요직에 올리지도 않았으며, 관주에게는 상소를 돌려주었다.

*김귀주 일파가 정순왕후 김씨의 친정이라는 특수한 위치에 있는 것을 뜻한다.

육단부형 윗옷 한쪽을 벗고 등에 형장을 지고 간다는 뜻으로, 형벌을 받아 사죄하겠다는 뜻을 나타내는 말.

할 도리가 망극하고 망극하였다. 허나 영묘의 말씀이 간절
하여 내가 감동하였고, 한 하늘 아래서 더불어 살 수 없는
철천지원수인 귀주는 잊지 못할 것이되, 내가 자전|정순왕후|
을 조금도 꺼리는 마음 없이 지성으로 섬긴 것은 궁중이 모
두 눈으로 본 일이다. 자전께서도 또한 나를 보통 때와 같이
대접하셨다. 내 자비로도 덕을 우러러 잘 통함이야 말할 것
도 없고, 자전께서도 자연 염려하셨다. 귀주가 나라에 역적
일 뿐 아니라 자전께도 죄인인 줄로 아노라.

계사년癸巳年|1773, 영조49|은 아버지의 회갑이었다. 우리 할
머니께서 회갑을 못 지내고 돌아가신 것이 한이 되어 새롭

사연도
기로소의 신하들에게 나라에서 베풀어 준 잔치|사연| 모습으로 마당에는 처용무와 악공들의 연주가 벌어지고 있다.
조선 후기 『기해기사계첩』 기록 그림 중 한 장면. ⓒ 국립중앙박물관.

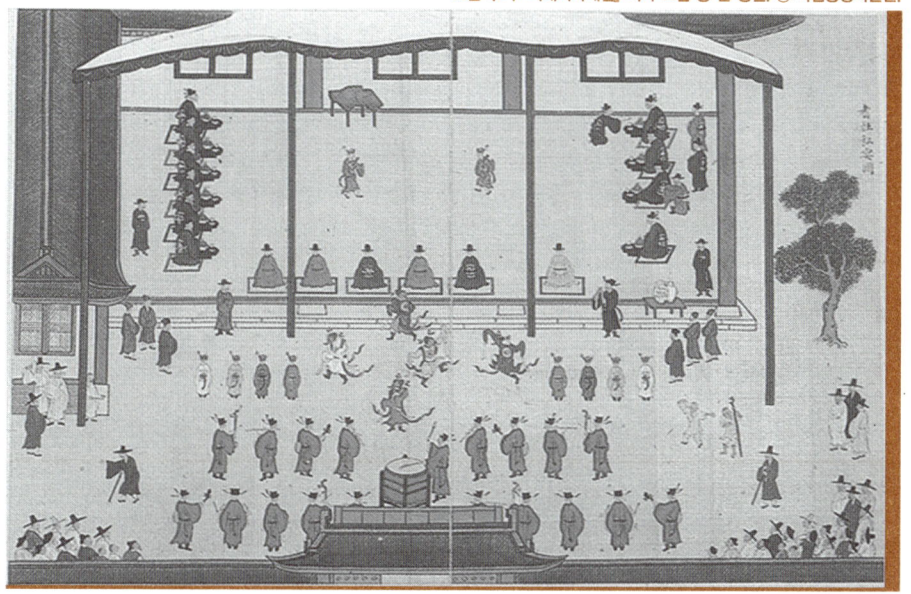

게 추모의 마음이 일었다. 아버지께서는 잔을 들지 않고 조반도 잡숫지 않은 채, 마음이 상하여 소리내어 울며 지냈다. 나는 아버지께 감히 음식은 해 드리지 못하고 진지만 차려 드시기를 권하였다. 아버지께서는 억지로 식사를 하셨지만 드시지 못했다. 어머니께서도 그 달이 주갑|환갑|이었다. 그러나 일찍 돌아가셔서 아버지와 어머니께서 함께 회갑이 된 것을 즐기지 못하였다. 우리 남매의 기막힌 마음과 추모의 아픔을 어디에 비하겠는가.

그해 10월에 선왕|영조|께서 아버지의 회갑을 무미하게|재미없게| 지냈다며 우리 집에 사연사악賜宴賜樂*을 베풀어 주셨다. 아버지께서는 풍류 한마디를 하여 선왕의 은혜를 표하였고, 우리 가족은 이 경사스러운 일을 축하했다. 그러나 숙제의 집안이 잘못되어 어진 배우자를 잃고 우는 아이들의 모습이며, 그 아이|홍낙임|의 신세는 쓸쓸하기가 말로 표현할 수 없었다. 숙제는 아내를 그리워하며 지나칠 정도로 슬퍼하였다. 또 두 아들이 있다는 이유로 재취|재혼|도 하지 않았는데, 해를 이어 두 며느리를 맞이하면서 집안이 제대로 되어 가는 듯했다. 그래서 그 어머니|숙제의 아내|의 숙덕淑德*에 보답할까 했는데, 갑오년甲午年|1774, 영조50| 겨울에 그만 둘째 아들을 잃었다. 이런 유별난 상사喪事는 우리 집에 처음 있는 일이었다. 우리 집안이 쇠하려는 징조인가 싶었다. 숙제가 아들 취영就榮|홍낙임의 장남|을 두고 재취하지 않으려는 것은 도리에 그른 일이었다. 그래서 아버지께서도 재취하기를 권하시고, 나도 여러 번 편지를 하여 그 고집을 돌렸다. 숙제는

을미년乙未年|1775, 영조51| 가을에 재취하여 3남 1녀를 얻었고, 백발노인이 되었을 때에는 자녀가 많았다. 내 모양|방법|이 자식을 내 준 것이라고 말할 수 있다.

그해 12월에 중부|홍인한|께서 배상拜相°하셨다. 아버지께서 미저 벼슬에서 불러 나지 못하고 흉당들의 모함을 만난 일이 한이 되어, 우리 집 사람들은 벼슬을 버리고 나라의 은혜를 빌며 한가로이 지냈다. 나랏일이 끝없이 아득하고 백척간두百尺竿頭에 오른 것과 같은 때에 중부께서 이 벼슬을 하시니 놀랍고 근심스러워 스스로 몸이 매인 듯 움직이지 못하고 두려워하였다. 우리 집안을 막는 일도 많고, 하늘도 우환이 가득함을 슬퍼하였다. 벼슬과 지위가 극진하니 재앙이 저절로 생겨서 그 어떤 일이 생길는지……

중부께서는 을미년|1775| 겨울에 큰 죄*를 지었다. 중부께서 두려워 겁을 낸 탓이지만, 말이나 행동을 심하게 잘못하였다. 중부의 본심은 헤아리지 못하고 죄명만 컸다. 이 일은 우리 집이 망할 기틀이며 원인이 되었으니, 내 마음이 막혀 긴 말을 못 쓰고, 통곡하고 통곡할 뿐이다. 서럽고 서럽구나.

병신년丙申年|1776, 영조52| 3월 5일에 영묘께서 승하하셨다. 망극하고 망극함을 어찌 다 형용하겠는가.

내가 열 살에 선왕을 모시기 시작하여 30여 년 동안 선왕의 지극한 사랑을 입었고, 어렵고 험악할 때에도 나를 사랑해 주신

배상 정승으로 임명받음을 뜻한다.

*1755년 11월 20일, 영조께서 기력이 안 좋아서 왕세손에게 정치를 대신 시킬 것을 대신들에게 말하였다. 그런데 좌의정 홍인한이 아직 나랏일을 알 필요가 없다고 하여 이를 저지한 일을 가리킨다.

영조 옥보
영조|1694~1776| 조선 제21대 왕. 숙종과 숙빈 최씨의 아들로, 이름은 금昑이다. 병약한 경종의 뒤를 이어 왕이 되었으며 오랫동안 재위|1724~1776|하며 많은 치적을 이루었다.
ⓒ 궁중유물전시관.

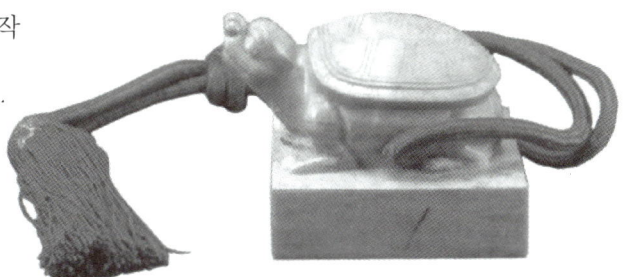

뜻은 조금도 변치 않으셨다. 심지어 이런 말씀도 하셨다.

"너와 내가 일찍부터 알아 서로 마음과 뜻이 통하는 사이[知己舊識]로구나!"

세상의 도리가 어렵던 일을 생각하면 내 한 몸을 보전한 일은 선왕의 하늘 같은 성은이요, 내 집을 구제한 것도 선왕께서 항상 도와주신 은혜 덕택이었다. 내가 자식이 되어 선왕의 은혜를 어찌 잊겠는가.

주상을 간신히 길러 구오九五*에 오르시는 모습을 보니 어미의 마음으로 어찌 귀하고 기쁘지 않으리오. 슬픔이 마음에 가득하고, 집안의 재앙은 천만 가지로 눈앞에 닥쳤다. 중부의 죄가 망극할 뿐 아니라, 흉악한 상소가 연이어 일어났다. 당연히 아버지의 처지는 더욱 망극하였다. 내가 비록 어리석지만 주상의 어미로 앉았는데 아버지를 해하려고 하니, 이는 모두 나를 없애고자 한 뜻이었다. 내 몸이 죽어 없어져 이 모습을 보지 않으려고 하였지만, 주상을 버리지 못함은 또한 인정에 당연한 일이다. 아픔을 마음에 간직하고 하늘만 바라볼 뿐이다.

7월에 중부께서 당하신 일*을 보았을 때에는 우리 집안이 망한 듯하였다. 내 처지에 이 일이 어쩐 일인가! 통곡하고 통곡하지만, 또한 내 개인의 일일 뿐이다. 나라를 위하는 마음은 갈수록 힘을 더하여 주상께서 통촉하시기만을 바랐다. 아버지께서 삼호에서 석고대죄를 하며 처분을 기다리시다가, 무욕誣辱|수치이 심해지자 서둘러 문봉 묘하墓下*로 가셨다. 이때 우리 집안이 다 따라가니 하늘 끝에 사무치는 내

구오 『주역』의 '구오'가 임금의 지위를 뜻하는 상象이라는 데서, 임금의 자리를 이르는 말.

★정조 즉위년1776 7월에 홍인한의 죄를 조목조목 들어 정후겸과 함께 사사賜死한 일을 가리킨다.

문봉 묘하 문봉에 있는, 조상 묘가 있는 곳. 현재 경기도 고양시 일산구 문봉동에 홍봉한의 묘가 남아 있는 것으로 보아 이 부근에 홍봉한 조상의 묘가 있었던 듯싶다.

홍봉한의 묘 경기도 고양시 일산구 문봉동에 위치.

설움을 어디에 비하겠는가. 내 몸으로 아버지의 억울하고 원통한 한을 깨끗이 밝혀 드리고 죽을 수도 있겠지만 주상의 마음을 생각하여 모진 목숨을 구차하게 부지하였다. 하나도 사람의 액이요 둘도 미련하고 어리석은 일이니, 마음을 깊이 살피면 가히 헤아림이 없다 하겠는가.

내가 선왕의 지극한 은애를 입었으니 어찌 제전祭奠 °에 참여하지 않으며 곡읍哭泣 °을 그만두겠는가. 우리 집안이 당한 일이 어처구니없었지만, 감히 이 일을 그만두지는 못하였다.

중부의 일이 난 후에 아버지의 처지가 더욱 망극하였다. 내가 생각하니 죄인의 자식이 예사롭게 행동하는 것은 염치와 인사가 다 망하는 일이었다. 그래서 지게|지게문|를 닫고 밖에 나가지 않았다. 아버지와 사생화복死生禍福을 같이 하려

제전 아침 저녁에 드리는 모든 제사.

곡읍 하루에 여섯 번 곡을 올리는 것.

고 지게 밖을 나간 적이 없었다. 다만 대전|정조|이 오셨을 때에는 머리를 들었는데, 주상이 어찌 내가 슬퍼하는 모습을 보고자 하였겠는가. 주상은 매번 나를 대하시면 불안하고 척척|몹시 근심하는 모양|해하기에 내가 주상의 마음을 편안하게 하기 위하여 얼굴빛을 좋게 하였다. 아버지의 처지가 망극한데 숙제의 죄명이 대안大案●에 올라 도리어 어이가 없었다.●

우리 집안의 운이 첩첩이 곤궁하고 험악하여 정유년丁酉年 |1777, 정조1|에 오라버니께서 돌아가셨다. 원통하고 원통하구나. 오라버니께서는 우리 집안의 큰 몸으로 덕행과 문학이

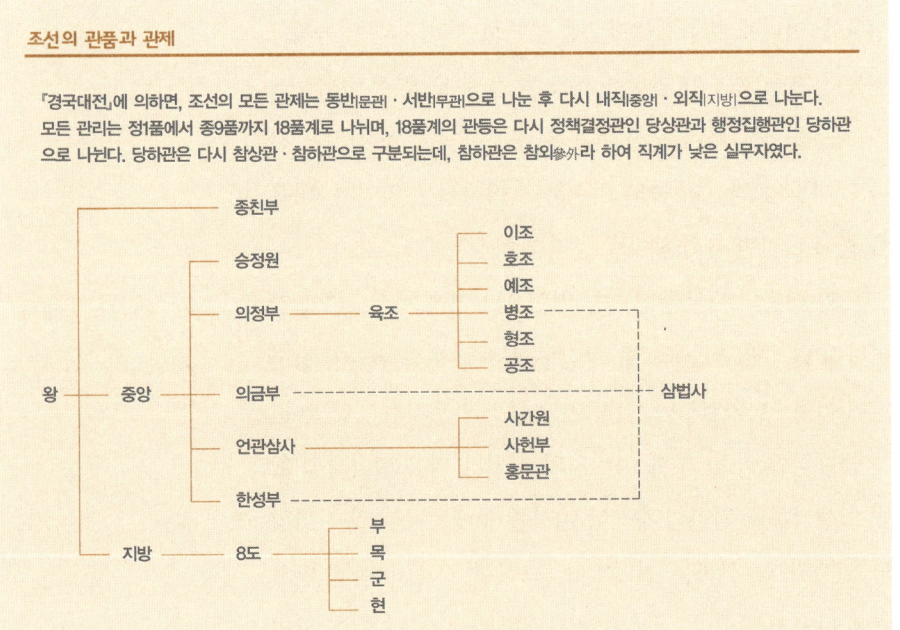

조선의 관품과 관제

『경국대전』에 의하면, 조선의 모든 관제는 동반|문관| · 서반|무관|으로 나눈 후 다시 내직|중앙| · 외직|지방|으로 나눈다. 모든 관리는 정1품에서 종9품까지 18품계로 나뉘며, 18품계의 관등은 다시 정책결정관인 당상관과 행정집행관인 당하관으로 나뉜다. 당하관은 다시 참상관 · 참하관으로 구분되는데, 참하관은 참외參外라 하여 직계가 낮은 실무자였다.

왕 — 중앙 — 종친부
　　　　　　승정원
　　　　　　의정부 — 육조 — 이조
　　　　　　　　　　　　　호조
　　　　　　　　　　　　　예조
　　　　　　　　　　　　　병조
　　　　　　　　　　　　　형조
　　　　　　　　　　　　　공조
　　　　　　의금부 ──────── 삼법사
　　　　　　언관삼사 — 사간원
　　　　　　　　　　　　사헌부
　　　　　　　　　　　　홍문관
　　　　　　한성부
　　　지방 — 8도 — 부
　　　　　　　　　　목
　　　　　　　　　　군
　　　　　　　　　　현

보통을 뛰어넘었다. 그래서 여러 아우들과 사촌들도 배우고 오라버니의 이야기를 들었다. 집안이 성대할 때도 글을 좋아하고, 비루한 일을 하지 않았다. 그래서 남들이 우리 집을 임금의 괴이한 외척으로 보지 않았다. 비록 오라버니께서 벼슬이 경렬卿列*에 올랐지만 문을 닫고 글을 읽었다. 위로 나이 적은 삼촌이 있었으나, 아래로 있는 수하 사람들이 오라버니께서 하시는 일을 보고 감동하여 떨쳐 일어섰다. 이는 다 오라버니의 힘이며 공이었다. 비록 내가 궁궐 깊은 곳에 앉아 있어서 집안 일을 자세히는 모르지만, 깊은 골짜기에 난초가 피면 바람으로 향기가 멀리 날아가는 것과 같아서, 자연히 내가 자세히 들은 바다. 그래서 나는 오라버니를 매일 흠탄欽歎하였다. 우리 집이 비록 그릇되었지만, 오라버니를 크고 높은 산처럼 바라보았다.

경렬 2품 이상의 벼슬.

오라버니는 연세 오십이 못 되었으나 집안일을 밤낮으로 염려하였다. 당신이 불행히 과거를 하고, 아들까지 이어서 조정에 들어온 일을 뉘우치셨다. 하늘을 깨칠 듯한 웅장한 기개를 간직하고, 아침저녁으로 정성 드리는 일 외에는 한 칸 방에 문을 닫고 글만 대하셨다. 조그만 언덕과 소쇄한 수풀 사이도 일찍부터 올라와 배회하거나 소요하지 않았다. 당신 형제가 조정에 들어와 번영만을 꾀하다 아버지께 걱정 끼치는 것만을 서러워하다가 일찍 돌아가셨으니……. 이 어찌된 하늘의 이치란 말인가.

아버지께서 병으로 집에 계시던 중에 오라버니가 죽자 슬퍼하셨다. 집이 그릇된 가운데 또 그릇되어, 진실로 눈 위에 서리가 내린 것 같았다. 하늘을 우러러 눈물만 흐를 뿐이다. 당신이 애써 삼가신 일이 이상하고 빈틈없이 세밀한 일들은 더욱 극진하구나. 매번 나를 보면 검소하고 질박하게 지낼 것을 경계하시고, 가끔 제왕가의 사적과 착한 왕비의 일들을 꾸준히 말씀하였다. 어느 말씀에 탄복하지 않을 수 있겠는가. 오라버니는 우리 집안의 번창함을 우려하여 이렇게 말씀하셨다.

"마마, 외척의 집을 보전하는 것보다 음관蔭官•이나 주부主簿•, 봉사奉事•와 같은 말직에 있는 집안에서 영화를 길게 누립니다. 마누라혜경궁 홍씨께서는 본집이 잘 되는 것을 기뻐하지 마십시오."

내 집이 임금의 외척이 되기 전에도 대대로 그런 말직은 듣지 못하였으나, 그 말씀이 옳으신 줄은 알았다. 이제 와 생각하니 오라버니께서 하신 옛 말씀은 다 밝은 말씀이었다.

오라버니는 풍채가 엄정하고 외모가 수려하여 어머니를 많이 닮았다. 그래서 볼 때마다 반갑기 한량없었다. 선왕께서도 매번 이렇게 말씀하셨다.

"아무개홍낙인도 크게 쓸 만한 신하다."

주상정조께서도 백구伯舅•큰외삼촌를 스승처럼 대접하시며 더더욱 특별히 사랑하여 대우하셨다. 당신의 지체는 물론이요, 우리 집이 무사하였더라면 당신의 공명과 몸의 빛남이 어디에도 비길 수 없었을 터인데, 우리 집안 액운으로 중년에 홀연히 돌아가셨다. 내 서러움이 한갓 집안을 위한 마음뿐만이 아니기에 아쉬움이 골수에 박혀 있었다. 수십 년이

음관 공신이나 높은 벼슬을 지낸 양반의 자손음자제 중 20세 이상된 자에게 매년 정월 간단한 특별 시험을 치르고 준 벼슬 또는 벼슬아치. 과거를 통해 들어온 문·무관과 구별되었다. 8·9품 품관과 녹사하급 행정 실무를 맡은 계층로 임명되어 5품 이상으로 진급되었으며, 후에 과거를 통하여 문·무관으로 진출하기도 하였다.

주부 종6품관 벼슬.

봉사 종8품의 문관 벼슬.

되어도 오라버니 애기만 나오면 가슴이 막히고 눈물이 흐르는구나.

오라버니의 상사喪事 때 주상이 제문祭文을 친히 지어 주셨다. 오라버니의 어질고 착한 행실에 대하여 문장으로 많이 치제致祭*하시니, 우리 집안에서 이러한 특별한 은택이 있음을 감축하였다. 그 후 친히 서문을 지어 문집을 내어 주셨는데 슬픔이 극진하였다. 오라버니께서 저승에서 이 일을 알고 있다면 죽은 뒤에라도 은혜를 갚는 것이 어떠할는지……

정유년1777 8월에 숙제에게 일어난 재앙이 더욱 망극하였다. 하늘을 우러러 처분을 기다렸는데, 주상께서 살펴어 실낱같은 생명을 잇게 하였다. 무술년戊戌年1778, 정조2 2월에 광명이 비쳐 주상께서 숙제의 원통함을 밝혀 주셨다.* 숙제에 대한 성은이 천지하해天地河海와 같아 만고에 드물었다. 주상께서 내 동기를 살려 내니 그 감격을 어찌 형용하겠는가.

그때 아버지께서는 서울로 올라와 궐 밖에서 대죄하시고, 일이 무사한 후에는 궁에 들어와 나를 보셨다. 3년간 망극한 변고와 숱한 일들을 겪은 까닭에 노쇠하시기가 이를 데 없었다. 나는 놀랍고 기뻤지만, 억울하고 원통한 마음으로 가슴이 답답하고 떨렸다. 아버지께서는 숙제가 다시 살아나 하늘과 해를 볼 수 있음을 기뻐하며 눈물을 흘리셨다. 또 살아서 우리 부녀가 만난 것을 반가워하시다가 즉시 궐을 나가셨다. 나는 아버지와 손 잡고, 수고무강壽考無疆만수무강하실 것과 우리 집안이 나아져서 다시 뵙기를 마음으로

치제 신하가 죽었을 때에 임금이 제물과 제문을 보내어 죽은 사람에게 제사 지내는 일.

＊「정조실록」에 따르면, 1778년 2월 21일 홍낙임을 친국하여 특별히 석방하였다. 2월 9일 부교리인 남학문이 상소를 하였는데 이를 근거로 정조가 친히 국문하였다. 그 결과 홍낙임이 진술한 말이 모두 명백하고 또 혜경궁의 처지를 생각하여 특별히 죄를 벗게 한 것이다.

빌며 눈물로 헤어졌다. 그러나 내 죄가 갈수록 커서 황천皇天이 재앙을 내렸다. 그해 12월 4일에 대고大故*를 만나 아주 오랜 세월 이별하게 되었다. 하늘과 땅에 사무치는 원통함과 철지지한이 망극하고 망극하였다. 어느 누가 부모를 잃은 사람이 없겠는가마는 나 같은 설움이야 고금에 다시 있으랴!

＊홍봉한의 상사이다.

아버지의 기품을 헤아리면 어찌 칠순을 누리지 못하였겠는가! 그러나 나라를 위하여 수십 년 동안 노심초사하시고, 흉당의 모함을 무수히 당하여 마침내 우리 집이 뒤집어엎어졌다. 당연히 아버지의 몸은 오혁＊하였지만 그럼에도 딴 뜻이 없음을 밝히지 못하시고, 그렇게 지극한 원한을 품었다가 수명을 재촉하여 생을 마감하였다. 아버지의 생전에 남은 원한은 천지간에 다시 없는 일이니 누구의 탓이겠는가.

오혁　문맥상 죄가 없이 떳떳하다라는 뜻으로 보인다.

이는 모두 부모를 잘 섬기지 못하고 덕행을 이어받지 못한

장례에 쓰인 영여와 상여
장례행렬에서 크게 눈에 띄는 것이 혼백(임시로 만든 신주), 향로, 영정(사람의 얼굴을 그린 족자)을 실은 영여(요예)와 시신을 싣고 뒤따르는 상여이다. ⓒ 국립춘천박물관.

나를 두신 까닭이다. 내 뼈를 간다 한들 이 불효를 속죄하지 못할 것이다. 내 모진 목숨을 지상에 보전한 까닭은 주상의 효성에 이끌려서이다. 아버지와 화복을 함께 하지 못해 부끄럽고, 슬픔은 하늘과 땅에 사무치는구나!

어느 누가 부모의 자애를 입지 않았겠는가마는 나처럼 자애를 입은 사람은 없다. 나는 일찍 부모 슬하를 떠나 있다가 중도에 어머니를 여의고, 어머니의 정을 겸하여 아버지의 사랑을 받았다. 아버지께서는 한때도 나를 잊지 못하고, 조그만 일에도 내 뜻에 어긋날까 염려하였다. 아버지께서는 내 명도命途|운명과 재수|가 서러워 아픈 마음이 있었다. 그래서 아버지의 힘에 미치는 일은 내 뜻을 받들어 힘쓰셨다.

그 사이 나는 아무 말 없이 지냈는데, 궁중에서 쓰도록 정해 내준 물품[供上之物]을 제외하고도 요구에 맞춰 보낸 재물이 허다하게 크고 많아 이루 다 형용할 수가 없을 정도였다. 그러나 동궁의 처소는 용도가 넓지 못해서 다 옮기지 못하였다. 당장 급한 일이 무수한데, 내가 마음을 쓰지 않도록 아버지께서 재물을 대 주신 게 얼마인 줄 모른다.

아버지께서는 30년 장상將相으로 내외의 중요한 직임이 몸에서 한시도 떠나지 않았다. 곳곳의 곳간은 가득 찼고, 나랏일에 마음을 다하여 재물을 편안하게 쓰게 하셨으나 조금도 낭비하신 일이 없었다. 재주와 국량局量*이 비상하여 부득이하게 써야 할 때는 미치지도 못할 만큼만 쓰셨다. 이것은 작은 일이지만 지극한 정리를 믿어서 급할 때를 무사하게 지내고 나면, 내게 다행할 뿐 아니라 일하는 궁인들도 손

국량 남의 잘못을 이해하며 일을 잘 처리하는 능력.

을 모아 감축하였다.

아버지께서는 임오년1762| 가례* 때에 모든 일을 준비하여 나를 돕고, 임오화변 뒤 상사喪事의 초종의대도 모두 준비하셨다.

*당시 세손이었던 정조와 효의왕후의 혼례를 가리킨다.

"3년 제향에 쓰이는 물건과 대·소상 때 쓰이는 제물도 용동궁이 한 해 남짓 밀린 부채|貰|가 있으니 쓰지 말라."

그러고는 일일이 도우셨다. 어느 것에 아버지의 정성이 미치지 않았겠는가.

청연 형제의 출가 때에도 도와주셨다. 예전이나 이후로나 나를 위해 쓰신 재물이 몇 만금인 줄 모른다. 이는 다 나라를 위하신 일이었다. 그러나 내 불안은 자연히 심하여, 매번 조용히 이렇게 여쭈었다.

"아버님, 내게만 이리 애쓰시고 동생들은 어찌 돌보지 않으십니까?"

그러면 웃으시며 대답하셨다.

"마마, 나라가 태평하면 저희들은 잘살 것입니다. 집이며 논뙈기라고 마련해 준 것도 옛사람에 비하면 매우 부끄럽습니다."

당신 처지에 이 말씀을 듣고 내 어찌 감동하여, 진심으로 아버지의 말씀에 복종하지 않았겠는가.

당신께서는 충성을 다해 임금님을 섬기고 집안에서 효도하고 우애하며 직무에 청렴결백하고, 일을 처리하는 데 있어서 모든 벼슬아치와 백성이 은혜와 덕을 입지 않은 사람이 거의 없었다. 이는 나만의 말이 아니라 온 세상이 다 아는 일이니 다시 길게 말하지 않겠다.

　아버지께서는 외할머니를 일찍 여의셔서 외가에 정성이
지극하였다. 외왕부모外할아버지와 외할머니의 제사에는 반드시
제수祭需를 맡았다. 외종질들도 사랑하고 특별히 보살폈다.
또 어렵고 가난한 벗과 친족들을 극진히 구제하였다. 아버지
께서 보내는 물건으로 불이 드는 집*이 몇 집인 줄 몰랐다.

　아버지는 천성이 순수하고 검소하여, 당신 처지가 어떠
하고 벼슬이 어떠하든 거처하시는 방은 고운 종이로 벽을
바른 적이 없고, 그림 한 장 붙이신 일이 없었다. 또 고운 등
메|돗자리를 깔거나 고운 병풍을 친 일도, 물건 하나 놓으신
일도 없었다. 일생 무명 바지와 무명 창의氅衣*를 입고 지내
셨다. 반찬도 사치하게 드신 일이 없고, 말년에는 죄인의 몸
이라 자처하며 작은 초가집에서 거처하고 밥상에 두 가지

*불을 지피는 집이란 뜻. '불
을 지핀다'는 것은 방을 덥히
고 밥을 짓는다는 것으로, 그
집안 살림을 보살펴 주었음
을 뜻한다.

창의 임진왜란 후 왕과 사대부
가 입던 일상복으로 대창의라
고도 한다. 공복 안에 입던
옷으로 곧은 깃에 소매가 넓
고 무소매 끝에 덧댄 천이 있
고 옆트임이나 뒤트임이 있
다.

조선 시대에 남자들이 입던 겉옷 소매 모양이나 주름, 트임 등에 있어 다른 모양을 하고 있다.

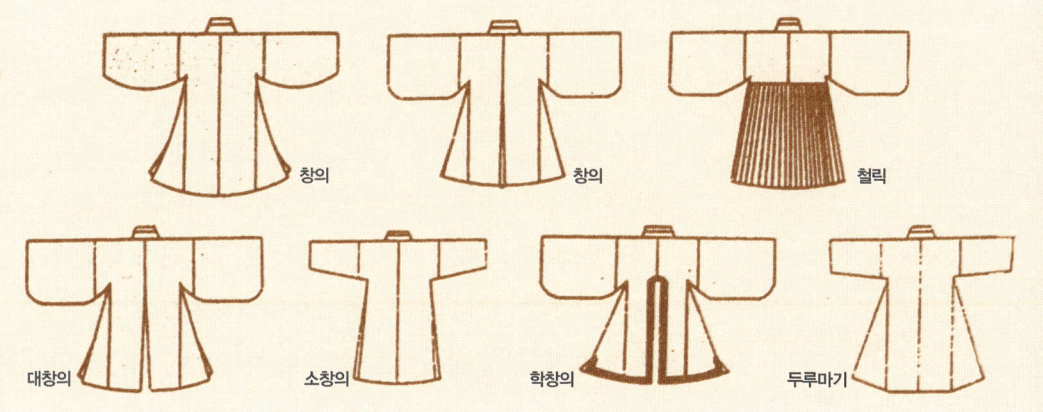

창의　　창의　　철릭

대창의　　소창의　　학창의　　두루마기

반찬을 못 놓게 하였다. 아버지의 천성이 착하지 않았다면 어찌 이렇게 하였겠는가!

일찍이 두 군주의 족두리에 구슬을 얽은 모습을 보시고, "몸이 가려워서 차마 못 보겠습니다." 하시며 나를 경계하였다. 한 가지 일을 보면 백 가지 일을 알 수 있으니, 슬프고 슬프구나!

당신 덕행이 이러하시고 일하시는 것이 이러하셨는데, 나중 운명이 기구하고 험악하여 임금의 은혜를 끝까지 보전하지 못하고 지하에서 원한을 품으시니……. 내가 이 일을 생각하면 하늘에 사무친 아픔으로 원통하고 서러워서 조금이라도 살고 싶은 마음이 없었다. 그러나 수영이가 오라버니의 삼년상 중에 또 화변을 만나 승중承重*을 하였다. 네 몸에 최복衰服|상복|이 겹겹이 쌓이는구나.

네가 태어난 후 나는 너를 종질*로 각별히 사랑하였는데, 양대兩代|홍봉한과 홍낙인|가 안 계신 후로는 집안을 다스리는 중대하고 큰 소임이 나이 어린 네게 있구나. 중제|홍낙신|는 어버이에게 효도하고 형제에게 우애로 대하는 자상한 성품으로, 권세에는 욕심이 없었다. 경인년|1770| 후에 서울 집을 떠나 삼호에 살면서 세상에 나오려 하지 않았다. 모든 일을 공평하게 헤아려서 처리하니, 아버지께서 매우 기대하셨다.

삼호에 머물러 계실 때에는 중제가 모시고 지냈다. 신묘년|1771|에 귀양 가실* 때에도 중제가 아버지를 모시고 갔다. 그리고 병신년|1776| 9월에 고양*으로 따라갔다. 재난을 만난 후 형제가 울며 지내면서도 중제가 우두머리가 되어 아

승중 승중상承重喪의 준말로 아버지를 여읜 맏아들이 조상의 제사를 받드는 것을 뜻한다. 수영은 1777년|정조1| 아버지 홍낙인의 상을 맞고 이듬해 할아버지 홍봉한의 상을 맞는다.

종질 사촌 형이나 아우의 아들.

*인과 진에게 남여 등을 주고 편의를 봐준 일로, 2월 9일 홍봉한은 청주로 귀양 가고, 인과 진은 대청현에 안치되었다.

고양 경기 중서부에 있는 고양시.

우를 거느리고 조카를 가르치는 일을 한 몸처럼 극진히 하였다. 내 아버지께서 안 계신 후로는 중제가 모든 집안일을 맡았다. 중제는 아버지께서 계신 때와 마찬가지로 내 마음을 알아, 모든 일을 근심 없이 처리하니 내 기대는 백 배는 더 하였다.

계매는 기묘년[1759]에 출가하였는데, 곤궁하기 이를 데 없었다. 자녀를 연이어 낳고 소천所天*이 과거에 급제하였다. 그 아이가 나라의 은혜를 입어 평안하고 즐겁게 지내기를 바랐다. 그러나 천만뜻밖에 우리 집이 그릇되고, 제 시집도 망측한 변고를 겪어 옥과 같은 자질이 진흙에 떨어졌다. 집안에 대한 망망한 근심 가운데 이 아우를 못 잊겠구나.

그 아이는 고향으로 내려갔는데 아버지 계신 곳과는 그리 멀지 않았다. 그러나 아버지께서는 국법을 무섭게 여기시어 불러 보신 적이 없고 나 또한 편지 한 자 주고받은 적이 없었다. 제 설움이야 더욱 이를 것이 없다가 아버지께서 심한 변을 만나 제가 의지하고 바라는 바가 끊어지니, 슬픔과 생애가 더욱 망연하였다.

중제는 아버지께서 하시던 것과 조금도 변함없이 하였다. 한 푼의 돈과 한 되의 쌀, 심지어 소금과 간장까지도 다 걱정하고 의논하여 내 몸같이 하였다. 곤궁한 처지에 도움을 주니, 동생에 대한 정이라고 하지만 이 일은 세상이 다하도록 얻지 못할 우애이다. 그 부인 또한 우애가 극진하였다. 남편의 뜻을 따라 화란禍亂 중에 친동생보다도 더 성심껏 보살폈다. 이 내외가 아니었다면 제가 어찌 지탱하였을까!

소천 아내가 남편을 일컫는 말로 계매의 남편 이복일을 가리킨다.

김시묵|1722~1772| 정조의 장
인. 검열 · 교리를 거쳐 대사
간이 되었으며, 1762년 딸이
세손빈이 되었다. 1776년 정
조가 즉위하면서 청원부원군
에 추증되었다.

담종 담痰이 한 군데로 몰려
서 큰 부스럼이 되는 병.

계제|홍낙윤|가 다섯 살 때 아버지께서 김성응의 둘째 아들
인 시묵*의 큰딸과 정혼하였다. 그 후 그 처녀가 담종痰腫*을
얻어 결혼할 가망이 없자 김성응이 아버지께 혼담을 물리자
고 하였다.

"이미 우리 두 집이 약혼하였는데 지금 와서 처녀가 병들
었다고 언약을 저버린다면 사대부의 도리가 아니오. 병으로
어쩔 수 없이 부부의 도를 못 이룬다면 이는 다 저의 팔자이
니 하늘의 뜻에 기대합시다."

아버지께서는 이렇게 말씀하시며 혼인을 물리자는 말을
거절하고 혼인을 하였다. 그러나 결국 인륜의 도를 못 차리
고 병술년|1766|에 그 댁이 갑자기 죽었다. 그때 계제가 처에
게 무슨 정이 있었겠냐마는 심하게 슬퍼하며 오래도록 잊지
못했다. 아버지께서는 믿음을 중하게 생각하셨다. 김공 댁
과의 혼인을 물리지 않은 일은 보기 드문 일이었다. 계제가
오랫동안 그 처를 불쌍히 여긴 일 또한 쉽지 않은 이로 마음
이 착하기 때문이었다.

그해|1766|에 할머니를 잃었다. 여동생은 어머니를 두 번
여읜 것과 같았다. 내가 모든 일을 못 잊어 하는 것이, 이름
은 동기라고 하지만 자식과 어찌 다르겠는가. 그 아이의 기
상과 박식으로 우리 집안이 번성함을 보았지만 제 몸에는
좋은 일이 없었다. 계매가 스물이 갓 넘었을 때 우리 집이
그릇되어 동서로 떠돌아다녔고, 집안일 외에도 남모르는 근
심이 또 있었다. 반생 동안 즐거움을 모르고 지내어 내 마음
속에 그 아이를 불쌍히 여기는 것이 동기 가운데 특별하였

다. 아버지를 잃은 슬픔을 또 만나, 가엽고 불쌍한 마음이 백 배를 더하여 더욱 잊지 못하였다. 아버지의 삼년상을 다 마치자 삼형제[홍낙신·홍낙임·홍낙윤]가 별같이 흩어져 서쪽으로 돌아보고 동쪽으로 돌아보며 서로 그리워하는 마음이 그지없었다.

아버지께서 나를 낳으신 하늘과 같이 크고 넓은 은혜와 천륜을 넘어선 뛰어난 사랑에도 불구하고, 나로 인하여 우리 집안은 이리 되었다. 생각할수록 내 몸이 없어져 불효를 사죄하고자 하였다.

모년*에 마음을 결정하지 못했던 일과 무술년[1778]*에 아버지를 따라 죽지 못한 일은 주상이 외롭고 위태하신 것을 잊지 못한 까닭이다. 나는 열烈에도 죄를 짓고, 효孝도 저버린 사람이 되었다. 스스로 그림자를 보아도 얼굴과 등이 뜨거워 밤이면 벽을 두들기며 잠을 이루지 못한 것이 몇 해였는지……

나라의 운세가 불행하여 흉한 변이 자주 났다. 나라를 위하여 또한 근심과 걱정이 간절하였다. 기해년己亥年[1779, 정조 3] 국영國榮*이가 수원 부사를 하고자 청했다가 거절당한 마음이 더욱 망측하였다. 어느 때인들 나라를 어지럽게 하는 난신亂臣과 어버이를 적대하는 악한 자식이 없겠는가마는, 이와 같은 난신이 또 어디 있겠는가. 사사롭게는 우리 가문의 지극한 아픔일 밖에……

국가의 형세가 외롭고 위태로워 간장을 녹이다가 임인년壬寅年[1782, 정조6]에 경사를 얻었다.* 그때 경사롭고 즐거움이

* 사도세자가 죽은 1762년을 가리킨다.

* 혜경궁 홍씨의 부친 홍봉한이 죽은 해이다.

홍국영[1748~1781] 1771년 정시문과에 급제하였다. 사도세자를 죽이는 데 주동 역할을 한 벽파僻派로부터 세손[정조]을 보호하고, 1776년 정조를 즉위시키는 데 공을 세웠다. 정조의 신임을 얻어 도승지에까지 올랐다. 그러나 이후 세도를 부리다가 1780년 왕비[효의왕후]가 원빈[홍국영의 누이]을 살해했다 믿고, 왕비의 음식에 독약을 넣었다가 발각되어 이듬해 강릉에서 죽었다.

* 9월 7일 궁인 성씨成氏가 문효세자를 출산하였다.

끝이 없어 서글픈 마음을 붙여 태평만세를 기약하였다. 갑진년甲辰年I1784I에 아버지의 죄를 풀어 용서하신다고 주상이 말씀하셨다. 또 주상은 시호도 내리셨다. 내 뜻에는 아버지의 혈충단심이 이렇게 늦게 인정받아서 슬펐다. 당신은 지하에서 감축하실 것이나, 나는 아버지를 위하여 감격하여 울 뿐이었다.

또한 수영을 종손宗孫이라 하여 벼슬을 시키시니 성은이 갈수록 지극하여 두 손 모아 빌 뿐이었다. 그러나 수영이의 태도가 서먹서먹하여 불안하니 기쁘지가 않았다.

국운이 또 불행하여 병오년丙午年I1786, 정조10I에 왕세자가 변상을 당하였다.*

왕세자 책봉 가례
정조는 1784년 8월 2일, 맏아들 문효세자를 왕세자로 책봉하였다. 인정전에서 금관조복을 입고 용상 앞에 엎드려 있는 고위관직자들을 중심으로 공복을 차려 입은 문무백관들이 늘어서 있다. 〈문효세자책봉가례도〉. ⓒ 서울대학교 박물관.

대전이 위태롭고 나라의 정세가 몹시 두려워 새롭기가 더하였다. 나는 주상을 위로할 말이 없어 황천에 기원하였다.

"성자聖子**를 주시어 국가의 만년 반석이 되게 해 주십시오."

그렇게 빌고 빌었다. 조상이 도우셨는지 경술년|1790| 6월에 원자를 보는 큰 경사를 얻었다.* 그 경사로움은 하늘과 땅에 끝이 없었다. 하늘의 고마움을 무엇으로 갚겠는가! 손을 모아 감사의 인사를 드릴 뿐이다. 이 몸이 살아서 나라의 경사를 다시 또 보기를 어찌 기약할 수 있겠는가. 아이가 태어나던 날을 맞아 나를 길러주신 어버이의 은덕을 추모할 뿐 아니라 세상에 태어남을 슬퍼하며, 다만 대전|주상|의 효도에 힘을 얻어 지냈다. 그러나 살아생전에, "이런 일이 있을까?" 의심하였는데 천만 뜻밖에 이러한 경사가 있었다.

순조 태실
충북 보은군 내은리면에 위치. 조선시대에는 왕자나 공주가 태어났을 때 그 태를 태항아리에 넣어 태실을 만들어 묻었다. 순조의 태실은 1787년|정조11|에 만들었는데 순조 즉위 후 왕의 태실로서 여러 석물과 태실비를 갖추었다.

저 하늘이 나를 불쌍히 여기어 이 날의 큰 경사를 주셨는지, 스스로 몸을 어루만져 하늘이 어여삐 여겨 주신 일을 축수 축수하였다. 이 경사가 있은 후로는 하늘이 주시는 복을 받아 평생에 죽고자 하는 마음을 돌이켜 나라의 경사를 즐거워할 줄 알았다.

주상은 효성이 탁월하여 자전|정순왕후|을 극진히 받들었다. 부모로 인한 숨은 아픔이 있어서 주상은 유명幽明|저승과 이 승| 사이에 서러워하며 겪으신 일을 참지 못하였다. 내가 당한 일은 신명|천지신명|이 아시지만, 조금도 어쩌하다고 여긴 일이 없었다. 주상의 슬픈 서러움은 내가 도리어 슬퍼하였고, 추모하신 일은 온 나라가 감동할 것이다. 임금의 몸으로 살아 있는 어미 봉양을 극진히 하니 내 또한 무슨 여한이 있 겠는가. 곤전坤殿*과 서로 도와서 양전|정조와 정조의 비|이 화평하고 즐거웠다. 주상이 모든 빈들을 고루고루 거느리고, 두 누이|청연과 청선|를 사랑하신 일들은 더욱 말할 것이 없었다. 어미의 구구한 정으로도 더할 것이 없었다. 나는 두 딸에 대한 천륜의 정이 있을 뿐이지만 저희들을 잊지 않고 부족함이 없도록 하였다. 심지어 서제庶弟|은언군과 은신군|의 죄악은 부자 사이에도 용납하지 못할 일이나 주상이 그 성덕을 드리우니 그 극진한 은혜가 일찍이 드물었다. 누가 감동하지 않겠는가마는 내 근심이 하루 종일 떠나지 않았다.

내전|중궁전|이 후덕하고 인후하여 안살림을 잘하였고, 자전과 나를 지성으로 받들었다. 가순궁嘉順宮*은 효성스럽고 공손하였다. 상감을 섬기는 일과 원자를 보호하고 교훈하기

곤전 중궁 즉 왕비를 이르거나 왕비의 처소를 가리킴. 여기서는 정조의 비를 일컬음.

가순궁 수빈 박씨|1770~1822| 의 궁호. 정조의 후궁이자, 순조의 친어머니로 박준원朴準原의 딸이다. 순조 외에 숙선淑善옹주를 더 두었으며 예절바르고 근검절약하는 성품이었다.

를 지극히 하였다. 아름답고 공이 있어 나라의 보배가 아니겠는가! 종사宗社가 끊이지 않고 이어지니 이 한 몸에 축하를 받은 듯했고, 또 궁중에 화기가 넘치니 이는 근래에 보지 못한 일이다. 나는 위로 자전|정순왕후|을 받들어 궁중에 법도가 있음을 우러러 치하하고 매우 자랑하였다.

내가 일찍 경모궁을 여읜 슬픔을 품고 천만 가지로 얽힌 일들이 많았지만, 주상을 성취시키어 성덕이 저리 거룩하구나. 원자|순조|는 여섯 살 난 어린아이지만 총명하고 효성스러움이 주상을 닮았다. 우리나라의 성자신손聖子神孫이 대대로 이어 억만년 태평하기를 빌고 축하하였다.

두 군주|청연과 청선|의 사람됨은 귀한 딸이라는 교만함이 없었다. 나라를 우러르는 정성이 극진한 가운데 한마음으로 근신하였다. 또한 왕희王姬|왕녀|로서는 드물게, 저희들이 평생 제 스스로를 낮추어 부지런하고 공손함에 힘써 길이 복록을 이어갈 듯 아름답게 여기었다. 또한 외손 아이들이 잘못 나지 않아서, 재주와 풍채가 빼어나며 맑고 아름다웠다. 저희들이 젊은 나이에 며느리를 보고 사위를 얻었으니 그윽이 기뻐하되, 다만 청선이 현명한 숙녀의 덕을 지녔지만 신세가 그릇되어* 어미의 운명과 흡사한 것을 슬퍼하노라.

우리 집이 잘못된 후에 동생들은 구석진 시골에 들어가, 생전에 다시 볼 것을 기약할 수 없었다.

경술년|1790| 큰 경사* 후에 은교恩教|임금의 말씀|를 정중히 하여, "어마마마께도 연락을 하라!" 하셨다.

내가 세상에 거두지 못할 자취이지만, 성은에 황송하여

* 『정조실록』에 따르면 청선은 1766년 정재화와 결혼하였는데, 정재화는 이후 방탕한 생활을 일삼다 1790년 7월에 죽었다.

* 원자|순조|가 태어난 일.

염치가 없는 줄 알면서도 급하게 들어왔다. 주상께서는 전력을 다해 내 동생들을 생전에 다시 보게 하셨으니, 갈수록 주상의 은덕이로구나.

화고禍故 후에 동생들을 만나 보니 말없이 눈물만 흘리며 주상의 은혜를 노래 부르듯 길이 칭송하고, 산중에서 오래 살아남아 생을 마치기를 바랐다.

주상은 "어마마마, 지난해가 어마마마의 춘추 육순이셨습니다." 하시며, 세 동생과 두 삼촌*에게 다 가자加資*를 내리셨다. 내버려졌던 몸에 이 무슨 천은天恩인지, 분수에 넘치어 주상께 고맙게 여기는 마음이 황공하여 측량할 수 없구나.

6월 내 생일* 때 두 삼촌을 보니, 기쁨이 뒤얽혀 이전에 세 동생을 보던 때의 기쁨과 같았다.

내 숙부|홍준한|와 계부|홍용한|는 나와 나이가 비슷해서 한 집에서 자랄 때에 친애함이 다른 숙질들과는 달랐다. 숙부는 나에게 매번 놀음놀이할 것을 만들어 주셨다. 계부는 나와 나이 차이가 일 년이 나서 나를 사랑함이 각별하였는데, 나는 글을 읽으시는 숙부 곁에서 서수書數*를 펴 드렸었다.

왕모할머니께서는 덕행이 더할 나위 없이 극진하여 자식이며 손자, 손녀를 가리는 일이 없었다. 어머니께서도 수숙嫂叔*을 잘 길러 정이 친어머니와 같았다. 이런 까닭에 우리 숙질의 정이 동기와 다름없었다.

숙부는 욕심이 없고 담박하여 일찍 과거를 보지 않으셨기에 내가 귀하게 여겼다. 계부는 풍채가 맑고 깨끗하며, 문장과 학식도 갖추고 있었다. 주상의 입학 때 장명將命*을 하

*홍낙신·홍낙임·홍낙윤 형제와 홍준한·홍용한 두 삼촌을 가리킨다.

가자 정3품 통정대부 이상의 품계에 올려 주는 일이나, 또는 그 품계 자체를 말함.

*6월 18일이 혜경궁 홍씨의 생일이다.

서수 글을 몇 번 읽었는지 세는 데 쓰는 물건. 좁다란 종이를 막대기처럼 만든다. 거기에 다섯 개씩 두 층으로 눈금을 그리고 그 눈을 접었다 폈다 하여 십진법으로 셈을 한다.

수숙 형제의 아내와 남편의 형제.

장명 왕손의 입학 때 성균관의 유생으로서 세자나 세손을 시위하는 소임.

고 즉시 조정의 회의에 참석하였는데, 명성과 덕망을 칭찬하는 말이 무성하였다.

"낭묘廊廟*의 그릇일세!"

내가 크게 기대하였는데 억만 가지 세상의 변화를 겪은 후 뜻밖에 숙질을 만나니, 내 기뻐하는 마음은 또한 동생들을 본 듯하였다.

숙모|홍준한의 처 서씨|는 내가 궁에 들어온 후 자주 본 적이 없었다. 그러나 성품과 행실과 식견이 보통 여편네와 달라서 우리 어머니와 중모|홍인한의 처 신씨|께 동서가 됨이 부끄럽지 않아서 일가에서 칭찬하였다. 그러나 중년에 돌아가시고 집안 부녀의 변상變喪이 이어서 나니, 이 또한 우리 가문의 운수에 불행이었다. 계모|홍용한의 처 송씨|는 내 이종*으로, 성품이 온순하고 공손하며 순하기까지 하여 진실로 부녀자로서의 덕을 구비하였다. 어릴 적에 서로 놀며 지내서 정이 각별하였는데, 내 집에 들어오신 후로는 어머니께서 딸같이 사랑하셨다. 나와 친해서 정이 더욱 각별하였다. 그래서 만나면 옛정과 옛말들을 서로 나누었다. 우리 집안이 그릇된 후로는 목소리와 얼굴이 시무룩하여, 산중에서 세속의 인연을 끊고 지냈다.

계부는 경서와 사기 읽기를 일삼고, 계모는 길쌈에 힘써서 산중의 낙을 찾았다. 두 분은 두 아들과 네 손자를 쌍쌍이 낳았다. 집안의 슬픔은 평생의 지극한 한이려니와 부부가 해로하여 회갑을 지내니, 숲에서 누리는 복은 실로 산 속의 분양왕汾陽王*이셨다. 내가 당신네를 위하여 기뻐하였다.

그러나 내 마음속에 이런 생각도 들었다.

'내 집 형편이 필 때에 형제와 숙질이 차례로 종적을 감추어 관작과 봉록을 사양하고 은사들이 사는 곳에 갔었더라면, 우리 집안에 화禍가 어찌 났겠는가!'

이 일을 생각하면 부귀가 빈천만도 못하구나.

이 해가 되니 내 마음에 맺힌 아픔이 끝이 없어 그 마음을 어찌 다 이르겠는가. 주상이 추모하여 과하게 슬퍼하니 내 아픔은 둘째이고, 성궁을 손상하실까 염려하여 내 마음대로 슬퍼하지도 못하였다.

정월에는 민망스럽게도 즐기지 않던 행동을 당하였다.*
경모궁의 주갑周甲|환갑이 되는 날 자전을 모시고 가서 전배*

*정월 21일 죽은 사도세자의 환갑에 사도세자의 신위 앞에서 그 슬픔을 과도하게 드러내 민망하였다는 뜻이다.

전배 궁궐·종묘·문묘·능침 등에 절하여 뵘.

함춘문 서울시 종로구 연건동에 위치. 사적 237호. 사도세자의 신주를 모신 사당|경모궁|의 정문으로 이 일대 경모궁이 있었으나 현재는 서울대학병원이 들어서 있고, 사도세자의 신주는 현재 종묘로 옮겨져 있다.

하였다. 그때에 곤전|중전|도 가시고 가순궁도 가고, 두 군주
도 따랐다.

나는 억만 가지 아픔이 교차하여 경모궁의 신위를 우러
러 가슴에 가득한 슬픔으로 울었다. 그러나 경모궁의 소리
와 모습은 아득히 멀어 한마디 대답도 없었다. 죽은 뒤에 남
아 있을 원한은 무궁하고, 심장은 답답하였다.

"심하게 상하실지 모릅니다."

대전께서 말씀하시며 말렸다. 그래서 나는 서러움을 다
펴지 못하고 돌아왔다. 모든 일이 꿈처럼 아득하기만 하여
심사를 정하지 못했다. 다만 주상이 착하여 추모하는 아픔
도 지극하였고, 나라에서 지내는 제사 범절이 한 나라의 기
구箕裘*로 받들어 거룩하였다. 원자도 또 비상하므로 당신|사
도세자| 자손이 이 나라를 만만대萬萬代 누릴 것이다. 이는 다
당신의 천성이 지극히 착하시기 때문이다. 성자신손聖子神孫
이 당신의 음덕으로 부귀를 누리는 줄 알고, 또한 마음의 위
로가 되어 기뻐하였다.

기유년己酉年|1788, 정조12|에 원소園所*를 수원으로 옮겼다.
그때 재궁梓宮|관|도 보지 못해 슬픔이 심하였다. 주상이 깊이
추모하며 어미의 뜻을 알아서, "어마마마, 원행園行*을 같이
가십시오." 하며 데리고 가셨다.

나는 여편네 행색으로 예법을 어길까 염려하였다. 하지
만 주상의 거룩한 효성을 막지 못할 뿐 아니라, 이 해에 원
소를 보면 긴 세월에 한 번뿐이요, 분묘를 보고 내 아픔을
조금이나마 덜고자 주상을 따라 산소로 올라갔다.

기구 할아버지와 아버지의 가
업을 계승함.

원소 세자·왕세자빈·왕자·
왕손 등 왕의 사친들의 무덤.
여기서는 사도세자의 무덤을
이른다.

원행 산소|무덤|를 찾아가는
것.

용릉 경기 화성시 태안면에 있는 사도세자와 혜경궁 홍씨의 능.
정조는 양주 배봉산에 있던 사도세자의 무덤 '영우원'을 이곳으로 옮기고 '현룡원'이라 하였다.

석인 무덤 앞에 세운 돌로 만
든 사람 조각. 문관과 무관
조각이 있다. 옛사람들은 왕
과 왕비의 혼령이 무덤 앞에
서 문관과 무관의 혼령과 만
난다고 믿었다.

우리 모자가 손을 잡고 분상墳上|봉분|을 두드리며 억만 가지 아픔을 울음으로 고하였다. 하늘과 땅이 망망하고 저승과 이승이 막막하여, 새로이 망극함을 헤아리지 못하였다. 작년에는 주상께서 거동하여 지나치게 슬퍼하시며 답답한 가슴으로 세월을 지냈었다. 그때 신하들이 어찌할 바를 모르며 지내었다는 말을 듣고 놀랐었는데, 이번에도 몹시 서러워하시며 용루龍淚|임금의 눈물|가 풀을 다 적셔서 너무 놀랐다. 그래서 스스로 너그럽게 마음을 추스르고 주상을 붙들며 모자가 서로 위로하였다. 북받치는 서러움을 서로 억제하니, 이때 마음은 무심한 석인石人•도 반드시 감동할 것이다. 두 군주가 따라 올라오니 그 서러움을 더욱 어찌 형용하겠는가!

주상이 원소를 옮기기로 하고, 수십 년을 경영하여 큰일
을 이루었다. 그때에 주상께서 마음을 다하고 애태우시던
효성은 뛰어나셨다. 그래서 나는 아드님 잘 둔 것에 감동하
였다. 이번에 가 뵈오니 내게 무슨 지식이 있어 원소가 좋음
을 알겠는가마는, 산세가 기이하게 맑고 깨끗하여 봉우리마
다 정신이 맺혀 있었다.

'이봉_{이장}을 잘하셨구나!'

마음속으로 기쁘고 다행하게 생각했다. 석물石物을 배치
하신 것이 모두 기이하여 진심이 아닌 것이 없어서 감탄하
였다. 내 목숨이 갈수록 그지없고_{길어세}, 스스로 염치없이
살아남은 것이 부끄러웠다. 서러운 가운
데 생각하니 경모궁이 돌아가실
때 주상은 10세
갓 넘은 어린
나이였다. 천
만 가지 어
렵고 힘든 가
운데에 무사히

혜경궁 홍씨의 가교
가교는 앞뒤에 한 마리의 말을 두어 끌게 하는데,
하인들이 가교가 흔들리지 않게 채를 붙잡고 간다.
「원행을묘정리의궤」. ⓒ 규장각.

성장하여 보위에 오르셨다. 청연 형제는
10세도 안 된 어린아이였는데, 당신의 골육을
간신히 보전하여 거느리고 와서 내가 당신 자녀의 성취함을
마음속으로 알렸다. 이 한 부분은 내가 살아 있음이 빛난다
고 할 수 있다.

내려갈 때 주상이 내 가교 뒤에 바롯_{바째} 서시고, 거동의

銀鐙子　金鐙子　銀立瓜　金橫瓜　銀橫瓜　旌　金鉞斧

内人

正輦駕

檢飭將校

内人

銀鐙子　金鐙子　銀立瓜　金橫瓜　銀橫瓜　旌　金鉞斧

첫째 날, 창덕궁을 떠나 화성으로 가는 정조
왕이 나타남을 상징하는 독纛과 교룡기蛟龍旗를 앞세우고 좌우에 각종 의장물을 든 전배 가운데 정조의 가교가
화성 행궁을 향해 갔다. 「원행을묘정리의궤」 반차도 부분. ⓒ 규장각.

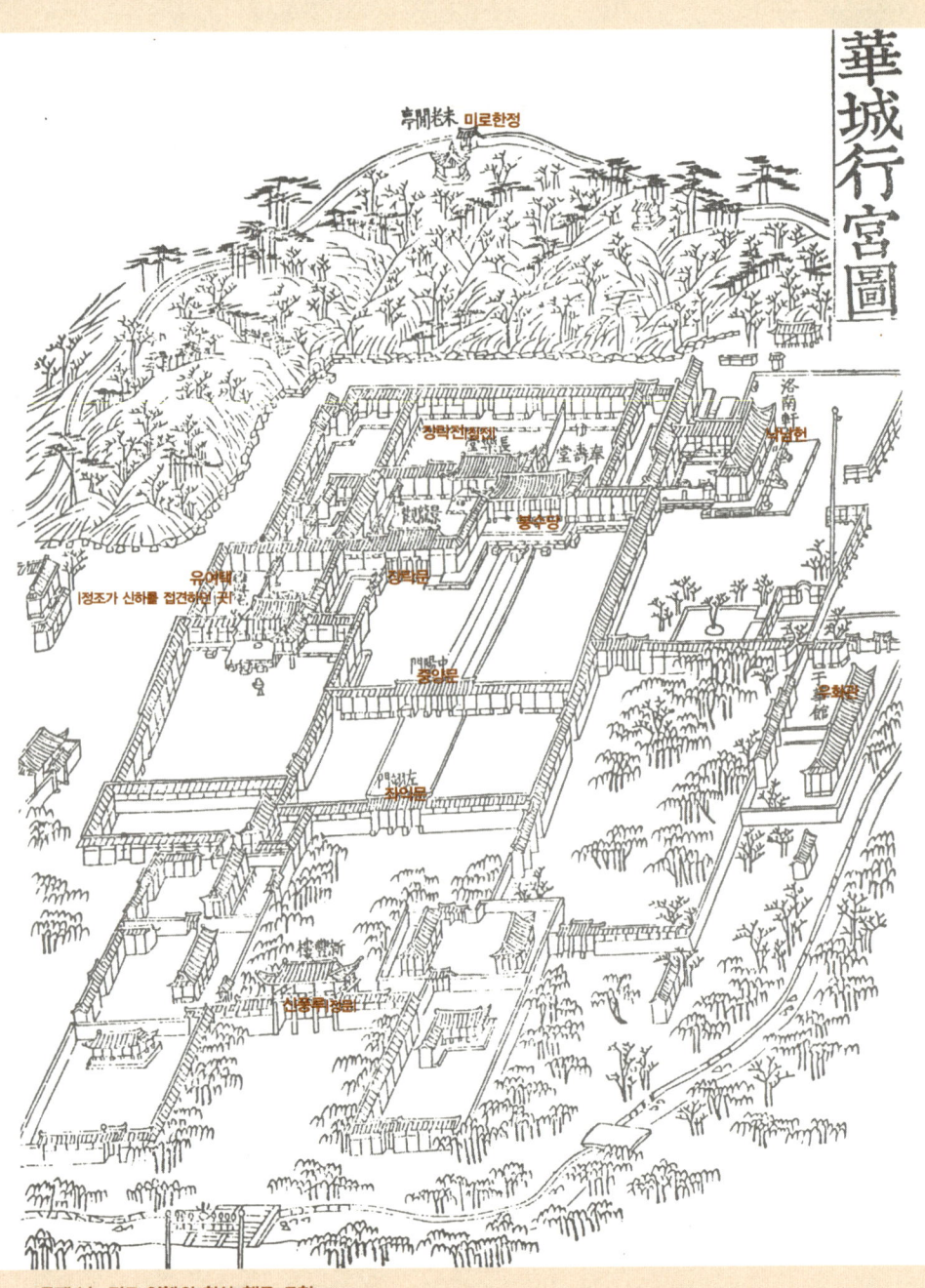

華城行宮圖

휴한노末 미로한정

장락전침재 낙남헌

봉수당

유여택 | 정조가 신하를 접견하던 곳 | 행리문

중일루 우화관

치덕문

신풍루 정문

둘째 날, 정조 일행의 화성 행궁 도착
정조와 혜경궁 홍씨는 시흥 행궁에서 하룻밤을 보내고, 이튿날 만안교를 건너 사로평 행궁을 거쳐
화성 행궁에 도착하였다. 「원행을묘정리의궤」. ⓒ 규장각.

謁聖圖

셋째 날, 대성전에서 열린 알성
유교 국가 조선의 이념을 받들어 정조는 제일 먼저 화성 행궁 내에 있는 대성전에서 공자의 신위 앞에
참배를 하고 알성시를 열었다. 『원행을묘정리의궤』. ⓒ 규장각.

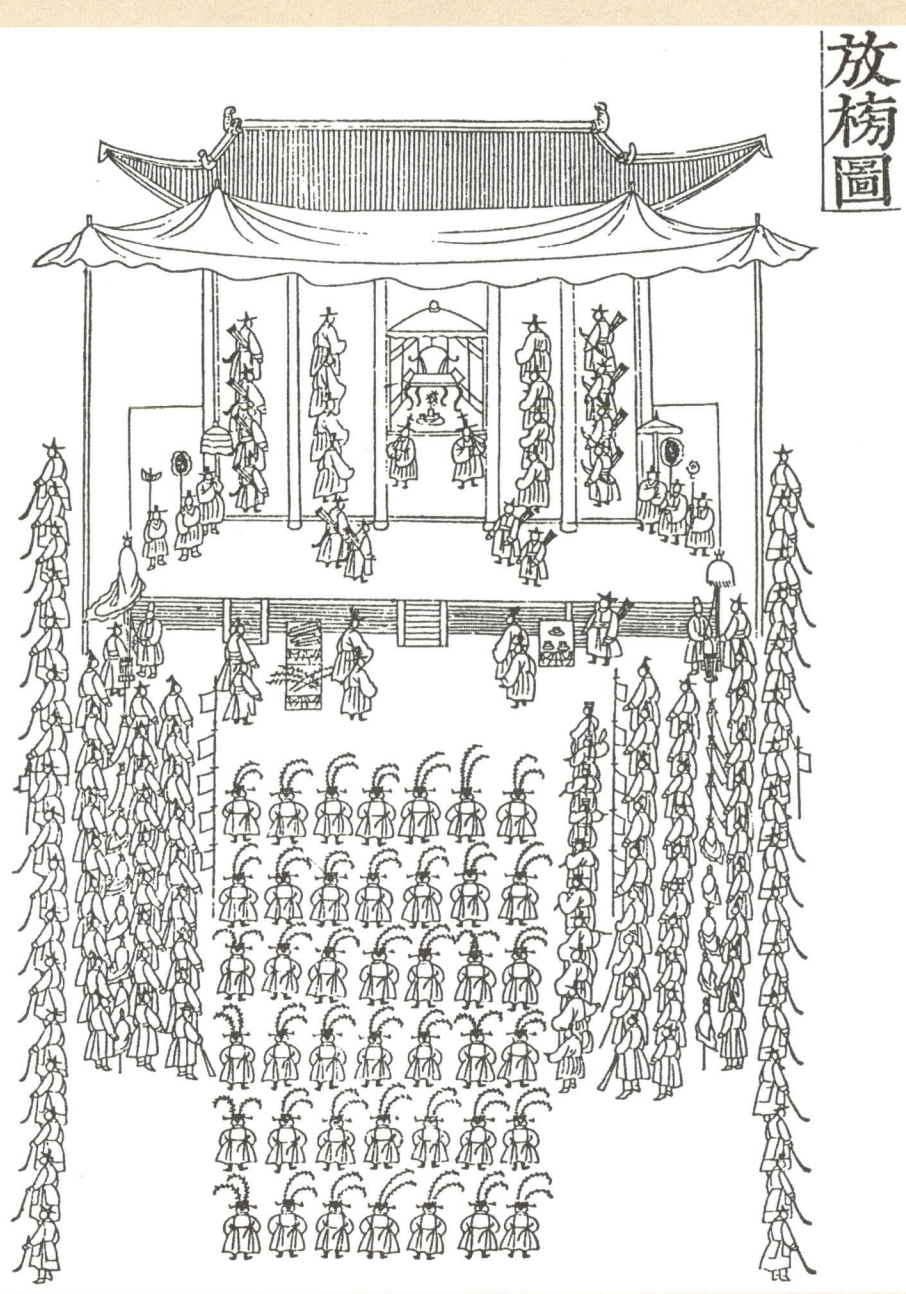

放榜圖

셋째 날, 낙남헌에서 문무과 별시알성시를 치른 후 방방

알성 즉 공자 신위에 참배 후, 알성시를 치르고 급제자들을 한자리에 모아 호명하고 급제 증서^{흥패}를
나누어 주었다. 「원행을묘정리의궤」. ⓒ 규장각.

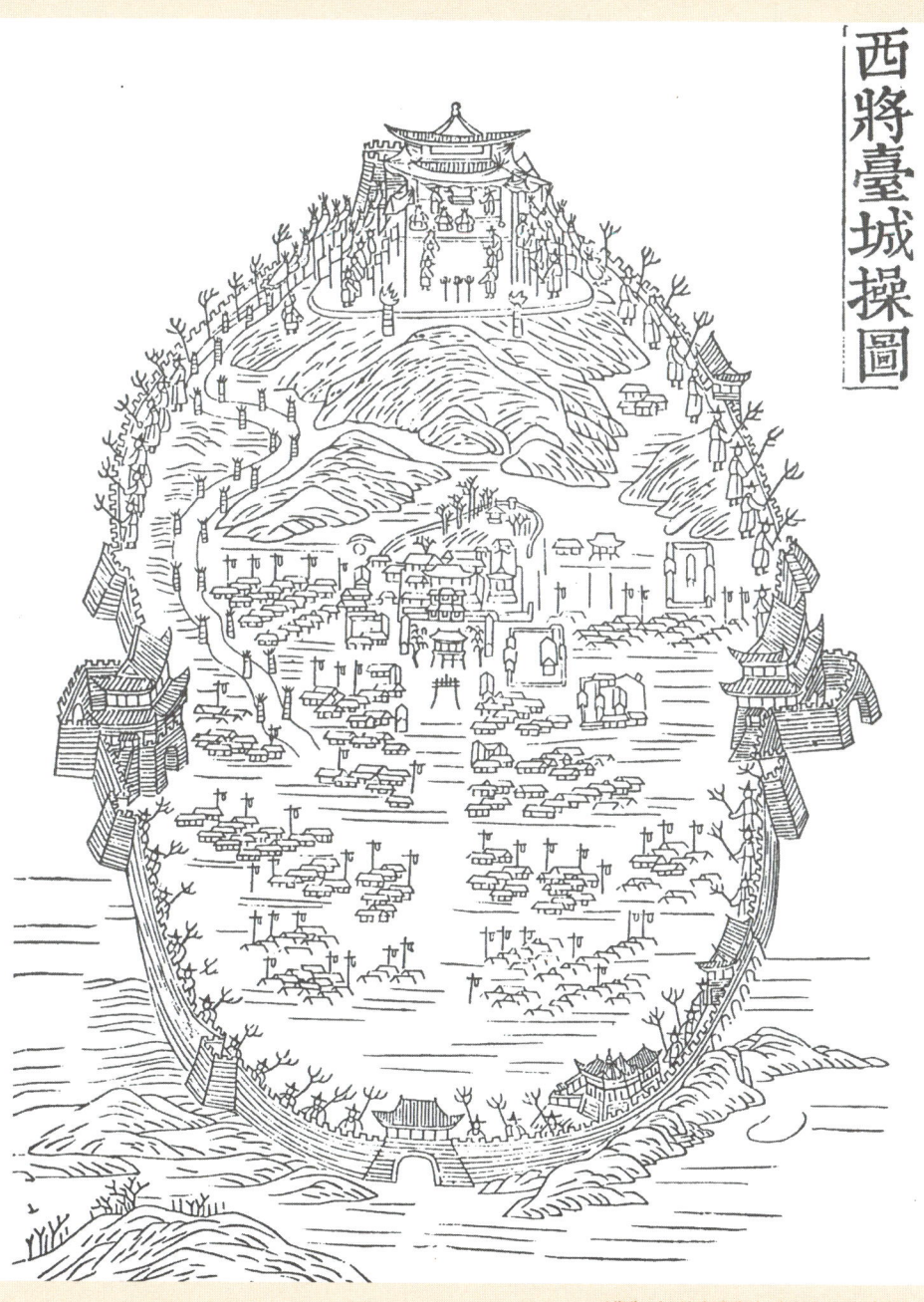

넷째 날, 서장대에서 있었던 군사 훈련
정조는 사도세자의 무덤인 현룡원 참배 후 수원 화성 서장대에서 대대적인 군사 훈련 시범을 하였다.
「원행을묘정리의궤」. ⓒ 규장각.

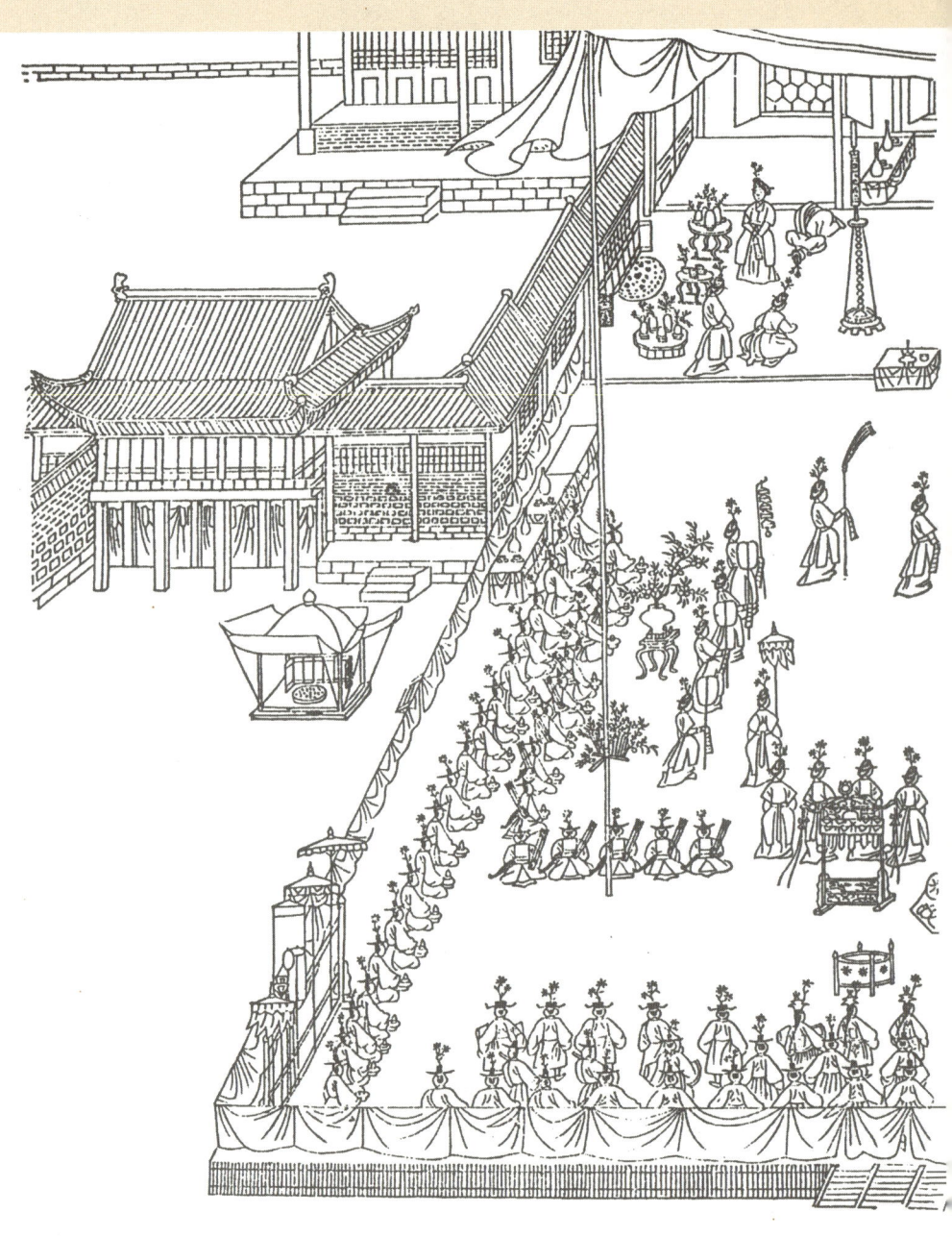

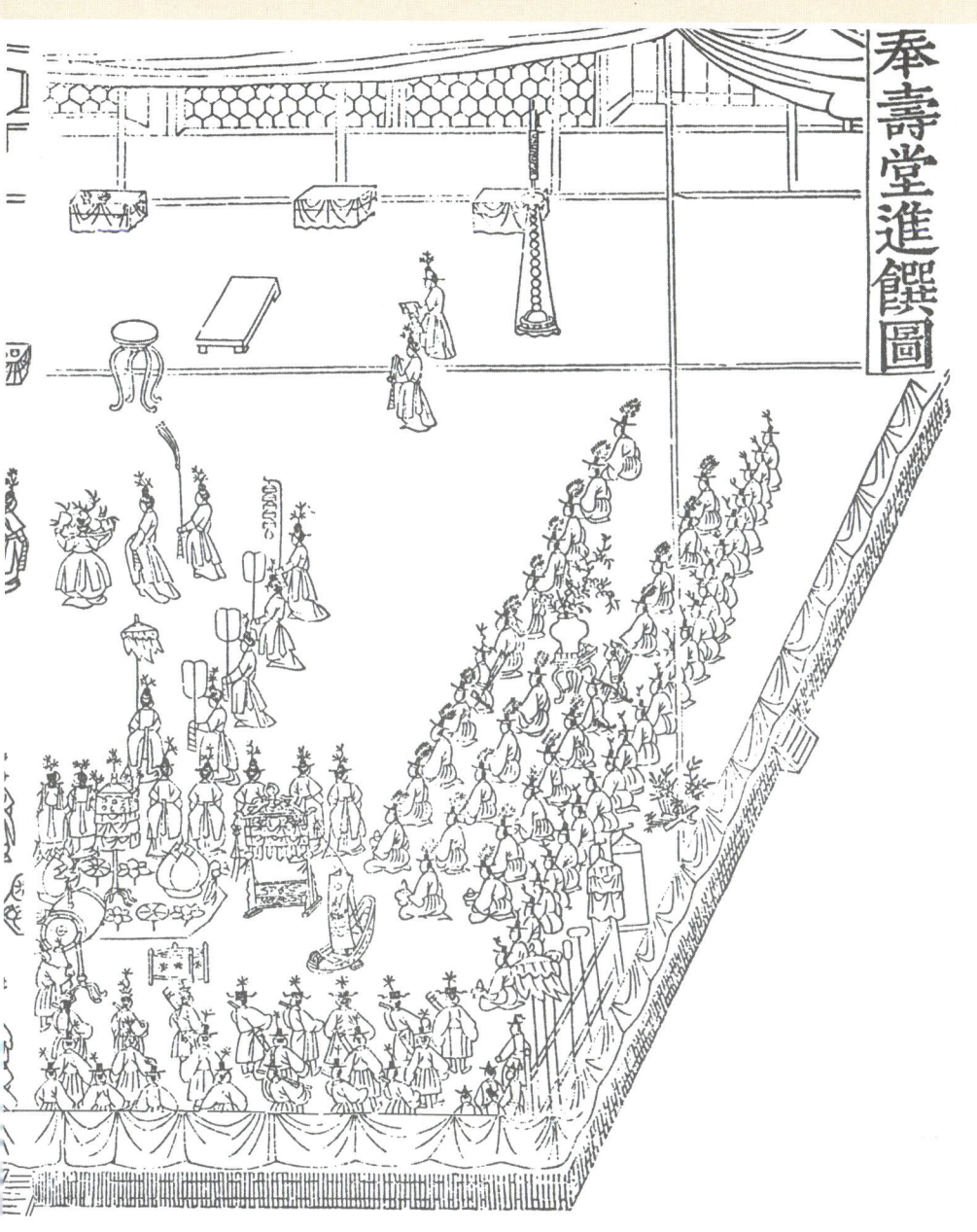

奉壽堂進饌圖

다섯째 날, 화성행궁 봉수당에서 있었던 혜경궁 홍씨 생일 잔치
봉수당에서 혜경궁 홍씨의 환갑 잔치를 성대하게 하였다. 이때 정조는 혜경궁의 장수를 비는 뜻에서
이 전각의 이름을 '봉수당奉壽堂'이라 하였다. 「원행을묘정리의궤」. ⓒ 규장각.

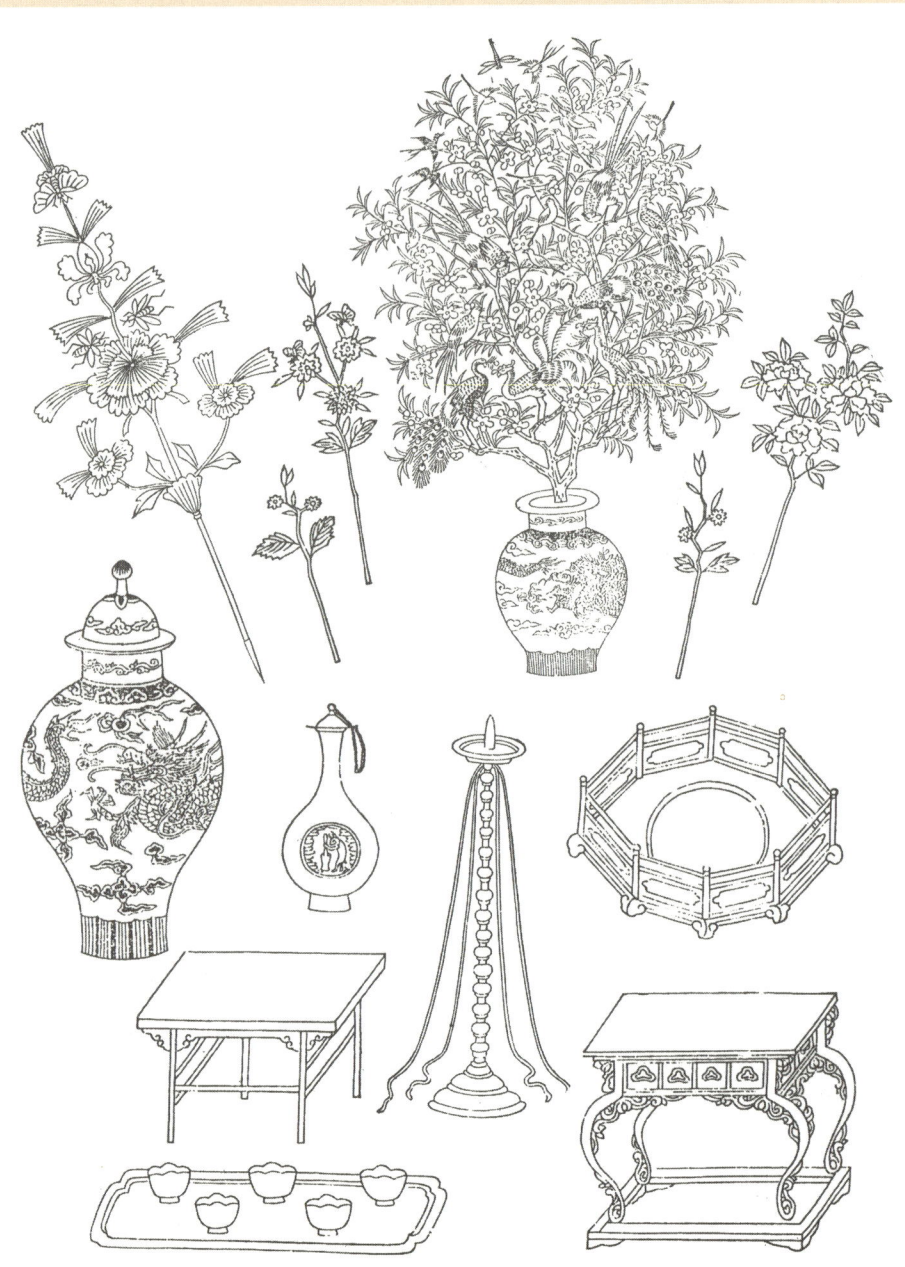

원행에 쓰인 화연채화와 도구들
혜경궁 홍씨의 환갑 잔치에서 문무백관 및 춤을 추던 무령(기녀)들이 들거나 치장하였던 화연채화와
그때에 쓰인 왕가의 그릇, 등촉, 상 등의 도구들. 「원행을묘정리의궤」. ⓒ 규장각.

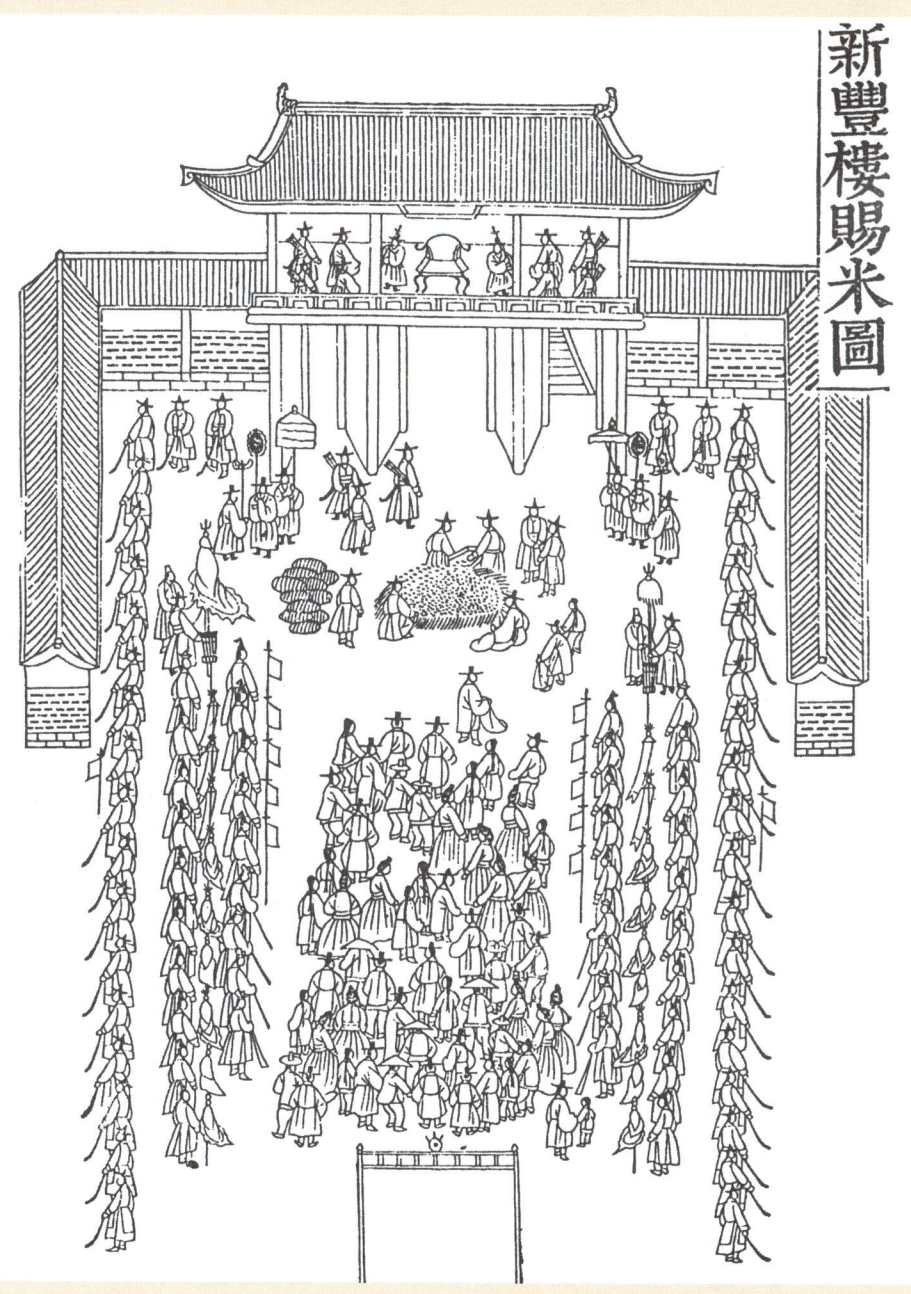

新豐樓賜米圖

여섯째 날, 화성 백성들에게 쌀을 나누어 주던 신풍루
정조는 왕으로서 화성 행궁의 완성과 원행, 혜경궁 홍씨의 환갑 등을 기념하는 뜻으로 화성에 사는 백성들에게
쌀을 나누어 주는 행사를 가졌다. 「원행을묘정리의궤」. ⓒ 규장각.

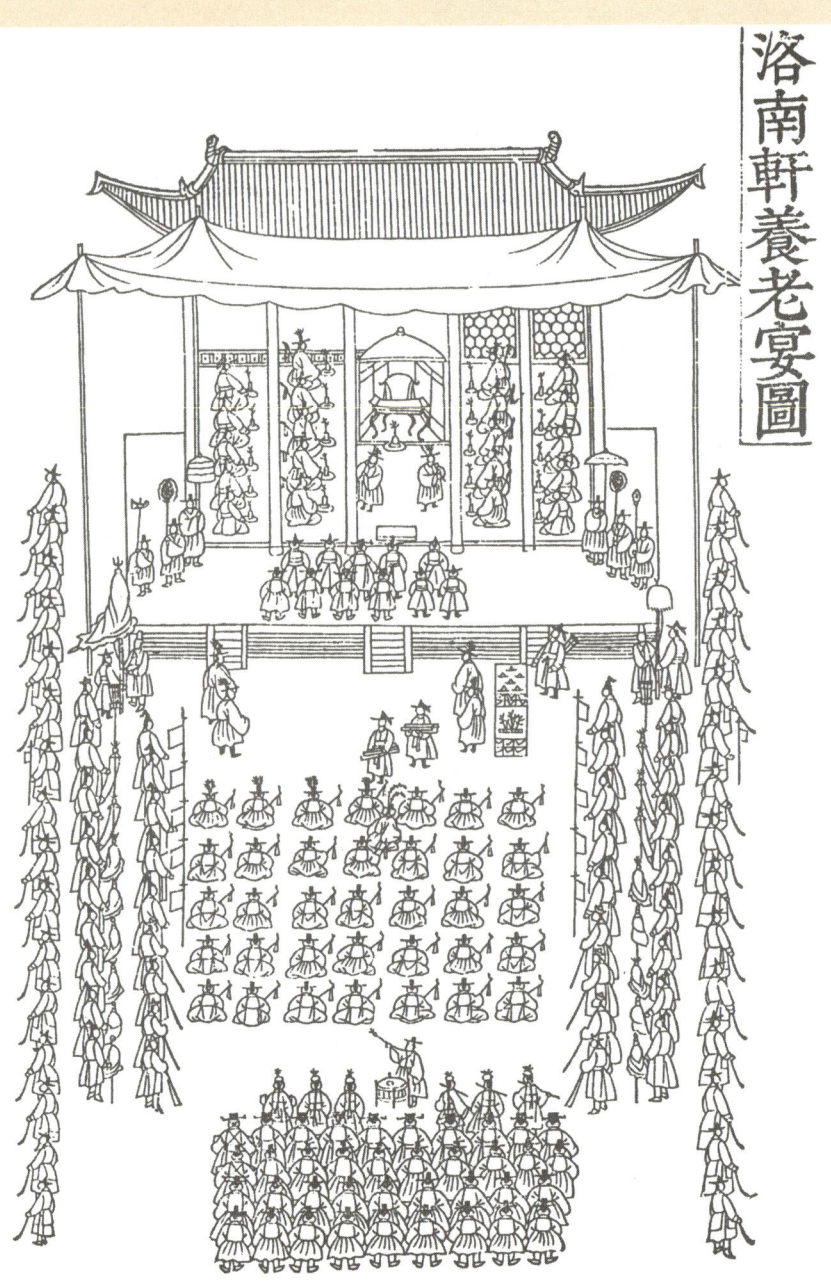

洛南軒養老宴圖

여섯째 날, 노인들을 위해 잔치를 베풀던 낙남헌
화성에 사는 노인들에게도 잔치를 베풀어 주어 정조의 성덕聖德을 만방에 알렸다. 『원행을묘정리의궤』. ⓒ 규장각.

得中亭御射圖

여섯째 날, 득중정에서 활을 쏘는 행사
왕과 신하가 득중정에서 활 쏘는 행사를 가졌다. 「원행을묘정리의궤」. ⓒ 규장각.

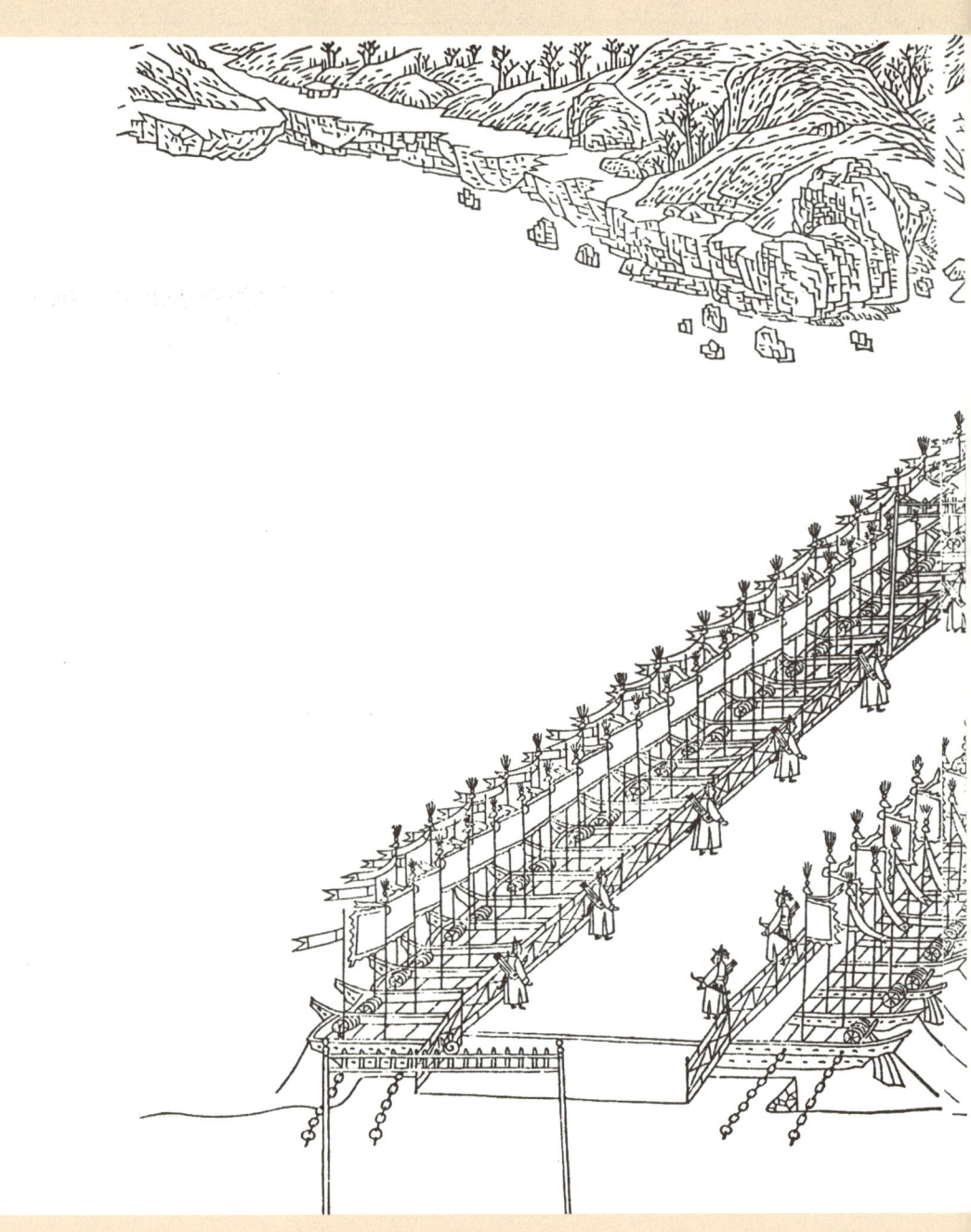

주교도

왕이 화성을 오갈 때 노량진에 수십 척의 배를 띄워 밧줄로 엮어 다리를 만들었다. 「원행을묘정리의궤」. ⓒ 규장각.

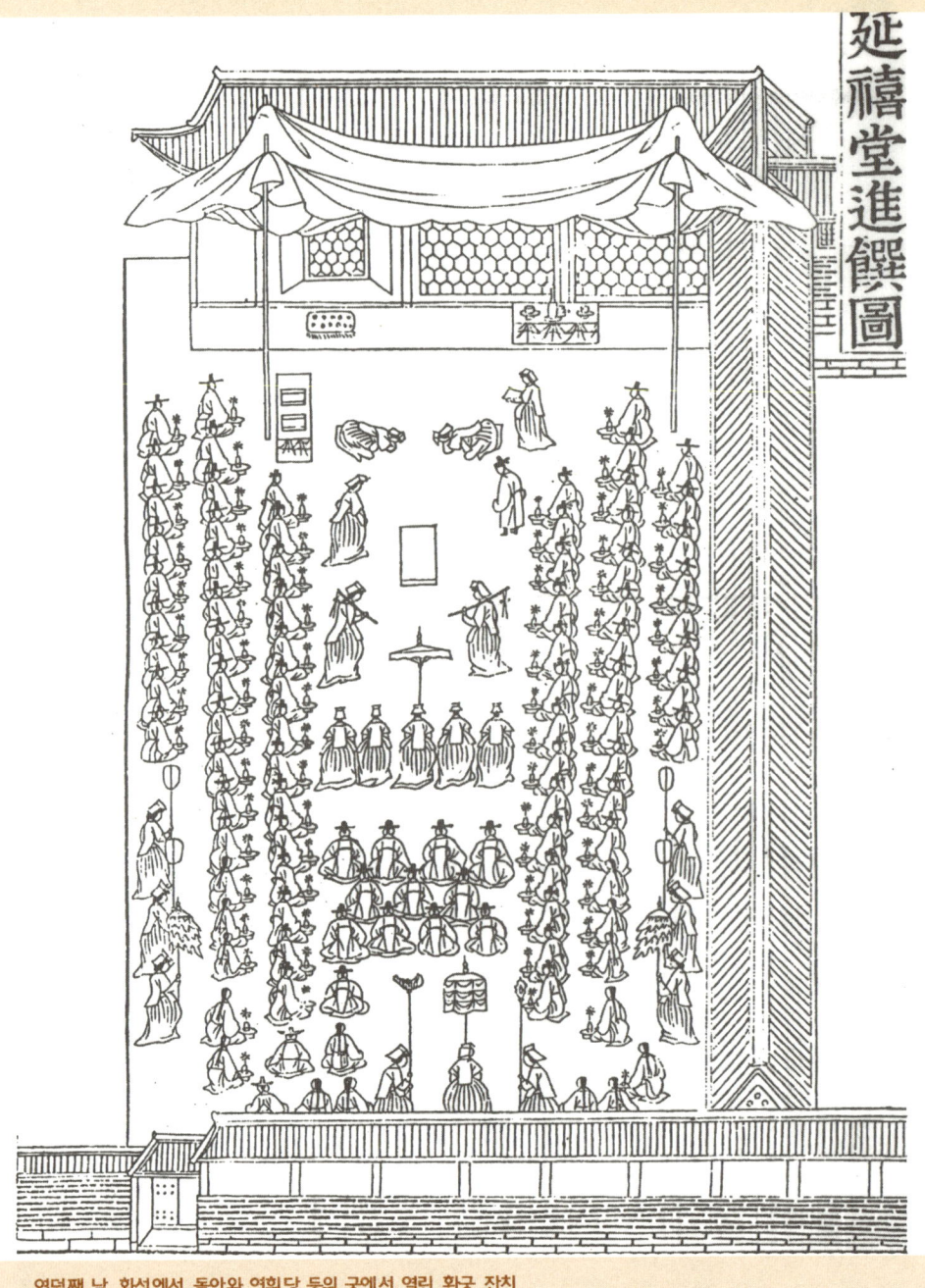

延禧堂進饌圖

여덟째 날, 화성에서 돌아와 연희당 등의 궁에서 열린 환궁 잔치
일곱째 날, 귀경길에 올라, 여덟째 날 창덕궁으로 돌아와 연희당 등 여러 곳에서 신하와 궁인들을 위해
잔치를 베풀었다. 「원행을묘정리의궤」. ⓒ 규장각.

弘化門賜米圖

여덟째 날, 쌀을 나누어 주던 행사를 가졌던 홍화문
원행 후 이를 기념하기 위한 행사의 일환으로 창경궁 홍화문에서 백성들에게
쌀을 나누어 주었다. 「원행을묘정리의궤」. ⓒ 규장각.

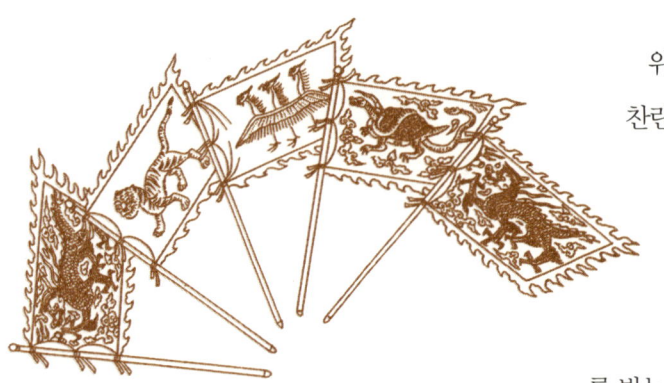

정기
대기大旗, 대오방기라고도 함. 조선시대에
진중陣中에서 방위를 나타내던 다섯 가지의 큰 군기.
청룡기[동], 백호기[서], 주작기[남], 현무기[북], 등사기[중앙].
「종조의궤」. ⓒ 규장각.

고취 주로 관악기와 타악기로
구성된 군악. 임금의 행차,
각종 궁중 의식 등에 사용되
었다.

내빈 진연에 참석한 봉작을
받은 부인들.
외빈 진연에 참석한 조정의
신하들.

헌수 환갑잔치 같은 때 오래
살기를 비는 뜻에서 드리는
술잔.

위엄을 다 내 앞에 세웠다. 찬란한 정기旌旗는 바람과 구름을 희롱하고, 죽 늘어선 고취鼓吹*는 산악을 움직이고, 노량진의 배다리는 평지를 밟는 것 같고, 망해의 높은 산|안변 뒷산|은 반공半空|하늘과 땅 사이의 허공|에 의지한 듯 편안하였다. 즐거운 세월에 강호江湖에서 유람까지 하니, 마음이 편안하고 눈앞은 훤히 트였다. 깊은 궁중에 있는 몸이 하루아침에 장관壯觀을 보니 실로 쉽게 얻을 일이 아니었다.

주상께서 노인[혜경궁 홍씨]의 안부를 발걸음마다 자주 묻고, 길에 빛이 나며 이 몸이 영화로워, 주상의 아름다운 효성을 칭송했지만 도리어 불안하였다.

원소를 다녀온 다음 날 화성 행궁에서 큰 잔치를 베풀어 관현管絃[관악기와 현악기]을 연주하고 노래와 춤을 하는데 내빈內賓*과 외빈外賓*을 성대히 부르고, 회갑연에 쓰는 비단 조각으로 만든 꽃[華筵彩花]은 수를 놓아 영롱하고, 잔칫상의 진미는 바다와 육지의 것을 두루 겸비하였다. 우리 주상이 옥수[임금의 손]로 금술잔을 친히 잡아 이 노모에게 헌수獻壽* 하였다. 전에는 드물고 지금은 없는 일을 내가 몸으로 친히 당하니, 귀하고 외람되기가 한이 없었다. 지난날 경모궁을 추모하는 뜻과 달라 진실로 즐기지 못하였으나, 주상이 효로

280 |

하시는 뜻을 어기지 못하니, 내 불안함을 말할 것이 어디 있 겠는가.

미망인으로 이루 헤아릴 수 없는 세상의 변천[滄桑劫數]을 무수히 겪으면서 온갖 슬픔과 기쁨을 맛본[悲歡哀樂] 내 신세 가 이상하였다. 자고로 옛날 역사책에 나온 후비后妃 중에 나 와 견줄 이도 없을 것이다. 주상이 나를 위하여 이번 거조擧 措*를 매우 웅장하고 크게 하였다. 주상의 마음을 생각하면 내 마음은 백 배나 서럽구나. 이 잔치를 베푸시는데, 눈이 닿는 곳마다 화려하고 풍성하여 지성이 미치지 않은 곳이 없었다. 곳곳에 허비한 재물이 무수하여 보이니 내 불안한 마음이 갈수록 더하였다. 그러나 탁지度支*의 경비를 조금도 없애지 않고, 모두 내부*에서 손수 마련한 것이다. 주상의 효성과 재략이 비상하심에 매우 감탄하였다. 또 문물이 위 엄 있고 숙련되며, 모든 일을 조리 있게 하는 모습에 주상의 가르침이 미치지 않은 것이 없었다. 허나 나의 두렵고 불안 한 마음과 추모의 아픔이 마음의 기쁨을 이기지는 못하였다.

원소를 가서 본 일과 내·외빈이 모인 일은, 한나라 명제 가 음황후를 모시고 광무릉*에서 전배한 후 어머니의 본가 에서 일가를 모아 잔치를 하던 사적史蹟과 같아서, 미담美談 으로 후세에 오래 전할까 하노라.

이때 외빈은 팔촌 친척까지 정하였다. 육촌 대부 감보鑑輔 의 아들 선호善浩 씨가 여러 아들과 일가를 거느리고 들어왔 다. 외가는 오촌을 넘겨 외사촌 산중山重 씨가 아들 감사 태 영泰永의 사촌 아우 도영道永*과 그 아들 셋이 함께 참례하였

거조 무슨 일을 꾀하거나 처 리하기 위한 태도.

탁지 탁지부의 준말. 재정, 조 세, 호폐 국채 따위에 관한 사무를 맡아 보던 관아.

내부 내자시의 준말. 궁중에 서 쓰는 여러 식품과 직조 및 내연[잔치] 등을 맡아 본 관 아.

광무릉 후한의 초대 황제인 광무제[재위25~57]의 능. 광무 는 시호이며, 이름은 유수劉 秀이다.

도영 이산중의 아우인 이해중 의 아들.

으니 옛일이 생각나더라.

내빈은 조판서|조엽趙熀|✽ 댁 고모와 계모 송씨|홍용한의 체, 죽은 오라버니의 부인인 민씨|홍낙인의 체, 사촌 아우 심능필沈能弼의 처|홍인한의 딸|와 오라버니|홍낙인|의 딸인 사복첨정司僕僉正✽ 조진규趙鎭奎의 처와, 중제|홍낙신|의 부인✽인 이씨와 숙제|홍낙임|의 부인인 정씨, 숙제의 딸 유기주의 처와 중제의 딸인 이종익의 처, 대동 재종질|육촌 형제의 아들| 참판 의영義榮의 처 심씨, 의영의 사촌 아우인 세영世榮의 처 김씨가 모였다. 아버지의 작은집|첩|은 아버지 옆에서 일찍부터 시중을 받들었다고는 하지만, 천한 사람이기 때문에 궐 안에 출입을 하지 못했다. 그러나 행궁에 모이는 곳은 조금 다르기 때문에 나를 보게 하려고 불러 들였다. 그 몸에는 이런 영광이 없으며 그 아들 낙파樂波✽가 감관監官✽으로 사람됨이 불초하지 않고 매우 영민하였다. 비록 서얼이지만 위에서 가까이 불러 어여삐 여기셨다. 그의 버금인 세 아들이 또 성장하여 다 똑똑한 인물이었다. 제 어머니의 팔자가 천한 사람이지만 이렇게 되기가 가히 드물다 하겠다.

불쌍하다 내 계매여! 제 소천所天|남편|과 10년 동안 떨어져 지냈는데, 대사大赦✽가 있어 특별히 방석|석방|을 하시니 그 처지에 이런 은혜가 다시 어디 있겠는가. 누이동생 부부가 다시 만나 천지 같은 주상의 은덕을 축수하고 지냈다. 작년|1794| 명릉 거동 때에 제 집과 명릉이 가까우니, 아녀자의 마음에도 임금을 그리워하는 마음이 간절하여 시골집에서 구경하고 있었다. 주상께서 이를 어찌 아시고 액예를 통해 묻

고, 낙파로 하여금 돈과 광목을 많이 주셨다. 하사물은 예전에도 주셨지만, 이번에는 가난한 집에 빛이 나고, 마을 사람들이 놀랄 일이었다. 백성들이 역적의 집으로 업신여기다가 이번 주상의 은혜 후에 편안히 살게 되니 이런 은혜가 또 어디에 있겠는가.

나는 저를 수십 년 동안이나 이별하고 지내면서 매번 불쌍하게 생각하여 하룻밤도 마음을 놓지 않았다. 그런데 주상께서 자세히 살펴서 특별히 국법을 굽혀 나를 만나게 하시니, 그 아이의 황송하고 감격함은 이를 것도 없지만 나의 사사로운 마음은 심히 불안하였다. 내가 살아생전에 저를 다시 보게 하는 성은이 너무 감격스러워 눈물을 흘렸다. 우리 형제가 부득이 주상의 명령을 받아 서로 만나 보니 꿈만 같아서 정말로 몸과 마음이 놀랐다. 제 젊었던 얼굴과 아름다운 자질은 많이 변하였지만, 반갑고 아까워 손을 잡아도 눈물이요 뺨을 대어도 눈물이었다. 슬픈 말, 기쁜 말이 흐트러진 실을 풀 듯하여 지나간 일들을 이루 다 펴지 못하다가 5, 6일이 금방 지나 또 손을 나누었다[헤어졌다]. 생전에는 못 보리라고 기약하였을 때도 있었지만, 새로이 놀라서 다시 보기 어려웠다. 이후 사생화복은 하늘에 맡기고, 내 마음과 제 축원을 길게 말하여 무엇하겠는가.

제가 어질고 밝은 마음으로 4남 5녀에 또 손자가 셋이나 있었다. 제 시집이 저렇지만 않았다면 복은 비할 데 없었을 텐데……. 혹 하늘이 제 심사를 헤아려 늘그막에 근심스런 눈썹을 펴고 나라의 은혜를 받아, 남이 도리어 복이 있음을 칭찬할 때가 있을까 바라노라.

계고모|조엄의 체|는 두 살 때 어머니를 여의어서, 아버지께서 각별히 사랑하셨다. 매서妹婿|계고모의 남편|도 어려운 사람으로 뭇사람들에게 우러름을 받았기 때문에, 대접하심이 한갓 남매의 정뿐이 아니었다.

입조 후에 서로 사랑하심이 범상하지 않더니, 세상의 변고가 자꾸 나고 사람 일의 끝이 많아, 중간 말이야 다 하여 무엇하겠는가. 필경은 두 집이 다 그릇되었다. 고모의 슬픔이 첩첩한 가운데 불행함이 그지없었다.

작년|1794|에 조공|조엄|의 잘못된 일*

조엄 신도비　강원 원주시 지정면 위치. 조엄의 묘소 앞에 있는 이 비는 조엄의 공적을 기려 왕이 세웠다. 조엄은 조창을 설치하여 백성의 조세 부담을 줄이고, 일본에서 고구마 종자를 가져와 우리나라 최초로 고구마를 재배하였다.

* 홍국영 일파가 조엄에게 벼슬아치로서 옳지 않은 방법으로 재물을 모았다는 죄를 뒤집어 씌운 일을 가리킨다. 『정조실록』에 따르면, 1790년 조엄의 아들 조진관이 이에 대해 다시 한 번 조사해 볼 것을 청하는 상소를 올렸다. 1794년 8월 16일 조엄은 관서에 있을 때 죄물을 탐했다는 죄명을 씻었다.

봉래　전설상의 봉래산을 가리킴. 『사기史記』「봉선서封禪書」에 따르면, 영주산·방장산과 더불어 3신산의 하나로 그곳에 신선이 살며 불로불사의 약이 있다고 한다.

마고　전설상의 늙은 신선, 마고할미를 가리킨다.

이 밝혀져 완전한 사람이 되었다. 고모는 주상의 성은을 많이 받아 입궐하시고 또 내빈으로 으뜸이 되어 오셨다. 비록 80세이셨지만 강건함이 소년 같고, 청명한 용모와 자상하고 믿음직한 마음, 날래고 슬기로운 재질이 조금도 변하지 않았다. 진실로 봉래蓬萊● 바다의 액운을 여러 번 지낸 마고麻姑● 같으셨다. 돌이켜 내 아버지께서는 칠순도 못하신 일이 생각나 눈물을 금치 못하였다. 뜻밖에 계고모를 만나 뵈오니, 그 어려움과 재해를 겪었어도 모든 일에 쇠함이 없으셨다.

"양반다운 부녀이십니다."

주상께서도 칭찬을 하셨다. 당신께 이런 빛나는 광채가 어떠하였겠는가.

우리 형님인 민부인閔夫人I홍낙인의 처I께서는 대갓집 맏며느리로서, 옛날 우리 집이 대궐과 수응酬應*한 이후로 어버이를 받들어 모시는 예절이 날로 더하여, 예삿집 부녀는 하루도 받들기 어려웠다. 그러나 형님은 병이 많은 중에도 좌우로 엄하게 다스리어 행동하는 예절에 하나도 어긋난 일이 없었다. 여러 사람을 다스리는 법도가 있고 집안을 다스리는 법도가 있어서 규문*의 엄숙함이 조정과 같았다. 30년 동안 그렇게 지내시니 여염집의 부녀에게서 보지 못할 일이었다. 그래서 집안에서 말하길 장부로 태어났으면 정승을 할 그릇이라고 일컬었다. 5남매를 키웠는데 각각 빼어나고 훌륭하여 복이 비할 데 없었다. 그러나 중년에 미망인이 되었다.* 수영의 전처前妻는 충헌忠獻 김공I김창집金昌集I*의 현손녀였다. 큰집의 규범이 있어 형님 행적을 좇을 듯하였는데 불행히 잃으시고, 박朴·송宋 두 딸I박씨와 송씨에게 출가한 두 딸I을 이어서 잃었다. 또 최영最榮의 상사喪事가 나니 당신을 뵐 적마다 늙어서 저러하심을 슬퍼하여 눈물이 나고, 큰집이 고독하고 위태함을 민망해하였다.

수영이가 신해년辛亥年I1791, 정조15I에 아들을 낳아 이름을 세주世周라 하였다. 그놈이 슬기롭고 깨끗하여 큰 그릇답게 생겼다. 어린것이 궐내에 들어와 능히 원자I순조I를 모시고 놀 줄도 알아 매우 기특해하였다. 주상이 원자를 데리고 앉으시고, 수영이는 제 아들을 데리고 주상과 원자를 모셨으

수응 요구에 응한다는 뜻으로 여기서는 혜경궁 홍씨가 세자빈이 되면서 왕실과 인연을 맺었다는 의미.

규문 규중이라고도 하며 부녀자가 거처하는 곳.

*홍낙인이 1777년 6월 19일에 죽어 민부인은 미망인이 되었다.

김창집I1648~1722I 1684년 공조좌랑으로 있을 때 정시문과에 급제하였다. 노론의 영수로서 영조를 왕세자로 올리고 영조의 대리청정을 주장했으나, 경종이 친정을 하는 가운데 신임사화가 일어나 거제도로 유배되었다가 곧 사사賜死되었다. 영조 즉위 후, 관직이 복구되었다.

니 주상이 기뻐 웃으셨다.

나는 늘 나라와 집안을 위하여 끝없이 염려하였다. 군신 상하가 다르지만, 이 경사를 보고 나라와 집안을 위해 기쁘고 다행하여 말할 것이 없었다. 이번에도 민부인을 대하여 서로 치하하고 위로하였다.

또 조태인趙泰仁 댁|혜경궁의 조카딸|이 어려서 제 고모|혜경궁의 여동생|를 데리고 늘 궁궐 출입을 하여 지금까지 출입이 잦았다. 내가 저와 왕래할 적마다 아우 생각이 심하였다. 제 얼굴 모습은 부드럽고 덕이 있기는 어머니를 많이 닮았고, 차림새가 아름답기는 모부인母夫人*을 닮았다. 또한 여러 친척 부녀자들 중에서 뛰어나, 궁중에서도 칭찬하며 외간 부녀자로 보지 않았다. 주상의 은혜가 특별하시니, 내가 저를 위하고 사랑하여 기뻐했다. 오라버니 자녀가 각각 하나씩 있는데 주상께서 이렇듯 극진히 사랑하시니, 내가 오라버니를 생각하면 더욱 기뻐하였다. 이번 모꼬지|잔치|에 두 삼촌과 세 동생이 다 특별한 예우를 입어 부지런히 참여하였으나 오라버니께서 계시지 않아 더욱 감회가 깊었다.

내 친척 부녀들을 보니 옛날 생각이 적지 않았으나, 옛일을 생각하니 마음이 슬펐다. 우리 집은 경신년|1740| 후에 지내기가 어려웠다. 중고모*께서 효성과 우애가 지극하여 계모부인*께 지성을 다하셨다. 또 내 어머니를 친동기같이 사랑하셨고 어려울 때마다 도움이 많았다. 내가 어려서 본 일을 생각하니 임술년|1742|과 계해년|1743|에 할아버지의 삼년상을 마치고 쓸 것이 없을 때에는 여러 차례 고모가 보내시

는 것을 기다려서 불을 들 적이 많았다. 동생님들을 사랑하시고 여러 조카를 친자식처럼 우애로 대하셨다. 성미가 너그러워 불만을 마음에 품지 않고, 복록이 세상에 비할 데 없었다. 주상이 왕세자였던 때에도 예로써 대우를 많이 받으셨는데, 하루아침에 하늘의 재앙이 내려 흉한 재화가 비할 데 없었다. 그 대단하던 복록이 내|연기|같이 스러졌으니…….
생각하면 늘 가슴이 막혔는데 계고모|조엽|의 체를 보니 중고모가 생각나서 코가 저절로 시어짐을 금치 못하였다.

여러 사촌들은 작년과 금년에 보았다. 다 아름답고 글을 하되, 벼슬을 하지 않는 선비의 모습이 있었다. 집으로 가는 데 들러 내가 기특히 여겼다. 숙·계부|홍준한과 홍용한|를 위하여 기뻐하였지만 죄로 귀양 간 두 사촌*을 생각하니 남만 못한 인물도 아니련마는, 어찌 타고난 운명이 그리 곤궁한지……. 임금의 은혜가 크고 넓어 모든 가족이 다 성대한 잔치에 참여하였는데 저 혼자 저러하였으니, 저의 슬픔은 말할 것도 없고 내 마음도 아프고 가여워서 이 또한 어찌 참을 수 있는 일이겠는가.

지금 생각하니 이 사촌형은 포부가 장하고, 얼굴과 기상이 화락하고 단아하였다. 그런데 일찍 죽어 불쌍하고 참혹하기가 비할 데 없었는데, 도리어 팔자가 좋아 화를 보지 않고 죽은 듯싶구나.

숙제|홍낙임|는 번리 집을 일찍부터 생각했던 고로 난리로 떠돌아다닐 때에 몸담을 곳이 있었다. 그러나 중제|홍낙신|는 남의 집에 빌려 있는 고로 늘 민망하였는데 번리로 옮겨 형

* 홍인한의 2남 홍낙술, 3남 홍낙진.

정사 학문을 가르치고 정신을
수양하는 곳.

장공예 「소학」「선행」편에 따
르면, 당나라 때 사람으로 형
제간에 우애가 돈독하여 9대
가 한 집에 함께 살았다. 당
나라 고종이 그에게 가족 화
목의 방법을 물으니 '참을' 인
忍' 자 100개를 써서 바쳤다
고 한다.

제가 함께 지내니 궁하였지만 다행이었다. 계제│홍낙윤│는 회
계 정사精舍*로 들어가 서러움을 품은 현자처럼 수석水石에
재미를 붙이고 마음을 나누었다. 그러한 가운데 4남 3녀를
두고 또한 손자까지 얻으니 비록 궁한 몸이지만 눈앞에 살
림이 넉넉한 것은 남부럽지 않았다. 다만 형제가 각각 떠나
있어서 내가 늘 민망하였다. 우연한 변고를 두루 피하고, 문
안에 집을 정하여 삼형제 집이 언덕을 사이로 솥발처럼 벌
어져 있었다. 지팡이 짚고 소요하여도 형제간의 우애가 있
었다. 비록 집은 각각이나 뜻인즉 옛날 장공예張公藝*와 같아
서 내 동생의 소식을 함께 들어 흩어진 정회를 위로하니, 남
들은 대수롭지 않게 여기지만 내 마음인즉 심히 기뻤다.

수영·취영就榮·후영後榮 세 조카 외에 중제의 둘째 아들
철영徹榮과 계제의 세 아들 서영緖榮·위영緯榮·귀영貴榮은
작년과 금년에 계속해서 보았다. 다 아름다워 모두 나림│못남│
이 없고, 어린아이들까지 못된 인물이 없었다. 이는 다 아버
지께서 공덕을 많이 쌓으신 보람이니 하늘에서 보응報應하
심을 어찌 우연이라 하겠는가.

수영이 처음 직임을 받을 때에는 내가 진심으로 '벼슬'
두 자에 놀랐다. 병오년│1786│에 나랏일로 수영 외에 취영과
후영 등 네 종형제를 부르셔서, 그 후 음관으로 이어 벼슬을
다 하였다. 네 종형제가 문│벼슬문│이 가로막혀 다니다가 하찮
은 벼슬이라도 여럿이 모두 지낸 것이 지나칠까 두려웠다.
그러다 최영이를 홀연히 잃었는데, 뛰어난 자질로 젊은 나
이에 저리된 것은 가문의 재앙이 그치지 않은 것인지 실로

모를 일이로다.

수영이는 큰집에 남아 있는 기품으로 말과 행동에 조심했다. 종가의 맏아들로 중한 책임을 기꺼이 감당하였다. 취영이는 재주와 학식, 인물됨이 우리 가문의 중한 보배로 중히 여겼다. 수영이를 대하는 것과 취영이를 존중하는 것이 거의 같았고, 후영이는 부드럽고 소박하여 짐짓 선비이기에 내가 또한 어여삐 여겼다.

비록 음관이라도 몸들을 무례히 가질 듯하고, 혹 외직을 하거나 말직에 있어도 내 마음이 놓이지 못하였다.

'혹 맡은 일을 엉성하게 하여 나라에 허물이 보일까? 남이 나무랄까?' 근심하느라 마음이 불안하니, 이 또한 집을 위한 고심이었다.

우리 집이 여러 대를 거친 재상의 집안으로 아버지께 이르러는 높은 정승직에 오르시고, 뒤를 이어 중부와 계부, 오라버니가 차례로 입조하여 집안이 번창함이 극에 달하였다. 중제 또한 이어 입조하니 두렵기 측량없고, 기축년己丑年 |1769, 영조45|에 숙제가 또 뒤를 이어 입조하니 인정에 기쁘지 않겠냐마는, 번성한 집안을 근심하여 즐기지는 않았다. 오래지 않아 집안이 뒤집어지니, 사람을 헤어 보면 흔한 급제에 참여하는 것이 이상하지 않지만, 숙부와 같이 폐과廢科* 하였으면 우리 집안의 재앙이 그토록 망측하지 않을 듯하구나. 근본인즉 부귀에 묻은 화이니 벼슬이 어찌하여 두렵지 않겠는가.

너희가 각각 소과도 못하고 거적 사모紗帽* 아래 몸이 되

폐과 과거를 보러 다니던 일을 그만둠.

사모 고려·조선시대에 벼슬아치들이 관복을 입을 때 쓰던 모자.

니, 인정에 아깝지 않을 리 없으나, 조금도 내 집이 다시 벼슬하기를 바라지 않았다. 수영이 너부터 모범이 되어 임금 섬기기를 정성을 다하거라. 벼슬을 할 때는 청렴결백하고, 일을 처리하는 중에는 충성스럽게 하고, 집안을 잘 다스려 화평한 가운데 강직하고 명철하게 하며, 제사 받들기를 정결히 하고, 홀로된 어버이를 극진히 봉양하고, 맏누이|조진규의 체를 형같이 알고, 익주翊周|홍최영의 아들|를 불쌍히 여기고, 숙부와 계부를 할아버지 대하듯 우러르고, 제부諸父 *를 오라버니같이 섬기고, 나이가 어린 고모를 누이 본 듯하고, 여러 사촌들을 지도하고 사랑하여 동기같이 하고, 먼 친척에 이르러도 친절히 대접하여라. 문하의 곤궁한 사람을 버리지 말며, 노비에게도 인仁과 애愛를 한결같이 하여 아버지와 오라버니께서 하시던 덕행을 이어 가풍을 떨어뜨리지 않아 나라에 착한 외척이 되어라. 무너지고 전복된 우리 집을 착한 자손이 되어 다시 일으키는 일이 네 한 몸에 있으니 믿고 믿는다. 우리 주상이 만수무강하시고, 성자신손聖子神孫을 연달아 잇고 종국宗國|조선|이 억만 년을 반석같고, 우리 모자손母子孫이 대대로 번성하여 나라와 함께 태평하기를 비노라. 내가 겪은 일과 축원하는 말을 동생에게 써 줄 것이로서 너의 청에 따라 네게 주니, 제부에게 보이고 보관하여 두었다가 내 필적을 네 자손들에게 멀리 전하기를 바란다.

제부 아버지와 같은 항렬의 당내친.

신축년|1781| 봄 13일 호동대방 쓰다[歲辛丑 新春 十三日 壺洞大房 筆書]

한중만록 5권

화평옹주는 선희궁의 큰따님으로 영묘께 특별한 사랑을 받았다. 그 옹주의 성품은 온화하고 순하여 조금도 교만하거나 오만한 습관이 없었다. 당신만 영묘의 사랑을 받고, 동궁|사도세자|께서는 그렇지 못한 것을 스스로 불안해하며 민망히 여겼다. 그래서 매번 영묘께 간하곤 하였다.

　"아바마마, 그리 편애하지 마십시오."

　동궁께서 당하신 일은 곧 도와드리고, 대조께서 격노하실 때에는 이 옹주의 힘으로 진정하시고 풀린 때가 많았다. 소조께서는 옹주에게 고마워하시며 매사를 믿고 지냈다. 무진년|1748| 이전에 동궁을 보호한 것은 모두 이 옹주의 공이다. 그 옹주가 장수하여 부자 사이를 조화롭게 주선하였더라면 유익함이 많았을 텐데, 불행히 일찍 세상을 떠났다. 영묘께서는 지나치게 슬퍼하였다.

　본래 영묘께서는 정처|화완옹주|를 화평옹주 다음으로 사랑하셨다. 화평옹주가 돌아가신 후*로는 자연 정처에게 정을

옮기셨다. 그 특별한 사랑을 어찌 다 기록하겠는가.

　　그때 정처의 나이 겨우 열한 살이었다. 궁중의 아이로 어린아이 놀음놀이나 알 뿐이지 무엇을 알겠는가. 위로는 선희궁이 계시고, 부마 정치달 | 화완옹주의 남편 | 의 일가도 사람의 도리를 아는 재상들이었다. 부마도 도리에 어긋나지 않아 소조께 정성을 다하고자 하였다. 영묘께서 자신의 아내만 총애하시고, 동궁께는 자애가 덜 한 일을 불안해하며 아내를 가르치기도 한 듯하다.

　　정처가 나중에 괴이했다. 처음에는 경모궁께 유익하였지 해로움은 없었다. 소조께서 능행 수가를 하시도록 하고, 온양 거둥도 힘을 다하여 주선하였다. 그 밖에 위급할 때에 애쓴 일이 한두 가지가 아니었다. 지금은 밉고, 또 저리 되었지만* 그렇다고 바른말을 하지 않겠는가.

*정처가 정조의 미움을 사서 유배된 일을 뜻한다.

　　만일 일성위 | 정치달 | 가 젊어서 죽지 않고 아들딸을 낳아 가정을 이루는 일에 재미를 붙였다면, 정처가 궐내에서 무궁한 변란을 일으키지 않았을 수도 있었는데……. 정처가 혼자 된 후에 영묘께서는 궐 밖으로 내보내지 않았다. 항상 곁에 두시고 잠시도 떨어지지 않았다. 만사가 다 그 사람의 권세인 듯하던 차에, 임오년 | 1762 | 후에는 궐내에 일이 없었다. 선희궁께서 돌아가시어* 그분의 엄한 경계를 받지 못하고, 시집에는 아무도 없이 어린 양자 | 정후겸 | 뿐이었다. 어려움과 조심스러움은 없고, 부왕의 총애는 날로 두터워져 방자한 마음과 뜻이 자라났다.

　　그 사람의 성품이 여편네 중에도 경쟁심과 새울*, 질투,

*「영조실록」에 따르면, 영조 1764년 7월 26일 영빈 이씨가 죽었다.

새울 '시기猜忌'의 옛말. '새우다시기하다'의 뜻으로서 「월인천강지곡」 상上에 다음과 같은 표현이 엿보인다. '큰 덕德을 새오수 방 았디 시름宁 더니'

권세를 유별나게 좋아하여 온갖 일이 다 났다. 대강 이르면 "나밖에 또 누가 부왕의 총애를 받겠는가." 하며, 한낱 내인이라도 영묘께서 신임을 하면 그를 싫어하였다. 또 세손을 손 안에 넣어 잠시도 세손이 하고자 하는 대로 하지 못하게 하였다. 뿐만 아니라 내가 세손의 어미라 하여 미워하고, 제가 어미 노릇을 하려고 하였다. 나는 장래에 대비大妃가 되고, 저는 못 될 일을 시기하여 갑신년|1764|의 처분*도 제가 지어낸 일이다. 세손 내외의 사이가 좋을까 시기하여 백 가지, 천 가지 이간으로 험담을 하였다. 양궁|세손과 세손빈| 사이를 빙탄氷炭*으로 만들고, 세손이 혹 궁녀를 가까이 할까 질색하고, 눈을 떠 보지도 못하게 하여 대를 이을 아들을 낳지 못하도록 하였다. 또한 정처는 세손의 외가를 꺼려서 흉한 계교로 이간을 붙여 세손이 외가에 대한 정이 떨어지게 하였다. 이것이 곧 기축년|1769|의 별감 일이다.* 세손이 장인을 좋아하시면 청원淸原*을 질투하고, 심지어 세손이 송사訟事를 산삭刪削*하느라 밖에 나가시면 그 송사책까지도 다 질투하였다. 백천 가지 일에 저만 권세를 쓰고 저만 따르게 하였다. 다른 이는 세상에 없어라 하는 법이니, 이 어찌된 사람인가? 이는 다 국운과 관련된 일이다.

하늘이 무슨 뜻으로 모년 일|임오화변|을 있게 하여 나라를 거의 뒤엎고, 또 괴이한 부녀*를 내어 세도를 어지럽게 하고, 모든 조정의 신하를 어육魚肉*이 되게 하였는지 알 길이 없을 뿐이다.

모년화변|임오화변|의 빌미는 부자 사이가 예사롭지 않으시

* 사도세자의 삼년상이 끝나자마자 세손|정조|을 효장세자의 양자로 만든 일을 가리킨다.

빙탄 얼음과 숯이라는 뜻으로, 서로 정반대가 되어 용납하지 못하는 관계를 이름.

* 정처의 간계에 넘어가, 그 외조부인 홍봉한이 세손에게 잦은 외입을 삼갈 것을 직언하였다. 이로 인해 홍봉한은 세손의 원망을 산다.

청원 정조의 장인이자 효의왕후의 친아버지인 청원부원군 김시묵을 가리킨다.

산삭 필요하지 않은 글자나 구절을 지워 버림.

* 정순왕후와 그 아버지 김한구를 가리킨다.

어육 짓밟고 으깨어 아주 결단낸 상태를 비유적으로 이르는 말.

기에 전전輾轉하여 된 일이다. 내 평생 뼈에 사무친 지극한 원한이었다. 영묘께서는 아드님께도 그러하셨는데, 한 다리 먼 손자에겐 또 어떠하실지 누가 알겠는가. 귀주*가 내 주변 사람들을 해하고자 하는 기색이 있었으니 만일 세손이 영묘의 마음에 못 드시면 저것을 어찌하란 말인가!

세손의 안위와 영묘의 마음을 돌려놓는 것은 모두 정처에게 있는 고로, 나와 세손이 다른 궐에 있을 때*에 모든 일을 다 그 사람에게 "어떻든지 아버님 뜻에 어기지만 말게 하여 달라!" 고 부탁하였다.

또 세손께도 이리 경계하였다.

"그 고모를 잘 대접하여 나를 대하듯이 보라."

＊정순왕후의 오빠인 김귀주를 뜻한다.

＊세손은 영조와 함께 경희궁에 거처하고 혜경궁은 창경궁에 거처하였다.

현 창경궁 배치도
혜경궁 홍씨가 머물던 당시와는 좀 달라진 현재의 창경궁.

식물원
관덕정
집춘문
통명전
자경전 터
경춘전
태실비
양화당
함인정 환경전 영춘헌 풍기대
춘당지
숭문당 집복헌
빈양문
관천대 문정전 명정전
명정문
월근문
옥천교
홍화문
선인문

창경궁 풍기대
영조대에 만들어진 것으로, 풍기대에 기름.달아 바람의 방향과 속도를 재던 기상관측기구. 농업국가인 조선은 날씨와 기상 변화를 매우 민감하게 살폈다. 보물 846호.

정처는 내가 불쌍하고 세손을 향한 나의 정이 안타까웠는지 그때는 내 말이 옳다 하여 과연 일마다 돕고 말도 극진히 하였다. 영묘께서는 그 사람의 말대로 모든 일을 좇아 어떤 흉이 있어도 그 사람이 옳다고 말하면 그리 듣고, 아무리 착하여도 그 사람이 나무라면 그 신세가 가엾어졌다.

영묘께서 본디 세손을 사랑하셨지만, 모년|임오년| 후에도 그 마음이 변하지 않는 것은 정처의 힘이었다. 그러나 세손을 자신이 차지하려고, 맡아 돌보기로 한 후 위|임금|의 말씀처럼 천, 백 가지 괴상한 일이 다 났으니……. 사실인즉 내가 세손을 위해 그 사람을 지성으로 잘 대접하지 않았다면 세손의 안위는 또 어떠하였겠는가.

정축년|1757| 사이에 터무니없이 그릇된 소문이 돌았다.

"동궁|사도세자|께서 정가|정치달|를 죽이려 하신다."는 소문이 여기저기서 났다. 그때 소조께서는 조금도 그러한 의사가 없었다. 내 아버지께서 들어와 그 사연을 소조께 아뢰었다.

"이 일이 진정될 도리를 강구하십시오."

"그런 일은 없노라."

소조께서는 이리 말씀하실 뿐이었다.

그러자 아버지께서는 정휘량에게 편지하여 이 일을 진정시켰다.* 정휘량은 무척 감격해하였고 신사년|1761| 서행* 때에도 주선을 잘하여 위급한 상황이 풀렸다. 자연 서로 친하여 그 자가 그 질부에게 이런 말도 하였다.

"그분|홍봉한|께서는 고마운 말만 하시네. 그러니 마누라를

* 정휘량이 정치달의 삼촌이었기에 그를 통해 사건을 진정시킨 것이다.

* 사도세자의 관서 미행 사건을 가리킨다.

우애로 받들라."

그러자 그 사람이 아버지께 정성스럽게 굴고 칭찬도 하였다. 정휘량이 돌아가신 후*로는 그 집에 어른이 없게 되어 그 사람이 내 아버지께 부탁하였다.

＊정휘량은 임오화변이 있던 1762년에 죽었다.

"후겸을 가르쳐 성취하게 도와주십시오. 다 대감만 믿겠습니다."

내게도 아버지께 여쭈어 달라고 하였다. 아버지께서는 인자하신 마음으로 그때 그 사람을 좋게 대접하였다. 후겸을 때때로 가르치고 괴이한 곳에 들지 않게 하였다. 무슨 들리는 말이 있거나, 어른이 없는 아이로 잡류를 사귀는 소문을 듣게 되면, 당신도 진정으로 여러 번 교훈하셨다. 그 사람에게도 "이리이리 하니 그리 말면 좋겠다." 하고 말씀하셨다.

후겸은 본래 어려서부터 기괴하고 망측한 독물毒物이었다. 제 친부형도 아닌 양어머니의 형세를 믿고 벌써부터 교만 방자한 마음이 났으니, 어찌 아버지께서 가르치는 말을 좋아했겠는가. 제 어머니에게 "제 흉을 봅니다." 하며 원한을 품었다. 제 어머니에게도 무엇이라 말한 듯, 그 사람도 안 좋은 마음이 많았다. 아들의 허물을 말하는 것이 듣기 싫었던지 그 후 그 사람의 기색이 아주 달랐다. 내 마음에 부질없이 느껴져 아버지께 여쭈었다.

"말은 가르쳐 달라고 하지만 내 일가는 아닙니다. 좋은 뜻이지만 원망을 사기 쉬우니 이후에는 아는 척 마십시오."

그리하여 서로 발길이 끊기고, 오래지 않아 후겸은 해를 이어서 소·대과를 하였다. 영묘는 사랑하는 딸의 아들로 후겸이를 비할 데 없이 귀중해하시며 사랑하셨다. 은총이 날로 더하여 그에게 붙어 쫓아다니는 사람도 많고 꾀이는 사람도 많았는데 귀주가 후겸 밑에 들어가 내 집안과 맞서게 되었다.

임오년|1762| 후와 갑신년|1764| 전에는 선희궁께서도 내 마음과 같았다. 세손이 착하기가 저만 하시니, 매사를 예법으로 인도하고 엄정하게 훈계하였다. 그러나 아기네 마음에, 재미없게 느끼셨다. 나 또한 어미의 지극한 마음으로 당신 처신이나 살피고 귀에 거슬리는 말이나 하였다. 내 성품이 사람에게 아첨을 못하였는데, 하물며 자식에게 무슨 좋은 말을 하였겠는가.

이러한 가운데 그 고모의 수중에 생사화복生死禍福이 있었다. 그 입에 따라서 잘되고 못되는 것이 잠깐 사이에 결단이 났다. 세손이 어찌 무섭지 않았겠는가. 그렇듯 그의 권세가 무서워서 따르니, 정처에게 정이 들었다. 정처는 그 정을 잡아 오로지 저만이 세손을 차지하여 어미 소임을 하려고 하였다. 우리 모자 사이의 정을 빼앗으려고 을유년乙酉年|1765, 영조41|부터 계교를 꾸몄다. 갑신년|1764| 전에는 세손이 할머님께 의지해서 그 고모가 권모술수를 부릴 것이 없었다. 그러나 선희궁께서 안 계신 후로는 만사를 꺼릴 것이 없어 모든 일을 그 사람 임의대로 하였다. 그제야 세손을 낚아서 위|임금|에 말씀을 잘 드려, 귀엽게 여기고 사랑하시게 하였다. 그래서 세손이 자기를 고맙게 여기고, 자기에 대한 정성이

운혜
'온혜'라고도 하며, 여자들이 신는
신으로 앞코에 구름무늬가 있다.
© 국립민속박물관.

아주 특별하도록 해 놓았다. 또 궐 안에서 안 입는 누비 의복붙이, 고운 운혜붙이와 좋은 칼 같은 것으로 아기네를 기쁘게 하였다.

음식도 궐내 예사 음식 이외에 별별 음식이 내게 있을 리 있겠는가. 아버지께서는 더욱 그런 것을 모르셨다. 의복이나 음식, 장난감을 드리는 일이 없고, 어미는 아기네를 돌본다고 바른말을 하거나 꾸짖고, 외가에서도 각별한 정을 나타내는 일이 없었다. 아기네 마음에 점점 어미와 외가는 무의미하게 되었다. 그 고모는 정이 들어 귀한 것이 되었지만, 전에 외가만 아시던 정은 차차 줄어들었다.

을유년|1765| 겨울 즈음부터는 밥 잡수실 때에 그 고모와 겸상을 하고, 반찬을 자시다가도 내가 앉으면 '겸상을 어찌 여길까? 음식도 어찌 볼까?' 하며 꺼리셨다. 숨기고자 할 일이 아니지만, 내가 무엇이라고 말을 할까 하여 보이려 하지 않았으니 차차 내가 알지 않았으면 하는 눈치가 보였다. 세손은 13세 어린 나이라 말씀을 여쭐 것이 아니었다. 그러나 그 사람이 조금이라도 마음이 있다면 그 오라버님의 아들이요, 내 남다른 정리로 그 아들을 의지하여 자기에게 부탁하였거늘, 우리 모자가 불쌍하고 가련하니 서로 한마음으로 가르치고 도와 착하게 되기를 바라는 것이 당연한 일이다. 그러나 이 사람의 뜻이 홀연 이러하여, 모자 사이를 이간하려고 계교를 내니 어찌 흉악하지 않겠는가. 그러나 나는 모

르는 척하고 말을 안 했다.

병술년1766l 봄에 영조의 병환이 달포 동안이나 낫지 않았다. 그래서 중궁전 처소인 회상전會詳殿*으로 모시고, 정처와 세손께서도 주야로 함께 머물러 있었다. 나는 문안 때에만 와서 얼른 다녀갔으니 무엇을 알겠는가. 그때에 귀주와 후겸은 한마음이 되었다. 중궁전께서도 세손의 기분에 맞춰 좋게 굴고, 정처는 나와 세손을 이간하려는 마음에 중궁전과 한통속이 되었다. 이것은 귀주가 후겸을 좋아하였기 때문이었다.

그리저리 하여 말을 하지 않는 가운데 영묘께 아버지를 해하는 참언讒言*이 들어갔다. 본디 군신 사이의 믿음이 돈

회상전 경희궁에 있던 내전으로 경희궁의 으뜸 전각인 융복전 서측에 있었다.

참언 거짓을 꾸며서 남을 참소하는 말.

경희궁의 정문 홍화문 서울 종로구 신문로 경희궁 터에 위치. 조선 후기의 경희궁은 99개의 건물로 이뤄진 큰 궁궐이었으나, 현재는 거의 남아 있지 않고 복원 공사 중이다.

독하여 단번에 틈이 나지는 않았다.

그러나 아버지께서는 할머니 상喪으로 3년을 집에 들어앉자, 조정에 날마다 와 뵙던 때와는 상황이 달랐다. 그래서 그 사이 많은 참소가 무수히 났다.

무자년(1768)에 후겸이가 수원 부사를 하려 할 때, 영상이 김치인이었다. 후겸은 영상에게 송언送言I추천I을 해 달라고 내 아버지께 기별하였다. 그때 아버지께서는 이렇게 회답하셨다.

말 한 번 하기를 아끼는 것이 아니라, 겨우 스물이 된 아이에게 5,000병마 거느리는 벼슬을 시키고자 하기는 실로 나라를 저버리는 일이요, 저를 사랑하는 도리가 아니라.

그러고는 더 이상 말을 하지 않았다. 후겸이 차차 자라고 남의 꾐도 듣고 권력을 쓰려 할 때에 예전 수원 부사 일과 여러 가지 일로 다 좋게 여기지 않았다.

정처는 중궁전에 정이 들어 극진하였고, 귀주 부자와 후겸이가 모두 다 한 뭉치가 되어 아버지를 해하려 하였다. 아버지는 해상I탈상I 후 또 영의정을 하셨다.* 아버지에 대한 영묘의 사랑이 여전하니 성은에 감축드릴 일이었지만, 이럴수록 저희들의 꺼림은 더하였다.

정처가 그 아들과 귀주네의 말을 듣고 아버지를 전처럼 칭찬하기는커녕 오늘 해치고 내일 해하였다. 속담에 '열 번 찍어 안 넘어지는 나무 없다.' 라는 말처럼 영묘께서 아버지

*부모 상을 당하면 벼슬을 내놓고 삼년상을 치른 후 다시 복직하는 것이 일반적이었다.

를 총애하여 대우하시는 일이 점점 적어졌다. 또 흉악한 일로 세상 인심을 소란하게 하였다. 내 집을 이 지경이 되게 함은 다음과 같은 곡절이 있었다.

병술년[1766]에 흥은興恩 •부위副尉 •는 부마가 되었는데, 용모와 행동거지가 아름다워 세손이 매부를 어여삐 여겼다. 기축년[1769] 사이에 그 아이가 변하여 별감을 데리고 외입을 무수히 하고, 동궁을 모시고 체면 없는 일을 많이 했다. 세손은 소년의 마음이라 바치는 물건을 기쁘게 받고 물리치지 않으셨던 듯하다. 세손은 흥정당興政堂 •에 계시고, 내가 있는 처소와는 무척 멀리 떨어져 있어 흥은이 총관摠管 •으로 당번을 들 때에 들어와 뵙고 논 것을 바이 몰랐다.

그때 정처가 세손을 수중에 끼고 한 가지 일도 자유롭지 못하게 하고 양궁[세손 내외] 사이도 화락치 못하게 하였다. 또 세손이 처가에 정이 두터운 것을 시샘하여 이간하고자 청원 [김시묵]의 육촌인 김상묵金尙默 •이 후겸을 사귀어 음모의 주모자가 된 때였다. 상묵이 안면 있는 청원의 집은 그냥 두고 세손의 외가를 먼저 이간하려는 뜻이 있었다. 그러한 가운데 세손이 흥은을 사랑하시는 것을 시샘하여 한 화살로 둘을 쏘는 계교를 내었다.

어느 날 밤에 나를 찾아와 정답게 이야기하였다.

"세손이 흥은에게 혹하여 이번 진연進宴에 외방外方 기녀의 말도 하고, 진연 때에는 제가 가까이 한 계집도 가리켜 보시고, 별감들이 사귄 잡류들을 아시게 하고, 그 밖에 이치에 벗어난 일이 많으니 이런 경우가 어디 있겠습니까?

흥은 혜경궁 홍씨의 2녀 청선군주의 남편 정재화를 가리킴. 유학자 정인환鄭麟煥의 아들로 '흥은위'라는 칭호를 받았다.

부위 세자의 사위, 즉 군주의 남편에게 준 명예직으로 정3품 당상관. 왕세자가 왕위에 오르면 군주는 공주로, 부위는 부마로 승격되었다.

흥정당 경희궁에 있던 전각으로 주로 왕이 신하들을 접견하거나 강연을 하던 곳.

총관 오위도총부의 도총관과 부총관을 아울러 이르는 말.

김상묵[1726~?] 1766년 정시 문과에 병과로 급제 후, 1711년 수원 부사로서 굶주린 백성을 구제하는 데 공을 세웠으며, 1774년 형조참의가 되었다. 일찍이 안동 부사로 있을 때 사무를 공정히 하여 명성을 얻은 바 있고 뒤에 대사간이 되었다.

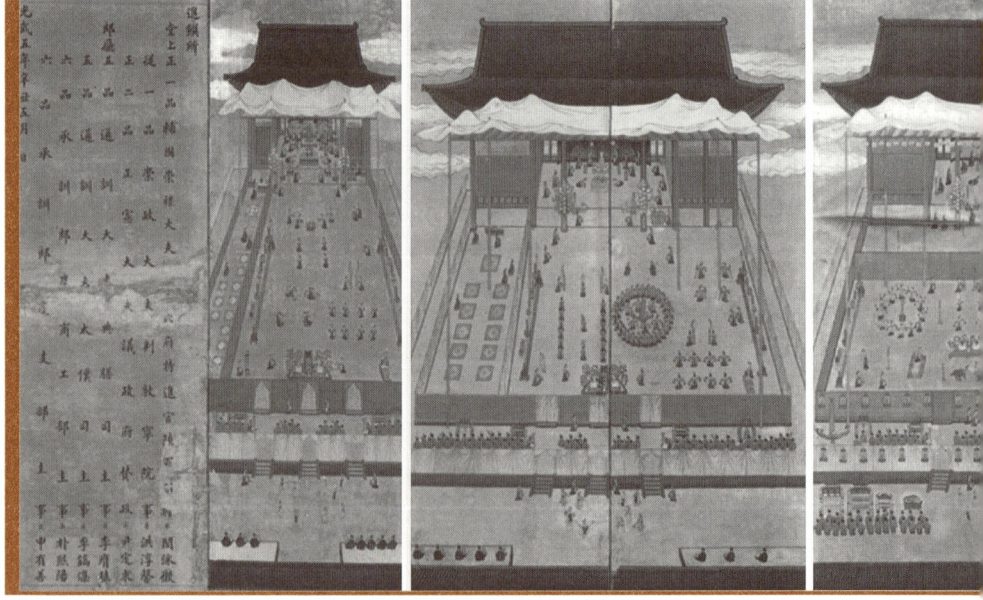

옛일※을 생각하여 보십시오. 별감에서 시작하여 차차로 물들어 그러하셨는데……. 세손은 아직 소년이신데, 그런 말씀을 드리는 저 상스런 홍은을 사랑하여 바깥출입을 하시니 그런 일이 어디 있겠나이까? 이를 처치하지 않으면 대조께서도 아실 것입니다. 그러면 모년 일(임오화변)이 다시 날 것입니다.

소인에게 세손의 보호와 지도를 부탁하셨으니 이제 세손의 그러한 행동을 못하게 말려야 합니다. 허나 소인이 여쭈었다 말하면 말이 좋지 않겠지요. 한낱 자식이지만 고독일신孤獨一身에 해로울 듯하여 나라를 위하여 마지못해 이 말씀

진연도병풍 나라의 경사가 있을 때 궁중에서 열던 잔치를 진연이라 한다.
조선 왕실은 왕세자의 탄생이나 왕가의 생일, 왕족이 홍역·천연두 등의 큰 병을 앓다가 회복된 일 등의 크고 작은 행사시 이 같은 잔치를 베풀고 죄수들을 석방하기도 했다. ⓒ 궁중유물전시관.

을 드리는 것이오니 마마께서 스스로 아신 것처럼 하십시오.

　그리고 그 별감들은 귀양이나 보냈으면 좋겠습니다. 아직 일이 크지 않으니 빨리 조치하면 좋겠습니다. 영상께서는 세손의 외조부이시니, 세손께 간하실 수 있을 것입니다. 별감들을 다스려도 이는 모두 법에 따른 일입니다."

　상묵은 진정으로 나라를 위하고 세손을 걱정하는 모양으로 이렇듯 자세히 말하였다. 내 한평생 지극한 한과 아픔 때문에 처음부터 내가 세손을 잘 돕지 못하고 별감 같은 잡류에게 물들어 차차 그리 되셨는가 싶었다. 세손이 착하게 되기만을 바라고 바랐는데……. 그 사람의 말이 그러니 나는 순진하고 곧은 마음에, '그 사람이 세손께 정이 있어 세손을

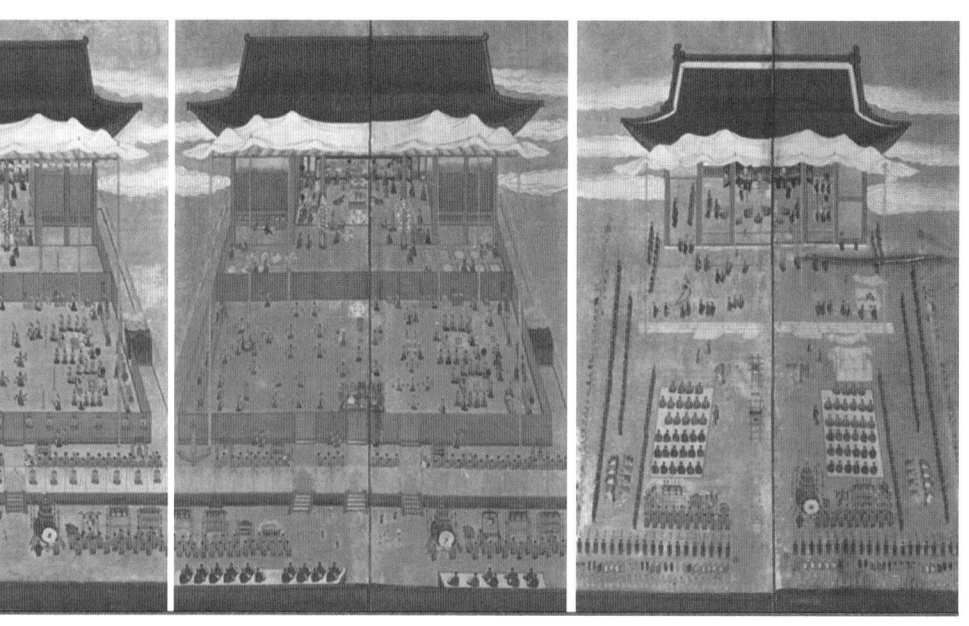

걱정하는구나!' 하였다. 어찌 이 일이 어미와 자식을 이간하고 외조부를 푸대접하시게 하려는 흉계인 줄 알았겠는가.

나는 "모년 일이 다시 나겠다." 하는 말이 차마 무서웠다. 그 사람이 그리 하는 것을 내가 금하지 않고, 그 사람이 자기 말을 세우기 위해 대조께 말씀드리면 큰 야단을 일으키기는 어렵지 않았다.

나는 놀랍기도 했고 홍은의 일도 분하였다.

"내가 세손께 말하여 못하게 하리라."

그러자 그 사람이 이렇게 말하였다.

"일을 어찌 급하게 하십니까? 차차 하시되 요란치 않게 하십시오. 영상께는 '그 별감들을 다스려 주소서.' 하고 편지를 써서 보내십시오. 자제들도 모르게 편지를 써서 세손 빈궁에게 주시되 김판서ɪ김시묵ɪ더러 영상께 갖다 드리게끔 하시고, 비밀로 하여 이 놈들을 없애십시오."

이는 청원까지 걸리게 하려는 계교인 듯싶었으나, 나는 아득히 그 흉악한 마음을 모르고, 세손이 또 외입하실까 염려가 급한 나머지 김판서에게 주라는 말은 따르지 않고, 아버지께 편지하여 이 사연을 다 말씀드렸다. 그리고 이 별감들을 귀양 보내 달라고 청하였다. 아버지는 요란하니 못하겠다 하시며, 자제들도 힘써 아버지께서 간하여 못하게 하시니 나는 놀란 간장만 애태웠다.

'모년 일이 다시 나겠다.' 는 저히는ɪ두려운ɪ말과 세손을 위한 걱정스런 마음으로 여러 번 기별하였지만 아버지께서는 끝내 듣지 않으셨다. 그러자 정처가 나를 부추겼다.

"영상께서 나라를 위하신다면 왜 옳은 일을 하지 않으시는지요? 영상께서 저리 하시면 설사 세손이 외입을 하신들 누가 막겠습니까?"

그러고는 기가 막힌다는 듯 한탄하였다. 나는 더욱 마음이 갑갑하여 3, 4일 밥을 굶고 아버지께 기별하였다.

만일 이놈들을 다스리지 않고, 세손이 필경 외입을 하면 내가 살아서 무엇 하겠습니까? 차라리 단식을 하여 죽겠습니다.

나는 울며 보챘다. 아버지께서는 여러 번 망설이다가 마지못하여 응하셨다. "세손을 위하는 마음으로 사생화복死生禍福을 몸 밖에 두겠다." 하시며, 아버지는 곧 청원과도 의논하셨다. 형조참판 조영순趙榮順*은 처음에는 "못하겠습니다." 하였으나, 나중에 아버지의 말씀을 듣고 그에 따랐다.

"제왕가는 일반 여염집과 달라 장래의 일이 크겠지요. 대감께서 나라를 위하여 진심으로 애쓰시며 목숨을 내어 놓고 일을 하시니 그 마음이 고맙습니다."

그러고는 그 별감들을 잡아 한 말도 묻지 않고 귀양만 보내었다.

아버지께서는 세손에게 상서上書하였다.

흥은 같은 점잖지 않은 아이를 어찌 가까이 하십니까? 흥은이 외입을 하기로 별감들의 죄를 다스렸습니다.

조영순|1725~1775| 1751년 별시문과에 병과로 급제 후, 여러 관직을 거쳐 1759년 세손부世孫傳로 세손|정조|을 보호하고 지도했다. 이후에도 여러 관직에 있었으나, 1770년 소론의 최석항을 상소했다가 유배당한다. 1774년 풀려나오나 벼슬에 응하지 않았다.

그리고 세손을 뵐 때에도 많이 간諫하셨다. 그렇지만 세
손은 헴*이 나지 않은 마음에 무안하기 그지없어, 당신을 위
한 어미와 외조부의 마음은 알지 못하고 노여워만 하였다.

정처가 그리 비길 데 없이 흉악한 줄이야. 제가 그 말을
꺼내어 세손의 행실에 허물이 없게 하고자 하였으면, 내가
이리 하면 자기도 응당 "어미의 마음으로 그리 하는 것은 당
연합니다. 외조부께서도 나라를 위하는 마음으로 세손의 덕
망이 어그러질까 염려하여 그리 하셨으니 옳은 일이지요.
조금도 어떻게 생각하여 괘념하지 마시고 그 말씀을 들으소
서." 하고 말씀을 올려야 하건만 그러지 않았다. 오히려 내
게는 그리 걱정하면서 세손께는 충동질하였다.

"그 일이 그렇게까지 할 일입니까? 저리 요란하게 하여
세상에 모를 이가 없으니, 세손께서 어떤 사람이 되겠소?
외조부도 일을 묻어 덮어 주지는 않고, 오히려 허물을 드러
내려고 하니 저런 인정이 어디 있습니까?"

정처는 세손을 무수히 충동하였다. 그때는 세손이 정처
에게 쥐여 있어 그 말을 다 들으셨다. 날마다 그와 같은 말
로 흉을 보고, 후겸이도 들어와서 세손의 덕망에 해롭게 하
여 안팎으로 부추겼다. 당신은 소년 마음으로 외조부를 귀
하게 생각하시던 마음이 와락 변하였다. 어미에게야 어떡하
실 것은 아니지만, 어찌 전일에 허물없이 지내던 마음이 변
하지 않았겠는가.

그때 세손의 노여움과 민망함이 측량없었으니, 내가 도
리어 기가 막혔다. 나나 아버지는 모두 당신의 흉허물이 될

까 하여 간절하게 애쓴 것이다. 후일을 염려할 일이 어디 있었겠는가. 세손께서도 그렇게 노여워하셨지만 나나 외조부께 하시는 일이 여전하였다. 그래서 우리 부녀야 잘한 줄로만 알고 후환이 있을까 조금도 근심하지 않았다.

그 후 을미년[1775] 사이에 홍국영이가 와서 "기축년[1769]의 일*로 무척 미안하게 되었다."는 선왕[정조]의 말씀을 전하기에 비로소 깨닫고 나는 선왕이 등극하신 후에야 비로소 그 일의 처음과 끝을 말하였다.

"정처가 내게 말한 '모년 일이 다시 나리라.'는 말이 무서웠습니다. 보통 사람이라도 어미는 아들이 착하게 자라기를 바라는 마음이 다 있으니 생각해 보십시오. 내가 모년화변을 지내고 아들 하나를 의지하며 살았습니다. 국가의 중대한 부탁과 내 사사로운 정을 겸하여, 마누라께서 더할 수 없이 잘 되기를 바라는 제 마음은 어떠하였겠습니까?

갑작스런 그 사람의 말을 듣고 놀란 가슴에 두렵고 근심이 되었습니다. 만일 마누라의 일을 금하지 않는다면 대조께서 아시고 예전의 화변이 또 나리라 하니……. 그 사람의 변덕이 무상하여 필경 대조께서 아시는 것도 어렵지 않았습니다. 만일 큰 야단이 날 것 같으면 마누라는 어느 지경이 되었겠습니까? 그것이 더욱 답답하였습니다.

아버지나 동생이 다 그리 못하겠다는 것을, 내가 단식하여 자결한다 하니 아무쪼록 일을 그리 되도록 처치한 것입니다. 나야 솔직하고 곧은 어미의 마음으로 한 일입니다. 정처는 흉계로 내게는 세손을 다스리라 권하고, 마누라께는

*세손이 외입을 하신다고 별감들을 유배시킨 일.

흉을 드러낸다며 말하여, 어미와 외가를 이간하려던 것인 줄 어찌 생각이나 하였겠습니까? 이 일로 인하여 귀주, 후겸의 무리가 밖에 말을 내놓기를, '홍씨가 세손께 죄를 지었으니, 홍씨를 아무리 쳐도 세손께서 외가를 위하실 정이 없을 것이다. 세손의 외가인 홍가이지만, 세손에게서 떨어진 후에는 홍가를 치기가 아주 쉬우리라.' 하였습니다. 그때 소위 십학사十學士인지 무엇무엇 하는 것들이 귀주와 후겸의 새로운 형세를 따르고, 밖으로는 '척리戚里를 치면 사류士類가 된다.'* 하며 내 집안을 치기 시작하였습니다. 결국 점점 화가 미쳐 이 지경이 되었으니, 실은 내 손으로 내 아버지께 화를 끼친 것이지요. 지금 생각하여도 나나 아버지는 모두 마누라를 위한 참된 마음이었으므로 부끄럽지 않습니다. 다만, 일이 이리 된 것은 내 탓이니, 실로 불효한 죄를 만 번 죽어도 씻지 못할 것입니다."

선왕이 웃으시며 말씀하셨다.

"그때 일이야 제가 소년일 적의 일이니 지금 말하여 무엇 하겠습니까? 참으로 뉘우치고 있습니다."

그 후에도 이 말이 나면 부끄러워하시며 낯을 붉히셨다. 그리고는 "그 일은 잊은 지 이미 오래라." 하셨다.

경신년1800에 선왕께서는 책봉사冊封使*에 조영순을 복관작復官爵*하시고, 얼굴에 희색이 가득하여 내게 말씀하셨다.

"조영순의 일이 매일 마음에 걸려 꺼림칙했는데 오늘에 푸니 시원합니다."

"과연 다행한 일입니다. 우리 집에서 시킨 일로 죄명이

*임금의 외척인 홍가를 공격하면 깨끗한 선비 대접을 받는다는 뜻이다.

책봉사 중국에서 천자의 명령을 받아 번국조선에 와서 봉작封爵을 주는 사신.

복관작 죄인으로 처분된 사람의 관직을 다시 복귀시키는 것.

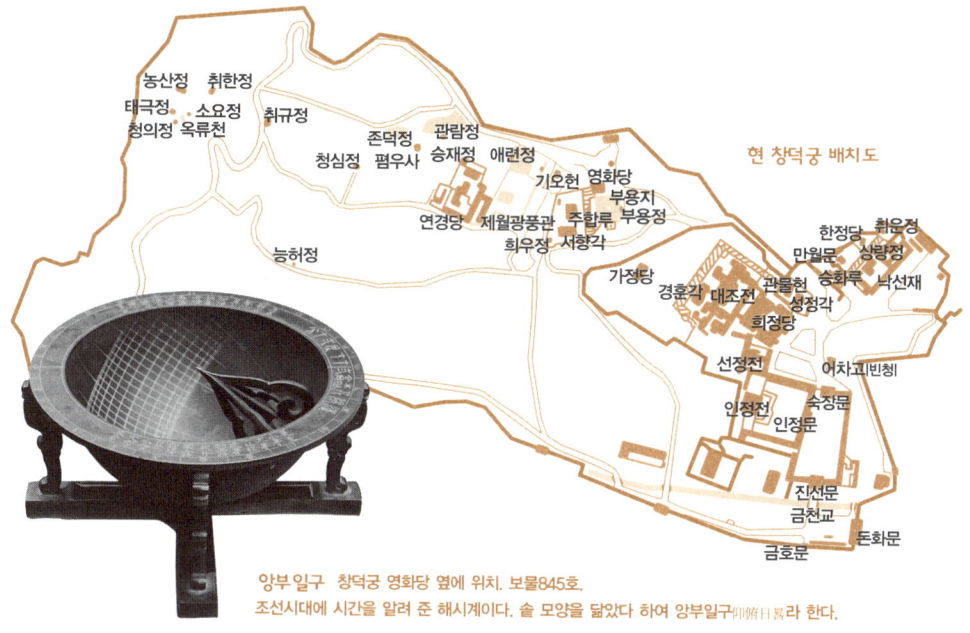

양부일구 창덕궁 영화당 옆에 위치. 보물845호.
조선시대에 시간을 알려 준 해시계이다. 솥 모양을 닮았다 하여 양부일구仰俯日晷라 한다.

지극히 무거웠습니다. 그 집에서 내 원망을 오죽이나 하였
을까 마음이 불안하기 측량없었는데, 그의 관직을 복귀시키
셨다고 하니 실로 다행입니다.”

　“조영순은 본래 죄가 없습니다. 당시 모년의 일이 다시
나리라고 위협하는 말이 정처로부터 시작되어, 세상에 떠다
니다가 인하여 닿을 곳 없어 조영순의 죄가 되었던 것입니
다. 실로 지극히 원통하지요. 그때 봉조하께서 사용원司饔院
에 앉아 여러 대신들이 듣는 곳에서 ‘모년의 일이 다시 나겠
다.’ 하더라고 누가 내게 전하는 말을 듣고, 정말인가 싶어
여러 곳에 알아보았습니다. 들었다 하는 사람이 없었고, 또
말이 변하여 사용원에서 하신 말씀이 아니라 정광한鄭光漢
이 전하여 듣고 지은 말이 여러 가지로 났다고도 하니 분명

사용원 대궐 안에서 음식 장
　만하는 일을 맡아 보던 관아.

정광한[1720~1780] 1754년 증
　광문과에 급제하여 여러 관
　직을 거쳤으며, 1776년 정조
　즉위 후, 경기도 관찰사가 되
　었다. 이듬해 동지사로 청나
　라에 다녀와 1778년 예조판
　서에 이르렀다.

＊은언군과 은신군에게 초헌을 빌려 주기도 하고 간혹 교자를 만들어 준 일로 홍봉한이 삭출되었다.

＊김귀주가 홍봉한을 탄핵하는 상소를 올린 일 : 1766년 봄에 영묘(영조)가 병을 앓을 때, 탕제의 효험이 없었다. 그때 김귀주가 약원에 나아가 약으로 쓰는 삼을 보니 모두 저질품이었다. 알아보니 홍봉한이 중간에서 한 일이었다. 그래서 홍봉한에게 좋은 삼을 넣어 달라고 했지만, 홍봉한은 화를 내며 "대감은 척리로서 어찌 약원의 일에 간섭을 하는가?" 하였다. 또 임금의 환후가 위독하여 걸음을 걸을 수 없었다. 이에 김귀주가 술송대를 드려 보자고 하였다. 하지만 그때에 금주령이 엄하여 김귀주가 홍봉한에게 수차례 말씀 올리라 하여 겨우 드시기를 권하였다. 이 일 외에도 홍봉한과 그의 형제들이 세손의 외조라 하여 정권을 잡고 민심을 흉흉하게 했다는 내용을 담고 있다.

히 정처의 그 말로 인하여 중간에서 떠도는 말일 것이요, 봉조하가 안 하신 것을 잘 알지요. 봉조하도 애매한데 하물며 조영순이 가당하겠습니까? 이제는 기축년(1769) 일이 결말 난 것입니다. 이 일은 조영순을 위한 것이 아니라 봉조하의 죄가 없음을 밝혀 드리는 일입니다."

나는 아버지를 위하여 고맙게 여기며 축복하는 말을 여러 번 하였다. 이 일로 보면 선왕께서는 기축년의 일을 깊이 뉘우치시고, 모년 일이 다시 난다란 말은 아버지가 애매하게 모함당한 줄 알고 계셨던 것이다. 다만 당초에 정처가 간사한 꾀를 내어 우리 모자 사이와 외가의 정을 이간하려던 일이 어찌 흉악하지 않겠는가.

그 후로 인심과 세도가 바뀌어 후겸은 안에서 응하고 귀주는 밖에서 도모하여 경인년(1770)에 비로소 한유의 흉소가 났다. 이어서 신묘년(1771)의 일＊과 임진년(1772)의 일＊까지

돈화문 창덕궁의 정문.

한유의 흉소

『영조실록』에 따르면, 청주 사람 한유가 도끼를 들고 대궐 문에 엎드려 한 통의 소장(疏章)을 올렸는데, 대략은 '간신 홍봉한을 참하소서.'라고 한 것이었다. 홍인한이 탐학한 짓을 많이 저질렀다 하며 '망국동(亡國洞)안국동)에 망정승(亡政丞)홍봉한이 산다'는 내용의 민간에 떠도는 동요 하나를 소개하기도 한다. 임금은 그 유생의 입시(入侍)를 명하였으나 날은 이미 어두워지고, 한유는 이미 물러나서 있는 곳을 알 수가 없었다. 초경(初更)저녁 7~9시에 임금이 건명문에 나아가 한유를 체포하라고 명하였다.

낳으니, 내 집이 그릇된 근본은 기축년|1769|의 일 때문이다. 임진년 7월 귀주의 상소 후에는 선왕도 참된 마음으로 외가를 구하려 하셨다. 정처의 마음과 후겸의 생각에도 내 집을 죽이진 못하리라 하여 아버지를 구하고 또 귀주에게는 여러 번 엄교를 내렸다.

병술년|1766| 이후 정처는 중궁전과 무간無間*하던 사이도 변하고, 후겸이가 귀주와 함께 아버지를 해하려 하던 것도 변하여, 내 집은 살리고 귀주는 치는 셈이 되었다. 정처는 전에 머물던 처소가 중궁전과 가깝다 꺼려하며, 영선당迎善堂이란 집으로 옮겼다.

무간 친하여 서로 막힘이 없음.

그때는 세손께서 나이도 점점 많아지시고 강학講學도 지극히 부지런히 하였다. 정처에게서 잠시도 떠나지 못하던 것이 조금은 덜한 듯하였다. 이 일로 보아도, 정처가 남편과 자식이 있어 부부의 재미를 알았다면 이처럼 일을 어지럽히지는 않았을 텐데……. 애닯구나!

정처는 후겸이가 글자도 하고 예禮를 중히 여긴다며 기특하다고 말하고 세손은 제 아들만 못한 양 말하니, 제가 어찌 감히 그리 하는가. 세손이 차차 따로 계신 후에는 행여 궁녀들에게 눈을 돌리실까, 내관이라도 사랑하시고 마땅히 부리실까 살펴보는 정처의 눈이 번개와 같았다. 그래서 세손은 잠깐 쉬실 때라도 마음 놓고 지내지 못하였다. 양궁|세손 내외| 사이를 금하기는 경인년|1770|부터 심하였다. 흔적도 없고 대수롭지도 않은 일에서 군이 흉을 잡아내었다. 그간 빈궁을 해하던 일과 괴롭히던 행동이 천백 가지나 되는 것을 어

찌 다 기록하겠는가.

본래 세손의 성품이 담담하여 내외간의 화락한 정분은 친밀하지 못하였다. 또한 그 사람이 손에 화복을 쥐고 앉아 한사코 남의 내외 사이를 말렸으니, 설사 화목하려 하여도 어찌 감히 화목할 수 있겠는가. 이리하여 아들을 낳을 가망이 없었다.

아버지께서 양궁의 금실이 화목하여 아들을 쉽게 생산하시기를 아침저녁으로 축원하였다. 그래서 세손을 만날 때면 "그리 마소서." 하고 간절히 간하셨다. 내 형제들도 따라서 탄식과 근심이 헤아릴 수 없었다.

정처는 두 분 사이를 그렇게 금하며 행여 두 분 사이에 아들을 낳을까 겁을 내었고, 귀주네는 궁 밖에서 말을 지어 퍼뜨렸다.

"세손께서는 아들 못 낳으시는 병환이 계시다."

그래서 더욱 민심이 소란하였다. 그 심술은 이제 생각하여도 참 흉악하다. 그 사람은 무슨 일이 없고는 못 견뎌서 내 집을 싫도록 속였다. 그때에 세손께서 그 장인|김시묵|에게 정이 들어 귀하게 대하셨다. 또한 김기대金基大*가 글자도 하고 춘방도 출입하니 세손이 사랑하였다. 그러자 정처는 세손의 처가를 마저 없애려 하였다. 그래서 그 사이 참소도 무수하였다.

또 빈궁을 흥정당에 계시지 못하게 하려고 세손을 꾀던 차, 뜻밖에 임진년|1772| 7월에 청원|김시묵|의 상사喪事가 났다. 세손이 주무시다가 청원의 부고를 듣고, 어질고 후덕하신

김기대 청원부원군 김시묵의 아들.

마음에 깜짝 놀라 세손빈이 있는 곳으로 오셨다. 슬픔이 가득하여 거의 눈물이 떨어질 듯한 얼굴로 불쌍해하셨다. 내가 보고 위로하며 놀라시리라 염려하였다. 그러나 정처는 죽은 장인을 불쌍하게 생각하여 혹이라도 빈궁께 후하게 구실까 염려하여 홀연 말하였다.

"그 일이 무슨 큰일이라고 저토록 슬퍼하십니까? 마치 그 사람의 탈을 쓰고* 온 것이 아닙니까?"

내가 그 말을 들으니 하도 끔찍하였다. 나는 그때 그 사람을 미워하지 않으려는 마음이었는데, 그 말이 흉악하고 불길하여 소름이 돋았다.

"그게 어인 말입니까? 오늘 취하셨습니까? 말을 살펴 하시지요. 지금 죽은 사람을 갖다가 귀한 몸|세손빈|에 비겨 말을 하십니까?"

그제야 자기도 흉한 말을 한 줄 알고 무안해하였다. 세손도 어이없어 하는 듯하였다. 정처는 금세 속죄하듯이 "잘못하였습니다." 하더니, 그 아들도 살지 못하고, 며느리와 손녀도 모두 종을 만들고, 자기는 천극栫棘* 하여도 이 죄는 씻지 못하겠다고 하였다. 갑자기 불공한 말을 하고 불손위명不遜偉命* 하게 아닌 밤중에 앉아 그 무서운 소리를 하더니, 나중에 그 언참言讖*과 같이 되었다.* 실로 이상하다. 꼭 귀신이 시킨 듯하구나.

정처가 비록 인물이 괴이하여 천태만상이지만, 실은 한낱 부녀자일 뿐이다. 궐 안에서 분별없는 일이나 하지, 후겸이가 아니면 조정에 간섭하여 권세를 쓰는 뜻을 어찌 내었

**세손 내외가 앉아서 세손빈의 아버지의 죽음을 슬퍼하자 정처가 양궁에게 지나치게 슬퍼한다고 면박하는 중, 세손빈이 청원의 자식인 고로 그의 탈을 쓴 사람이라고 비꼬는 말이다.

천극 중죄인을 유배한 집 주위에 가시나무를 둘러 쌓는 형벌.

불손위명 위대한 이름에 불손하게 군다는 뜻.

언참 미래의 일과 꼭 맞는 말.

**정조 즉위|1776| 후, 정후겸과 홍인한은 사사되었고, 삼사의 대신들은 화완옹주도 국법으로 처리하기를 청했다. 대신들은 화완옹주가 국법을 멸시하고 정후겸을 도와 사사롭게 권력을 부린 일을 탄핵했다. 이에 정조는 선왕인 영조도 정처의 죄를 알지만 눈감아 준 것이라며 선왕의 뜻을 어길 수 없다고 하였다. 대신 화완옹주를 섬에 귀양 보내도록 명하였다. 1781년 이후에도 화완옹주를 처벌하라는 상소는 계속되지만 정조는 오히려 유배를 풀어 주었다. 순조연간에도 이러한 상소는 계속되었지만, 순조 역시 이 상소를 받아들이지 않았다.

겠는가.

후겸이가 독물인 줄 알 수 있는 일이 있었다. 경진년(1760)에 소조께서 후겸을 잡아다 가두고 정처를 위협하였다.

"온양 행차를 만일 못 이뤄 내면 네 아들을 죽이리라."

그때 후겸의 나이는 12세였다. 어린것이 오죽이나 겁이 났겠는가. 그러나 조금도 겁을 먹지 않은 듯 당돌히 굴던 일들이 생각난다. 유별난 독물이 아니면 어찌 그리하였겠는가.

요놈은 조숙해서 바보[•]는 아니었다. 제가 착하고 의젓하지는 않고, 오히려 일찍부터 교만하고 방자하였다. 일찍부터 내 아버지를 제거하고 제가 권세를 쓰려고 하였다. 그래서 제 어머니를 이용하여 권세를 즐겼다. 또 경쟁심과 시기심이 많고 사람 해치기를 좋아하였다. 어미가 아들의 말이라고 하면 그대로 다 시행하여 변란이 무수하니, 그 어미와

바보 원문에는 '바삭이'로 되어 있으며, '팔삭八朔이'라고도 한다. 어리석은 놈이라는 뜻을 담고 있다.

탕평책

탕평이라는 말은 『서경書經』「홍범조洪範條」의 '無偏無黨 王道蕩蕩 無黨無偏王道平平'이라는 글에서 유래하였으며, 영조가 당쟁을 해소시키기 위해 당파 간의 정치 세력에 균형을 꾀한 정책을 말한다. 당쟁 속에 왕이 된 영조는 두 파의 영수를 화해시키고 각 파에서 균형 있게 인재를 등용하였으며, 성균관 입구에 탕평비를 세웠다. 그러나 영조의 노력에도 불구하고 당파의 대립은 계속되어 사도세자 사건을 계기로 시파와 벽파가 생기고, 탕평책은 정조 대에도 계속되었다.

탕평 비각
서울시 종로구 명륜동 성균관대학교 입구에 위치. 영조는 사도세자의 성균관 입학을 기념하여 탕평비를 세웠다 한다.

그 아들이 매처럼 노려보며 국가를 그릇 만들었다. 하늘의 뜻을 한탄할 뿐이로다.

후겸이가 밖에서 권세를 쓸 때, 조정 신하들을 노예같이 부리며 일세를 풍미하던 일들이야 내가 궁중에 깊이 있으니 어찌 다 알겠는가. 그러나 드러난 큰일로 이르면 경인년 |1770|, 신묘년|1771|에도 귀주와 한통속이 되어 아버지를 해하려고 했던 죽일 놈이다.

또 임진년|1772|에 김치인을 몰던 일*이 망측하고 망측하였다. 영묘의 탕평 후에는 무슨 통청通淸*하는 벼슬의 망望* 이면 노·소론을 섞어 넣지, 한쪽으로만 만들지 못했다. 그때 정존겸鄭存謙*이 이조판서로 있었다. 대사성大司成*을 천거하는데, 김종수金鍾秀*를 수망首望*에 넣고, 아래로 두 망도 모두 다 노론으로 넣었다. 영묘께서는 이를 미처 살피지 못하셨다. 후겸이는 그때 김치인, 김종수가 아버지를 치는 데 한마음이었지만, 그들이 제 명령을 듣지 않았는지, 아니면 그 통청하던 것을 제가 몰랐던지 불쾌해하였다. 또 저도 소론이고 제 처가도 소론인데 여러 소론들이 후겸을 꾀어 순색통청純色通淸*함이 극히 놀라웠다.

"김치인네가 권세 쓰는 일이지. 이것을 가만히 두지 못하리라."

후겸이는 제 어미에게 일러서 영묘께 참소하였다. 영묘께서는 '편론한다' 하면 몹시 놀라셨는데, 김치인이는 탕평하던 김재로의 아들로 조카 종수를 데리고 편론하는 줄로 아셨다. 그래서 영묘의 노여움이 그치지 않아, 김치인과 조

*1772년 영조는 영의정이던 김치인을 당쟁을 하였다고 하여 관직에서 물러나게 한 적이 있다.

통청 벼슬아치가 될 자격을 얻는 일.

망 천망薦望의 준말로, 벼슬아치를 윗자리에 천거하던 것.

정존겸|1722~1794| 1751년 정시문과에 병과로 급제하였다. 1761년 사도세자의 관서 미행을 왕에게 고하지 않은 죄로 삭직되었다. 후에 다시 기용되었으나 1772년 청명류 사건 때 당론을 주장하여 유배되었다가 곧 풀려나 후에 관직이 영의정에 이르렀다.

대사성 정3품인 성균관의 으뜸 벼슬.

김종수|1728~1799| 1750년 소과에 합격하고 1768년 식년 문과에 병과로 급제하여, 세자시강원, 교리 등을 거쳐 왕세손|정조|을 보좌하였다. 1772년 청명류 사건으로 유배되었다가 정조 즉위 후 다시 관직에 나아갔다. 1780년 이조판서가 되어 홍국영을 몰아냈고, 의금부판사·대제학·우의정·좌의정을 역임하고, 기로소에 들어가 봉조하가 되었다.

수망 벼슬아치를 임명하기 위하여 추천한 세 사람의 후보자 중 첫째 후보자.

순색통청 한 가지 당파로 통청한다는 뜻.

카 종수를 다 절도로 귀양 보내셨다. 김치인은 죄를 조사하여 다스리라는 상소까지 났으니 그런 일이 어디 있으리오.

종수는 본래 내 집과는 좋지 않은 사이였다. 내 집을 의심하고, 아버지와 두 삼촌l홍인한과 홍준한l, 숙제l홍낙임l까지 후겸이를 꾀어서 해낸 일이라고 하였다. 숙제는 더욱 의심을 해서 아주 깊은 원수로 알았다. 세상에 이런 맹랑한 일이 어디 또 있으리오.

내 집안 사람은 분별이 없지 않았다. 김치인네를 미워하면 다른 일로 죄가 되도록 무함할 법은 있겠지만, 내 집안도 노론인데 노론을 통청한다고 죄를 잡을 리가 있겠는가. 또한 그때 영묘의 성교가 엄했는데, 죄안罪案*이 청류淸流, 명류名流 노릇한다는 것이었다. 세상에 다시 청류, 명류로 죄 주는 법이 어디 있겠는가. 이 일로 내 집에서 후겸이를 가르친다고 하는 말은 삼척동자라도 바로 듣지 않을 것이니, 도리어 가소로울 뿐이다.

내 집이 처음에는 후겸이 때문에 죽을 뻔하였지만 나중에는 후겸 모자의 힘으로 목숨을 보전하였다. 영묘께서 왕위에 계시는 동안에는 급히 떼어 버릴 길이 없어 어떻든지 간에 서로 연결되어 지내다가, 결국 후겸이와 한가지로 죄를 입게 되었다.

이제 생각하면 신묘년l1771l에 아버지께서 화를 입더라도* 후겸이와 사귀지 말 것을……. 그러나 사람의 자식이 되어 눈앞에 부모와 형제의 참혹한 화를 보고 어찌 구하지 않겠는가. 전생에 정처의 모자에게 지은 죄로 인한 업이니 하며

* 청류란 절개 있는 깨끗한 무리를, 명류란 뛰어난 자질을 지닌 유명인사를 이른다. 여기서는 영조가 청명류를 당파라 하여 죄를 준 사건을 가리킨다.

* 홍봉한이 정조의 형제인 인, 진에게 지나치게 친절하다고 오해를 받은 일을 가리킨다.

한탄할 뿐이로다.

내 중부।홍인한।는 아버지의 아우여서 공명을 얻은 것처럼 세상에서 말하였지만, 실은 그렇지가 않았다. 등과를 한 후 영묘께서 중부를 처음 보시고 "크게 쓸 인물이라." 일컬으시고, 그 후에 "형।홍봉한।보다 낫다."고 말씀하셨다. 본래 임금과 신하가 뜻이 잘 맞았다.

경인년।1770। 후에 아버지의 처지가 망측하였지만,* 중부께는 영묘의 총애가 변하지 않았다. 선왕।정조।도 허물없이 좋아하셨다. 집안 처지가 망측한 가운데 중부는 평안감사도 하고 정승도 하셨다. 비록 영묘의 사랑으로 말미암았지만, 벼슬길에 종적을 끊지 못한 것이 잘못이었다.

말하기 좋아하는 사람들은 이렇게들 말하였다.

"형님 처지는 망측한데 저는 벼슬을 어찌 다니며, 후겸이가 권세를 쓰는 때에 어찌 부귀를 탐하는가?"

죄를 삼으면 당신도 감수할 것이다. 나도 일생 동안 분개하는 일이지만, 심지어 을미년।1775। 대리 일로 역적의 이름을 받아서 참화를 입기는 지극히 원통하였다.* 세상에 이런 일이 어디 있으리오.

을미년에 중부께서 정승으로 다니실 때이다. 영묘께서는 점점 연세가 많으시고, 그때 후겸이는 권세가 없어도 행동이 가볍고 거칠어서 난감한 일이 많았다. 또 국영이가 세손에게 총애를 많이 받아서 분별없는 일이 많았다.

중부는 본래 낙순樂純।홍국영의 백부।이와 좋지 못한 사이였고, 또 국영이의 모양은 경솔하고 천박하였다. 그때에는 오

* 한유의 상소로 홍홍한이 의금부에서 죄를 받고 다음해에 삭직되었다.

* 홍인한이 동궁은 노·소론과 이·병판, 나랏일을 알 필요가 없다며 왕세손의 대리청정을 저지한 일. 서명선이 홍인한, 한익모 등에게 죄를 줄 것을 상소하여 화를 입었다.

히려 동궁께서 국영이를 총애하시는지 자세히 알지 못하였고, 다만 일가의 어린아이로만 보았다.

"영안위* 자손 중에 저런 못된 인물이 날 줄 어찌 알았으랴! 집을 망하게 할 것이다."

그러고는 저를 보고 두어 번 꾸짖어 경계하였다.

국영이는 제 털끝만 거워도|대적해도| 상대를 죽이는 성품이었다. 또 국영이가 아버지께 와서 여쭈었다.

"중부께 기별하거나 이조판서를 통하여, 제 아비 낙춘樂春에게 벼슬을 시켜 주십시오."

아버지께서는 처음에는 일을 미뤘는데, 여러 차례 보채니 마지못하여 중부께 편지하였다. 그때 국영이 앉아서 회답을 기다리다가, "오래도록 회답이 아니 오니 후에 오겠습니다." 하고 나갔다. 국영은 나가다가 대문에서 회답을 들고 오는 인편을 만나 편지를 달라 하였다.

중부의 회답은 이와 같았다.

이 미친 아이를 어찌 벼슬을 시키라고 기별하십니까? 못하겠습니다.

국영이는 그것을 보고 얼굴이 파리해져서 죽을 듯이 갔다.

그로 인해 독한 마음을 가지고, 필경 참화를 지어낸 것이다. 국영이가 제 털끝만 건드려도 상대를 죽이고 마는 성품인데 그때 그 독한 마음이 어떠했겠는가. 죽이기로 마음을 먹었다가 필경 참화를 만들었다.

영안위 정명공주와 혼인한 홍주원을 가리킴. 혜경궁 홍씨의 5대조이다.

중부의 죄명은 세손의 대리를 막아서 못하게 한 것밖에 없었는데, '국영이를 제거하여 저군[왕세손]의 오른 날개를 잘라 없애려 한다.'는 큰 죄명이 되었으니, 이 명확한 한 가지 증거가 있다. 당신이 세상에 살아가는 길을 알고 민첩하게 행동한 것이 이상하구나. 그래서 처음에는 국영의 형세가 그리 될 줄 모르고 꾸짖었다가, 나중에는 차차 알고 그놈의 독을 만날까 조심하였다.

을미년[1775] 10월에 영묘께서 국영이를 제주 감진어사監賑御史 로 보내려고 하시자 동궁께서 중부께 부탁하셨다.

"국영이를 보내지 않게 해 주십시오."

그러자 중부가 영묘께 아뢰었다.

"홍국영은 춘방을 오래 맡았으니 다른 문관을 보내소서."

그리하여 유강柳㷗이를 대신 보내고, 국영이를 가지 않게 하였다. 실상 궁료宮僚 를 잘라 없애 버릴 마음이 있으면 그 좋은 기회에 우겨서 국영이를 제주에 보내지 어찌하여 가지 않게 하였겠는가.

그때 영묘의 춘추가 많으시고, 담후痰候 가 자로[자주] 나셔서 매사를 분간하지 못하시는 때도 많았다. 국가의 원로대신이면 바로 대리를 청하는 일이 응당한 일이다. 그때 일의 형세는 하루 가 바쁘니 누가 그 마음이 없었겠는가.

기사년[1749]에 대리*로 말미암아 모든 일이 다 탈이 났으니 내 마음은 대리를 원수같이 알았다. 혹이라도 '대리' 두 글자를 들으면 마음이 떨렸다.

영묘의 병환은 비록 여지없으나 동궁이 어른 왕세자로

감진어사 흉년에 굶주리는 백성을 구제하는 일을 감시하고 감독하기 위해 보내던 어사.

궁료 시강원 보덕[정3품 당상관] 이하의 관원을 총칭.

담후 기침이 자주 나고 가래가 끓는 병.

하루 원문에는 '할리'로 하루의 옛말인 '흐루'의 주격.
*사도세자에게 대리를 시킨 일을 가리킨다.

계시니 국가의 기본은 튼튼하였다. 나라의 안위가 대리를 하고 하지 않는 것에 갈리지 않을 듯하였다. 영묘께서 대리하실 하교를 내리신 후, 안으로 정처는 "나라의 큰일이니 나는 모른다." 하였다. 그때 중부는 정처가 영묘께 조용히 말씀드리지 못한 지 오래인 줄은 몰랐다. 행여 정처가 또 무슨 권변權變*을 부려서 영묘를 충동할까 걱정하였다. 정처가 대리 일로 올모[함정]를 놓고, 만일 중부께서 갑자기 명을 받들면 야단을 치려는 줄 알았다. 그래서 영묘께서 "대리를 하자." 하시는 말씀은 다 시험하는 말씀으로 알아 의심하며 두려워하였다. 그래서 그저 적당히 넘기려고만 하였다.

"그런 하교를 어이 하십니까? 신하가 되어 어찌 감히 그 명을 받겠습니까?"

중부는 예의상 이렇게 말씀드리며, 겨우 살아가고 있었다.

영묘께서는 정신을 점점 잃어, 하시는 말씀 중 헛소리가 반이 넘었다. 그때 정시령庭試令*도 내리시고, 일도 없는데 진하령進賀令*도 내리셨다. 또 숙종대왕 때의 재상인 김진구金鎭龜*를, 약방제조로 제수하라는 등의 전교도 하셨다. 그러다 정신을 차리시면 "어찌 반포를 하였는가!" 하시며 뉘우치실 때가 많았다.

영묘께서 세손에게 정말 대리를 시키고자 하시는 줄 알았으면, 중부가 학식은 비록 부족하지만 그런 일에 관한 눈치는 남보다 빨리 아시는 성품이었으니 어찌 즉석에서 명을 받들어 당신 공으로 삼고자 하지 않으셨겠는가. 일찍이 중부는 영묘의 뜻이 아니거나 빈말로 하신 줄로 의심하였다.

권변 그때 그때 형편에 따라 둘러대는 수단.

정시령 나라에 경사가 있을 때 등에 임의적으로 대궐 안에서 행하던 정시[과게를 시행하라는 명령.

진하령 나라에 즐거운 일이 있을 때 백관이 축하를 올리던 진하[잔치를 시행하라는 명령.

김진구[1651~1707] 숙종 때 서인 세력의 영수 김만기金萬基의 아들이자 숙종의 비인 인경왕후의 오빠. 1680년 별시 문과에 병과로 급제하였다. 1689년 기사환국 때 남인이 정권을 장악하자 제주도에 위리안치되었다가 1694년 갑술환국으로 서인이 정권을 장악하자 호조참판에 기용된 뒤 여러 관직을 거쳐 1702년 의금부판사에 이르렀다.

그것이 정처가 놓은 함정인 줄로 알고 두려워 피하려 하였다가, 필경 영묘의 뜻을 방해하는 죄가 되었다. 옛 신하의 품격과 절개로 책망하여, 위에 쓰인 말처럼 영묘의 병환은 깊고 나라의 사세는 위급한데 대리를 청하지 않는다고 죄를 잡으면 정당한 의논이었다. 그 때문이라면 당신이 비록 참화를 만나도 원통하지 않았을 것이다. 그러나 저들은 "동궁께서 영명하신 것을 꺼려서 권세를 쓰려고 대리를 막았다." 하며 역적이라고 하였다. 그런 원통한 일이 어디 있겠는가!

또 저들은 중부에게 망언을 했다. 을미년[1775] 11월 20일에 중부가 궐에 들어오자 영묘께서 말씀하셨다.

"세손이 나랏일을 아는가, 이·병판吏兵判*을 아는가, 노·소론을 아는가? 아니 민망한가?"

중부가 대답하였다.

"노·소론이야 세손이 알아 무엇 하시겠습니까?"

이것이 바로 삼불필지三不必知*였다. 이·병판도 동궁이 알 필요 없고, 노·소론도 동궁이 알 필요 없고, 나라의 일은 동궁이 더욱 알 필요 없다는 '삼불필지'라 하여 그때 죄가 되었다. 실은 영묘께서 한 가지씩 묻고, 대답을 기다려 또 한 가지 말씀을 하신 것이 아니었다. 마음에 세손이 아직 어린 모양으로 아셨다. 그래서 '세손이 나랏일이든 이·병판이든 노·소론이든 아무것도 모르니 민망하구나!' 하는 뜻으로 하교하신 것이다. 그러나 중부가 아뢴 말의 뜻은 영묘의 끝 말씀이 노·소론이기에, '세손께서 노·소론이야 알아 무엇 하시겠습니까?' 한 것이었다.

이·**병판** 이조판서와 병조판서.

삼불필지 나랏일, 이·병판, 노·소론을 굳이 알 필요가 없다는 뜻.

평상시에 영묘께서는 세손을 특별하게 사랑하셨다. 그러나 여러 신하들이 과하게 세손을 칭찬하는 말씀을 들으시면 혹 성심, 당신이 늙어서 신하들이 젊은 동궁에게 따른다고 의심하지 않을까 염려하여, 세손께서는 매번 "대조께서 들으시는 데에서 나를 지나치게 기리지|칭찬하지| 말라." 당부하고 약속하였다.

영묘께서는 조정 신하들이 편을 가르는 것을 질색하셨다. 그래서 당신께서는 '노론' '소론'이라는 글자를 일컫는 일이 없었다. 연석에서도 신하들은 아예 노론·소론이라는 말을 꺼내지 못하였다. 중부가 생각하길, 만일 "동궁이 노·소론을 어이 모르시겠습니까?" 아뢰면 영묘께서는 시험하시다가 "내가 그리 금하는 편론을 세손이 안단 말인가?" 하실까 두려워 임시변통으로 꾸며 맞춘 것이다. 그래서 중부는 "동궁께서 알아 무엇 하시겠습니까?" 하신 것이다. 그 일의 형세를 상상하건대 영조께서 이리 물으시면 중부는 이처럼 대답했을 것이다.

"동궁이 이·병판을 아는가?"

"동궁이 이·병판을 알아 무엇 하겠습니까?"

"노·소론을 아는가?"

"동궁이 알아 무엇 하시겠습니까?"

중부의 대답을 기다렸다가 또 물으셨을 것이다.

"동궁이 나랏일을 아는가?"

어훈 말하는 법이나 태도.

그러니, 또 대답을 듣기 전에 그러할 리가 없고 어훈語訓* 도 그리 될 길이 없었다.

본래 상하上下[임금과 신하]에서 주고받는 말인즉 "이 일도 모르고 저 일도 모르니 민망하다."는 것이 영조의 한마디 말씀이시고, 대답은 끝의 말씀이 노·소론 말씀이기에 "알아 무엇 하겠습니까?" 한 것이 중부 마음이다. "동궁은 매사에 모르는 것 없이 다 아십니다." 하고 아뢰면 영묘의 마음에도 어찌 아실지 모르고, 전에 과하게 칭찬하지 말란 세손과의 약속도 어기는 것이고, 노·소론 일은 더욱 금기와 같았다. 당신은 조리 있게 아뢰노라고 한 말씀이 몽상문蒙上文*처럼 물으신 세 마디를 가지고 세 마디 대답을 하였으니, 망발이라 하면 그것이 죄이다. 그러나 그것으로 역적이 되기에는 천만 애매하고 원통하다. 당신이 비록 화를 입었지만 지하에서인들 어찌 눈을 감으며 마음에 어찌 납득하겠는가.

그때 궐 안의 일과 세손의 뜻을 기별하여 이 뜻을 알아 두게 하였으면, 중부가 당연히 그러한 줄 알고 그런 실언도 안 하였을 것인데. 내 변통 없는 마음은 어찌 이리한지.

집안에 기별하기도 겸연쩍고 번거로운 듯하여 미리 기별하지 않았다. 외가로서 봉승奉承[뜻을 이어받다]한다 하여 무슨 시비가 나거나 정처의 참소로 성심이 격노하실까 싶어 의심거리는 피하였다. 그래서 더욱 주저하며 집안에도 의논하지 않았다. 이제 생각하면 다 내 탓이오. 나의 죄인 듯, 어느 부분이 후회스럽고 한스럽지 않겠는가.

우리 집안 사람이 벼슬도 많이 하고 부귀도 장성하였다. 온전히 동궁의 외가이기에 그러하였으니 동궁을 믿고 의지하여 조정을 어지럽힌다고 하면 그것은 죄가 될지 모른다.

구십독로 90 나이로 몹시 늙었음을 뜻함.

＊동궁이 자기가 벌써부터 대리를 하시게 되면 홍씨 일가가 더욱 권세를 부리게 된다고 생각하고 이를 꺼려했었다는 것을 말하고 있다.

그러나 모두 동궁을 믿고 권세를 쓰고 부귀를 누리는데, 동궁이 대리를 하시거나 등극을 하면 무식한 척리의 마음에도 더욱 즐기지, 동궁을 꺼려하여 대리를 못하게 하고, 누구를 의지하여 부귀를 누리겠다는 말인가.

영묘의 병환은 구십독로九十篤老＊로 아침저녁을 모르는 위급한 때였다. 불과 눈앞의 권세를 부리려고 길게 바라봐야 할 동궁께 죄를 지으려는 마음이 어디 있겠는가?

동궁이 외가에게 미안하게 여기신 것을 나타낸 일이 없고 나부터도 몰랐다. 당신이야 초록이 |의심 없이| 동궁으로 계신 중에 척리 대신으로 대권을 더 잡을 줄로 마음 졸이며 대리를 하시지 않기를 바란 것이다.＊ 동궁께 불리한 말이 어찌 인정 천리에 벗

영조의 장수와 기로소
아버지인 숙종은 60이 되면 기로소에 들어가려 했는데, 들어가지 못하고 59세에 죽으니, 영조는 망육望六[육십]을 바라보는 나이이라 하여 1744년 51세의 나이로 기로소에 들어갔다. 그리고 이를 축하하기 위해 국가 잔치를 하고, 종친들에게도 연회를 베풀어 주었다. 그러나 영조는 80이 넘도록 장수했다.
〈종친부사연도〉. ⓒ 서울대학교 박물관.

어난 말이 아니겠는가.

그때 영묘께서 말씀하셨다.

"내가 눈이 어두워 낙점落點*을 손수 못하고 좌우 신하들을 시켜 표表*를 붙였다. 다른 공사公事는 다 내관의 손에 맡겼다. 예전에 경묘|경종|께서, '세제|영조|가 좋겠는가, 좌우|신해가 좋겠는가'* 하신 말씀과 같으니 나는 세손에게 맡기고자 한다."

그때 영상 한익모韓翼謩*가 두려워하며 말하였다.

"좌우|신해는 족히 근심할 것이 없습니다."

이때도 망발이라 하여 함께 상소에 올랐거니와, 한익모도 중대한 일이기에 눈앞에서 갑자기 뜻을 이어받지 못하여 미봉책으로 한 말이다. 그 사람인들 딴마음이야 있었겠는가. 망발로 말하자면 중부와 다를 것이 없고, 대리 봉승을 하지 않은 것에 대해 죄를 말하면, 영상|한익모|과 좌상|홍인한|이 다 같았다. 이제 와 한익모는 허물없는 사람이 되고, 중부는 홀로 극안極案*에 올랐으니, 나라의 형법에 의한 것이라지만 어찌 이처럼 차별하는가.

이런고로 선왕은 이를 데 없이 미워하며 후일을 별렀다. 중부를 여산礪山으로 귀양 보낼 때에 전교하시기를,* 여러 가지 죄목으로 논란하여 다시는 세상에서 사람 노릇을 못하게 죄어 매었다. 그러나 끝에는 이렇게 말씀하였다.

"왈유역정曰有逆情과 왈유이지曰有異志는 차즉만만과의此則萬萬過矣라."

이 말은 '역심이 있다는 말과 다른 뜻이 있다는 말은 너

낙점 벼슬아치를 뽑을 때, 추천된 세 사람의 후보자 가운데 마땅하다고 생각되는 한 사람의 이름 위에 임금이 친히 점을 찍던 일.

표 표문이라고도 하며, 신하가 임금에게 올리던 글. 자기의 심중을 알린다는 의미에서 '표'라고 하였다.

* 병약한 경종이 왕자가 없는 고로 동생 연잉군|영조|을 왕세제로 정하고, 대리청정까지 하려 했을 때를 가리킨다.

한익모|1703~?| 1733년 식년 문과에 을과로 급제하고 여러 관직을 거쳐 1772년 영의정에 올랐다. 1776년 사도세자의 처벌을 주장한 홍인한·정후겸 등을 심문할 때 불참한 죄로, 유배되었다가 이듬해 풀려났다.

극안 죄인을 극형에 처벌하는 형안.

* 『정조실록』에 따르면, 정조는 홍인한을 귀양 보내면서 다음과 같이 말했다. "영조가 말년에 병이 깊어 오랫동안 정사에 신경을 쓰지 못하셨다. 홍인한은 어리석고 외람되어 학식도 깊지 않았으나 영조의 사랑을 받아 삼사의 지위를 얻고 은총을 파는 일을 즐겼다. 그는 뉘우치거나 두려움도 없이 지냈다. 신하들이 그가 반역한 실정이 있다거나 이상한 뜻이 있다고 하는 말은 모두가 인정에서 벗어난 말이다." 이는 홍인한이 평소에 배우지 못해서 일어난 일들이기에 심하게 벌을 줄 수 없다는 뜻이다. 결국 정조는 영조의 뜻을 잇고, 혜경궁의 친척을 구하기 위해 홍인한을 배우지 못한 사람이라면서 처벌을 미룬 것이다.

무 지나치다.' 라는 뜻이다.

선왕은 본래 외가에 불편한 마음이 있어서 한 번 풀고자 하셨지만, 차마 노모를 두고 어찌 외가를 망하게 하실 뜻이 있었겠는가. 국영이 또한 피에 사무친 원수는 아니다. 제가 권세를 써서 온 세상을 호령하려고 나라의 외가에 붙어서 그에 따르는 위엄을 보았을 뿐이지, 저도 알듯 죽을죄는 없었으니 죽일 생각이야 어찌 미처 했겠는가.

이 전교를 내리어 처분한 후에는 아주 끝난 일로 알았다. 그러나 병신년|1776| 5월에 김종수가 들어온 후 국영을 꾀어 홍가를 극악한 역적으로 만들려고 몰래 꾸민 일들이 더욱 끔찍하였다. 중부가 귀양 간 후 몇 달 만에, 아무 죄도 지은 일이 없는데 처음의 죄가 차차 죄를 더하여 필경엔 큰 화를 입었다.✽ 어찌 처음 귀양 보낼 적 전교의 뜻이셨겠는가! 임자년壬子年|1792, 정조16| 5월 선왕이 연교筵敎●하셨다.

"불필지不必知란 말은 막수유莫須有와 같아서✽ 족히 죄가 될 것이 없다."

이는 『정원일기』에도 있을 것이요, 반포한 연설筵說인데 누가 보지 않았겠는가. '막수유'란 말은 악비岳飛가 천고에 다시없는 억울한 옥사 일✽로 언문책에까지 씌어 있어, 무지한 여자들도 지금까지 원통해하는 일이다. 선왕의 고명한 성학聖學|유학|으로 이 문자의 출처를 모르시지 않을 것이다. 이 문자를 빗대어 쓸 적에는 그 일로 그리 되기는 원통하다는 말씀이다. 내 집안 사람 말고라도 세상에서 그 연설을 본 사람들 중 그 누가 임금이 뜻한 바를 헤아리지 못하였겠는

✽ 『정조실록』에 따르면, 정조 즉위년|1776| 홍인한이 귀양을 가고 난 뒤부터 꾸준히 그를 처벌하라는 상소문을 올렸다. 결국 그해 7월 5일, 정조는 홍인한과 정후겸을 사사하도록 명령한다.

연교 임금과 신하가 문답하는 자리에서 내리는 임금의 명령.

✽ '알 필요가 없다는 말은 모름지기 있다고도 할 수 없다.'는 뜻이다.

✽악비|1103~1141|는 중국 남송 때 사람으로, 금군金軍을 격파한 공으로 벼슬이 태위에 이르렀다. 뛰어난 학자이며 서예가였다. 그러나 재상인 진회秦檜|1090~1155|가 금군과의 전쟁을 멈추고 화친을 하자고 한 것에 반대하다가 무고한 누명을 쓰고 39세에 죽었다.

328 |

가. 그때 전교에서 '막수유' 말씀을 하시고 또 이리 말씀하셨다.

"병신년|1776| '삼불필지'는 죄가 될 것이 없다.* 실은 모년 일로 이리 된 것이다."

그러고는 나에게 오셔서 말씀하셨다.

"'삼불필지'를 벗길 길이 없어 민망하였는데, 이제는 모년|1762| 일로 돌려 그 오해를 벗기 쉽게 하였습니다. 다행한 일이지요."

내가 놀라 여쭈었다.

"병신년 일도 천만 원통한데, 모년 일은 아예 당치도 않습니다. 그런 말이 어디 있습니까?"

"모년의 죄를 일컬어 이러이러하다 하였으면 어렵지만, 모년의 죄라 하고 죄명이 어떠하다 밝히지 않았습니다. 후에 가면 무슨 죄인 줄 알겠습니까? 모년의 죄들은 갑자년 |1804|에 다 풀려고 합니다. 이번에는 병신년의 일이 풀린 셈이니 모년 일은 잠시 미뤄 두었다가 갑자년|1804|을 기다릴 것입니다."*

근래에는 더욱 잘 아시고 늘 말씀하시곤 하였다.

"화를 입은 대신|홍인한|이라. 아무 일이 없었더라면 척리로 으뜸 원로대신이 될 뻔하였는데……."

당신께서 중부께 정성스레 하시던 말씀과 당신이 좋아하여 매사를 의논하던 말씀도 하였다.

"아무리 어떠하여도 좋은 끝은 있으리라. 세도世道와 나라의 주인이 될 사람이요, 영웅이니 지금 대신 누가 당하겠

* 1775년 11월 소위 '삼불필지'란 망언으로 인해, 정조 즉위년|1776| 4월 홍인한이 여산으로 유배되었다.

* 정조는 혜경궁 홍씨에게 갑자년|1804|, 즉 혜경궁 홍씨의 칠순 되는 해에 어린 세자순조|에게 왕위를 건네고 그에게 지난 모년의 일과 혜경궁 홍씨 집안의 죄를 씻어 주겠다고 약속했다. 그러나 정조는 이 꿈을 이루지 못하고 일찍 죽고 만다.

는가!"

선왕은 남과 교제하는 일과 온갖 일의 규모와, 심지어는 옷을 입는 일까지도 "다 배웠노라." 하셨다. 선왕의 마음에 만일 진정 중부를 극악한 역적으로 아셨다면 어찌하여 귀하신 성체에 비겨서 말씀하였겠는가.

병신년|1776| 초두에 중부가 화를 만나서 내 비원통혹悲寃痛酷*함은 비할 데 없었다. 그때 자결하거나 별다른 행동거지가 없었던 것은 세상에 없는 어미의 구구한 마음으로 간신히 당신을 길러 임금이 되시는 것을 보기 위함이었다. 귀하고 경사스러운 마음에 만일 내가 몸을 보전하지 못하면 선왕의 성스러운 효에 해롭고 성스러운 덕에 누가 됨은 이를 것이 없을 것이다.

"지금은 즉위한 지 초년이시고, 국영에 의해 주상의 총명이 막혀 가리셔서 주상이 이런 과한 거동을 하시지만 머지않아 깨달으실 날이 있을 것이다."

나는 이렇게 헤아리며 참고 참아, 목숨을 버리지 못하고 예사로운 듯이 지냈다. 궐 안팎의 사람들이 내가 어리석고 나약하다고 꾸짖는 것을 어찌 감수하지 않겠는가. 과연 선왕의 깨달음이 위에 쓰인 말과 같았다. 또 갑자년|1804|에 내 집의 원한을 다 풀 때, "중부의 일도 한가지로 풀려 합니다." 하고 틀림없이 여러 번 말씀을 하셨다. 그래서 나는 금석金石같이 믿고 갑자년이 오기만을 바랐다. 그러나 갑자년이 더디 오기에 민망하였다. 하늘이 갈수록 나를 믿게 여기고 우리 집안 운은 갈수록 나빠졌다. 선왕이 중도에 돌아가시고*

비원통혹 슬프고 원통함으로 마음이 아프고 독하다는 뜻.

*정조는 1794년에 시작된 피부를 파고드는 부스럼과 과로로, 1800년 6월 28일 49세로 생을 마쳤다.

모든 일이 다 흩어졌으니 이런 원통함이 또 어디 있겠는가. 내가 비록 여편네이지만 조정의 야사 번역한 것을 많이 보았는데, 우리나라의 원통한 옥사 중에 끝내 신설伸雪하지 못한 것은 없었다. 심지어 내 중부의 일은 더욱 원통하구나.

주상主上|순조|이 장성하여 시비를 분간하실 때면 응당 이 다음에 늙은 할미의 지극한 원한을 풀어 주실 때가 있을까 기다렸다. 그러나 내가 살아서 미처 보지 못하겠기에 이 글을 장래 내가 없는 후에라도 주상이 보시면 반드시 감동하여 내 중부의 30년 쌓인 원한을 풀어 주실까 하늘에 빌고 또 빈다.

명종 때 윤임尹任*이 그 사위 봉성군鳳城君*을 추대하려 한다고 증초證招*와 국안鞫案*을 명백히 만들어 『무정보감武定寶鑑*』에 올렸다. 그 책에 죄명을 올린 것을 보면 만고에 없는 역적인 듯싶어 누가 감히 말하겠는가. 본래 그 옥사乙巳士禍는 모두 꾸며서 일으킨 옥사인데, 공론이 일어나서 여러 사람의 의논이 한 곳으로 쏠린 것이다. 지극히 억울하다고 하나 오히려 선묘|선조|께서는 몹시 어렵다고 하시다가, 공의대비恭懿大妃*가 지극히 원통해하시는 뜻을 받들어 윤임을 복관작시켜 주셨다. 윤임은 공의대비께 시외삼촌이요, 공의대비는 선묘의 백모였다. 공의대비께서는 시외삼촌의 원통함을 씻으려 하시고, 선묘께서는 백모의 마음을 우러러 받들어 서러워하며 이 일을 하였다. 선묘의 처분이 효성에서 나왔으니 공경하고 사모하지 않을 리가 없다.

하물며 내 중부는 윤임의 죄명과 무거움이 판이하고, 나는 주상의 할머니이다. 백모로써 시외삼촌의 원통한 일을

윤임|1487~1545| 조선 제11대 왕 중종의 첫 번째 계비인 장경왕후의 오빠이자 인종의 외삼촌. 인종이 죽고 1545년 어린 명종이 즉위하여 문정대비가 수렴청정할 때 을사사화가 일어나 사사되었다.

봉성군|?~1547| 중종의 여섯째 아들로 본명은 완岏. 희빈 홍씨의 아들이자 중종반정의 공신 홍경주의 외손자. 1545년 윤원형 등이 을사사화를 일으켜 사림을 제거하고, 봉성군에게 역모죄를 씌워 사사되었다. 1570년|선조3| 을사사화 때 화를 입은 사람들과 함께 신원되었다.

증초 죄의 증거가 되는 죄인의 진술.

국안 왕이 국청에서 죄인을 신문한 모든 절차, 신문 내용 및 결과를 기록하여 보관한 문서.

무정보감 조선에 내우외환의 전말을 기록한 책. 현재는 1548년|명종3|에 간행된 『속무정보감』만이 전해진다. 『속무정보감』은 「을사정난기乙巳定難記」라고도 한다.

공의대비 인종의 비인 인성왕후|1514~1577|를 가리키며 '공의'는 존호이다.

호소하는 것도 따르셨는데, 이제 할머니가 그 중부의 원을 호소하여 풀어 주는 것이, 내 마음으로나 나라의 체면으로나 아무도 말하지 못할 것이다. 또 이 일이 잘못되었음을 선왕이 깨달아 "갑자년|1804|에 누명을 씻으려 하노라." 하고 여러 번 말씀하셨으니, 병신년|1776|과 임자년|1792|의 두 번에 걸친 전교가 더욱 분명한 증거가 된다. 이 일의 원을 푸는 것이 선왕께서 남기신 뜻이다.

금상|순조|께서 불안해하거나 주저할 일이 아니다. 공의대비가 윤임의 일에 간섭하시다가 모함을 받아서 더욱 윤임의 원통함을 풀려 하신다 하니, 병신년 7월에 중부를 처분할 때 전교에는 내가 그리 하라 말했다고 이는 곧 내가 함께 중부를 죽인 셈이다. 세상이 내가 중부가 화를 입는 데 구하기는커녕 그리했다고 알아, 나를 인륜과 기강의 죄인이라 하여도 사양하지 못할 일이다. 그러나 만고에 제 중부가 화를 입는 데 "그리 하라." 말할 사람이 어디 있겠는가.

내 오래지 않아 수명이 다할 것이다. 만일 중부의 누명을 씻지 못하고 죽으면 오래도록 중부를 죽인 사람이 되어 귀신도 용납하지 못할 것이다. 공의대비께서 한때 무언誣言*을 들으신 원통함과 비교하면 어떠하겠는가. 공의대비는 조카님을 감동하게 하셨는데, 내 비록 정성이 부족하지만 설마 주상을 감동시키지 못할까!

매번 마음에 있지만 아직은 주상이 마음대로 못할 때라,* 나는 점점 숨이 끊어질 듯 그저 아득할 뿐이다.

무언 없는 일을 거짓으로 꾸며서 남을 해치는 말.

*순조는 1800년 11세의 어린 나이로 즉위하여 1803년까지도 정순왕후의 수렴청정 하에 있었다.

국영이가 임진년|1772| 가을에 등과하였다. 본래 어릴 적부터 그 됨됨이를 알 수 없었고, 제 아비 낙춘이는 미친병이 있었다. 가르칠 것도 없으니 제 스스로 미친 듯이 망령되고 허랑방탕하였다. 술과 여색을 탐하여 행실이 말을 할 수가 없었다. 그래서 제 집에서도 용납하지 못하니 세상에서 버린 바였다. 그러나 약간의 재주가 있어, 못하는 글도 억지로 "하노라." 하였다. 또 예민하고 민첩할 뿐 아니라 담대하고 호기도 있어서, 하늘도 무서워하지 않고 땅도 두려워하지 않았다. 이 미친것이 매일 "천하만사를 내가 다 하련다!" 하기에 저의 동료들이 몹시 놀라서 웃지 않는 사람이 없었다. 등과 후 수년 동안 한림翰林*을 하며 오랫동안 궐에 있었다. 영묘께서도 사랑하시어 매일 이렇게 말씀하셨다.

"이 아이가 내 손자라."

동궁과는 나이가 비슷한 데다가 얼굴도 곱고, 재치가 있어 민첩하니 벌써 세상에 난리가 난 것과 같았다. 동궁이 한 번 보시고 두 번 보시는 동안 절로 크게 대우하시며 지극히 가까운 사이가 되었다. 처음에는 요놈이 간사한 꾀를 내어 동궁께 곧은 말로 간하는 체하였지만, 실은 그 간하는 말이 모두 다 듣기 좋은 말이었다. 동궁께서는 요놈을 강직한 사람으로 알고 깊이 사귀신 후 이르지 않는 곳이 없었다.

세손이 동궁으로 계실 때, 하인과 사부師傅*를 만나는 것 외에는 빈객賓客*과 궁관宮官*만 보았을 뿐이니, 그자들은 학문을 닦고 연구하기나 하지 무슨 말을 하리오. 하물며 조정의 일이나 궁궐 밖 설화를 어찌 감히 한 마디라도 주고받았

한림 예문관에 검열|정9품| 4명과 봉교|정7품| 2명, 대교|정8품| 2명을 두었는데 이를 묶어 8한림이라 하였다. 춘추관의 기사관을 겸직하여 역사의 기록과 편찬을 담당했다.

사부 세자와 세손의 교육을 맡아 보던 정품 관직. 대개 '사'는 영의정이 '부'는 좌의정이나 우의정이 겸임하였다.

빈객 시강원의 정2품 벼슬. 좌·우 빈객 각 1명을 두었는데, 다른 직을 가진 관원이 겸직했다.

궁관 동궁에게 딸린 벼슬아치.

겠는가.

동궁이 재미없고 답답해하시다가 국영을 만나, 여쭙지 않는 말이 없고 아뢰지 않는 일이 없었다. 신통하고 귀하게 여겨서 이전에 사랑하시던 궁관과는 점점 멀어지고 국영이만 제일로 아셨다. 비유하자면 사나이가 첩에게 혹한 모양이었다. 국영이는 제가 미워하거나, 원한이 있고 혹 저를 나무라는 사람이 있으면 아무 일도 없이 동궁을 비방한다며 헐뜯었다.

동궁께서 국영이를 지나치게 사랑하셨다. 그 인물이 의젓하여도 꺼림을 받을 것인데, 하물며 세상이 다 아는 무뢰하고 경박한 사람을 너무 사랑하시니 어찌 말이 없겠는가. 어떤 이는 "동궁이 괴이한 것을 가까이 하신다." 걱정하였고, 또 다른 이는 "동궁이 잠시 저를 받아 주신다고 제가 어찌 감히 상스럽게 굴리요?" 하였다.

갑오년|1774|과 을미년|1775| 사이에는 집집마다 국영에 관한 말이었다. 사람들마다 국영을 근심하니, 전들 어찌 듣지 못하였겠는가. 이런 말을 들으면 곧 궐에 들어가 동궁을 비방한다고 아뢰었다. 소위 뜬소문이란 것이 이런 일이다.

세손께서는 궁 깊은 곳에 계셔서 다른 사람은 보지 못하시고 국영의 말만 들으셨다. 또한 국영을 사랑하는 터에 고놈의 간사한 뜻을 살피지 못하시고 곧이들었으니 세손이 어찌 알았겠는가. 국영은 이럭저럭 세상에 없는 대우를 받다가 대리 일로 큰 공을 세웠다. 그리고 세손이 등극한 뒤 7, 8개월 안에 관직이 올라 도승지都承旨*와 수어사守禦使*를

도승지 조선시대 승정원의 6승지 중 수석 승지로 정3품 당상관이 맡았다. 왕이 내리는 교서나 신하들이 왕에게 올리는 모든 문서가 승정원을 거치게 되어 있어, 도승지는 왕의 비서로서 그 임무가 매우 중대하였다. 또한 도승지는 홍문관·예문관의 직제학과 상서원의 우두머리를 겸임하였다.

수어사 정묘호란 이후, 북방의 경계를 강화하면서 남한산성에 설치한 중앙 군영인 수어청의 으뜸 벼슬.

하고, 숙위대장宿衛大將*으로 대궐에 있게 되었다. 그러자 저 있는 곳의 이름을 숙위소宿衛所라 하였다. 오군문대장五軍門大將을 하고, 벼슬 이름이 오영도총숙위五營都總宿衛 겸 훈련대장訓練大將이었다. 예로부터 그런 은총과 공명이 다시 어디 있겠는가.

제 마음대로 사람을 무수히 죽이는 중에 내 집안이 선두로 화를 입었다. 내 중부가 꾸짖은 일에 원망을 품었을 뿐 아니라, 국영의 백부 홍낙순이 내 중부와는 원수 같아서 항상 죽일 마음이 있다고 하였다. 국영의 첫 정사政事는 제 백부의 말을 들었기 때문에 내 중부의 화가 더욱 심하였던가 싶다.

4년 동안 신의도 절도도 없이 제멋대로 날뛴 일들이 천백 가지이니, 내가 궁중에 있어 어찌 자세히 알겠는가. 그러나 떠들썩하게 퍼진 소문을 들어도, 궐내에서 내의녀內醫女를 데리고 제 집 사랑같이 지내고, 약방*제조를 하며 임금님의 진지를 차리는 데* 제 밥도 수라상과 한가지로 차려

똑같이 먹고, 임금님 앞에서 버릇없이 구는 것과 대신 이하를 능욕하기는 헤아릴 수 없이 많았다. 우리 조상이 쌓은 덕이 어떠한데 어찌 이런 요망한 역적이 날 줄 생각이나 하였겠는가.

처음에는 국영이가 작은 그릇이라서, 버릇이 없을지언정 큰일을 저지르리라고는 미처 생각하지 못하였다. 그런데 김종수란 것이 병신년|1776| 5월에 비로소 들어와, 국영의 아들이 되어 천만 가지 흉악한 변괴를 다 꾸며냈다. 어찌 국영이 혼자만의 죄뿐이었겠는가.

종수는 다른 사람이 아니라 내 5촌 고모*의 아들이다. 내 할아버지께서는 그 고모가 어렸을 때 사랑하셨다. 그래서 그 질녀는 매번 "수양 아버님, 어머님." 하였다.

그 고모가 아들을 나니 맏이는 종후鍾厚*요, 둘째는 종수였다. 집도 동네에 있고 정이 각별하여 친소생과 다름이 없었다. 그러나 국혼* 후에 내 집은 권세가 성대해지고, 저희는 "비록 재상가 사람이지만 선비로 명론明論*하노라." 하며 스스로 그렇게 처신하였다. 그래서 전날에 친했던 정이 변하였다. 그러나 아버지께서는 그 형제를 우리 집안 아이로 알고, 꾸짖어 가르치기도 하셨다. 그 형제는 점점 괴상망측해졌다. 분명 정적情迹*이 괴이하였다. 그런데도 아버지께서는 그 형제의 목숨을 구하고, 인정에 어그러진 일을 많이 보시면서 걱정하셨다. 그래서 그 행동의 옳고 그름을 따지니 저희들은 유감의 뜻을 품었던가 싶다. 아버지야 아들과 조카를 가르치는 일처럼 말씀하신 후에 마음에 담아 두기나

*홍역보의 1녀로 청풍 김씨 김치만의 처이다.

김종후|?~1780| 어려서부터 시를 잘 지었으며, 진사가 된 뒤 성리학자로 이름이 났다. 그러나 사도세자를 죽음으로 몰아낸은 '나경언의 상변'을 사주하였으며, 동생 종수가 김귀주의 일당이 되자 이에 가담하여 함께 홍봉한을 공격하였다. 김귀주 일당이 제거된 뒤에는 홍국영을 따랐고, 국영이 쫓겨나자 그에게 기만당했다고 변명하는 상소를 올리기도 했다.

*1744년 사도세자와 혜경궁 홍씨의 가례를 뜻한다.

명론 사리에 맞고 뛰어난 의론.

정적 심정이 겉에 나타난 모양.

하셨겠는가.

그 고모는 아버지의 종형제 항렬에서 나이가 남매 중에 으뜸이었다. 아버지는 할아버지께서 하시던 일도 생각나서 그 고모를 동기 누님같이 보셨다. 그래서 장수로 임명받을 적이나 지방으로 나아갈 적에는 고모에게 많은 물건을 보냈다. 그렇게 정의情誼가 각별하였다. 그런데 저희들이 어미의 사촌을 죽이려고 계교를 꾸미는 줄 어찌 알았겠는가.

정해년丁亥年|1767, 영조43| 종후를 가자加資[*]로 천거하였다. 대신에게 의논도 않고, 유림에게 공론한 일 없이 이조판서가 혼자 정하였다. 아버지께서 비록 둘째 할머니의 거우居憂 |상중|였지만 공론으로 말씀하시길 "정격政格[*]이 아니다." 하셨다. 그 일로 원한이 뼈에 사무쳐 보복하기를 꾀하고, 임진년|1772|에 종수가 귀양 갔던 일[*]을 억지로 숙제|홍낙임|의 탓으로 삼아 항상 "망하는 것을 보고 말겠다." 하였다. 나는 천만뜻밖에 친척에게 그런 의심까지 받게 된 것을 불행하게 여겼다.

그런데 이제 때를 얻어서 국영이와 한마음이 되어 국영이가 하지 않으려는 일을 충동하였다. 제가 본디부터 세상을 속이고 헛된 이름을 도적질하였다. 국영이의 마음에 종수가 제게 와서 자제처럼 친근하고, 노예처럼 복종하고 섬기며, 첩이 된 여자 종처럼 아첨을 하니 스스로 기뻐하며 그가 하자는 대로 말을 듣고 계교를 쓴 것이다. 내 집안의 재액은 종수가 아니었다면 국영이만으로는 이토록 되지 않았을 듯하구나.

가자 정3품 통정대부 이상의 품계를 더 올려 주던 일이나 승격된 그 품계.

정격 벼슬아치의 추천, 임명과 파면에 관한 법식.

*영조가 3월 21일 당쟁의 적임을 추궁하여 김종수 등을 흑산도 등 각지로 귀양 보냈다.

국영이 그 망측한 것이 아무런 분별도 없고 아무런 이유도 없이 대수롭지 않은 원한으로 사람을 무수히 죽일 때, 종수도 함께 제 원수를 갚았다. 두 놈이 원수를 갚기 위해 사람들의 유죄, 무죄를 막론하고 무수히 죽였다.

후대 사람들은 국영이가 패했으므로 그 죄악을 더러 알고 있었다. 그러나 종수는 무수히 태도를 바꾸었다.* 제 몸은 직접 일에 관계하지 않은 고로 지금까지 종수의 죄만은 자세히 몰랐다. 실은 죄를 10가지로 나누어 의논하면 국영의 죄악은 3, 4가지이고, 종수의 죄악은 6, 7가지였다. 그래서 내가 매번 선왕께 이렇게 여쭈었다.

"국영의 일은 그 아이의 죄만은 아닙니다. 실은 종수의 죄입니다."

그러면 선왕도 웃으시며, "그렇습니다." 하셨다.

국영이가 그 은총을 가지고 제 마음대로 못한 노릇이 없었다. 그런데도 오히려 부족하여 제 누이를 드리고 제가 임금의 외척이 되어 안팎으로 무한히 즐기려 하였다. 소위 제가 충신이고 임금이 가까운 친척처럼 알던 신하였다면, 그때 정처의 거짓말로 중전과 선왕께서 부부금슬이 화목하지 못했으나 아무쪼록 곤전(중전)과 선왕께서 화합하기를 권해야만 했다. 그때 중궁전은 26세이시고, 본래 복병腹病이 없었다. 그런데 중전이 병환이 생겼다고 자교慈敎를 내시게 하여* 양전 사이를 화합하지 못하게 하였다. 만일 제 힘이 못 미칠 양이면 선왕이 춘추 근 삼십에 대를 이을 자손이 없으니, 장성한 처자를 공평히 가려 바삐 아들을 낳는 경사가 있

*홍국영이 실각할 무렵 김종수는 상소를 하여 홍국영을 맹렬히 공격하여 귀양 보낼 것을 청하기도 했다.

*1778년 5월 대비인 정순왕후는 정조에게 빈첩을 들이라는 언서를 내렸다.

기를 축원해야 옳을 것이다. 그러나 홀연 요약한 계교를 내어 겨우 13세 된 어린 누이를 드리니, 그 아이를 언제 길러 대를 잇겠는가.

그 아이의 호號를 원빈元嬪이라고 하고, 궁호를 숙창淑昌이라 하였다. '원元' 자는 뜻이 흉하니 어디 곤전이 계신데 비빈을 '원元' 자로 이름지어 부르겠는가.* 하늘이 신령神明하고 제 죄악이 넘쳐서였는지 기해년[1779]에 제 누이가 홀연 죽었다.* 국영이가 독한 마음에 분을 이기지 못하고, 제 누이가 일찍 죽은 것을 감히 곤전의 탓이라 의심하였다. 그래서 선왕을 충동하여 내전[중궁전] 내인들을 여럿 잡아다가 칼을 빼들고 무수히 치며 혹독하게 국문하였다. 그래서 어떻게든 내전께 허물을 씌우려 하였다. 하마터면 내전께 참언과 무고가 미칠 뻔하였고, 외간에서도 소란하게 떠드는 말들이 많았다. 베전[布廛]*, 양대전凉臺廛, 시정市井 상인들이 문을 걸어 잠그고 몰래 도망하기까지 하였다. 만고에 이런 포악한 도적이 다시 어디 있겠는가.

제가 부귀를 길게 누리려던 계교를 이루지 못했으면, 저도 하늘을 두려워 조금이라도 위세를 거두고 다시 명문가에 간선[간택]하기를 권하여야 조금이라도 속죄를 할 터인데……. 국영의 마음에 다른 비빈을 고르면 그 집 사람에게 선왕이 정을 옮길까 염려하여 "간선을 다시 못 하리라." 하고, 송덕상宋德相*을 시켜 흉한 상소를 올렸다.* 인은언군]의 아들 담湛*이를 수원관守園官*을 시키고, 군호君號를 '완풍完豊'이라 하였다. 그리고 죽은 제 누이의 양자로 삼아 담이를

* 곤전이 계신데 으뜸 '원' 자를 빈에게 붙일 수 있었느냐는 뜻이다.

* 1779년 5월 7일 홍국영의 여동생 원빈 홍씨가 죽었다.

베전 조선시대에 나라에서 법으로 보호 육성하여 서울에 둔 육의전 중 하나로, 베를 팔던 상점.

송덕상[?~1783] 송시열의 현손자. 1753년 좌의정 이천보의 천거로 벼슬을 시작하여 정조 때 이조판서에 이르렀으나, 홍국영 실각 때 삼수부에 안치되었다. 그 뒤 왕위 계승에 대하여 올린 상소에 흉역凶逆의 뜻이 있다 하여 옥에 갇혔다.

* 1779년 6월 18일 이조참판 송덕상은 두 가지를 건의하였다. 하나는 후사를 잇고자 원빈을 얻었는데 그녀가 죽어 모든 일이 끝났다는 것이고, 다른 하나는 역적[정처와 김귀주]을 처리하자는 것이다.

담 정조의 아우인 은언군의 장남이다. 홍국영에 의해 왕위 계승자로 올려졌으나 홍국영과의 관계가 틀어진 후 역적으로 몰려 자살했다.

수원관 『정조실록』에는 '대전관代奠官'으로 나와 있다. 미루어 보아 대전관의 별칭으로 보여지며, 제사 때 임금이나 왕세자를 대신하여 잿술을 올리던 관리를 뜻한다.

선왕의 아들처럼 만들었다. 이는 제가 외가가 되어 길이 권세를 누리려 한 것이었다.

선왕의 춘추가 삼십이 못 되고, 또 병환도 없으신데, 후사를 보실 길을 아주 막았다. 선왕의 총명을 잠시 흐리게 하여 제가 하자는 대로 모든 일을 좇아 하셨으나, 그놈이 오히려 "당신을 위하여 한 일입니다." 말하는데 무심히 속으셨던 것이다. 선왕의 밝은 지혜로 어찌 그 요악한 놈의 마음속을 깨닫지 못하였겠는가.

옛 종묘의 모습
조선의 왕과 왕비의 신위를 모신 곳. 조선 초기에는 7대조까지만 묘에 모시다가 중기 이후부터는 치적이 많은 왕은
7대가 지나도 정전에 그대로 모셨으며, 그 밖의 신위는 일정한 기간이 지나면 영녕전으로 옮겼다. 「종조의궤」. ⓒ 규장각.

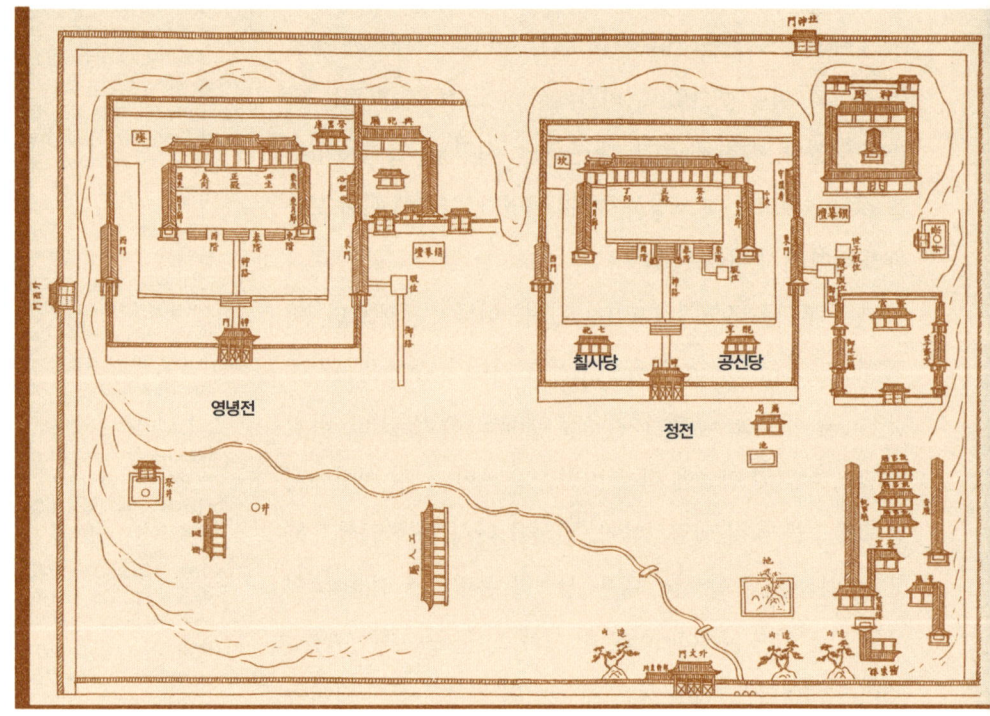

국영이가 담이 그 어린것을 갑자기 데려다가 임금의 아들처럼 삼고, 제 조카로 하였다. 그리고 가까이 부리는 내관을 붙들고 대궐 출입을 하여 거의 동궁과 같이 대우하였다. 제 아비 인이는 헛되고 미덥지 못한, 막된 사람이었다. 제 아들이 그리 된 것이 제 몸에 큰 화가 될 줄 모르고, 이로 인하여 세도를 휘둘러 궁묘宗廟 충의忠義*와 수위관守衛官*을 저와 친분이 있는 이를 시켰다. 그런 무지한 것이 어디 있겠는가!

그때 내 집 동생들이 내게 편지하여 분개하고 걱정하였다.

이런 나랏일과 이런 행동이 어디 있습니까?

이 모양을 대하니 절통하고 분한 원망이 하늘을 꿰뚫고 땅에 다다랐다. 나는 선왕께 이렇게 말씀드리며 서러워하였다.

"이것이 무슨 일이며, 어찌된 뜻입니까? 생각을 해 보십시오. 마누라가 늙으셨습니까, 아니면 병환이 계십니까? 아들을 얻고 싶은 마음은 노소와 귀천이 없습니다. 또 종묘사직이 마누라께 달려 있습니다. 삼십이 되도록 아들이 없는 것도 초조하고 민망한 일인데, 이제 남의 손에 휘둘려 스스로 아들을 못 낳는다 판단하시니 이 무슨 일이오?"

그때 국영의 형세가 태산과 같아서 아무도 말할 사람이 없었다. 원빈의 빈소는 정성왕후 빈전*을 하였던 곳에 하였다. 무덤은 '인명원仁明園', 혼궁은 '효휘궁孝徽宮'이라 이름 짓고, 의정부 이하가 진향進香*을 하고 복제를 행하였으니,

충의 충의위五위에 속한 군대 중 하나에 속한 관직. 개국·정사·좌명 3공신의 적장자를 제외한 자제들을 시험 절차 없이 뽑았으며, 여기에 뽑힌 이들은 4교대로 궁중의 숙위를 하고 일정 복무를 마치면 벼슬길로 나아갈 수 있었다고 한다.

수위관 세자의 무덤인 '원'을 지키는 종9품직.

빈전 국상 때, 상여가 나갈 때까지 왕이나 왕비 등의 관을 모시던 전각.

진향 왕·왕비·왕세자 등의 국상 때, 빈전 또는 빈궁에 종친과 외척이 제사를 올리던 일.

그때 신하들이 어찌 꾸지람을 면하겠는가. 내 홀로 분통하고, 내 홀로 하늘에 한이 사무쳐 이를 갈며 차마 보지 못하였다. 만나면 울고 보면 서러워하니 선왕께서 차차 고놈에게 속은 것을 깨닫는 듯하였다.

국영이가 담이를 조카라 하고 궁중에서 동궁처럼 추켜세우며 잠자고 먹는 일을 함께 하는 등 그 모양새가 날로 흉악하고, 행동이 날로 위험하였다. 선왕이 영명하신데 어찌 뉘우치지 않으시며 분하지 않았겠는가. 다만 나랏일이 아득하여 어찌할 바를 몰랐다. 나는 서럽고 분하여 "대 이을 일을 헤아리십시오." 하며 뵈올 적마다 지성으로 권하였다.

선왕께서는 본래 어질고 효성스러웠다. 내 모습과 당신의 신세를 돌아보고 내 말을 옳게 여기셨다. 그래서 나를 대하시는 기색은 점점 지극하고 국영의 죄악은 더욱 빨리 깨달아, 기해년|1779| 9월에 국영에게 관직을 내놓게 하였다. 전에 사랑하시던 일로 끝까지 보호해 주고자 하였지만, 제가 관직을 물러난 후 하는 일이 더욱 해괴망측하고 요망하여 강릉으로 쫓아 보냈다. 거기서 제 스스로 죽었으니, 자고로 흉악한 역적과 권세 부리던 간신이 그리 많은 것은 아니지만 국영이 같은 것은 다시없을 것이다.

국영이는 처음에 사사로운 원한으로 거짓을 꾸며 사람을 함정에 빠뜨리고, 걸핏하면 역적으로 몰아 죽였다. 이것이 선왕의 성덕에 누累가 되게 하였으니 이 죄가 하나이다. 양전|정조 내외|을 화합하지 못하게 하고 제 어린 누이를 드려 부귀를 제멋대로 하려 했으니 그 죄가 둘이다. 제 누이가 죽은

후에 선왕께서 후사를 볼 길을 막고, 담이를 양자로 세워 동궁을 만들고 제가 외가 노릇을 하여 다시 권세를 길게 누리려 하는 계교를 썼으니 그 죄가 셋이다. 또 곤전 내인에게 혹독하게 형벌을 내려 곤전께 죄를 씌우려 계교를 부렸으니 그 죄가 넷이다. 그 외에도 밖에서 위를 향하여 안하무인眼下無人하고 버릇없는 불충한 말들이 무수하였지만 내가 직접 보지 못했으니 어찌 다 기록하겠는가.

신하로서 이 죄 한 가지만 있어도 극형을 면하지 못할 것인데, 국영의 몸에는 전후 고금에 듣지 못하던 천 가지 죄와 만 가지 악이 실려 있었다. 그럼에도 처음부터 끝까지 제 명을 다하고 편히 죽었으니 하늘이 무심함을 어찌 한탄하지 않겠는가.

종수가 스스로 '명론名論*'을 하노라.' 하였지만 처음에는 후겸이를 따라 벼슬을 꾀하였다. 제가 태천* 현감을 하직하던 날, 영묘께서 초록 명주 한 필을 소매에서 내어 주시며* 말씀하셨다.

"관대冠帶를 하여 입으라."

영묘께서 저를 편론한다고 괘

관대 차림 벼슬아치가 평상시 조정에 나아갈 때 입는 상복으로 국가 연회에 참석할 때도 착용하였다. 사모, 흑단령, 흉배, 띠, 패수, 화를 갖추어 입었다. 〈강세황 영정〉ⓒ 국립중앙박물관.

씸히 여기시다가 홀연히 이런 총애가 있었으니, 후겸에게 성의聖意가 없었다면 어찌 이러하셨겠는가. 저는 본디 이익을 보면 달려드는 버릇이 있었다. 종수는 후겸이를 붙들려 하였지만, 후겸이가 받지 않자 분을 못 이겨 이를 갈고 있었다. 그래서 국영이를 붙들어 국영이의 교활하고 악한 짓을 돕지 않은 것이 없었다.

국영이가 벼슬을 사양하고 물러날 때에, 종후를 시켜 그 청을 물리라는 상소를 내었는데, 그 내용은 이와 같다.

> 그는 나라의 충신입니다. 호랑이와 표범이 산에 있으면 다른 짐승들이 끔쩍도 못한다고 합니다. 그래서 이 사람이 하루라도 조정에 없으면 안 됩니다.

저희 형제가 처음에는 설사 국영에게 속았다 하여도 국영이가 담이를 궐에 들이고 덕상이 간택을 다시 못하게 하는 상소를 한 후로는 온 나라 사람들이 역적이라 하였다. 산림山林*으로서 마지못하여 한 일이 아니라, 평안도에서 급하게 상소하여 행여 남에게 뒤질까 두려워하였다. 세상에 당파를 지어 역적질하는 명론名論이 어디 있겠는가!

그 후에 종수가 차자箚子*를 하여 국영을 쳤다. 이는 선왕이 친히 시키신 일이다. 내가 선왕께 말씀드렸다.

"종수가 국영의 아들인데 제 아비를 논박하니 저런 일이 어디 있겠습니까?"

"제 마음이 아니요, 저도 살고자 하니 어쩔 수 없겠지요."

산림 벼슬을 하지 않고 초야에 숨어 사는 선비.

차자 간단한 서식의 상소문. 차문이라고도 한다.

"천만 가지로 변하는 구미호인가 봅니다."

그러자 선왕이 웃으시며 대답했다.

"잘된 표현입니다."

선왕이 어찌 제 상태를 모르셨겠는가.

국영이가 없어진 후로는 국영이가 있던 때의 일을 모두 다 바로잡았다. 내 중부l홍인한l같이 원통한 사람은 진실로 누명을 벗겨 주어야 하늘의 이치에 합당하고 인심人心을 위로 하는 것이다. 그러나 국영의 죄악도 분명히 드러나지 않았고, 원통한 사람은 지금껏 누명을 씻지 못하였다. 이것은 국영이는 없지만 종수가 국영의 뜻을 전해 받았기 때문이다.

종수는 병신년l1776l 초부터 국영이와 일을 했고, 이 일이란 국영이를 꾀어 제가 싫어하는 무죄한 사람을 죽인 것이다. 그 죄는 국영이보다 더하다. 내전께 없는 병환이 있다 말하고, 국영의 어린 누이를 드린 뒤 '원빈'이라 이름하여 곤위l중전의 자리l를 빼앗으려 하고, 담이를 양자로 삼아 선왕께서 후손 보실 길을 막아 종사를 옮기려 한 계교는, 국영이의 흉한 마음일 것이다. 그러나 그 계교인즉 종수가 가르친 것이 분명하다. 만일 그렇지 않아도 저는 등한한 신하와 달리 천고에 없는 군신 사이로, 못

관대 차림l시복l
조선 관리들의 시무복으로 흉배가 없는 단령 차림.
시복은 상복 다음가는 관복이다. 〈허목 영정〉. ⓒ 국립중앙박물관.

원류소 벼슬아치의 유임_{留任}
을 요청하는 상소.

할 말씀이 없고 아니 좋으신 일이 없는데 국영이의 전후 일
을 한 번도 말한 일이 없고, 심지어 제 형_{김종휴}에게 홍국영
을 위해 원류소_{願留疏}*를 올리게 하였다. 그러니 국영과 같은
마음임이 어찌 분명치 않겠는가.

종수 제가 일생 동안 나라에 직언 한 번 한 일이 없고, 그
른 일을 바르게 한 적도 없었다. 한다고 하는 것이 '홍가_{洪家}
치기'와 '옥사 내는 일'에만 힘을 다해 달려들었다. 만고에
이런 사갈_{蛇蝎|뱀과 전갈} 같은 독물이 또 어디 있겠는가. 선왕
이 그놈의 마음을 다 아셨으나, 그의 살림이 검박하고 벼슬
이 탐탁하지_{높지} 않아 인심을 덜 잃었다. 그래서 덮어두고
이전의 정을 보전하려고 처음부터 끝까지 한결같이 계셨다.

그러나 제가 소위 검소하고 청렴한 것도 다 겉치레이다.
세상은 제가 어미께 효도한다고 말하지만 어미 마음을 따를
양이면, 어미 사촌도 종수의 가까운 친척[至親]이니 비록 죄
가 있어도 세상에 저만큼 큰 죄인이 아닐 것인데, 어미를 앞
히고 제 홀로 나서서 어미의 종형제를 죽였으니 어찌 진정
한 효성이겠는가.

세상이 국영의 일은 거의 다 알지만 종수의 일은 오히려
모른다. 국영은 헛껍데기요, 종수는 실로 골자이다. 그래서
이렇게 함께 써서 자세히 알게 하노라.

내 나이 일곱 살 되던 신유년₁₇₄₁에 숙제_{홍낙임}가 태어났
다. 숙제의 자질이 얼음과 같이 맑고 옥같이 깨끗하여 평범
한 사람보다 뛰어났다. 부모님의 사랑과 나의 편애는 이를

것도 없고, 영묘께서도 그 아이를 어여삐 여기셨다. 그래서 내 중제[홍낙신]와 형제를 앞세우고 다니셨고 경모궁께서는 더욱 사랑하셨다.

숙제는 문학을 일찍 이루어 대·소과, 삼장三場 장원을 하였다. 그래서 문장에 대한 재주와 명성으로 이름을 떨쳤다. 내 동기간의 지기[智器]슬기와 기량[器量]으로 집안의 기대가 깊었다. 그러나 입신立身한 지 얼마 되지 않아 집안 처지가 망측하게 되니, 근심과 걱정으로 마음을 졸이며 한탄하였다.

경인년[1770]과 신묘년[1771] 사이에 아버지의 몸에 닥친 위기가 날로 급하였다.✱ 내 생각에 귀주의 마음은 풀 길이 없고, 정처에게나 의지하여 급한 위기를 넘기고자 하였다. 그러나 그 사람이 아들[정후겸]의 말을 듣고 지난날과 달라진 지오래라, 서먹하게 말로 움직이기 어려웠다. 일의 형세로 보아 그 아들을 사귀어야 혹 그 마음을 풀 길이 있었다. 그러나 오라버니와 중제는 무슨 일인지 후겸이에게 미움을 샀고, 다만 숙제가 있었다. 숙제의 지조가 고상하고 조촐하여, 부귀에 물들지 않고 세상 살아가는 도리를 따르기 싫어하였다. 그래서 깊은 친구가 없고, 집의 문객 중에도 얼굴을 아는 이가 적었다. 이런 위인이 구차하고 비루한 일을 하고자 할 리 있겠는가. 그러나 우리 형제 중에 나이가 어리고 후겸이에게 미움을 받지 않은 이는 숙제밖에 없었다. 그래서 내가 간절히 편지하여 후겸과 사귀라고 권하였다.

옛사람은 어버이를 위하여 죽은 효자도 있다. 지금 형편이 어

삼장 과거 제도의 초시初試, 복시覆試, 전시殿試를 가리킨다.

✱홍봉한이 김귀주 등의 모함으로 삭직되어 귀양을 갔다.

버이를 위한다면 후겸이를 사귀어 집안의 화를 구하는 것이 옳구나. 옹주의 아들이 임금의 총애를 믿고 권세를 좋아할 뿐이지, 내시도 아니요 흉한 역적도 아니다. 잠시 후겸이의 부정에 물들기 어렵다고 아버지의 위태함을 구하지 않는다면 어찌 사람 된 자식의 도리이겠느냐?

숙제는 처음에는 죽기로 마다하였다. 그러나 일이 점점 급하게 되어 우리 집안 망하는 일이 아침저녁 사이에 있으니 내가 더욱 급하게 권하였다. 그래서 숙제가 몸을 돌보지 않고 부득이하게 후겸이와 사귀어 아버지의 화를 면하게 하였다. 숙제가 한편에서 미움을 받는 것은 다 이 누이의 탓이다.

숙제는 그 문장과 재주와 식견을 가지고 아버지와 형의 뒤를 좇아 벼슬을 하여 앞길이 만리 같다가 포부를 펴지 못하였다. 어렵고 험악한 때를 만나 아버지의 화를 염려하여 평생의 본심을 지키지 못하고 후겸이와 사귄 것을 스스로 부끄러워하여 마음에 맹세하였다.

"집이 평안하다면 내 몸은 세상에 나아가지 않을 것이다."

후에 숙제는 동교東郊에 집을 장만하고 내게 편지하였다.

저는 멀리 가지 못할 몸입니다. 앞으로 근교에서 머뭇거리며 서울을 의지하고 자연에 묻혀 세상을 마치려 합니다.

그 글귀가 지금도 눈에 선하다. 숙제의 마음은 이러한데 후겸이를 사귄 것은 아버지와 형제를 위한 것이었다. 아버

지와 형의 화를 구하였지만, 후겸이와 인연하여 벼슬 한 가지라도 하면 "본심을 저버리고 진실로 비루한 일을 탐하고 어지럽히는 무리와 결합하는 것이다." 라고 말하였다. 기축년|1769|에 장원급제하여 을미년|1775|까지 7년간 본래 하던 옥당玉堂*, 춘방을 서너번 지낸 것 외에 응교應敎*를 청한 일이 없었다. 크고 작은 고을의 한 곳에서도 수령을 한 일이 없으며 영묘께서 호당湖堂*을 시키려 하는 것도 마다하였다. 경인년|1770| 이전에 벼슬 없는 몸으로 쭉 있었지, 대수롭지 않은 벼슬을 더 한 일이 없었다. 후겸이를 사귄 것이 이利를 탐한 것이 아닌 줄은 여기서도 분명히 알 것이다.

숙제는 정처의 변화와 후겸이의 간교로 집안에 변화가 다시 날까 걱정하며 다녔지 그 밖에 조정에 누구를 쓰고 누구를 막으며, 누구를 죽이고 누구를 살리려 하는지 일체 알고자 한 일이 없고, 후겸이 또한 의논한 일이 없었다. 이는 세상이 다 아는 일이다. 사람이 권문세가와 얽혀서 세상을 어지럽히는 것은 제 몸에 이로움이 있어야만 하는 것이다. 부귀공명 때문이라면 숙제는 그 처지와 학문으로 장원급제한 지 7년 만에 가만히 앉아 있어도 오는 벼슬을 하였을 것이다. 하물며 후겸을 사귀어서 제 몸을 이롭게 하고자 하였다면 어찌 한 가지 요직과 가자加資 한 번을 못 하였겠는가. 이는 숙제는 아버지와 형제를 위하여 부득이하게 후겸이와 가까이 한 것이다. 제 몸은 벼슬을 하지 않았으므로 무죄를 밝히려는 본심을 알 수 있을 것이다.

심상운沈翔雲*이 본래 요사한 놈으로 폐족廢族* 출신이었

옥당 홍문관의 별칭. 조선시대에 궁중의 경서經書·사적史籍의 관리, 문한文翰의 처리 및 왕의 자문에 응하는 일을 맡아 보았다.

응교 홍문관에서 학문을 연구한 관원. 경연관을 겸하여 경연청에서 임금의 학문을 지도하거나 시정時政을 토론하기도 하였다.

호당 독서당의 별칭. 과거에 급제한 젊고 유능한 문신들을 위한 수양·연구 기관.

심상운|1732~1776| 심일진沈─鎭의 아들. 신임년에 환관 박상검이 경종과 연잉군|영조| 사이를 이간하여 연잉군을 없애려 하였다. 상운의 아버지가 이 사건에 연루되어 역적이 된 심사순沈師淳 양자로 입적되어 있어서 벼슬길이 평탄치 못하였다. 동생 심익운이 과거에 급제하고서도 관직에 오르지 못하자, 아버지가 입적 사실을 없애려다가 인륜을 어지럽히는 일가로 지목되어 배척을 받았다. 그러다가 홍봉한의 도움으로 벼슬길에 나아갔다. 1774년 승지가 되었을 때 정후겸·홍인한의 사주를 받고 세손|정조|의 사부와 빈료를 비난하면서, 세손을 '온실수溫室樹'에 비유하는 흉서를 올렸다. 이에 삼사의 탄핵을 받아 유배되었다가 정조 즉위 후 친국을 받고 죽었다.

폐족 형을 받고 죽어서 그 자손이 벼슬을 할 수 없게 된 가문.

최석항|1654~1724| 1680년 별
시문과에 급제한 후, 신임사
화 때는 소론으로서 노론을
실각시키는 데 기여하여 우
의정을 거쳐 좌의정이 되었
다. 그러나 그가 죽고 영조가
즉위하면서, 노론이 정권을
잡자 신임사화의 주모자라
하여 관직이 추탈되었다.

조태억|1675~1728| 1707년 문
과 중시에 병과로 급제했다.
신임사화를 일으켜 노론을
실각시키고 정권을 잡았으며,
영조 즉위 초에는 병조판서
를 거쳐 우의정에 올랐으나
곧 삭직되었다. 1727년 당쟁
조정을 위해 대대적으로 인
사를 개편한 정미환국 때 복
직되었다.

서유녕|1733~1789| 1766년 정
시문과에 병과로 급제하여
사서·수찬·교리 등을 거쳐
1784년에는 공조·형조·예
조판서를 역임하고, 1786년
한성부판윤·우참찬·총융사
등을 지냈다.

✳「영조실록」에 따르면, 1775
년 12월 서유녕은 최석항과
조태억의 자손인 최수원·조
우규·조영의 세 사람 과거
에서 문구를 미리 지어서 제
출한 것을 발견하고 이들의
문구가 10구 혹은 7, 8구가
같다며 급제를 취소해 달라
고 상소한다.

소본 상소문의 원본.

말째 말재라고도 하며, '맨
끝'이라는 뜻.

으나 재주를 가지고 후겸이와 친밀하게 지냈다. 숙제가 후
겸이와 모인 자리에서 얼굴을 알게 되어 그 인연으로 왕래
를 하였다. 숙제의 마음은 괴롭지만 후겸이를 두려워하여
상운이도 잘 대접하였다. 을미년|1775| 대리 후에 경과慶科✳
방榜을 하였는데 이때 신임사화의 역적인 최석항崔錫恒✳, 조
태억趙泰億✳의 자손 셋이 급제를 하여 조정의 의론이 놀랍고
어지러웠다. 하루는 상운이 와서 이렇게 말하였다.

"내가 상소하여 최석항과 조태억 자제의 삭과削科를 청하
고자 하는데 어떻소?"

숙제가 답하였다.

"자네의 처지에 마지못해서 벼슬을 다니는 것이 아닌가!
어찌 상소를 하여 조정의 일을 간섭하리오. 최석항과 조태
억의 과거 일은 과연 해괴하지만 세상에 여론이 생겨 의논
할 사람이 있을 것이네. 자네가 아는 체 할 바가 아닐세."

그러자 상운이 성난 얼굴을 하고 불쾌히 여기며 돌아갔
다. 그날 즉시 서유녕徐有寧✳의 상소✳가 났다. 그래서 상운이
그 상소를 못 하였는데, 수삼 일 후에 갑자기 편지를 하였다.

내가 오늘 아침 상소를 하였으나 소본疏本✳이 많기에 보내
지 못하였습니다. 상소한 조건만 대략을 베껴 보냅니다.

그러고는 다른 종이에 제가 상소한 조목을 한 자字씩만
썼다. '당黨'자, '관官'자 등 모두 여덟 조목인데, 말째✳ 조
목은 '척戚'자니 쓰지 말라는 말이었다. 다른 조목은 다 한

자씩만 썼지만 '척戚' 자 조목에는 의논한 글을 베껴 보냈다. 그것은 우리 집이 임금의 외척이기에 보라고 한 말이다. 숙제는 그 글을 보고 상소가 무슨 사연인지는 모르지만, 제폐루廢累|폐족|에 대한 글이기에 놀라서 편지에 답장하였다.

자네는 스스로 잘하였노라 하겠지만, 보는 이는 반드시 나무랄 것이네. 잘한 상소인지는 모르겠네.

그날 저녁에 상소 원본을 보고 깜짝 놀라서 즉시 그때 대사헌大司憲* 윤양후尹養厚*에게 편지를 하여 상운을 잡아다가 국문하려고 하였다. 또 그 형인 윤상후尹象厚에게도 힘껏 권하라 편지하였지만 양후가 하지 않았다.

이 일의 처음과 끝은 무술년|1778, 정조2| 숙제를 공초供招* 할 때 다 자세히 아뢰었다. 그때 상운의 편지와 상소한 조목의 글자를 적은 종이까지 임금께 바치고, 양후에게 상운을 국문하라 권한 일은 상후가 안다. 아직 상후가 살아 있으니 그를 참증參證|참고가 될 만한 증게으로 삼아 상후와 대질하기까지 청하였었다. 상운의 상소로 숙제가 깜짝 놀랐고, 상운과 면식이 있던 것을 불행히 여겨 "상운을 처벌하라." 청하기를 남보다 백 배나 더하였다. 상운의 상소 일에 간섭했다는 것이 천만 애매한 줄은 명백하였다.

정유역변丁酉逆變이 났을 때 상길은 이렇게 진술하였다.

"저희가 추대를 도모하였지요.* 저희가 의논하기를 홍아무개는 임금의 외척이니 지금은 쓰이지 못할 것이나 장래

대사헌 사헌부의 으뜸 벼슬.

윤양후|1729~1776| 1765년 식년문과에 병과로 급제 후, 부제학·승지·대사성·비변사 부제조·참판에 이르렀다. 1776년 세손|정조|의 대리청정을 반대하다가 유배되었는데, 정조 즉위 후 다시 국청에서 신문을 받다가 죽었다.

공초 죄인의 범죄 사실을 진술하게 하는 일.

＊귀인 박씨의 아들 은전군을 왕으로 추대하고자 한 일을 가리킨다.

에는 스스로 병권兵權을 잡을 것이니 만일 그러하거든 진법을 연습하여 거사를 할 수 있으리라 하였습니다.”

이것이 어찌 사람의 말이며 어불성설語不成說이라 한들 곡절이 있을 것이다. 삼척동자라도 누가 곧이듣겠는가. 흉계를 꾸며서 어려운 지경에 빠지게 한 말이다. 홍가가 지위를 잃고 나라를 원망하여 추대를 모의한다는 말은 무함誣陷이다. 그것은 “홍가가 장래 대장이 되어 병권을 잡을 때가 되면 일을 합시다.” 하는 말 때문이다. 장래에 대장을 하여 병권을 잡을 때면 임금의 마음은 풀리고 총애를 받을 때가 될 것인데, 제 집이 잘되고 제 몸이 대장까지 이르면 제게 부귀가 극진하고 소망하는 것을 족히 할 텐데 무슨 뜻으로 추대를 꾀하리오.

✳ 정유역변에 모의한 일을 가리킨다.

설사 그놈들이 그런 이치에 당치 않은 말을 하여도, 일✳을 모르고 있는 숙제에게 무슨 죄가 있겠는가. 그러나 숙제는 본래 국영에게 미움을 받아, 국영이가 해치려 하는 재앙이 박두하였다. 선왕의 성덕으로 숙제는 겨우 끊어질 듯한 한 가닥 목숨을 유지하였다가 무술년1778에 두 가지 일을

정유역변

정유년1777에 사도세자의 서자 이찬을 왕으로 추대하려다 발각된 사건. 1776년 즉위한 정조는 사도세자의 아들임을 천명했고 이는 사도세자를 죽이는 데 큰 영향력을 행사한 화완옹주·정후겸·김귀주 등과 홍씨 일가 및 노론에 큰 위협이 되었다. 그로 인해 이들은 정조 살해 등을 계획하고 이 과정에서 일어난 것이 바로 정유역변이다. 여기에는 홍인한, 홍계희는 물론이고 혜경궁 홍씨의 동생 홍낙임도 연루되었다.
『정조실록』에 따르면, 홍술해는 부적과 주문呪術문을 간직한 일을, 홍상범은 변을 일으키려고 자객을 모집한 일을, 홍술해의 부인 효임은 요망한 무녀와 흉악한 것을 만들어 묻은 일을, 홍계능은 은전군을 왕으로 추대하려고 모의한 일을 자백하였다. 홍계능을 국문하였지만 그는 사건의 전말을 말하지 않았고, 윤태연은 정후겸과는 친하게 지냈지만 홍봉한에게서는 사주받은 것이 없다고 하였다. 정조는 은전군을 자진시키고 주동자 23명을 사형했으며 연루된 사람들을 처벌했다.

다 씻어서 다시 사람이 되었다. 그때에 선왕께서 명령을 거룩히 하시니, 공초가 절절이 조리 있고 단단히 다른 뜻이 없어 극진함이 명백하였다.

"천리 인정에 구하여도 실로 이러할 리가 없다. 비록 의심스런 자취가 있어도 그 마음을 용서하여야 옳은데 하물며 본래 이런 일*이 없었다. 오늘날 억울한 죄명이 드러나 원통함과 억울함을 풀어 주니 내 자궁慈宮[자젠]께 뵈올 낯이 있노라."

선왕은 이렇게 말씀하시며 매우 기뻐하였다.

숙제는 내 오라비요 임금의 외삼촌으로서 국문하는 마당에 섰다. 옛 사기史記로부터 우리 조정에 이르기까지 없던 일이었다. 내 그때 원통하고 흉악함을 몸소 당한 것이나 다름이 없었다. 그러나 선왕의 성스러운 효성에 감동하고 숙제의 지극한 한을 풀어 죄가 없는 사람[完人]이 된 것을 하늘께 감사드렸다.

그 후에 국영이가 없어지고 선왕이 예전 일을 점점 후회하시며, 외숙들을 돌아보고 기대하는 뜻이 해가 지날수록 더하여 심지어 숙제는 문장필한文章筆翰*으로 세상에 쓰이지 못함을 더욱 아깝게 여겼다. 그래서 매일 말하고, 종이를 보내어 글씨를 써다가 병풍 여럿을 만들어 당신도 치시고 나도 주셨다. 벽에 붙이는 글과 '입춘立春'도 써서 붙이고, '만천명월萬川明月* 주인옹主人翁 서書'를 써서 현판까지 하였다.

신해년[1791]부터 「주고奏藁」* 만드는 일을 시작하여 내 집안에 자주 왕복하셨다. 중제가 죽은 후에 더욱 뜻을 더하여

*홍낙임이 정유역변에 가담한 일을 뜻한다.

문장필한 문장이나 글씨로 이름이 난 사람을 뜻함.

만천명월 정조가 스스로 붙인 호號.
주고 홍봉한의 상소문집.

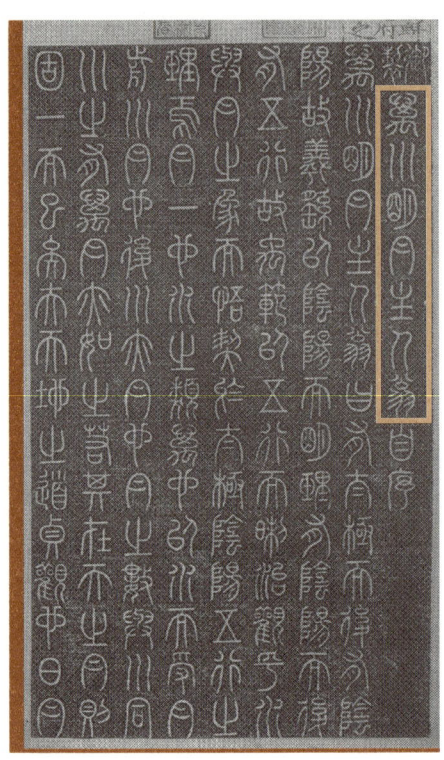

정조 어필 1798년 정조가 자신의 호를 '만천명월 주인옹'이라 하고 그 뜻과 내력을 밝힌 글이다. 「천명월주인옹자서 탁본첩」. ⓒ 규장각.

오로지 숙제에게만 물었다. 정사년丁巳年|1797, 정조21|부터 수권首卷|문집의 첫째 권을 만드시는 일로, 글의 일부분을 빼고 바로잡아 고치는 것을 다 숙제와 의논하셨다. 짧은 편지에 숙달되어 하루에도 여러 번 편지를 주고받았다. 그것을 보신 때면 선왕은 이렇게 말씀하시곤 하였다.

"얼굴과 기상이 요사이 재상으로는 당할 사람이 없으니 지금은 비록 침체沈滯하지만 필경 윤시동尹蓍東●만은 하리라. 갑자년|1804|에는 64세이니 넉넉히 그러하리라."

"문장이 정결하여 당대에 제일이라."

"지기知己|마음을 알아주는 벗|라."

"회심지문붕會心之文朋●이라."

요 몇 해 사이에는 어떤 글을 지어 보내어 "평론評論을 하라." 하셨다. 시詩는 갱운賡韻●을 시켜 번번이 칭찬을 두텁고 무겁게 하셨다. 나라에서 내려 주는 물건들이 자주 있었는데, 무엇이든 부디 나누어 보내어 맛보게 하셨다.

"문장을 길이 전할 만하구나. 문집을 내어 줄 것이니 그리 알라."

그 유별난 은혜와 남다른 대접이 아버지와 아들 같아서

이루 다 기록하지 못한다. 내 집 사람이라면 노소 없이 그 누가 성은을 아니 입었겠는가. 그러나 숙제는 죽게 된 목숨을 다시 선왕께서 살려 주신 은혜를 입었다. 또 이와 같은 특별한 대우를 받아, 서사書史|서책|에나 봉서|임금이 내린 편지|에나 매번 천은天恩에 감격하여 눈물을 흘렸다. 그래서, "몸이 부서지고 뼈가 가루가 되어도 만에 하나도 갚을 길이 없노라." 하였다. 숙제에게 이리 하시던 것은 궐 안팎의 사람이 다 아는 일이다. 주상|순조|이 비록 어린 나이셨지만 어찌 자세히 모르시며 내 누추한 말을 기다리시겠는가.

내가 본디 원통한 일* 외에 내 집안의 설움으로 반평생 동안 간장을 썩이다가, 선왕의 분명한 갑자년|1804| 약속*을 얻고 어찌 다행하다고 믿지 않았겠는가. 이제는 우리 집안이 평안할 기한이 있으니, 동생들이 산중에서 즐겁게 놀고 성군의 은혜를 입어 남은 생애를 무사히 지내기를 가슴 졸이며 바랐다. 어찌 오늘날 우리 선왕을 잃고 숙제가 참화를 받게 될 줄 꿈에나 생각했겠는가.

경신년|1800| 대상大喪* 때에 내 집 사람 이름 여럿을 나란히 적어 종척집사宗戚執事*를 시켰다. 이미 좋은 뜻은 아니었는데 그 중에 숙제가 들어 있었다. 원상院相* 심환지沈煥之*를 위시하여 흉한 말로 못하리라 하며 계사啓辭*하였다.* 선왕이 계실 때에는 은혜를 베풀어 벼슬을 시키시고 또 궐 안에 출입하여도 이렇다 말이 없다가, 엊그제의 선왕이 계시지 않는다고 이 짓을 하였다. 그 사람에게 집사를 시켜도 궐 안을 다닐 리 없지만, 설사 다닌다 해도 나라에 무슨 급한 변

*임오년에 남편 사도세자가 죽은 일과 갑신년에 아들 정조를 효장세자의 양자로 입적시킨 일을 가리킨다.

*갑자년에 왕위를 세자에게 넘기고 함께 화성에서 살면, 세자가 외가 즉 홍씨네의 억울한 죄를 밝힐 것이라는 언약을 가리킨다.

*창경궁 영춘헌에서 49세의 나이로 정조가 승하하였다.

종척집사 국상 때 왕의 종친과 외척 출신에게 시키던 장례 주관과 관련한 임시 벼슬.

원상 왕의 승하 후 26일 동안 어린 임금을 대신하여 정무를 보던 승정원의 임시 벼슬.

심환지|1730~1802| 1771년 정시문과에 급제 후 판서·우의정·좌의정을 거쳐 순조 즉위 후에는 영의정에 올랐다. 벽파의 영수로서 정순왕후의 수렴청정으로 벽파가 득세하자, 신유박해 때 시파인 천주교 박해에 앞장섰다. 1806년 관작이 추탈되었다.

계사 죄를 주어야 할지 주지 말아야 할지, 죄가 큰지 작은지 등을 임금께 아뢰거나 글로 올리는 일.

*「순조실록」에 따르면, 정순왕후가 홍용은·홍낙임·홍낙윤 등을 종척집사로 임명한다. 하지만 심환지가 여러 승지들을 데리고 홍낙임의 죄가 크다며 이를 말렸다.

이 있다고 잠시도 참지 못하고 매우 급한 듯이 하여서 선왕을 관에 모시지도 못하였다. 칠십 노인으로 내 마음은 그 참담한 지경을 당하여 하늘을 향해 통곡하였다. 내가 죽고 사는 것을 모를 줄 알며 그 동생의 말을 그때 하니, 만고에 그런 흉악한 역적 놈이 어디 있겠는가.

또 내 집 사람들이 다 못 들어오리라 하면 모르지만, 숙제에게만 그러하니……. 숙제의 처지가 비록 망측하였지만 선왕이 친히 물어 분명하게 누명을 씻어서 죄가 없음을 명백히 밝혀 주셨다. 선왕의 하교가 더욱 명백하여 소위『속명

정조의 국장 행렬
앞의 향정자작은 가마는 향합香盒, 향로 그 밖의 제구祭具를 싣고 있으며, 바로 뒤에 명정죽은 사람의 관직과 이름을 쓴 깃발이 따르고, 그 뒤 백여 명이 정조의 시신을 실은 대여가 따른다. 「정조국장도감의궤」 반차도 부분. ⓒ 규장각.

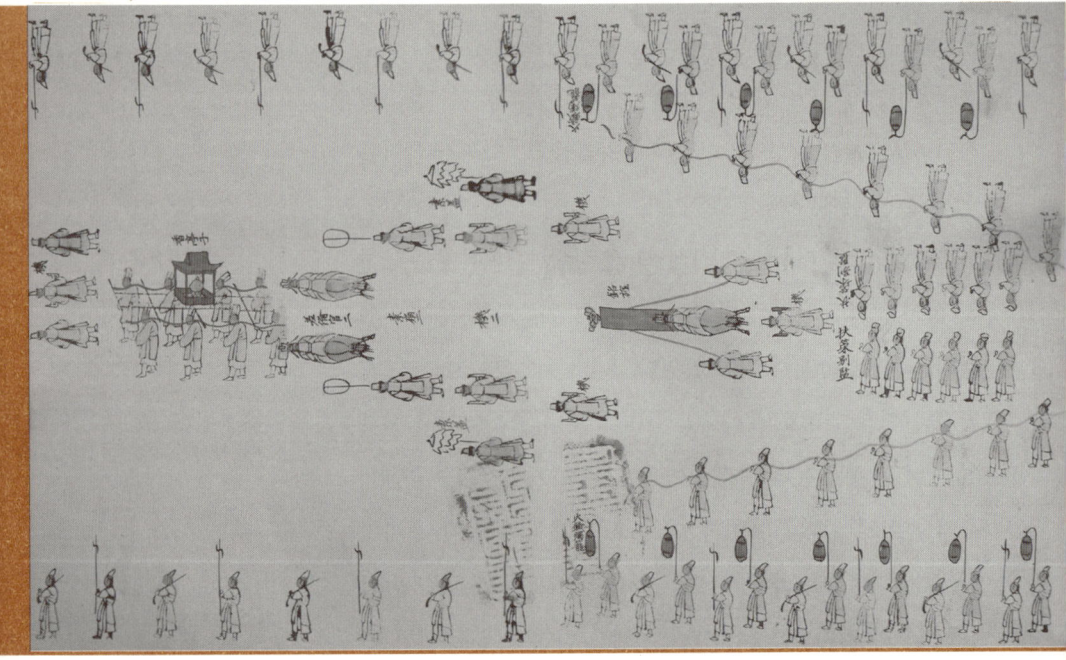

의록續明義綠」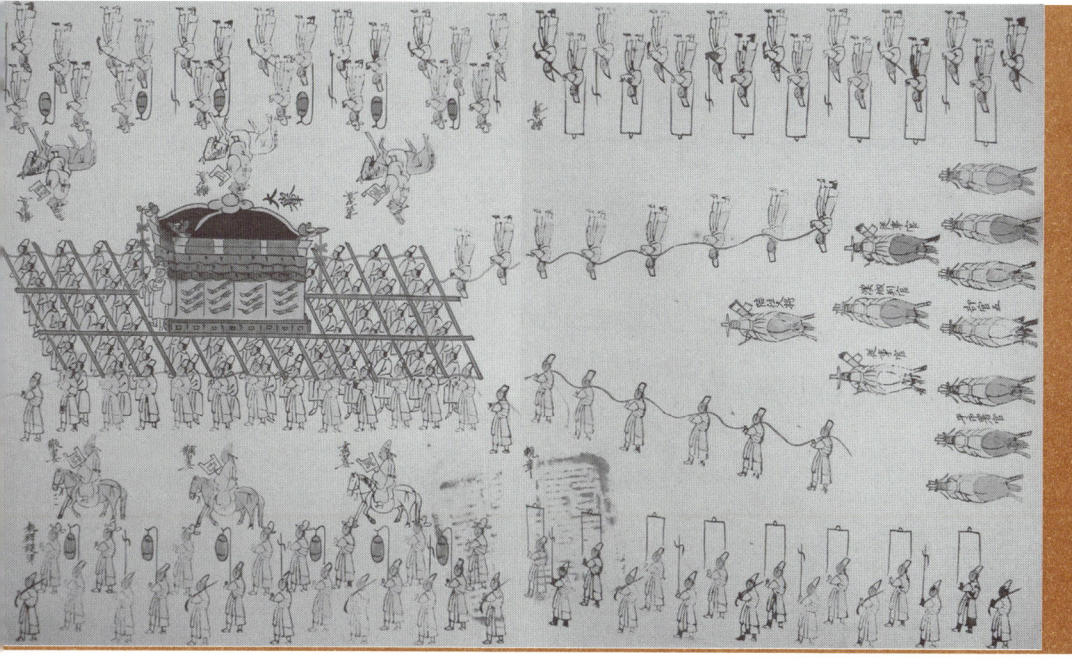에까지 올려서 온 세상이 다 알게 예사 사람이
되었다. 그런데 근 30년 후에는 홀로 애쓰니, 자고로 현인군
자가 불행히 한번 화액에 걸리면 비록 후에 사실을 자세히
알려도 한평생 누가 되는구나. 세상에 이런 의논이 어디 있
겠는가.

선왕이 내 아버지의 「주고」를 다 만들어 놓고 미처 간행
하지 못한 채 홀연히 붕어崩御하셨다. 당신을 따라 즉시 죽지
못한 일이 흉측하고, 내 가느다란 목숨이 붙어 있었지만 이
몸은 죽은 사람과 같았다.

속명의록 세자정조의 대리를
반대한 홍인한, 정후겸 등을
죽인 일의 정당성과 대의를
기록한 「명의록」의 속편. 정
조 즉위 초 홍상범, 홍술해,
홍계희 등의 역모 사건과 그
처결 과정과 이에 대한 조정
신하들의 의견을 적은 책.

규장각 창덕궁 내 주합루의 1층을 규장각이라 한다. 규장각은 내각內閣이라고도 하며, 정조는 이곳을 서고로 꾸며
글 잘하는 신하를 새로 뽑아서 학문을 닦도록 하고, 이들을 통해 당시 왕권을 위태롭게 하던 척리·환관들의 횡포를 견제했다.

순후 음력 초열흘이 지난 뒤,
또는 열흘 뒤를 가리킨다.

내 마음엔들 이때를 당하여 「주고」가 세상에 쉽게 나올
줄 어이 생각하였겠는가. 선왕을 생각하여 내 서러워하는
마음를 위로하려던 뜻이었는지, 그 일을 끝내어 내 집을 더
그릇되게 만들려 한 일이었는지, 8월 순후*에 밖에서 일을
보는 자가 말하였다.

"자상慈上l순조l께서 전교를 내리시고 내각l규장각l에서 밖에 반
포하려 합니다."

세상의 도리가 이토록 흉악하고 무서운 줄 깨닫지 못하
였다. 선왕이 10년을 애쓴 60여 편의 어제御製l임금이 지은 글l가
있지만, 반포를 하든 못하든 책으로 만들기나 할까 하였는
데, 본초原草를 내어 주었다. 이 일은 내가 어버이를 위하는
마음과 선왕께서 마음 졸여 하시던 일을 겸하여, 내가 조석

을 보전하지 못하자 생전에 책을 내려고 한 일이었다. 그런
데 한 권을 채 박지도 못하고 심환지 등이 상소*를 하여 책
을 펴내려던 일이 어그러지고 말았다.

내가 연설筵說* 반포한 것을 보니, 몸과 마음이 놀라고 간
과 폐가 무너져 찢어질 듯하였다. 말없는 가운데 내 아버지
를 욕되게 한 것은 이를 것도 없고, 글자 하나하나가 나를
무고하게 협박하는 말이었다. 내가 아무리 돌아갈 곳 없는
신세로 한 늙은 궁인과 같지만 선왕의 친어머니인데…….
제가 비록 기세와 권세가 세상에 진동한들 저도 선왕을 섬
기던 신하이다. 그런 제가 나를 선왕의 어미라고 욕을 이리
하니 고금천지에 이러한 변괴가 어디 있겠는가.

주상이 어리시고 국사의 위태로움이 한 터럭과 같은데,
인심과 세태는 갈수록 이러하여 필경 어미도 모르는 세상이
되기를 면치 못하게 되었다. 종국宗國의 근심과 인륜의 망함
을 생각하여 통곡하고 싶구나. 선왕이 계실 때에는 효도를
받을지 영화를 볼지 하는 대로 두었다. 하지만 지금에 와서
는 내가 상하上下에 당하지 않고,* 궁중의 무심한 과부로 내
몸에 조정朝廷 문안*, 약방 승후承候*가 가당치 않았다. 변변
치 않은 내 숨이 곧 끊어지려 해도 매번 민망스러웠는데, 이
제 저희가 나를 협박하고 모욕하여 어서 죽기를 재촉하였
다. 겉으로 문안이라고 하나 저들의 마음은 나를 더욱더 싫
은 내색으로 대할 것이니 이는 내가 점점 욕을 받는 일이다.

선왕이 내 몸에 욕이 이렇게 미친 것을 아신다면 그 문안
을 받지 말라고 할 것이다. 내가 결단을 내려서 소위 조정

* 『순조실록』에 따르면, 순조
즉위년 6월 20일 홍봉한의
「주고」를 감인監印살펴서 찍는
일하는 문제에 대해 심환지
등이 왕께 신중히 하시라 고
하였다.

* 심환지가 왕께 올린 말을 가
리킨다.

* 위로는 임금과 아래로는 신
하들에게 모두 힘이 미치지
못한다는 뜻이다.

조정 문안 조정에서 아침저녁
으로 왕, 왕비 등에게 문안드
리는 것.

약방 승후 약방내인이 몸이
평안한지를 묻는 것.

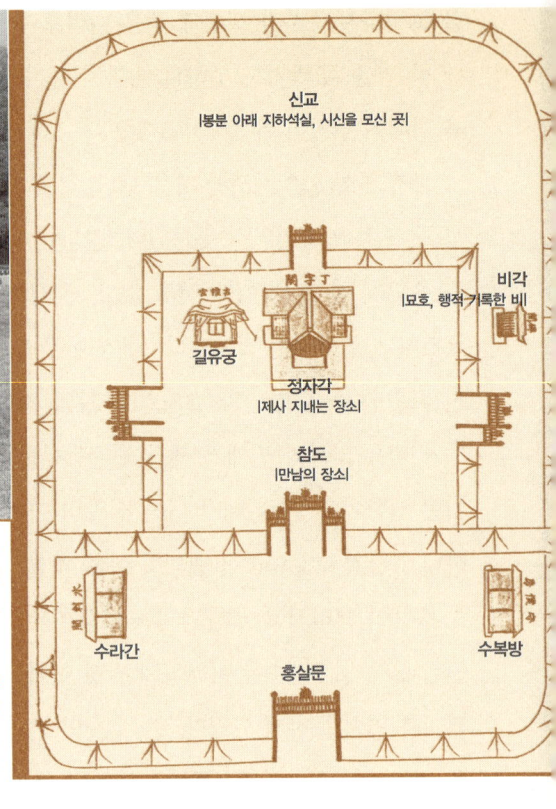

신교
l봉분 아래 지하석실, 시신을 모신 곳l

비각
l묘호, 행적 기록한 비l

길유궁

정자각
l제사 지내는 장소l

참도
l만남의 장소l

수라간

홍살문

수복방

건릉
정조의 무덤으로 원래 현릉원의 동쪽 언덕에 있었으나 풍수지리상
좋지 않다는 이유로 서쪽으로 옮기고 효의왕후와 합장하였다.

건릉 유문도
홍살문을 들어서 정자각을 지나면 높은 언덕이 있고
그 위에 왕의 무덤과 석수·석상 등이 늘어서 있다.
『정조건릉산릉도감의궤 下』.ⓒ 규장각.

한용귀l1747~1828l 1773년 증
광문과 병과에 급제 후, 뛰어
난 문장으로 영조의 총애를
받았다. 정조가 즉위하면서
홍국영의 탄핵을 받아 파직
되었다가 복직하였다. 이후
여러 관직을 거쳐, 1812년 왕
세자l순조l 책립과 함께 좌의
정 겸 세자부l동궁에 속한 관아l
가 되었다가 1816년 기로소
에 들어갔으며 1821년에는
영의정에 이르렀다.

문안과 약방 문안을 받지 않아 저희 마음을 즐겁게 하고 내
본분을 편하게 하려 하였다. 그러나 선왕의 인산l國葬l 전이
어서 머뭇거렸더니, 인산 후에 홍낙파l홍봉한의 서재l와 홍서영
l홍낙윤의 아들l의 벼슬과 가자l加資l 일로 상소가 잇달아 났다. 역
적의 자손이라 벼슬을 못한다고 하니, 한용귀l韓用龜l•가 수영
l홍낙인의 아들l을 역적의 씨라고 할 때 선왕이 대단히 화를 내
셨다.

　"손자는 모두 같을 것이다. 친손자가 역종l逆種l역적의 자손l이

면, 외손자도 역종이겠구나!"

서자나 손자가 역적의 자손이면, 친딸은 역적의 자손이 아니고 무엇이겠는가. 자고로 역사책에도 이런 흉악한 변괴의 말이 있었는지 알 길이 없다. 또 이어서 이안묵李安默의 상소*에 아버지를 모함하는 말이 더욱 망측하여 다시 여유가 없었다. 내 처지가 가련하여 조정이 다 나를 업신여기지 못하게 할 방법이 없었다. 그래서 마음에 모든 일을 거절하고 아는 일이 없고자 하여 졸곡卒哭 후에 폐인을 자처하였고 선왕이 계시던 영춘헌에 가 누워서 명을 마치기를 기약하였다. 내가 죽고 사는 것이 꿈과 같으니 무엇을 아껴서 이 원한을 달갑게 여기고 견디겠는가.

* 1801년 1월 6일 장령 이안묵이 홍낙임이 민심을 흉흉하게 했다며 탄핵하였는데, 혜경궁 홍씨는 이 일이 자신의 아버지도 포함한 상소라고 생각한 듯하다.

11월에 내가 하고자 하던 일|자결|을 하려고 하였다. 그래서 약방에는 내가 문안을 받지 않는 사연을 언문으로 써 내려 주었다. 그리고 영춘헌으로 와서 선왕의 자취를 어루만지며 내 신세를 서러워하였다. 하늘을 향해 통곡하다 정신을 잃고 누웠으니 만고에 이런 광경과 정리가 어디 있겠는가.

가순궁|순조의 친어머니|도 처음에는 말렸지만, 나중에는 내 일을 슬프게 여기고 군이 막지 않았다. 웃전|정순왕후|에서 이 일을 아시고 크게 노하셔서 여러 가지 꾸지람을 많이 하셨다. 내가 쓴 언문 편지도 못 내주게 하셨다. 안으로서* 내가 하는 일을 말리는 것이 이상하지는 않았지만, 천만뜻밖에 웃전에서 "충동을 하는 놈이 있으니 그놈을 다스리려 한다."며 벼르신다고 하였다.

* '내전의 어른으로서'라는 뜻이다.

그 달 27일에 엄한 분부가 내렸다. 숙제가 나를 꾀어 이

런 행동을 한다 하시고 "홍낙임을 삼수갑산三水甲山으로 귀양 보내라!" 하셨다. 이 일은 궁중에서 내인들에게 죄가 있으면 제 오라비를 잡아 옥에 가두거나 내사内司|내수새에서 죄를 다스리는 모양과 같은 것이다. 나를 선왕의 어미라고 하면서 이리 하시니, 이런 변이 어디 있겠는가. 주상이 비록 어리시지만 놀라시기 그지없었다. 박판서*도 공평한 뜻이 있어 마음에 놀라 여쭈었다. "자전|정순왕후|께 올라가서 명을 거두시게 말씀 올리십시오. 자교慈敎는 대전께 여쭈고 내어 오시면 됩니다." 그래서 가순궁이 주상께 여쭈어 그 언교諺敎*를 내어 주지 못하게 하고, 희정당 뜰에 거적을 깔고 웃전에 말씀드렸다.

박판서 가순궁의 친정아버지 박준원|1739~1807|을 가리킴. 당시 판서로 있었다.

언교 언문으로 쓴 왕후의 교서.

희정당
창덕궁 내 편전으로 정조가 일상적 국가 업무를 보거나 신하를 접견하던 곳이다. 보물 815호.

"대전에 아뢰는 자교를 보니 너무 놀랍습니다. 어찌 이리 지나친 행동을 하십니까? 차마 내어 주지 못하고 대죄|석고대죄|를 합니다."

그 사람이 나를 위하여, 귀한 몸으로 추운 뜰에서 석고대 죄까지 하였다. 선왕의 성효誠孝를 생각하고 자기 정성을 다해 한 일이다. 그 정성에 기가 막히고 감격하였다. 어찌 내 마음을 다 헤아릴 수 있겠는가.

그 전에 내가 영춘헌에 가서 스스로 자결하려 할 때에 가순궁이 전하였다.

"주상께서 영춘헌에는 차마 오시지 못하고 쓸쓸하고 서늘한 거려청에서 나오기를 기다리십니다. 돌아가시지요!"

내 유약한 마음에 어린 주상의 마음을 차마 언짢게 하지 못하기에 마지못해 끌려왔다. 그날 한 집 속에서 모르는 체하기가 이상하여 웃전에 들어가 여쭈었다.

"어찌하여 엄교가 이와 같습니까?"

웃전|정순왕후|께서 대답하셨다.

"이번 행동이 네 뜻이 아니라 격동하는 이가 있으니 내가 이 처분을 어찌 않겠는가."

내 운명에 겪지 않고, 아니 당한 일이 없지만, 선왕이 계시면 감히 이러할 리가 없을 것이다. 하늘을 우러러 길이 탄식하고 피눈물이 흘러 가슴이 막힐 듯하였다. 내가 참고 참다가 결국 너무 비분강개하여 말하였다.

"너무 이리 마십시오."

웃전께서는 주상과 가순궁의 힘도 있고, 또 나를 보니 당신이 지나치신 듯싶어 말씀도 나직이 하시고 언교를 거두었다.

원래 웃전의 이러한 행동은 이번뿐만이 아니었다. 선왕이 계실 때에도 원통하고 분한 일을 당하면 매번 억울한 생각이 있었지만 선왕을 믿으며 모든 일을 참으며 지냈다. 그러나 지금에 이르러는 선왕도 아니 계시니 내 슬프고 원통한 아픔이 가슴속에 가득히 치밀어 화가 하늘에 사무쳤다. 죽을 곳을 얻고자 하던 차에 또 이런 변고를 당하고, 내 아버지께 무함한 욕을 하는 것보다 내 신상을 핍박하는 것이 급하였다. 내가 잠시라도 살고 싶은 마음이 있었겠는가.

내가 뜻을 정하여 그와 같은 행동[자결]을 한 것이다. 내 집 사람이 누가 알기나 하며, 내가 아무리 변변치 못한들 부모를 위하는 마음은 남만 못하지 않다. 내 나이 칠십, 남아 있는 세월에 누구의 꾐을 듣고 그런 일을 하겠는가. 설사 누구의 말을 듣고 하였다 한들 내가 한 일로 내 동생에게 죄를 주니, 나를 어느 지경에 가게 하는 일인가. 내 집의 형제와 숙질이 여럿인데 홀로 숙제만 죄를 삼으니 이런 일이 어디 있으리오.

그 후에는 분을 참고 억울함을 품은 채 하릴없이 겨우 날을 보냈다. 내 언문 편지와 웃전에 상서하는 말씀이 다 저희들에게 용납하지 못할 죄이니 나를 죽여 분풀이를 못하고 숙제를 대신 죽이려 하였다.

그래서 문안 일을 비롯해서 충동하고 모해하여 필경 12월 18일에 엄한 분부*가 났다. 숙제에게 재앙이 위급하여

*「순조실록」에 따르면 순조 즉위년 대왕대비인 정순왕후가 정조의 뜻을 잇는다면서, 정조 재위 당시에 있었던 사건들 즉 정유역변 관련 죄인을 다스리겠다고 언교를 내렸다.

여지가 없었다. 대신 이하가 들어와 "죽이십시오." 하였다.
또 이렇게 상소하였다.

역적의 소굴을 없애십시오.

이렇다 죄명을 일컬을 것이 없는데, 그저 근거도 없이 억지로 청하여 죽이려 하였다. 만고천지간에 이런 허무맹랑한 일이 어디 있는가. 자고로 원통하게 화를 입는 이가 족히 많지는 않겠지만, 그래도 벼슬을 하였거나 권세를 썼거나, 사람을 살리고 죽이고 앞길을 열고 막는 일을 하였거나, 세상의 의논을 하였거나 무슨 얽힌 일이 있을 때에 비로소 죄라고 잡는 것이다. 숙제는 이미 누명을 벗어 제 공초와 선왕의 하교가 명백하여 다시 말할 것이 없었다. 새롭게 잡은 죄목은 생판 영문이 없는 것이니 이끝 저끝 천부당 만부당 한 것을 지향 없이 죄목이라고 모았다.

첫째로, 은언군을 위한다는 말과 신묘년|1771| 일*로 하나의 죄를 삼았다. 이는 아버지의 연좌緣坐*를 이른 말이다. 거짓으로 꾸며 어려운 지경에 빠뜨린 말을 30년이 지나 그 아들에게 연좌를 시키는 일이 세상에 어디 있는가. 선왕에게 내 아버지는 누구이며 또 내 동생이 누구인데, 아버지나 동생이나 선왕을 버리고 인|은언군|이를 위한다는 말이 사람의 말인가. 길을 막고 물은들 조선에 인이를 위하는 사람이 어디 있겠는가. 인이와 함께 나란히 기록하여 화를 입으니 고금에 다시없는 지극히 원통한 일이다.

*홍봉한이 당시 세손이었던 정조보다는 은언군을 왕으로 추대하려 한다고 한 일.

연좌 부자·형제·숙질 등의 죄로 죄 없이 벌을 당하는 것.

또 전례를 하련다 한 일로 숙제가 평일에 전례 일은 말한
적은 없다. 말한 적도 없고, 집안 자제를 데리고라도 이야기
를 주고받은 적이 없었다. 누가 와서 전례 일을 수작하였거
나, 누가 들었거나 한 사실이 있으면 모르거니와, 듣도 보도
못한 일을 억지로 응당 그리 하였으리라 하니 또 그런 일이
어디 있겠는가. 비류匪類*를 모아서 스스로 소굴이 된다 하
니 숙제가 우리 집안이 그릇된 후에는 30년 동안 집 안에만
있었다. 그래서 사람과 서로 통하지 않은 것은 세상이 다 아
는 바이니 이 또한 전연 애매한 거짓말이다.

심지어 속일 것이 없어, 숙제를 사학邪學*에 넣고 주상께
서 의심하시게끔 얽혀 놓았다. 천지간에 이런 기만이 또 어
디 있겠는가. 숙제는 본래 경술經術*과 문장을 하는 고로 책
을 넓게 보지 않았다. 평일에 잡서를 보지 않고 『삼국지』,
『수호전』 같은 것도 본 일이 없었다. 사서邪書|잡세를 보기는
커녕 이름인들 어찌 들었겠는가. 그 전에 사학이 세상에 있
는 것도 모르다가, 신해년|1791| 납월|음력 섣달|에 형제가 선왕
을 뵙고 비로소 대략 들었다. 그때 놀라서 숙제가 "그런 사
학은 금하셔야 합니다." 하며 걱정하던 말들은 지금도 생각
난다.

소위 사학이란 것이 도깨비같이 불만을 품은 무리가 할
일이지, 부귀한 집안이나 임금의 외척과 같은 사람이 할 리
가 있겠는가. 하물며 내 집 사람이 그런 책을 볼 리가 어디
있겠는가. 그 사학 하는 무리 중에 남인南人*이 많이 있었다.
집에서 30년 동안 바깥 사람을 모르던 중 남인은 더욱 아는

사람이 없었다. 채제공蔡濟恭*은 소식도 없고, 이가환李家煥*이는 숙제가 평생에 얼굴도 모르는 사람이다. 오석충吳錫忠*이가 숙제에게 와서 제 조상 오시수吳始壽*가 복관작된 것은 숙제의 힘을 얻었노라고 진술하였는데 심환지가 임금께 알렸다. 이 한마디로 허다한 말이 났으나 다 헛된 말이라 명백하게 증명되었다. 오시수가 죄를 입을 때에 내 고조[홍만용]가 대사헌으로서 복합伏閤*하여 3일을 다투었는데, 처분이 그리 된 것은 고조께서 일을 하셔서 된 것이다. 그래서 그 오가吳家들이 우리 집에 대대로 원한을 품었다고 한다. 제가 원수로 아는 가문[代代嫌家]에 아무리 왕래하고자 한들 찾아올 길이 어디 있으랴. 또 선왕이 숙제의 말을 듣고 오시수의 복관작을 해 주시면 숙제의 권력이 컸다는 셈인데, 제 중부[홍인한]는 어찌하여 복관작을 하지 못하였겠는가. 견줄 데 없이 다 터무니없는 말이니 다시 의논할 것이 없다.

사람을 죽이는 일이 나라의 큰일이다. 하물며 숙제는 내 동기요, 선왕의 외삼촌이니 설사 그럴듯한 죄상이 있어도 가볍게 해치지 못할 것이다. 소위 만들어 낸 죄명이 한 가지도 말이 되지 못하는데 저들이 잡담하고 죽이려고만 하여 정청庭請*하네, 계사하네 하더니 결국은 천리 바다 건너에서 참혹한 재액을 받게 하였다. 만고천지간에 이런 지극한 원한과 아픔이 어디 있겠는가. 내 칠십 노경에 선왕을 잃고 주야로 통곡하여 죽기를 원하였다. 그런 와중에 내 동생이 한 가지 죄도 없이 화를 입었다. 내 분수에 살아 앉아서 동생을 구하지 못하였으니, 나 같은 흉독하고 잘못된 사람이 다시

채제공(1720~1799) 1743년 문과 정시를 통해 승문원에 들어와 이후 남인의 지도자로서 사도세자의 보호와 탕평책의 추진, 죽은 사도세자의 신원에 노력한 인물로 영조와 정조의 깊은 신임을 받았다. 재임 중 중국을 오가며 실학에 앞장섰다. 그러나 천주교 옹호, 홍국영과 친하게 지낸 것을 이유로 정조 중반 이후 여러 고초를 겪는다.

이가환(1742~1801) 1777년 문과 급제 후, 채제공을 이어 남인의 지도자로 부상했으나, 순조 즉위 초 천주교 탄압 때 체포되어 옥사했다.

오석충 순조 원년 사학을 한 죄인으로 몰림.

오시수(1632~1681) 1656년 문과 급제 후 1679년에는 우의정에 올랐다. 그러나 이듬해 남인에 의해 허적許積 등이 숙청될 때, 서인들로부터 허적에게 아부하였다는 탄핵을 받아 유배되고 곧 사사되었다.

복합 나라에 큰일이 있을 때에 대궐 문 밖에서 상소하고 엎디어 있는 일.

정청 조정에서 죄 주기를 임금에게 아뢰어 청하는 일.

어디 있겠는가.

주상이 그때 내 정경을 보시고 눈물을 머금고 가시더니, 사람이 없는 곳으로 가서 많이 우셨다고 한다. 당신이 어리셔서 비록 구하지 못하셨으나, 그 사람에게 죄가 없는 줄 아셨다. 그래서 선왕께서 평소 숙제를 대접하던 일을 생각하고, 나에 대한 인정과 도리를 서러워하셨으니……. 어찌 이렇듯 슬퍼하지 않겠는가.

내가 비록 망극 애통한 중이지만, 주상의 어질고 효성스러운 마음에 장래를 바랄 것이다. 만일 슬픔을 이기지 못하여 스스로 죽는다면 흉도들이 내가 죽기를 바라는 마음에 좋아할까 하여 참고 살았다. 원통하게 죽은 동생은 다시 살릴 길이 없고, 내 목숨이 날로 약해져 아침저녁을 보전하지 못할 듯하다. 이승에서 죽은 동생의 원통함이 풀리는 것을 보지 못하고 죽는다면 지하에 가서도 동생을 볼 낯이 없을 것이다. 또 혼백은 오랜 세월 동안에 한이 맺힐 것이다.

하늘아! 하늘아! 나를 이 세상에 머물러 두었다가 동생의 원한을 푸는 모습을 보고 죽게 하실까? 밤낮으로 피눈물을 흘리며 빌 뿐이다.

한중만록 6권

내가 어려서 궁궐에 입궐하여 이제 거의 60년이 되었다. 내 운명이 험난하여 여러 가지 많은 일들로 오랜 세월 동안 다시없는 아픔을 겪었다. 그래서 억만 가지 상전벽해桑田碧海와 같은 사건을 다 겪어서 살고 싶지 않았다. 그러나 선왕[정조]의 지극한 효도로 차마 목숨을 끊지 못하고 오늘날까지 이르렀다. 하늘이 갈수록 나를 밉게 여기어 차마 당하지 못할 참혹한 화를 당하였다. 바로 죽어서 따르는 것이 당연하지만 모진 목숨이 흙과 나무 같아서 능히 자결하지 못했다. 또 어린 임금[순조]을 보고 실 같은 내 목숨을 지탱하였다. 이 어찌 사람이 차마 견딜 수 있는 일이겠는가.

여염집의 보잘것없는 아낙네라 해도 칠십 노인이 외아들을 잃으면 동네 사람들이 서로 조문하고 위로하며 불쌍히 여길 것이다. 선왕을 여읜 후 수 개월간 내 아버지께 참혹하고 수치스러운 일들이 많았다. 그런데 내가 자결하려 했던 일이 숙제[홍낙임]가 충동한 일이라며 죄를 잡아, 7, 8개월에

절도 절해고도絶海孤島의 준말
로, 육지에서 아주 멀리 떨어
져 있는 외딴섬을 가리킴.

＊「순조실록」에 따르면, 순조는
홍낙임을 제주도에 안치하였
다가 5월 29일에 사사賜死하
였다.

＊대왕대비 정순왕후를 따르는
무리를 가리킴. 정조는 즉위
초에 왕권 강화를 위해, 정순
왕후의 아버지와 친척들을
제거했다. 그러나 정조가 죽
고 나이 어린 순조가 즉위하
자 정순왕후는 수렴청정을
하면서, 천주교를 박해하고
정조를 따랐던 시파를 제거
한다. 이때 은언군 일가와 홍
낙임도 처단된다.

걸쳐서 앞뒤가 맞지 않는 거짓으로 기만하여 절도絶島＊에 천
극하였다.＊ 곧이어 참혹한 일을 당하게 하니 이는 내가 자
결하려던 일로 그 죄를 숙제에게 옮긴 것이다. 숙제를 죽이
려는 것이 아니라 실은 나를 죽이려 한 것이다.

흉한 무리＊는 때를 얻어, 선왕을 저버리고 어린 임금을
업신여겨, 선왕의 어미를 이리 핍박하였다. 이때처럼 인륜
이 끊어지고 신분이 없던 적이 다시 어디 있겠는가. 나는 밤
낮으로 가슴을 치며 피눈물을 흘렸다. 나는 선왕과 동생을
따라 죽으려 하였지만 죽지 못하고, 외로움에 의지할 곳이
없었다. 마음 놓고 살려고 하여도 살 길이 없고, 죽으려 하
여도 죽을 수가 없었다. 이것이 다 나의 죄가 무겁고 운수가
흉악해서이다. 하늘을 부르고, 귀신을 원망할 뿐이다. 내가
겪은 일은 자고로 후비后妃에게는 없던 일이다. 또한 내 집안
의 처지는 자고로 사람의 집에는 없던 일이다. 천도가 신령
스럽고, 주상순조이 인자하고 효성스러워 내가 비록 미처
보지 못하고 죽을지라도 주상이 옳고 그름을 가려서 내 지
극한 원한을 풀어 주실 날이 있을 줄 안다. 그러나 허다한
사건의 전말을 내가 만일 기록하지 않는다면 자세히 알 길
이 없을 것이다. 때문에 쇠약한 정신을 거두고 쇠진하는 근
력을 모아 글머리에 선왕이 날 섬기던 성효와 나와 주고받
던 말씀을 옮겨 썼다. 그 나머지는 조건|사건마다 자세히 기
록하여 일을 명백히 알게 하였다. 내가 아니면 이 일을 누가
자세히 알며, 이 말을 누가 능히 하겠는가!

내 목숨이 언제 죽을지 조석朝夕을 몰라 이 기록을 가순궁

께 맡겨 두었다. 내가 없더라도 주상께 드려 내가 겪은 험상 궂은 일들과 내 집안 처지의 원통함을 알아 30년 동안 쌓인 원을 풀어 주실 날이 있으면……. 내가 죽은 후에 혼백이라도 지하에 가서 선왕을 뵙고 성자신손聖子神孫을 두어 선왕의 뜻을 잇고 일을 알려서 모자母子의 평생 한을 풀었음을 서로 위로하려 하였다. 이것만 축원하며 쓴 일에 내가 조금이라도 꾸민 것이 있거나 더한 것이 있으면, 이는 위로는 선왕을 어려운 지경에 빠뜨리는 일이고, 가운데로 내 마음을 스스로 속여서 신왕을 속이고, 아래로는 내 사친私親에게 아당하는 일이다. 내가 어찌 하늘의 천벌이 무섭지 않겠는가.

내가 평생 겪은 일들이 무수히 많고, 선왕과 주고받은 말이 몇천 마디인 줄 모른다. 내 몸이 쇠약하고 정신이 없어 만에 하나를 생각하지 못하고, 또 국가 대사에 관계하지 않은 것은 자세히 언급하여 다 올리지 않고 큰 사건만 기록하여 자세하지 못하다.

임술년(1802) 7일에 쓰다[壬戌 七日 日書]

세상 어느 누구에게 모자母子 사이가 없겠는가. 그러나 나와 선왕과 같은 정리는 다시없을 것이다. 선왕이 아니면 내게 어찌 오늘날이 있으며, 내가 없었다면 선왕이 어찌 목숨을 보전하셨겠는가. 우리 모자 두 사람이 근심하며 서로 의지하였다. 백 번 상전벽해를 지내고 만년에는 영화스러운 복을 받아 국가의 무한한 복을 보고자 하였다. 그러나 황천이 무슨 뜻으로 중도에 선왕을 빼앗으셨다. 고금 천하에 이런 참혹한 화가 어디 있겠는가.

*1771년 인과 진의 일로 홍봉한이 서인이 된 후에 1778년 12월 4일 홍봉한이 죽는다.

내가 임오화변 때에 죽지 않은 것은 선왕을 보호하기 위함이었다. 무술년[1778]에 내 아버지께서 흉한 모함을 만나*지극한 원한을 풀지 못하였다. 그래서 한을 품고 죽음을 재촉하셨다. 내가 결단하여 따르려 하였지만 선왕의 성효誠孝에 감동하여 처음의 마음을 이루지 못하였다. 이제 선왕을 잃고, 이어서 죄 없는 숙제가 참화를 입으니, 나는 '열烈', '자慈', '효孝'의 도리를 이루지 못한 불우한 사람이 되었다. 천지간에 무슨 면목으로 하루라도 세상에 머물 마음이 있으리오. 그러나 어린 임금을 생각하여 모진 목숨을 끊지 못하고 지금까지 구차하게 살아가니 나같이 혼동하고 나약한 사람이 어디 다시 있겠는가.

선왕은 지극히 효에 힘쓰시는 성품이었다. 그러나 근년에는 효도가 더욱 지극하여 날로 못 미칠 듯이 나를 섬겼다. 평일에 노모를 잊지 못하는 마음을 받들어 성도성으로 동가

동가 임금이 탄 수레가 대궐 밖에 나가는 일.

動駕*라도 하여 잠시 궐을 떠나시면 문안 편지를 연이어 보

내셨다. 원행圓行˙을 하면 매일 시간이 오래 걸렸다. 그래서 내가 선왕을 걱정할 마음을 생각하여 도로에 역마를 세우고 두어 시가 못 되어 소식을 듣게 하였다. 이제는 어디로 가야 선왕의 한 자 편지를 얻겠는가. 원통하고 원통하구나.

선왕의 품성은 비범하였다. 인물이 좋았고, 기상이 준수하며, 몸가짐이 특출났다. 말을 배우며 글자를 알아 어려서부터 대단히 부지런하였다. 그래서 잠자고 먹는 일 이외에 책을 놓는 일이 없었다. 필경 그 성취하심이 옛 왕들보다 뛰어나 모든 일에 모르는 것이 없었다. 삼대三代˙ 이후로 여러 왕들 중에 학문, 문장과 성덕, 경륜이 우리 선왕과 같은 사람이 누가 있을까!

춘추 오십이 거의 되실 때까지 여러 가지 정사를 다스리셨다. 매년 겨울이면 한 질의 책을 읽으셨는데, 기미년己未年1799, 정조23l 겨울에 『좌전左傳』을 다 읽으셨다. 내가 기쁜 뜻으로 어려서부터 책씻이l책거리l 해 드리던 모양으로 약간의 국수나 만두를 만들어 드렸다. 그러자 선왕은 노모의 뜻이라 기뻐하며 여러 신하들과 더불어 음식을 드시고 글을 지어 기록하셨다. 그 일이 어제

원행 왕세자나 세자빈 및 왕의 가까운 친척의 산소에 가는 일로, 여기서는 사도세자의 묘인 현륭원으로 가는 길을 뜻한다. 사도세자의 묘는 원래 경기도 양주에 있었으나 1789년l정조13l 묘를 수원부 화산으로 옮기면서 '현륭원'이라 하였다.

삼대 중국의 하나라·은나라·주나라를 가리킴.

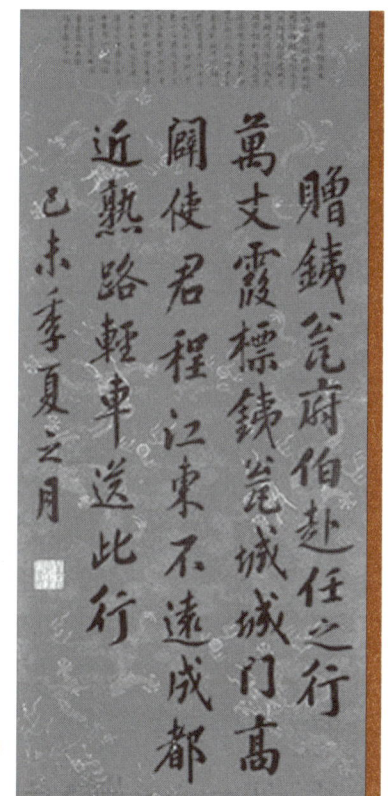

정조 어서
정조는 문장과 글씨에 뛰어났다. 이것은 정조가 붉은 비단에 먹으로 써서 강계 부사에게 지어 준 시이다. ⓒ 국립중앙박물관.

일처럼 생생하구나. 사람의 일이 변하여 여기에 이를 줄을 어찌 뜻하였겠는가.

선왕은 도덕이 높고 효심이 깊어, 영묘께는 순종하고 부모께는 효성을 다하셨다. 이 일들을 이루 다 기록하지 못하고 대략은 「행록行錄」*에 올렸다.

임오년l1762l 이전에는 난처한 때가 많았다. 선왕은 어리셨지만, 내가 근심할 줄 알아 더욱더 몸을 닦았다. 영묘께서는 한 번도 미안한 마음을 가지지 않고, 선왕을 보시면 매번 총명하고 슬기로워 덕성의 숙성함을 칭찬하셨다. 선왕의 효성과 행실이 하늘을 감동치 못하면 어찌 이에 미치겠는가.

어려서부터 나에게 모자 사이의 정은 천륜 이상으로 특별하였다. 선왕은 내가 먹으면 먹으시고, 내가 자면 주무셨다. 초조하게 근심할 때가 많았지만 능히 어른과 같은 마음을 써서 굳은 기개로 일을 하시는 경우가 많았다. 이 어찌 어린 나이에 능히 할 수 있는 일이겠는가.

임오화변을 만나 그때 애원 망극함은 어른과 같았다. 선왕의 슬퍼하는 모습과 우는 소리는 옆에 있는 사람을 감동하게 하였다. 보고 듣는 사람 중 누가 눈물 흘리지 않았겠는가.

외롭게 된 후로는 아픔을 가지고 어미 섬기기를 극진히 하셨다. 그래서 한때도 마음을 놓지 못하였다. 나를 떠나면 잠을 이루지 못하고 각각 대궐에 있을 때에는 일찍이 내 안부를 들은 후에야 비로소 아침상을 받으셨다. 내가 대수롭지 않은 병이 있어도 꼭 손수 약을 지어 보내셨다. 선왕의 효성이 하늘에서 내신 것임을 이것으로도 알 수 있다. 서럽

행록 사람의 말과 행동을 기록한 글.

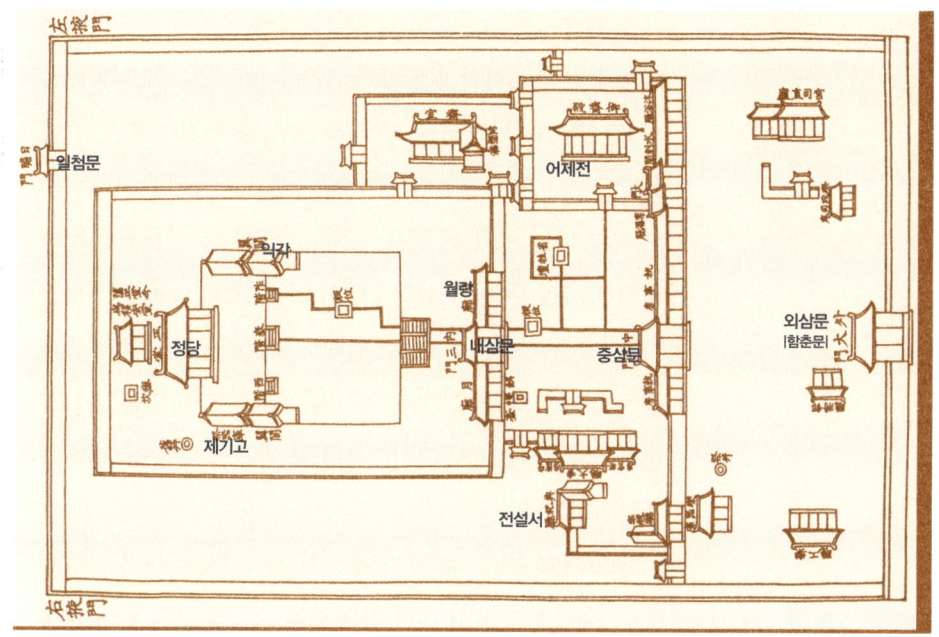

경모궁전도

정조는 창경궁의 북동쪽에 사도세자의 사당인 경모궁으로 통하는 월근문을 만들어 두고 참배하러 다녔다. 「경모궁의궤」. ⓒ 규장각.

고도 서럽구나!

차마 갑신년|1764| 일*을 어찌 일컬으며, 그때 슬프고 가슴이 너무 아파 우리 모자가 서로 붙들고 죽을 곳을 얻지 못하던 정경을 어찌 다 기록하겠는가.

선왕께서 겪은 아픔은 자고로 제왕가에는 없는 일이었다. 비록 나라를 위하여 높은 위치에 있었지만 평생토록 아픔을 간직하셨다. 그래서 경모궁을 추모하는 뜻이 해가 갈수록 깊어졌다. 경모궁 일첨문日瞻門으로 통하는 월근문月覲門을 두고, 매달 참배를 한 것이 한두 번이 아니었다. 급작스레 돌아가신 부모를 그렇게 아침저녁으로 보살폈다. 또한

*세손|정조|을 효장세자와 효순왕후의 양자로 봉한 일을 가리킨다.

나를 천승지부千乘之富*로 봉양하였지만 오히려 부족하다고
생각하셨다. 온화한 얼굴빛과 즐거운 목소리로 하루에 네댓
번 찾아와 보시고, 모든 일에 혹 내 뜻을 어길까 마음 졸이
셨다.

이미 나는 여러 해 전부터 병이 잦았는데 기미년(1799)과
경신년(1800) 두 번에 걸친 큰 병으로 선왕의 마음을 애태웠
다. 선왕은 침수를 폐한 채 의대도 끄르지 않고, 손수 탕약
을 올리고 고약을 붙였다. 옆 사람에게조차 이 일을 맡기지
않으셨다. 비록 모자 사이였지만 내 감격한 마음을 어찌 다
측량하겠는가.

선왕의 타고난 기품은 검소하시고 늙어서는 더욱 검약하
였다. 항상 선왕께서 계신 집은 짧은 처마와 좁은 방에 단청
을 하지 않고, 수리를 하지 않았다. 쓸쓸하고 가난한 선비의
거처와 다름이 없었다. 의복은 곤룡포 외에 비단을 몸에 가
까이 하지 않았다. 면포도 굵은 것을 취하고, 면주(명주) 이불
도 덮지 않았다. 아침·저녁 수라에는 반찬도 서너 그릇 외
에 더하지 않고, 작은 접시에 음식을 많이 담지 못하게 하셨
다. 내가 혹 선왕의 행동이 지나치다고 말하면 이렇게 사치
의 폐해를 부지런히 말하곤 하셨다.

"검소함을 숭상하는 것은 재물을 아끼는 것이 아니라 복
을 기르는 도리입니다."

나를 도리어 타이를 때가 많아서 나 또한 감탄하였다.

선왕은 자녀를 두는 경사스러운 복이 늦었다. 그래서 나
라를 위한 내 근심이 컸다. 임인년(1782)에 문효文孝를 얻어*

처음으로 경사스러운 일이 생겼다. 그러나 병오년|1786| 5월과 9월에 두 번 변*을 당하여 슬픔과 걱정으로 성체를 손상하셨다. 나는 선왕의 몸이 해로우실까 걱정하였다.

정미년丁未年|1787, 정조11| 봄에 가순궁을 간택하였다.* 가순궁은 덕행이 어질고 후덕하며 아름다워서 옛집 숙녀의 풍채와 태도가 있었다. 입궐한 후에 나를 지성으로 받들어서 나 또한 친딸처럼 정을 주었다. 선왕을 더할 수 없이 잘 받들고 한 가지 일도 성심을 어긴 일이 없었다. 그래서 선왕이 귀중하게 생각하시고 특별하게 기대하셨다. 금방이라도 무슨 중요한 부탁을 하실 듯이 하시니 선왕께서 알고 계셨던가 싶구나.

나는 아들 낳을 경사를 마음 졸이며 바라고 빌었다. 날로 간절하게 기다리는데 하늘이 말없이 돕고, 조종朝宗이 도와 과연 경술년|1790| 6월 18일 신시申時|오후 3시~5시|에 내가 머무는 건넛집|집복헌|에서 큰 경사를 얻어 주상|순조|이 태어나셨다. 비로소 종사의 억만년 반석과 태산의 경사가 되었다. 우리 모자가 서로 축하하며 기쁨과 즐거움으로 세월을 보내었다. 그런데 이상하게도 주상과 내 생일이 같은 날이었다. 선왕은 매일 이렇게 말하셨다.

"저 아이의 생일이 마마의 탄일과 같은 날인 것은 자고로 사첩史牒*에도 없는 기이한 일입니다. 마마께서 지성으로 고심하신 까닭일 것입니다. 아마도 하늘이 우연히 하신 일이 아니겠지요."

내게 무슨 지성이 있었겠는가마는 스스로 종사와 성궁을

* 5월 11일에 문효세자가 홍역으로 창경궁 별실에서 죽은 일과 9월 14일에 문효세자의 어머니 의빈 성씨가 죽은 일을 가리킨다.

* 1787년 2월 12일 가순궁 박씨와 계빈 가례를 행하고, 가순궁을 수빈綏嬪이라 하였다.

사첩 역사적 문서.

위한 고심은 나보다 더한 사람이 없을 듯하구나. 하늘이 나를 어여삐 여기어 주상과 내 생일이 같은 날이 되었는가? 신기하다고도 할 수 있다.

경신년(1800) 봄에 관례와 책례의 두 경사스러운 예를 지내고 덕행이 있고 이름난 집안의 숙녀를 간택하여 그해 겨울에 며느리 보기를 손꼽아 기다렸다. 선왕은 어디 가시고나 혼자 머물러서 이 일을 보는 것이 더욱 서럽구나.

선왕은 매번 영우원永祐園*이 십분 흠이 있는 곳인 줄 알았다. 이미 병신년(1776) 초에 내 아버지께서 경모궁의 묘소를 옮기려고 힘껏 청한 일이 있었다. 일이 중하여 근심하다가 기유년(1789)에 지관地官*이 점을 쳐 땅을 잡게 하고 수원 화산이 용이 구슬을 가지고 노는 형상(神龍弄珠之穴)이라 하여 이봉移奉하였다. 그리고 묘소의 이름을 고쳐 '현륭顯隆'이라 하였다. 선왕이 나에게 말하였다.

"옛사람의 말에 의하면 이 땅이 천리에 한 번 나는 땅이라고 합니다. 효묘孝廟에 모시려고 하였는데, 이곳을 얻어 묘를 썼으니 무슨 한이 있겠습니까? '현륭' 두 자로 이 세상이 내 깊은 뜻을 이해할 것입니다."

그때 주야로 일하시며 경모궁을 그리워하던 일을 어찌 다 기록하겠는가. 원소園所*를 이봉한 후 선왕의 효성이 더욱 새롭고 간절하였다. 어진御眞*을 재전齋殿*에 모시고 성묘하는 뜻을 붙이셨다. 5일에 한번씩 봉심奉審*하시고, 매년 정월에는 원소에 가 참배하셨다.

봄, 가을로 나무 심는 일을 감독하여 친히 심으신 것과

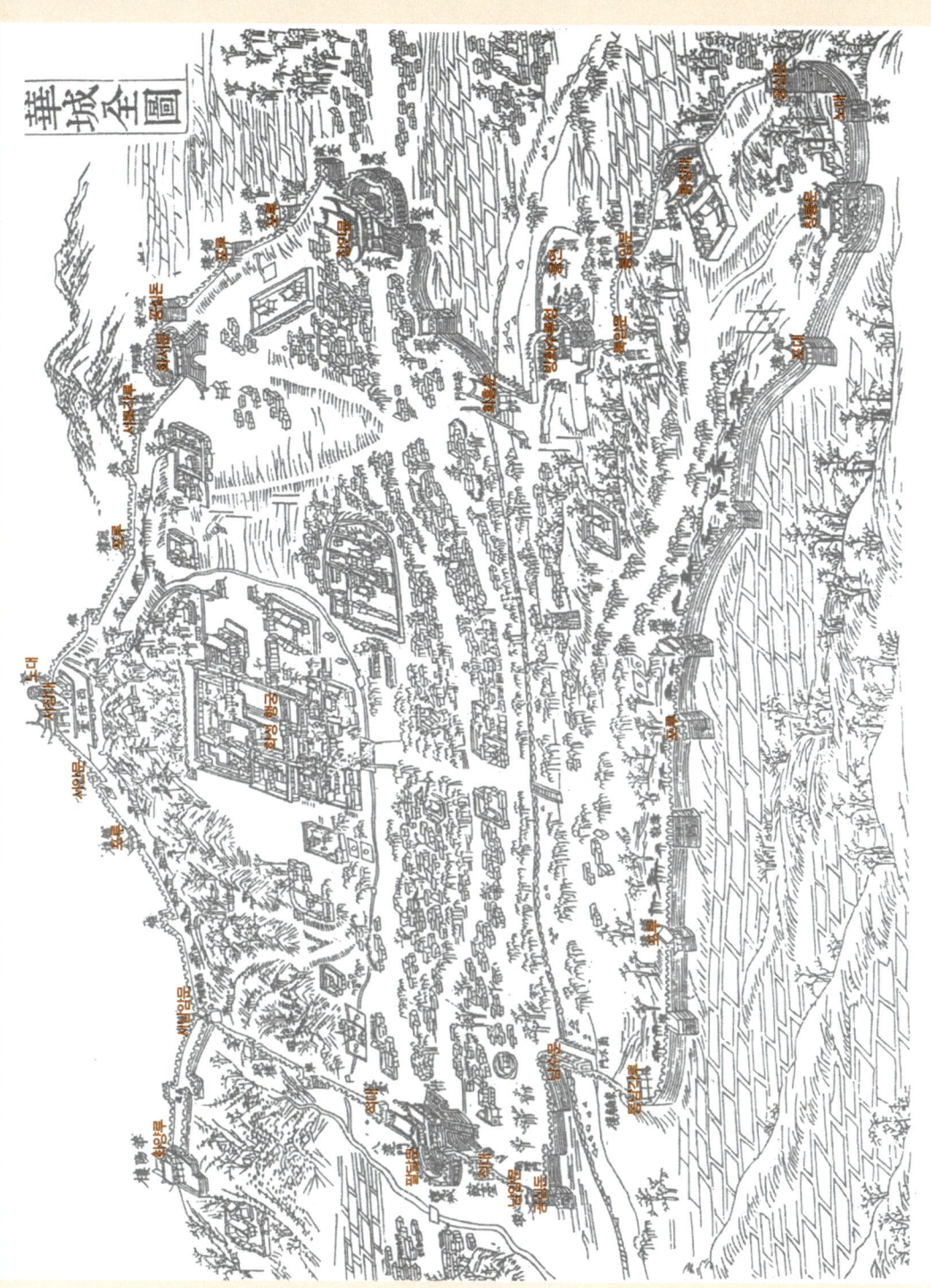

화성 전도　정조는 화성 신도시를 건설하기 1년 전인 1793년 정월, 팔달산에 올라 이곳을 내려다보며 '화성華城'이라 이름하였다.
그리고 갑자년 1804에는 왕위를 순조에게 넘기고 혜경궁 홍씨와 함께 화성에서 노후를 보내고자 했다. 『화성성역의궤』. ⓒ 규장각.

다르지 않았다. 인하여 또 옛 고을의 백성을 화성으로 옮겼다. 원소를 보호하기 위해 크게 성을 쌓고 행궁을 장엄하고 화려하게 지었다.

을묘년乙卯年|1795, 정조19| 중춘仲春|음력 2월|에 나를 데리고 원소에 참배하시고 돌아와 봉수당奉壽堂에서 잔치를 베풀었다. 밤이 새도록 내·외빈척과 문·무신료를 대접하시고, 낙남헌洛南軒에서는 노인에게 술을 권하고, 궁인은 신풍루新豊樓에서 쌀을 나누어 주었다. 백성들의 기쁜 환성과 기운은 화성에서부터 서울에 이르기까지 넘쳐흘렀다. 이것은 다 노모를 위한 효성스러운 생각에서 나온 일이다. 한 나라의 관리와 백성들이 이를 보고 누가 우러러 칭송하고 찬양하지 않았겠는가.

낙남헌
화성 행궁 내 봉수당 북쪽에 위치.
원래 이 자리에는 득중정이
있었으나 이 건물을 노래당
서쪽으로 옮기고 낙남헌을 지었다.
크고 작은 행사를 열던 곳이다.

선왕이 비록 종사를 위하여 위에서 부지런히 힘쓰셨지만 마음에는 아픔이 있었다. 선왕은 남면南面•에 있음을 즐기지 않고, 존호를 청하는 것을 굳이 막아서 받지 않았다. 그리고 매일 왕위를 떠날 뜻을 비추셨는데, 성자聖子|순조를 얻어 종국을 부탁할 사람이 생기자 화성을 크게 쌓아 경성|서울| 다음이 되게 하고, '노래당老來堂'과 '미로한정未老閒亭'이라는 집도 지어 손수 이름을 붙이셨다. 그러고는 말씀하셨다.

"저는 왕위를 탐해서가 아니라 마지못해 나라를 위하여 있었습니다. 갑자년|1804|이면 원자|순조의 나이가 15세입니다. 족히 왕위를 전할 것입니다. 그래서 저는 처음의 뜻을 이루어 마마를 모시고 화성으로 가 제 평생 경모궁 일에 직접 행하지 못한 한을 풀 것입니다. 이 일은 제가 영묘의 하교를 받았기 때문에 행하지 못한 일입니다. 비록 지극히 원통하지만 또한 의리입니다. 원자는 내 부탁을 받아 내 뜻을 이뤄 줄 것입니다. 내가 행하지 못한 것을 제가 대신해서 행하는 것이 또한 의리지요. 오늘날 여러 신하들은 나를 따르지 않는 것이 의리이고, 다른 날 여러 신하들은 신왕의 뜻을 좇아 따르는 것이 의리일 것입니다. 의리가 일정하지 않아 때에 따라 의리가 됩니다. 우리 모자가 더 살아서 자손의 효도로 영화와 봉양을 받으면 어떠하겠습니까?"

내가 비록 왕의 뜻이 불쌍한 줄 알지만 또한 그때 나라의 일이 아득하였다. 매일 내가 눈물을 흘리면 선왕도 걱정하시며 한가지로 우셨다.

"그리하여 내가 하지 못한 일을 아들의 효도로 이루고,

남면 '천자남면天子南面'의 준말로, 왕위를 뜻함.

죽어서 지하에 가서 뵈면 무슨 한이 있겠습니까?"

그러고는 원자를 가리키며 박준원朴準源에게 말씀하셨다.

"저 아이가 경모궁의 일을 알지 못합니다. 하지만 그 아이의 하는 일이 숙성하나 나는 차마 그 이야기를 하지 못합니다. 지난일을 말해 주십시오."

그 사람이 이미 대략만 가르쳤다고 아뢰니 선왕께서는 원자를 보고 말씀하셨다.

"이 아이는 경모궁을 위해 그 일을 하려고 발원하여 난 아이이니 이 또한 하늘의 뜻이다."

을묘년ㅣ1795ㅣ에 경모궁의 존호를 하실 때 여덟 자로 존호를 정하고, 내게 말씀하셨다.

"그리 반대하던 김종수가 '옥책玉册, 금인金印과 팔자존호八字尊號를 하십시오.' 하였습니다. 이제는 다 되고 한 글자만 남았으니 이는 다른 날 신왕에게서 한 자를 기다리지요."

금인
금인은 금으로 만든 도장을 뜻하며, 그림은 '장헌세자' 인이다.
『경모궁의궤』. ⓒ 규장각.

이후 결정된 존호 글자를 "장륜륭범기명창휴草倫隆範基命昌
休" 하며 거듭 외우셨다. 내 무식한 여편네라 제대로 알아듣
지는 못하고 물었다.

"기명창효基命昌孝입니까?"

선왕이 웃으시며 답하셨다.

"'효孝'자는 장래에 '무슨 효대왕孝大王'이라고 할
때 쓰는 것이라 아직 '효孝'자는 그대로 두었습니
다. 그래서 우리 왕조의 대대 임금 존호에는 '효孝'
자를 쓰지 않습니다."

그리고 그때 내게 금빛 줄을 두른 다홍 천이 있
었는데, 선왕이 다시 말씀하셨다.

"존호 의식 때 중궁전의 적의翟衣가 무거워 새로
하려 합니다. 이것은 없애지 말고 잘 간수하십시
오. 장래에 손자의 효도로 인해 쓰일 곳이 있을
것입니다."

선왕은 갑자년1804에는 나라를 더욱 힘써
관리하셨다. 모든 일과 언어를 주고받음이 미
치지 않은 것이 없었다. 내가 비록 깜짝 놀랐지
만 이는 실로 오랜 임금의 성절盛節이었다. 세상
에 머물렀다가 희귀한 일을 친히 볼 수 있을까 하는 기다림
이 없지 않았다.

내 집안이 경인년1770 후로 세상에 질투를 받아 병신년
1776에 이르러 흉한 무함모함과 참혹한 재화가 이루 다 말
할 수 없었다. 우리 집안이 뒤집어엎어지니 나의 지극히 원

적의 붉은 비단에 꿩을 수놓은 적의는
왕비, 왕세자빈, 대비의 대례복이다.
© 「우리옷 이천년」, 「류희경」의 여자복식 부분,
문화관광부 · 한국복식문화 2000년 조직위원회. 2001.

통한 마음을 어찌 다 형용하겠는가. 내 그때 뜰로 내려가 주야로 목 놓아 슬피 울며 목숨을 끊기로 기약하였지만 선왕이 나를 지극히 위로하셨다.

내가 생각하니 선왕의 기품이 어질고 효성스러워 하늘과 땅의 신이 서로 통하신 것이다. 한때 하늘의 뜬구름과 같은 간사한 신하로 인해 총명을 가렸지만 해와 달의 광명한 빛은 변하지 않았다. 그래서 내 아버지의 충성과 중부의 원통을 필경 굽어살피실 줄 알았다. 나의 편협한 생각으로 실같이 가느다란 목숨을 보전하지 못하면 선왕의 효성이 상할까 두려워 나는 부지런히 힘써서 투생偸生*하였다. 내 마음은 귀신에게 물어볼 것이나, 다시 생각하면 어찌 부끄럽지 않겠는가. 과연 선왕께서는 요적妖賊*을 물리치고 잘못된 뜻을 깨달으셨다. 그리고 아버지에 관한 말씀에서는 "내가 지나쳤습니다." 하고 많이 뉘우치셨다. 또 매일 이렇게 말씀하셨다.

"외조부께서 일물1뒤쥐을 들이지 않은 것은 제가 보았지요. 그놈들이 끝내 우겨서 죄라고 하니 우스울 뿐입니다."

그러면 나는 이렇게 말씀 올렸다.

"그놈들이 말하기를 밧소주방의 일물이 먼저 들어오고, 어영청御營廳*의 일물은 내 아버지께서 알려 주었다며 죄를 잡으니 저런 원통한 말이 있습니까?"

"저희 놈들이 무엇을 알겠습니까? 어영청의 일물도 외조부께서 대궐에 들어오시기 전에 들어왔습니다. 밧소주방 일물은 쓰지도 못하였지요. 문정전이 선인문宣仁門* 안에 있고, 선인문 밖이 어영청의 동영東營*입니다. 가깝기에 어영청의

투생 죽어야 할 때에 죽지 않고 욕되게 삶.

요적 괴이한 도둑이나 반역자를 뜻하는 말. 여기서는 홍국영, 김종수와 그 무리를 가리킨다.

어영청 3군문[훈련도감·금위영·어영청]의 하나로, 군사 관계 업무나 국방을 맡아 본 기구.

선인문 창경궁의 정문인 홍화문 남쪽에 있는 문. 동궁의 정문이자 조정 신하들이 출입하던 문이다.

동영 창경궁 선인문 근처에 있던 어영청의 분영分營으로, 조정에 큰일이 있을 때 천아성天鵝聲[나팔]을 불면 어영대장은 보병을 이끌고 동영 일대를 수비하였다 한다.

일물을 들여왔지요. 망극한 일은 신시申時|오후 3시~5시 초 즈
음에 나고 아주 망극한 일은 유시酉時|오후 5시~6시 30분| 초 즈
음이지요.

봉조하는 인정人定*이 친 후에야 비로소 대궐에 들어오시
는 것을 제가 보았습니다. 제가 그 일을 자세히 아는데 일물
을 두 번 들어온 것이 봉조하와 무슨 관계가 있답니까? 그
러하기에 정이환鄭履煥의 상소*에 대한 비답*을 마지못하여
하였지요. 그래서 차마 못할 말을 하여 해명하였습니다. 그
것은 세상이 다 아는 일입니다."

"그러면 무엇을 가지고 내 아버지의 죄를 잡습니까?

"비유하자면 최명길과 같지요.* 극층極層 의논*으로 '나
라의 큰일에 대신으로 죽지 못했다.'고 의논하면 모르지요.
하지만 외조부께서는 저를 보호하고 종사를 붙들었습니다.
후세 사람들이 의논하기를 '나라에 공을 세웠다[共存社稷].'
할 것입니다. 제가 앉아서 그때 일이 '옳다', '그르다' 말하
겠습니까? 나를 보호한 일이 잘한 일이란 말은 인사상 못할
일이지요.

지금은 저희가 하는 대로 둘 것입니다. 비록 당장 억울한
처지를 밝혀 드리지 못하지만 후왕 때에는 제 아비를 보호
하고 종사를 붙든 봉조하의 충성을 어찌 칭찬하고 찬양하지
않겠습니까?'

원자를 가리키시며 말씀하셨다.

"저 아이 때에는 외조부의 누명이 풀리고 마마께서는 저
아이의 효양을 제가 한 것보다 더 낫게 받으실 것입니다."

인정 인경이라고도 하며, 옛
날에 밤에 다니는 것을 금하
기 위하여 밤 10시경에 28번
의 종을 치던 일.

* 정조 즉위년|1776| 3월 27일
정이환은 홍봉한이 임오년에
뒤주를 들인 죄, 병술년 영조
가 병으로 고생할 때 질 좋은
인삼을 쓰지 않은 죄, 정조의
대리청정을 방해한 죄를 들
어 벌을 줄 것을 청했다.

* 정이환의 상소에 대해 정조
는 신묘년|1771| 2월 초7일 선
대왕|영조|께서 울며 홍봉한의
죄가 아니라고 밝히셨다고
답했다. 또 인삼 일도 홍봉한
이 후환을 염려하여 좋은 인
삼을 아껴 둔 것이라고 답했
다.

* 최명길|1586~1647|은 광해군
이 영창대군을 유배 보내고
인목대비를 서궁에 유폐시킬
때에 죽음으로 이를 반대하
지 못했다. 그러나 폭군 광해
군을 뒤엎은 인조반정에 참
여하고 이후에도 나라에 많
은 공을 세웠다.

* 광해군 밑에서 대신으로 있
던 자들의 죄를 논한 일을 가
리킨다.

선왕께서는 신해년|1791| 겨울부터 아버지께서 나라를 다스리셨던 일과 임금께 나아가 상소한 것들을 같은 종류끼리 모아 「주고奏藁」라 이름하고 손수 편집하였다. 기미년|1799| 12월에 책을 다 만들어 60여 편의 서문을 직접 지어 금상|순조|에게 들리고 들어오셨다. 선왕이 읽고 번역하셨는데, 내게 모두 보이시고 나서 말씀하셨다.

"이제야 외조부의 공을 갚았습니다. 오늘에야 제가 외손자의 노릇을 한 듯싶습니다. 외조부의 충성과 공업을 여한餘恨 없이 칭찬하고 더 권하였습니다. 주공周公*에게 쓰는 문자도 쓰고, 한위공韓魏公*과 부필富弼*이도 되고, 성인도, 현인도 되어 계십니다. 이 글을 간행하면 백 년을 길이 전할 것이니 지난 큰 액운이야 다시 이야기해서 무엇 하겠습니까?"

선왕은 경신년|1800| 4월에는 「주고」 총서와 문집서를 짓고 숙제에게 편지하였다.

외조부의 충성이 이것으로 인하여 더욱 잘 나타납니다.

지금 이 문적文蹟|책|이 내 집에 있다.

그때 선왕께서는 나에게 말씀하셨다.

"그 중에 일단 드러내야 할 일은 간행할 때 다시 넣으려 합니다."

그것은 모년에 아버지께서 당신을 보호하신 충성을 말하지 못하여 다른 날에 크게 드러날 때를 기다려서 하신 뜻이었다. 내가 앞뒤 서문을 보니 천포天褒*가 대단하고 거룩하

주공 이름은 단旦. 주나라를 세운 문왕文王의 아들이자, 무왕武王의 동생. 무왕과 그 아들 성왕成王을 도와 문물과 제도를 정비하고 주왕조의 기초를 확립하였다. '성인'으로 존숭되고 있으며 저서에 「주례」가 있다.

한위공 이름은 한기韓琦. 송나라 때의 현명한 재상으로 이름이 높다.

부필 송나라 때의 현명한 재상. 범중엄范仲淹이 그를 보고 "왕을 보좌할 재주가 있다." 하였으며, 참소에도 굴하지 않고 직언을 하는 강직한 성품으로 알려져 있다.

천포 하늘을 기리거나 칭찬한다는 의미로 정조의 하늘과 같이 넓은 뜻을 가리킴.

였다. 자손으로 하여금 짓게 한들 어찌 이에 미치겠는가?
내 손을 모아 이처럼 감축하였다.

"오늘날에야 임금인 아드님을 둔 보람이 있나 봅니다. 내
가 구차하게 산 낯이 있습니다."

그러나 내 마음씨가 그늘지고 험상궂어서였는지 선왕을
잃은 서러움 가운데 「주고」 일로 난리가 또 있었다. 심지어
장장편편張張篇篇이 들어 있는 선왕의 글을 없애려 하였다.
위로 아버지의 무고하고 욕된 일은 두말할 여지가 없고, 아
래로 내 몸에 핍박함이 이후에도 바로잡을 수 없으며, 또한
선왕이 업신여김을 받았다. 비록 선왕이 계시지 않지만, 선
왕의 아드님을 임금이라 하면서 어찌 이런 일을 행하였는
지······. 만고에 이런 시절과 이런 변고가 다시 어디 있겠는가.

중부|홍인한|에 대해서도 처음 귀양 보내실 때 "반역할 마
음과 딴생각은 없다." 전교하시고, 이후에 "임자년|1792|의
'불필지不必知 막수유莫須有'*와 같아서 족히 죄 될 것이 없으
니 장래에는 죄를 벗으리라." 하셨다. 근래는 더욱 자주 말
하셨으므로, 중부는 무죄한 사람과 다름없었다.

또 선왕은 매일 외가 일에 대해 이렇게 말씀하시곤 하셨다.

"갑자년|1804|에 큰일을 이룬 후에는 한가지로 밝게 빛나
서 모자의 지극한 한이 한때에 풀릴 것입니다."

경신년|1800| 2월에도 전교하셨다.

"오늘 특별히 한 사람의 형刑 집행을 면제하고, 내일 한
사람을 또 면제하여 사람은 막힌 사람이 없고, 집은 폐한 집
이 없게 하여 크고 화한 기운 가운데 있게 하리라."

불필지 막수유 반드시 없다고
도 할 수 없고, 반드시 있다
고도 할 수 없음.

조금씩 변화를 주어 갑자년|1804|까지 크게 풀자 하신 것이다.

내가 말씀 올렸다.

"그때에 내 나이 칠십입니다. 내가 칠십으로도 흡족하고 만족스러우나 더 살기가 어렵습니다. 혹 오늘의 약속을 어기면 어찌하겠습니까?"

그러자 선왕이 성을 내셨다.

"설마 칠십 노친을 속이겠습니까?"

나는 갑자년|1804|을 금석같이 기다렸다. 그러나 나의 험한 흉독으로 인하여 천백 가지 일을 다 이루지 못하고 내 신세와 내 집의 가혹한 화가 이 지경까지 이르렀다. 이는 옛 역사책에도 없는 일이다. 내가 잠시라도 살아서 무엇하겠는가. 비록 신왕|순조|이 어린 나이셨지만 어질고 효성스러운 것이 선왕을 닮았으니 신왕이 장성하시면 응당 부왕께서 다하지 못한 뜻을 이루어 주실 듯하여 주야로 하늘에 축원하였다.

✱ 혜경궁 홍씨와 사도세자의 혼례를 뜻한다.

갑자년|1744| 국혼✱ 후에 아버지의 처지가 다르므로 과거를 보지 않으려 하였는데, 여러 선비들이 이렇게 말했다.

"국구國舅|왕후의 아버지|의 처지는 다릅니다. 과거에 응하지 않는 것이 오히려 괴이합니다."

그해 10월에 아버지께서 등과하시니 대조|영조|께서 다행으로 여기셨다. 소조|경모궁|께서도 어린 나이셨지만 "장인이 과거하였다." 하시며 기뻐하셨다.

전사청 무준

수복청

제기고

서재

서무
|명망 있는 유학자의 위패를 모신 곳|

서월랑

창관청

명륜당
|유학을 가르치던 곳|

존경각
|도서관|

동월랑

육일각

대성전
|공자의 위패를 모신 곳|

동재

적록청

직방

장고

서리청

비복청

진사식당

동입문

신삼문

모성비각

동무

그때 경은慶

은恩•과 달성達城• 두

집안에는 문과한 사람이

없었다. 처음으로 임금의 외척

이 등과하는 것을 보시고, 인원·정

성 양 성모께서도 "사돈이 급제하였다."

하시며 나를 부르셔서 특별히 축하하셨다. 정성왕후께서는

본댁|친정|이 신임화변을 당해서 노론을 특별하게 생각하셨

다. 그래서 아버지께서 과거에 급제한 경사를 기뻐하는 것

이 당신의 사사로운 친척에 못지않았다. 그때 황공하여 감

탄하던 일을 이제 생각해도 어제처럼 생생하구나.

세상은 잘 모르지만 내 아버지와 임금께서 의사가 잘 통

하는 것이 외척이라 그런가 생각하지만 실은 그렇지 않다.

계해년|1743| 봄에 아버지께서 관장의館掌議|성균관 장의|로 숭

경은 숙종의 국구인 경은부원
군 김주신.

달성 영조의 국구인 달성부원
군 서종제.

문당에 들어오셨다. 이때 영묘께서 아버지가 말하는 모습을 보고 크게 기이하게 여기며 선희궁께 말씀하셨다.

"오늘 세자를 위하여 정승 하나를 얻었소."

선희궁이 여쭸다.

"누굽니까?"

"장의 홍 아무개라. 이 사람을 위하여 뒤에 알성謁聖•을 볼 것이니 혹 이 사람이 과거에 급제할까 어쩔까 마음을 졸인다네."

선희궁께서 나에게 이리 전하신 것으로 보면 아버지에 대한 대우는 하잘것없는 선비 때부터 이미 정승을 허락하시고, 간택 때에는 의망擬望•하는 처녀도 있었던 듯싶다. 내가

알성 알성시. 즉 조선시대 임금이 문묘1공자를 모신 사당1에 가서 제례를 올릴 때 치른 비정규 문·무과 시험.

의망 세 사람을 추천하는 일.

대성전 태학1성균관1 내에 위치. 공자의 신위를 모신 곳으로 이곳에서 제사를 지낸 후에 알성시를 보았다.

비록 재상의 손녀이지만 할아버지께서 안 계시고, 평범한 한 선비의 딸일 뿐인데 간택에 뽑힌 것이 뜻밖이었다. 영묘의 뜻이 나를 사랑하실 뿐 아니라 우리 아버지를 크게 쓸 신하로 아신 것이다. 내가 아버지의 딸이기에 아주 정하신 일이다. 아버지가 비록 임금의 외척이 아니더라도 당신은 지체와 물망, 재주와 국량을 겸하여 대우가 이러한데 어찌 높은 지위에 오르지 못하셨겠는가!

아버지께서는 특별히 나로 인하여 몸을 자유롭게 못하고 고금에 없는 지경을 다 겪으셨다. 필경 헐뜯어 일러바치는 말이 그지없고 처지가 망측하여 원한을 품고 명을 재촉하였다. 아버지께서 임금의 외척이 되신 보람은 적고, 외척이 되어 해로운 일은 많았다. 이것은 다 나를 두신 까닭이고, 내 일생에 죄스럽고 지극한 원이 되는 바이다.

아버지께서 과거에 급제한 후 영묘께서는 대우를 점점 두텁게 하셨다. 아버지는 벼슬이 차차 올라 전곡갑병錢穀甲兵●과 나랏일을 모두 맡았다. 아버지께서는 지극히 공평하여 사사로운 마음 없이 정성을 다했다. 온갖 사물에 재주와 지식이 능통하여 모든 일마다 영묘의 마음에 맞고 가지가지 법도를 어기는 일 없이 20여 년 동안 장상將相을 하였다. 백성의 이해와 팔도의 고락을 당신 몸의 일처럼 알아서 안팎으로 없애기 어려운 폐단을 바로잡아 고치지 않은 것이 없었다. 지금까지 그대로 해 나가니 비록 임금과 신하가 서로 꼭 들어맞는 것이 천고에 드문 까닭도 있지만 당신의 충성과 재주와 국량이 다른 사람보다 지나치지 않으면 어찌 이

전곡갑병 전곡은 돈과 곡식을 맡았던 일이고, 갑병은 병사를 다스리던 일을 말한다.

러하였겠는가.

그런데 당신 처지가 망측하니 참소讒訴와 무고誣告가 이르지 않는 곳이 없어 허망한 말 두어 가지뿐이었다. 나랏일을 30년 하는 동안 이 일을 잘못하여 나라를 병들게 하였다거나 저 일을 잘못하여 백성에게 해롭다고 하는 말은 지금까지 조금도 없었다. 유식한 사대부 외에 서울 안에 사는 군민이나 서울 밖에 사는 어리석은 백성들까지 아버지의 덕을 생각하고 은혜에 감격하였다. 그래서 지금에 이르기까지 이렇게 말하는 사람도 있다.

"홍정승이 아니면 나라를 어찌 지탱하였겠으며, 우리가 어찌 살아났으리?"

이는 나 한 사람의 사사로운 말이 아니다. 아이들과 심부름하는 사람을 잡고 물어도 반드시 "근세에 현명한 재상입니다." 라고 할 것이다. 이 어찌 잠시 권세를 쓰던 사람이 얻을 바겠는가. 당신께서 벼슬을 하신 후 허다한 일들은 세상이 다 알 것이요, 또 선왕이 「주고」 서문에 갖추어 올렸으니 다시 기록하지 않는다. 다만 당신 처지가 지극히 원통한 것만 대략 기록한다. 아버지께서 흉한 모함을 받으신 처음과 마지막 사정은 아래 여러 조건[사건]에 각각 올라서 또다시 이야기하지 않는다.

당시 경모궁의 병환은 헤아릴 수 없이 말하기 어려운 지경이었다.＊ 또 영묘께서도 그 병환을 모르시는데 아버지께서 괴이한 마음을 품어 영묘께 아뢰고 일물까지 드리며 "이리이리 처분하소서." 권하셨다면, 비록 부녀 사이이지만 소

＊원문에는 '만만 난언지경이 아니오시고'로 되어 있는데, 문맥상 의미로 말하기 어려운 처지를 의미하는 듯하다.

천所天남편이 아비보다 중하거늘, 내 아무리 무식한 여편네라도 그만한 의리는 안다. 그때 내가 죽어 소천을 따르기를 어찌 생각하지 못했겠는가. 설사 목숨을 끊지 못한다 하여도 내 어찌 차마 부녀의 정을 보전하였겠는가. 그리고 선왕이 또 어찌 신묘년[1771]에 언문으로 편지를 쓰시고,* 상소에 대한 비답*을 통해 영묘의 하교를 알리고, 외조부가 죄 없음을 밝혀 주셨다. 또 하늘이 다 알 터인데 아버지인들 어찌 자손이 남아 있겠는가. 나도 지금 이러하거니와 40여 년 동안 세상에 머무르며 자손의 효양을 받았겠는가.

그때는 나라의 형편이 급박하였다. 아버지께서 만일 주선을 잘못하였으면 내 집안이 아주 망하는 것은 둘째요, 선왕께서 어찌 목숨을 보존하여 계셨겠는가? 아버지께서는 하릴없는 때를 당하여 피눈물을 흘리며 통곡하셨다.

아버지는 선왕을 구호하여 이 나라에 오늘이 있게 하였다. 영묘께서 아버지를 의지하고 신뢰하셨기에 선왕을 보전할 수 있었다. 그렇지 않고 영묘의 노여움을 그때 당하였더라면, 아드님께도 그러한 처분*을 하시는데 손자를 어찌 헤아리셨겠는가. 만일 그러하였으면 당일의 점잖지만 날카로운 언론과 후세의 공론이 어떻다 하였겠는가. 그때 아버지의 처지로 계단 아래서 머리를 부딪쳐 죽어서 세손을 아울러 보전하지 못하는 것이 옳은 것인가? 어쩔 수 없는 지경이었다. 세손이나 보존하여 이 종묘사직을 잇게 하는 것이 옳은 것임을 식견 있는 사람을 기다리지 않고도 알 수 있다.

선왕이 매일 말씀하셨다.

* 정조는 11월 1일 편지로 홍봉한이 한 일에 대해 죄를 씻어준 일이 있다. 신하들은 그 명을 거둘 것을 꾸준히 청하였으나, 정조는 오히려 이듬해 1월 12일 혜경궁을 위해 홍봉한의 삭직도 없었던 것으로 한다.

* 정조 즉위년 3월 27일 정이환이 상소하여 홍봉한의 죄를 밝히자 정조가 홍봉한은 죄가 없다고 비답을 내렸다.

* 1762년 사도세자를 뒤주에 가둬 죽인 일을 가리킨다.

"외조부의 충성은 옛사람에게도 찾을 수 없는 쉽지 않은 일이었습니다. 세상의 욕이 무서워 저는 차마 '충忠'이라, '공功'이라 말하지 못한 채 댈 데 없고 탓할 것도 없어 눈앞이 흐린 사람처럼 지냅니다. 한유같이 괴이한 놈의 죄명을 없게 하였으니…… 이것은 일이 급박하여 어쩔 수 없이 한 일이요, 천세·백세에 진정한 의리가 아닙니다. 내 아랫대부터는 외조부의 공로와 위엄이 드러날 것입니다. 그래서 시호를 고쳐 '충忠' 자로 하려 합니다."

몇천, 몇백 번을 말씀하신 줄 모른다. 가순궁 또한 보고 들은 말이니 내가 이제 선왕이 계시지 않는다고 하여 추호라도 지나친 말을 차마 어찌 하겠는가.

선왕의 뜻이 이러하시기로 10년 동안 「주고」를 만들었다. 선왕은 힘든 일을 잊고 밤낮으로 친히 편집하여 그 많은 서書를 세상 사람들에게 보이려 하였다. 이것은 아버지의 사업 경륜을 칭찬하고 권할 뿐 아니라, 당신 외조부를 향한 마음이었다. 또 외조부가 당신을 보호하여 종사를 평안하게 한 충성과 공을 세상에 다 알게 하려 한 일이다. 가까이 모시던 신하들이야 누가 모르겠는가.

그래도 오히려 모년사의 원통함을 어찌 풀까 매일 근심하시고, "거기에 덧붙여 말하기가 어렵다." 하시더니 「연보年譜」를 손수 편찬하실 때에 임오년[1762] 5월 13일 항목에서는 뒤주를 들인 시각을 박으시고, 삼도감제조三都監提調*로 초종상례初終喪禮*까지 충성을 다하여 만들어 넣으셨다. 선왕이 물으셨다.

삼도감제조 상례를 위한 3도 감 즉, 빈전도감·국장도감· 산릉도감의 으뜸 벼슬.

초종상례 초상이 난 뒤부터 졸곡 때까지의 예.

"문집에 임오년l1762l의 수차袖箚*가 어찌 들어 있지 않느냐?"

동생l홍낙임l이 대답했다.

"지금은 모년 일을 공사公事 문자文字로 의논하지 못하는 때입니다. 그래서 못 올립니다."

"그러한 묘한 이치가 없고 본심과 사실이 이 상소에 있으니 올리라."

선왕은 여러 번 말씀하셨다. 그러나 오래지 않아 재액을 당하여 결단하지 못하였다.

신묘년l1771l에 손수 쓴 편지*를 얻은 후 선왕께서는 얼굴빛을 바꾸며 기뻐하셨다.

"「춘저록春邸錄」l동궁일기l에 올리자."

선왕은 그것을 「연보」에 올리시고는 나에게 말씀하셨다.

"내가 본 일을 증명하는 문자가 있어 한 장張의 「연보」에 올려 세상에 증거가 되게 하였습니다. 이제는 한이 없습니다."

만일 모년 일에 아버지께서 조금이라도 관계하셨다면 선왕이 평상시에 어찌 말씀을 그리 하셨겠으며, 「주고」와 「연보」를 만들었을 까닭이 어디에 있겠는가. 당신 손으로 하지 못할 일은 의리를 지켜서 어버이를 위한 일에도 오히려 미진한 것이 있다. 그러나 진정 의리에 어긋나면 어찌 외조부라고 용서하며, 걱정은 이를 것도 없거니와 이리 칭찬하셨겠는가.

주상l순조l은 이 한마디에 더욱 결단을 내려야 할 일이다. 아버지의 일은 갑진년l1784l에 세 가지 죄명*을 다 씻었다.

수차 임금을 만나 직접 바치는 상소.

*영조가 홍봉한의 죄가 없음을 글로 풀어 놓은 편지를 가리킨다.

*『정조실록』에 따르면, 1784년 8월 3일, 정조는 김귀주・정이환 등이 상소하여 논한 것, 세 가지에 대한 비답을 하나씩 열거한다. 하나는 모년의 일로 이에 대해 선대왕인 영조가 홍봉한이 한 일이 아니라 밝히신 일을, 다른 하나는 인삼에 관한 일로, 이 또한 도제조가 상소하여 홍봉한을 위하여 변명하였다. 나머지 하나는 정조와 홍봉한이 사적으로 만났을 때 이야기한 것인데 역시 비답 가운데 자세히 언급하였다고 한다. 그러면서 홍봉한의 죄는 혜경궁 홍씨를 위해 용서한다고 하였다.

그럼에도 예삿집으로 이르면 무고하다고 하련마는 무슨 일인지 아무런 이유도 없이 다시 세상에 무고한 치욕을 받았다. 이것은 다른 죄가 아니라 갑진년(1784)에 누명을 벗었던 옛말들이다. 세상에 이런 일이 어디 있는가.

보통 모년 일을 가지고 두 가지 의견이 있었다. 한 가지는 '모년에 대처분을 하신 것이 광명정대하여 영묘의 거룩한 성덕대업聖德大業을 칭송함이 하늘의 이치에 어그러지지 않는다.' 한 것이고, 다른 한 가지는 '경모궁께서는 병환이 없으신데 원통하게 그리 되신 것이다.' 하는 것이다.

위의 의논에 대해 말하자면, 경모궁께서 진실로 본심이 어떠하여 죄가 있는 것이다. 영묘의 처분은 무슨 적국이나 평정한 듯 공업功業으로 일컫는 말이 된다. 이러면 경모궁께서는 어떤 몸이 되며 선왕께서는 또한 어떤 처지가 되는가? 이는 경모궁과 선왕께 망극한 말씀이다. 또 아래의 의논 같으면 영묘께서는 헛된 소문을 듣고 동궁을 그 지경까지 가게 하신 것이다. 경모궁을 위하여 마음에 맺힌 원한을 풀고 수치스러운 일을 씻고자 한 것이지만, 영묘께는 덕망을 잃은 뜻이 되지 않겠는가?

이리 말하나 저리 말하나 삼조|영조·경모궁·정조|께 망극하기는 매한가지이다. 그러나 이 두 가지가 다 실상은 아니다. 내 아버지가 여러 차례 말씀하셨지만, 경모궁께는 분명한 병환이 있었다. 비록 병환이었지만 경모궁의 몸이 위태하고 종국의 위태로움이 호흡하는 사이에 있었다. 영묘께서도 애통하고 망극해하였지만 부득이하게 그러한 처분을 하신 것

이다. 경모궁께서도 본심이라면 참으로 허물이 되지만, 천성을 잃는 병환이니 당신께서 하는 일을 다 모르셨다. 경모궁께 병환이 있는 것이 망극하지, 경모궁께야 조금이라도 덕을 쌓는 일이 되겠는가?

실상이 이러하니 이렇게 말을 해야 영묘의 처분도 어쩔 수 없이 하신 일이고, 경모궁의 처지도 어찌할 수 없이 그리 된 것이다. 선왕도 또한 애통과 의리가 각각이라고 말하여야 실상에도 어긋나지 않고 의리에도 합당하거늘, 이제 위의 두 말이 영묘 처분을 거룩하다고 하며 경모궁이 죄가 있어 돌아가셨다는 것과 또 경모궁을 위한다고 영묘가 자애롭지 못한 잘못이 있다고 말한 것, 이 두 말이 다 삼조께는 죄스러운 말이다.

한편 의논이 "영묘의 처분은 옳다." 하고, 아버지의 죄만을 잡으려 하였다. 저희가 알지도 못하며 "일물을 들었다." 하니 이것이 영묘께 정성이 있다는 말인가? 경모궁께 정성이 있다는 말인가? 불과 30년도 안 되었는데 모년사를 가지고 사람을 깊은 함정에 빠뜨리려고 하였다. 지극히 아프고 망극한 일을 어찌 저희들이 사람 해치는 계책과 저희들의 출세의 발판으로 만들었으니 통곡하고 통곡할 뿐이다.

지금에 이르러 선왕이 안 계시자 흉한 무리들이 비로소 저희들의 뜻을 얻었다. 오히려 나를 없애지 못한 것을 분해하며 숙제에게 참화를 끼치고, 아버지를 반교문頒敎文*의 맨 위에 올려 역적의 괴수로 만들었다. 내가 비록 역대 사기史記를 모르지만 선왕의 어미를 앉혀 놓고 선왕의 외조부를 반교

반교문 나라의 경사가 있을 때에 널리 펴던 교서.

문에 역적이라 올리고, 이를 팔방에 전하는 흉한 무리는 아무리 거친 세상이라도 없을 것이다. 또 신유년|1801| 6월에 저들이 계사를 했는데 숙제의 동기가 견줄 데 없는 역적의 자손이라고 하였다. 숙제의 동기가 누구인가? 분명히 나를 역적의 자손이라 한 말이다. 세상의 변고가 여기에까지 이르러 신하의 예절이 아주 망하였다. 옛사람이 통곡하고 눈물을 흘려도 부족하다고 한 말이 오히려 무색할 정도이다.

아버지께서 불행하게도 험난한 때에도 오래 조정에 계셨다. 비록 왕께서 은혜로 대우하시는 뜻이 정중하고 처지가 특별하였지만 아침저녁으로 벼슬에서 물러날 생각에 걱정만 하셨다. 그러나 종국에 대한 근심과 어린 세손에 대한 생각이 간절하셨다. 그래서 몸을 자유롭게 하지 못하고 구차하게 임시변통으로 얽고 맞추어 지내시며 옛사람의 곧은 절개를 다하지 못하였다. 만일 조야朝野|조정과 민간|에 강직한 사람이 그 본심은 헤아리지 않고 대신의 위엄과 충절이 없다고 시비하면 당신도 마땅히 웃으며 그 욕을 받으실 것이다.

난들 어찌 그런 마음을 먹지 않겠는가. 내 집이 대대로 벼슬하는 집으로 가문의 운수가 형통한 때에 자제들이 잇달아 등과하였다. 집안이 번창하고 권세가 넘치니 사람들이 성내고 귀신이 꺼리는 것은 이상하지 않다. 그러나 우리 집안이 그릇된 후에 생각하니 영화의 자취를 거두지 못하고 벼슬에 몸을 적신 것이 천만 번 후회스럽고 한이 되는구나. 천만 의외의 거짓으로 이 지경까지 되니 실로 원통할 뿐이다. 성하고 쇠하는 것과 재화와 복록이 고리 돌 듯 도는구

성암서원 충남 서산시 읍내동에 위치. 김한구의 고조부 김홍욱의 신위를 모신 곳. 1741년 영조는 성암서원 철폐령을 내렸으나,
김한구의 딸이 왕비가 된 후 김한구의 청을 받아들여 철폐령을 철회하였다.

나. 이미 성하려고 하다가 쇠하였으니 이 지극한 원한을 밝
히고 화禍를 고리 위에 굴려서 복福을 이룰 때가 있을까 피눈
물을 흘리며 하늘에 축원한다.

기묘년1759 영묘의 혼인 후에 귀주의 집은 가난하고 쓸
쓸한 선비에서 하루아침에 존귀하게 되었다.* 서먹서먹하
며 불안한 일이 많았다. 그래서 아버지께서는 늘 이렇게 말
씀하셨다.

"임금의 두 외척집인 우리가 서로 의리를 좋게 하여 평안
함과 근심을 함께할 것입니다."

아버지는 모든 일을 지도하고 주선하여 지저분하고 졸렬
한 짓이 생기지 않도록 자세한 곡절을 말하고 간곡히 당부

*1759년 정순왕후 김씨와 영
조의 혼례 이후 영조는 왕비
의 친정, 즉 그 아비 김한구
와 그 오라비 김귀주를 깊이
신뢰하고 대우하였다.

도 하셨다. 그렇게 힘을 다해 일하시자, 처음에는 저들도 고마워하고 감격하였다. 그러나 저희들의 형세가 강해지자 점점 흉한 마음이 자라났다. 그래서 원수가 되었다. 이러한 일이 어디 있겠는가.

무릇 귀주의 아버지는 화를 잘 내며 의심이 많았고 더욱이 귀주는 독기덩어리로 패독스럽고 흉악한 인물이었다. 비로소 임금의 외척이 된 후로 경은慶恩|김주신| 집처럼 몸가짐을 하였으면 누가 나무라겠는가. 그러나 저희는 본래 충청도 사람으로 호중湖中|충청도|에서 괴상한 논의만 하는 것들과 친하였다. 귀주의 당숙 한록漢祿은 관주의 아비로 남당南塘*인지 누구인지의 제자로서 학자질 하노라 하여 귀주네가 받들고 믿기를 신명神明같이 하였다. 그것들의 논의를 좇아 임금의 외척으로서의 본분은 지키지 않았다. 처음에는 아버지를 따라 정성껏 잘 지켰으나 이들로 인해 중간 이후 건방지고 어중되었다. 이는 아닌 것을 긴 체하는 모습이니 아니꼬울 적이 많았다. 세상에 누가 웃지 않겠는가.

우리 집이 대대로 제상가요, 먼저 임금의 외척이 되었다고 행여 저희를 비웃었는가? 거만하여 업신여겼는가? 그럼에도 저들은 의심하고 화를 내었다.

경진년|1760|과 신사년|1761| 사이에 동궁|사도세자|의 환후는 점점 더할 나위 없게 되었다. 그런데 영묘께서는 저희를 새 사람이라 하여 지나치게 가깝게 하였다.

그때에 귀주 무리들의 흉악한 마음에 기뻐하였다.

"동궁의 허물이 저러하니 하릴없이 큰일이 날 것입니다.

그러니 동궁의 아드님을 보전하지 못하는 것은 당연하지요. 그리 되면 나라에 다른 왕자가 안 계시니 필경 양자를 들이면 우리가 임금의 외가로 장래까지 부귀를 가질 것입니다."

저희의 의논이 한창 무르익었다. 특히 아버지에 대한 영묘의 대우가 거룩하여 혹 세손을 보전하면 저희들 욕심대로 되지 못할까 염려하였다.

신사년|1761|에 스물이 겨우 넘은 어린아이 같은 귀주가 감히 영묘께 편지하여 내 아버지를 해하고 정휘량까지 끌어들였다. 그때 영묘께서 놀라 중궁전께 "이리 못하리라." 하시며 매우 심하게 꾸중하셨다. 이는 소조께서 서행西行 한 일로 아버지와 정휘량이 대조께 아뢰지 않는다고 얽은 말이다. 이 어찌 아버지만 해하려는 뜻이었겠는가.

소조의 허물을 대조께서 아시게 하는 일이니 제 놈의 처지에 이런 흉악한 마음이 어디 있겠는가. 그때 영묘의 승은承恩을 입은 내인, 이계흥李啓興의 누이 이상궁이 매일 대조를 모시고 있었다. 그 내인이 대·소조 사이에 조정하는 일이 많았다. 내가 그 편지를 보고 놀라 분해하며 중궁전께 여쭸다.

"댁에서 감히 이런 일을 하실 수 있습니까? 그 편지를 급히 물에 씻어서 없애십시오."

그때 그놈의 흉악한 마음을 알 때였는지 아버지께서는 말 못하는 근심으로 탄식하였다. 그러나 본 것이 있어 소조께도 이런 말을 여쭌 일이 없었다. 내 집이 저희와 틀어지지 않고자 하던 뜻을 여기에서도 가히 알 수 있다. 저희 마음에

'우리는 임금의 장인이다. 어찌 동궁의 장인에게 미치지 못하겠는가!' 하여 시기하는 마음과 우리 집을 제거하려는 계교가 날로 심하던 차에 모년 처분이 났다. 저희 마음에 이제는 세손까지 보존하지 못하고 양자를 정하여 저희가 외가 노릇을 하고 홍씨는 없앨 양으로 알았다. 그러다가 세손이 다시 동궁이 되시고, 우리 집도 보전하여 아버지께서 재상의 자리에 오르자 저희가 분함을 이기지 못하였다. 그제야 바로 세상에 없는 흉측한 말을 하여 영묘의 마음을 의심스럽게 하고 어지럽혀 세손을 보전치 못하게 하려는 계교를 냈다. 감히 이 흉악한 말을 저희는 하였지만 내 붓으로 차마 어찌 쓰겠는가. 그러나 분명히 쓰지 않으면 후대 사람이 무슨 흉악한 말인 줄 몰라 의혹을 가질 듯하기에 마지못하여 쓴다.

홍주 충남 중서부에 있는 지금의 홍성.

모년 후에 김한록이가 홍주* 김씨들이 모인 곳에서 이렇게 말했다.

"세손은 죄인의 아들로 가히 왕위를 계승하지 못할 것이네. 태조의 자손이라면 어느 누가 왕위를 계승하지 못하겠는가?[罪人之子 不可承統 太祖子孫 何人不可]"

이것이 세상에서 전하는 '16자 흉언'이다.

그때 모든 김씨들이 다 듣고 전하는 말이 흩어져서 어지러웠다. 끔찍한 말이라 차마 입에 올리지 못하고 나와 세손이 듣고 흉악하게 여겼다. 차마 의심과 믿음이 서로 반반이었는데, 근년에 선왕이 나에게 말씀하셨다.

"한록이와 귀주 무리들의 흉측한 말이 처음부터 끝까지

의심스러웠지요. 이제야 정말인 줄 알겠습니다."

"어찌 아셨습니까?"

"소문에 홍주 갈미° 김씨들이 모인 자리에서 그 말을 하였다지요. 마침 옥당[홍문관]에 다니는 김이성金履成이가 숙직을 하러 들어갔는데, 그가 갈미 김가인지라 알 듯하여 조용히 '숨기지 말고 바로 말하라.' 달래고 위협하며 물었지요. 처음엔 서머서머[어쩔 줄 몰래] 하였으나, 제가 저 하나를 못 휘어잡을까요? 나중은 실토를 하는데 한록이가 그 말 하는 것을 그도 직접 듣고 다른 김씨들도 많이 들었다고 합니다. 즉시 저희 문장°門長인 김시찬金時餐°이에게 이 말을 하니 김시찬이도 듣고 크게 놀라서, '귀주와 한록의 무리가 이제는 역적이 분명하니 자손들에게 경계하여 충신과 역적을 분간하여 알아두라.' 하였답니다. 한록의 말은 실은 귀주에게서 난 의논이라고 합니다. 이제는 확실한 증거를 얻었지요. 참되고 틀림없는 말일 것입니다. 이런 일이 어디 있겠습니까. 그러나 지금 이를 말하여 어느 지경까지 갈 일은 아닐 것입니다. 참고 있으면서 이 앞을 볼 것이요, 눈앞에서는 그것들이 무서운 척 위로하고 달래며 급급한 변란이나 깊은 원망을 부르지 않도록 할 것입니다.

모년 후에 누구를 양자로 정하련다며 의망擬望하던 것도 있더라 합니다. 그것이 다 이 흉측한 말에서 나온 계교지요. 저들이 한 나라에 군림하여 여러 신하를 엄히 대하려 한 것입니다. 어찌 흉악하지 않겠습니까? 생각할수록 그놈들의 역심과 흉한 말이 몸서리쳐집니다."

갈미 충남 홍성군 북서부에 있는 지금의 갈산.

문장 한 집안에 항렬로나 나이로 가장 높은 사람.

김시찬|1700~1767| 1735년 증광문과에 병과로 급제하여 사관史官으로 등용되었다. 규장각 관원으로 있을 때, 조태구·유봉휘·이광좌 등 소론 일파의 처벌을 청했다가, 탕평책에 반대한다 하여 흑산도에 유배되었다. 1740년 복관되었다가 다시 유배되어 1764년에야 풀려났으며, 이조판서에 추증되었다.

*9월 9일 좌윤 김귀주를 흑산
도에 귀양 보냈다.

효묘 조선 제17대 효종대왕
[1619~1659]을 가리킴. 휘는
호[淏]이고 인조의 둘째 아들이
자 인열왕후의 아들이다. 비
는 인선왕후이다.

*정유년[1777]에 홍술해, 홍상
범, 홍계능, 홍찬해 등이 이
찬을 왕으로 추대하려다 발
각된 정유역변을 가리킴.

*罪人之子 不可承統 太祖
子孫 何人不可, 즉 죄인의
아들은 왕통을 계승할 수 없
으니 태조의 자손이라면 누
구든 임금이 될 수 있다는 뜻
이다.

사론 선비들의 당론.

일찍이 관주를 동래 부사를 시킬 때에도 선왕은 "말도 되
지 않는 난처한 일을 합니다." 하고 말씀하신 적이 있다.

이놈들이 흉악한 역당인 줄 선왕께서 어찌 깊이 살피지
못하셨겠는가. 선왕이 전부터 아시는 까닭에 병신년[1776]에
귀주를 처분하셨다.* 그러나 그때 하교에 귀주의 죄에 대해
서 다만 사소한 작은 일만 말씀하시고, 이 밖에는 '차마 할
수 없는 말[不忍說]'이라고 하셨다. '차마 할 수 없는 말[不忍
說]'이 곧 이 흉한 말을 두고 하신 말이다.

병신년[1776] 전의 일도 모르시는 것이 아니고, 김이성의
말을 들은 후에는 더욱 확실한 증거를 얻으신 것이다. 옛부
터 다른 사람을 추대하는 역적과 국본[왕세재]을 흔드는 역적
이 꽤 많았다. 이제 우리 조정은 효묘孝廟* 이후로 6대의 혈
육이 세손 하나뿐이다. 그런데 저희가 그릇되어 일시의 부
귀를 욕심내고 6대 혈육을 없애려 하였다. 그리고 태조의
자손이라 하며 안면 없는 사람을 가져다가 세우고 나라를
온통 차지하려 하였다.* 만고천지간에 이런 극악한 흉적이
또 다시 어디 있겠는가. 내 집과 관계가 이랬다 저랬다 하다
가 아버지를 해하려 한 것도 다 이 흉악한 말*로 시작한 것
이다.

저희들의 흉악한 말이 차차 전파되어 온 세상 사람이 다
알게 되니, 저희의 계교는 행하지 못하고 이 흉측한 말을 가
리어 덮을 길도 없었다. 귀주는 그제야 소위 선비를 사귀어
선비 노릇을 하였으나, 왕께서 '사론士論*을 한다.' 하여 몹
시 곤란한 처지로 죽게 된 것들, 시골 서울 할 것 없이 문文

도 아니고 무武도 아닌, 이야기나 하고 일을 좋아하는 무리
들을 모았다. 재물을 뿌리고 의기義氣로 사귀는 체하며 몸을
기울여 사람을 끌어 모았다. 그것들은 시골의 미천한 괴귀怪
鬼 불령지배不逞之輩*에 불과했다. 그들이 일생 동안 부귀한
집안의 뜰 안 구경이나 하였겠는가. 좋은 음식과 두꺼운 의
복을 후하게 대접하고, 돈을 달라고 하면 돈을 주고, 쌀을
달라고 하면 쌀을 주고, 급한 병이 있다고 하면 인삼 녹용을
주고, 혼사와 상사가 있다고 하면 초상과 혼인을 치러 조금
도 아끼지 않고 해 주었다. 그래서 그것들이 평생에 잊지 못
할 은혜로 알아서 도처에서 귀주네를 거룩한 외척의 무리라
고 말하며 끓는 물과 뜨거운 불을 피하지 않으니, 이것이 다
왕망王莽*이 사람을 거두는 흉계였다. 필경 이 일 또한 귀주
가 내 집을 처내려고 한 뜻이었다.

불령지배 나라에 대하여 불평
불만을 품고 제멋대로 하는
무리.

왕망(B.C.45~A.D.23) 전한의
평제平帝를 죽이고, A.D.8년
에 신新나라를 세웠다. 여러
가지 개혁을 단행하였으나
호족들과의 대립과 흉노, 서
역의 여러 나라, 고구려 등과
의 잇단 외교 실패로 호족들
의 반란을 맞아 나라를 세운
지 15년 만에 망하고, 그는
부하에게 찔려 죽었다.

정순왕후 생가 충남 서산시 음암면 유계리에 위치.
조선 영조의 계비인 정순왕후가 출생한 곳으로 왕비가 되기 전까지 살았던 곳이다.

선왕이 매일 말씀하셨다.

"봉조하께서는 어영청에 봉부동은捧賦銅銀*을 수만 냥 모아 두셨지요. 그런데 오흥鰲興[김한귀]이 전부 내어서 귀주와 함께 흩어 버렸답니다. 봉조하를 죽이려 하는 품팔이꾼에게 그 값을 하였으니* 세상에 그런 우습고도 원통한 일이 없습니다. 그래서 제가 친한 조정의 신하에게 이 말을 하니, 사리에 부합하는 이야기[名談]라 하였지요."

귀주의 무리가 흉악한 마음을 먹어 어떻게든 내 집을 없애려 하니 설사 아버지께서 잘못하신 일이 있다 하여도 두 집* 사이에 그리 못할 것이고 제가 차마 하지 못할 일이다. 제게 불리하게 했거나 서로 위협이라도 하였다면 인지상정에 혹 미워했을지도 모른다. 그러나 처음부터 우리 집안은 저희에게 은혜로 대하였지 원한을 살 만한 일은 조금도 없었다. 세세하게 생각하여도 이 어찌 다른 일이겠는가.

저희의 흉한 모략과 말로 동궁의 자리를 동요하려 했어도 영묘께서는 세손에게 변하지 않는 자애를 베푸시고, 내 아버지를 의지하며 여전히 대우하셨다. 세손이 점점 자라 왕세자의 지위가 탄탄하게 굳었다. 저희들은 어쩔 도리가 없어 어리둥절하였다.

그런데 천만 의외에 기축년[1769] 별감의 일이 났다.* 이로 인해 선왕이 어린 마음에 외조부와 이 노모가 당신께 애쓰는 정성은 살피지 못하고 잠시 노여움으로 외가에 대한 정이 변하였다. 이때 후겸이가 내 집안과는 사이가 좋지 않았다. 귀주가 이 두 일을 잘 알고 그제야 때를 얻은 듯하였

봉부동은 지방의 수령이 왕에게 바친 동과 은.

*품팔이꾼과 같은 오흥부원군에게 돈을 내주었다는 뜻이다.

*김귀주의 집과 홍봉한의 집을 뜻한다.

*왕세손이 별감과 가까이 하고 외입하는 것을 홍봉한이 왕께 아뢴 일로 인해 별감들이 귀양 간 일을 가리킨다.

다. 그놈은 적반하장으로 다시 권세를 부리려 저희들은 동
궁께 정성이 있고, 내 아버지는 인_仁은언군_{恩彦君}·진_晉은신군_{恩信君} 무리를
귀여워하며 동궁께 불리하게 하려 한다고 하였다. 그러고
는 동궁께 아첨하면서 '홍가가 동궁에게 불리하게 하고 동
궁이 홍가를 박대하신다.' 하는 말을 세상에 공공연하게 퍼
뜨렸다.

세상에 급하게 벼슬을 하려는 사람과 이_利를 탐하고 때를
따르는 것들이 갑자기 모여들어 십학사_{十學士}니, 무엇이니
하며 아울러 한 뭉치가 되었다. 이들이 아버지를 해하기 위
해 일을 꾀하였다. 경인년₁₇₇₀ 3월에 청주 놈, 한유란 것을
꾀어 그 흉모를 시키니 이것이 바로 귀주가 한 일이다.

한유는 시골에서 몇 대를 두고 붙박여 사는 사람이었다.
양반도 변변히 못하고 글도 못하는 어리석고 흉악한 부류이
자 어떤 일에도 참여하지 못하는 어리석은 시골 백성이었다.

그때 영묘께서 송명흠_{宋明欽}*과 신경_{申暻}*으로 인하여 심
하게 노여워하셨다.* 당신이 40년 고심으로 이뤄 놓은 탕평
을 학자들이 나무란다 하시며 '송'과 '신'에게 죄를 주었다.
또 『유곤록_{裕昆錄}』*이라는 책을 만들고는 이렇게 말씀하셨다.

"학자가 나라를 그릇되게 만드니 후세 왕들은 학자를 쓰
지 말라."

심하게 과한 행동이었다. 누가 아니 걱정하지 않았겠는
가. 그러나 팔십이 된 임금의 과한 행동으로 그러하시는 것
이니 비유하건대 늙은 노친이 무정한 일로 걱정하면 자제들
이 임시변통으로 꾸며 기분을 맞추고자 비는 모양과 같았

송명흠|1705~1768| 이재李縡의
문인으로 사화를 피해 옥천
등지에서 살다가 그 학문과
덕행이 뛰어나 영조가 직접
벼슬을 내렸다. 그러나 당론
을 꾀한다 하여 파직되었다.

신경|1696~?| 1739년 학행|뛰
어난 학문과 덕행|으로 벼슬을
받았다. 1756년 호조참의로
있을 때, 외조부인 박세채의
문묘종사|학덕 있는 사람의 신주
를 공자의 사당에 모시는 일|를
주장하다가 파직되었다. 이후
다시 복직되었으나 당론을
꾀하다 유배되었다.

＊『영조실록』에 따르면, 영조
40년 신경이 그의 외조인 박
세채의 지업을 어긴다고 여
러 신하를 배척했다. 여기에
송명흠이 동조하였다. 이에
영조는 신경을 유배하고 송
명흠을 서인으로 강등하였다.

유곤록 영조가 고금 당론이
나라를 망침을 역설하고자
만든 책. 1책으로 만들고 '엄
제방嚴隄防 유곤록裕昆錄' 이
라 하였다.

다. 그때 아버지의 처지에 영묘의 마음을 노하게 할 때가 아니었다. 본마음을 누가 모르는 것이 아니므로 영묘께 청하여 『유곤록』을 반포하게 하고, 눈앞의 일을 무사히 지내려고 하였다. 다 험난한 때를 만난 탓이다. 아버지께서는 당신이 동궁만 보호하여 국본(왕세자)을 튼튼하게 하고자 하신 것이다. 그 밖의 일은 노인네의 한순간 과한 거동으로 아버지가 어찌할 것이 아니었다. 반드시 바르게 할 때가 있으리라 마음을 가지셨다. 누구나 다 허물을 통해 어질고 어질지 않음을 깨우친다. 어쨌든 이는 아버지께서 동궁을 위하여 애쓴 일이다.

그때는 『유곤록』 문제로 상소를 하면 뛰어난 의논이라 하였다. 누군가 한유란 놈을 꾀어내어, "네가 『유곤록』에 대해 상소를 하면 이름이 있는 사람이 될 것이다. 장래에는 벼슬도 하고, 양반도 되리라." 하자 이 우매한 놈이 그 말을 곧이 들었다. 그러고는 짐짓 충성이 있는 체하려고 팔 위에 글자를 새기고* 서울로 와서 『유곤록』에 대한 상소를 한 것이다. 그때 그놈이 심의지와 친했고, 의지는 귀주가 사람을 얻지 못해 찾고 있던 것을 알고 있었다. 그래서 서로 의논하고 한유를 달래면서 『유곤록』 말도 하여 무수히 꾀었다.

"지금 홍 아무가 오랫동안 정승을 하며 권세를 많이 누려 임금님도 차갑게 대하시네. 또 동궁께도 죄를 지어 돌아보지 않고 있지. 세상이 다 아는 터이니 아무도 나서서 단숨에 상소를 올리지 못하니, 만일 네가 상소를 하여 홍가를 논박하면 벼슬이라도 할 것이요, 장한 공도 세울 것이다."

* 『영조실록』에 보면 한유가 불에 달군 숟가락 끝으로 살갗에 '死君匡國'이라는 글자를 썼다고 한다. 이는 임금을 위해서 목숨을 바치고 나라를 바로잡는다는 뜻이다.

한유가 여객|객줏집|에 있을 때였다. 귀주 무리들이 하인을 시켜 한유가 머무는 집에 가서 말하였다.

"여기 청주에서 온 한생원이 있느냐? 영의정 대감께서 '상소를 하여 일을 낼 놈이니 잡아오라.' 하신다."

그러고는 한유의 얼굴을 가리키며 여러 번 말하였다.

"'그 선비를 어서 쫓아 내쳐 서울에 있지 못하게 하라!' 하신다."

한유란 놈이 어리석고 패독스러워 분噴을 돋우어 불쾌히 여겼다. 그 사이에 의지가 감언이설로 꾀어 달래며 상소를 지어 주었다.

"이 상소를 하면 곧고 절개 있는 선비가 되고 자네 몸이 영화로울 것이네."

이놈이 죽을 둥 살 둥, 옳은지 그른지도 모르고 그 흉한 상소를 하였다.

그 무렵 정처는 후겸의 말을 듣고 우리 집을 제거해야만 제 모자가 궐 안팎으로 권세가 대단할 줄로 알았다. 그래서 귀주와 합세하여 아버지를 무고하게 헐뜯기 시작하여 이르지 않은 것이 없었다. 영묘의 마음이 7, 8분 변하여 경인년 |1770| 정월에 대수롭지 않은 일로 아버지는 삭직당하셨다가 다시 등용되어 영부사領府事*를 하였다. 아버지께서 삭직되었을 때 임시 영의정으로는 김치인이 3월까지 대신하였다. 그때 영묘의 총애가 쇠한 줄 알았다.

영묘께서는 한유의 상소를 보시고 깜짝 놀라셨다. 더욱이 좌우로 아버지를 해하는 말씀에 끌리어 한유는 가볍게

영부사 영중추부사의 준말로, 중추부의 정품 무관.

형추刑推*하여 흑산도로 유배를 보내었다. 그리고 아버지는
벼슬을 그만두라고 허락하셨다. 비록 처음부터 끝까지 간곡
히 보호하려는 뜻이었지만 평상시 사랑을 쏟고 대우하는 것
을 보면 하루아침에 이리 하신 것은 천만 뜻밖이었다.

이후로 내 집이 그릇되고 아버지의 몸이 조정에 안 계시
니 귀주가 오로지 득세하였다. 안으로는 후겸을 끼고 밖으
로는 여러 당류와 더불어 주야로 모의하여 아버지를 해하려
하였다. 그때의 위태로움을 어찌 다 기록하겠는가.

경인년|1770| 겨울에 최익남崔益男이가 상소하였다.

동궁이 지금 사도묘|사도세자의 묘|에 참배하지 않는 일은 미

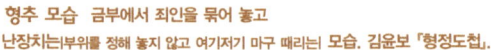

형추 모습 금부에서 죄인을 묶어 놓고
난장치는|부위를 정해 놓지 않고 여기저기 마구 때리는| 모습. 김윤보 「형정도첩」.

좌로부터 곤·신장·장·태.
죄인의 아랫도리를 벗기고
볼기를 치거나 다리를 치게
한 데 사용된 매질 도구.
곤은 1.7m 안팎이며
나머지는 약 1.1m이다.

안한 일입니다. 이는 수상 김치인의 죄입니다.*

'묘소에 참배하러 가십시오.' 하는 말은 옳은 말이다. 그러나 최익남이 상소한 일은 신하된 자로서 청하지 못할 일이다. 더욱이 지금의 수상[김치인]은 아랑곳없는데 그렇게 상소하였던 것이다. 익남은 본래 행실이 경솔하고 천박하여 세상에서 지목하는 인물이었다. 본래 정처의 시집 쪽 사람이지만, 불행히 내 집에 출입하여 안면이 있었다. 귀주네가 구상具庠*을 중간에 놓고, 후겸이가 구상을 꾀어 상소하였다.*

"홍가가 익남을 달래어 부린 것이다."

영묘가 모년사를 내 아버지의 허물로 만들고 김치인을 제거하려 한 것이었다. 그래서 익남을 시켜 상소한 까닭을 곧이들어 그 친국을 대단히 엄하게 하였다. 아무쪼록 홍가가 시켰다 하도록 여러 사람을 엄한 형벌로 다스렸다. 진실로 홍씨는 몰랐다. 익남이 곤장을 맞고 죽기까지 하였으나 필경 홍씨에게는 그 죄가 닿지 않았다. 그러나 끝내 임금님의 마음은 풀리지 않았다.

저놈들의 죽이려는 마음은 불과 같아서 겨우 여러 달을 지나 신묘년[1771] 2월에 인·진의 일로 큰 변란을 지어냈다.

처음 갑술년[1754]에 인이 태어나고, 을해년[1755]에 진이 태어났다. 그런 일에는 귀천이 없다. 나도 여편네인데 마음에 어찌 좋았겠는가. 그때 경모궁의 병환은 점점 심하였는데, 경모궁께서 그 어미를 총애하는 것도 아니었다. 뜻밖에

*『영조실록』에 따르면, 최익남이 동궁이 사도세자의 사당에 성묘와 전알을 오래도록 하지 않은 일을 밝히면서 아버지께 효도를 하고 나서야 할아버지께 효도를 하며, 아버지께 정성을 바치고 나서야 할아버지께 정성을 다해야 한다고 말했다. 그러고 나서 김치인의 죄상과 그로 인해 당론이 나뉜 것에 대해 논했다. 이에 영조는 최익남을 유배 보내고 영원히 서인[서민]을 삼되, 하루에 사흘 길을 걸어서 압송하라고 명했다. 또 상소문은 즉시 불사르고, 전하여 본 자도 엄중히 죄를 내렸다.

구상[1730~?] 구윤명의 아들로 1759년에 생원시를 급제했다. 정조 때 이조참판, 형조판서, 병조판서 등을 역임하였다.

*『영조실록』에 따르면, 구상이 최익남의 상소를 비난하며 다시 상소를 올린다.

그것들이 났으니 비록 투기를 했으면 했지 정을 베풀 처지
는 아니었다. 그러나 내 어질고 연약한 마음에 그것들이 비
록 천하지만 혈육인데 거두지 않을 수 없었다. 영묘께서는
그것들이 화근이라며 엄한 분부가 대단히 많았다. 나도 또
한 따라서 투기를 부리면 소조께서 더욱 어려울 듯하여 참
고 지냈는데 영묘께서는 내가 그것들을 대수롭지 않게 보는
듯 여기셨는지 "네가 투기를 하지 않는구나. 사람의 마음이
아니다!" 하는 엄한 말씀도 하였다. 모년 후에는 그것들이
더욱 의지할 곳이 없고 측은하였다. 그래서 큰어머니의 도
리로 당신의 골육이라 불쌍히 여기며 물질을 주어 길렀다.
저희들이 성인이 된 후에 궐 밖으로 나갈 때가 되자 영묘께
서 '저것들이 어찌할까?' 근심하셨다.

　아버지께서 한 가닥 공평한 마음으로 경모궁의 혈육이라
는 생각만 하고 영묘께 아뢰었다.

　"저것들이 점점 자라서 밖에 나가게 될 것입니다. 아직
혈기왕성한 아이들이라 만일 다른 데에 마음을 뺏기거나 혹
누군가의 꼬임을 빠져 다른 데에 뛰어들면, 무슨 변고가 날
줄 모르니 걱정스럽습니다. 신의 처지가 세손과 가까워서
그 아이들을 꺼리는 마음이 없으니 신이 살피고 가르치겠습
니다. 그러면 저희도 사람이 되고 다른 데에 마음을 뺏기지
않으면 저희만을 위하는 것이 아니라 나라의 복이 될 것입
니다."

　"경卿＊의 마음이 고맙고 감탄스럽소. 그리 하시오. 그러
나 그것들이 경의 교훈을 잘 들을까 염려가 되오."

그때 우리 형제들이 아버지를 말렸다.

"잘못하신 일입니다. 그 아이들은 화근이 될 것입니다. 알은체 마십시오!"

그것들이 오면 내 집안 자제, 소년들까지 피하여 마주하는 일이 없었다. 그러자 아버지께서 말씀하셨다.

"그것은 한쪽으로 치우친, 당치 않은 근심이다. 나는 그것들을 공평한 마음으로 가르치고 단단히 일러 몹쓸 곳에 빠지지 않게만 할 것이다. 내 처지를 세손께서 의심하시겠느냐? 세상에서 누가 내 마음을 모르겠는가!"

아버지께서 망해 가는 세상의 인심을 헤아리지 않고 부질없는 일을 하시기에 자제들이 아버지께 간하기도 하였다.

그런데 이 일로 얽혀서 큰 화를 빚어내기는 천만뜻밖이었다. 세상에 이런 일이 어디 있겠는가. 아버지뿐만이 아니라 청원I정조의 장인 김시묵I 또한 혐의가 없다. 그것들의 사정을 보아주고 남여를 만들어 주었을 뿐인데, 청원도 의심을 하겠는가?

그것들이 궁을 나간 후에 여러 번 훈계도 하고 꾸짖기도 하였다. 그러나 저희들 자질이 못나 어리석고 패악하며 미련해서 배우지 않았다. 종사에 가깝다고 여기며 교만한 마음을 먼저 내고, 궁중의 잡류들과 분별없이 몹쓸 행동이나 하고 아버지께서 가르치는 것의 일분도 받지 못하였다. 그래서 차차 어긋났다. 아버지께서도 끝까지 가르치지 못할 줄 알고 도리어 원한을 부를까 걱정하셨다. 기축년I1769I부터 점점 소홀해지다가 경인년I1770I에 당신 처지가 교외에서 불안하게 살게 되자 그것들이 먼저 왕래를 끊고 당신도 다시는 알은체하지 않았다.

신묘년|1771| 정월 그믐께에 해마다 동산의 밤을 각 전殿*과 궁宮*에 드리고, 군주들까지 주었다. 그런데, 그 밤이 인과 진에게 가니 이 일로 시작하여 임금의 노여움이 그치지 않았다. 2월 초에 영묘께서는 창의궁으로 거동하셨다. 급한 변이 난 듯 궁성 호위까지 하시더니 그것들을 제주도에 가두셨다. 내 아버지 이하에게도 재앙의 빌미가 호흡 사이에 있었다.

영묘의 창의궁 거동 때, 세손은 수가를 하지 못하였다. 한기와 후겸이만 함께 들어가 즉석에서 처분하게 하려는 계교를 정하였다. 귀주는 상중喪中인 까닭에 제 아자비를 시켜서 이 일을 하였다.

임금의 마음에 처음부터 내가 그것들을 대수롭지 않게 보던 것도, 아버지께서 그것들을 알은체하시던 일도 좋지 않게 여기셨다. 또 익남의 일을 내 집에서 시켜서 모년 일의 책임을 당신께만 돌리려 하는 줄로 알고 격노하셨다. 그리하여 그간 믿어 왔던 귀주 무리의 모함과 사랑하는 정처의 충동을 겸하여 이 행동을 하셨다.

그때 선왕|정조|이 놀라셔서 외가를 돕고자 중궁전에게 가서 아뢰었다.

"봉조하가 왕손을 추대한 흔적은 없습니다. 그런데 지금 저들은 추대한다고 하며 죽이려고 합니다. 사람이 밉다고 그리 모함하여 죽이는 것이 말이 됩니까? 심하게 하지 마십

*대왕대비전 · 대비전 · 내전
|중궁전| 등을 가리킨다.

*세자궁 · 세손궁 · 빈궁 등을
가리킨다.

시오."

세손의 말씀으로 한기와 후겸이 무리의 힘이 줄어들어 급한 화는 면하였다. 아버지께서는 청주에 가셨다가 수일 만에 푸시고 영묘께서도 환궁하셨다.

영묘는 그 일이 개인의 사사로운 원한과 모함으로 인하여 그리 된 것을 깨달으시고 세손께 말씀하셨다.

"두 외척 집안이 서로 치니 나라의 근심이 적지 않구나. 내가 이놈들에게 속지 않을 도리를 생각하리라."

영묘의 성명聖明|임금의 밝은 지혜으로 잠시나마 총명이 가리셨지만 즉시에 그놈들의 정상情狀|사정과 형편과 그 일이 허망한 줄 깨닫지 못하셨겠는가. 그래서 세손께 이러한 하교를 하신 것이다.

그때는 세손의 힘으로 눈앞 일은 무마되었지만 그놈들의 살의는 갈수록 심해지고 급기야 마음먹은 것을 드러냈다. 두 세력이 나란히 존재하기 어렵게 되었다. 만일 우리 집을 죽이지 못하면 저희에게 후환이 될까 염려한 것이다.

영묘는 한유를 2월에 선견지명先見之明이 있다고 하시며 특별히 석방하셨다.

한유란 놈이 처음에는 남의 꼬임을 듣고 그 상소를 하고 벼슬이나 할까 하여 제 몸에 좋은 일이 있을 줄로 믿었다가 형문刑問*을 맞고 외딴섬으로 유배되었다. 그때는 제 본심이 아니었는지 「자회문自悔文」이란 글을 지었다.

그때 김약행金若行이가 한유가 정배 간 흑산도에 먼저 머물렀다가 한유와 얘기를 나눌 적에, 상소한 곡절을 물으니

형문 형장이라고도 하며 죄인의 정강이를 때리던 형벌.

그놈이 말하였다.

"심의지와 송환억末煥億 무리에게 속아서 그리 하였지요. 심의지의 무리는 김귀주의 꾐으로 그리 하였는가 보오. 나야 시골 선비로 『유곤록』을 말하려고 올라갔으니 그 곡절을 어찌 알겠소. 이리 온 후에 들으니 내가 다 속아서 그리 하였소. 후회가 막급하오. 그래서 「자회문」이란 글을 지었소."

그러고는 그 글을 내어 보였다. 그 글이 세상에 전하여 내 집에서도 보고 나도 들었다. 김약행이 죽었는지 살았는지 지금은 모르지만, 귀주가 시킨 증거가 더욱 명백하지 않는가.

그런데 그놈이 풀려서 올라오니 귀주 무리가 또 꾀어내었다.

"이제는 홍가가 몰리는 터요. 또 임금께서는 네가 선견지명이 있다고 하시며 특별히 방면하셨으니 또 상소를 하면 짐짓 좋을 것이오."

이놈이 8월에 또 상소를 하여 비로소 그때 "일물을 드려 권하였다."며 일물 이야기를 꺼내고, 거짓을 꾸미니 규율이 몹시 어그러졌다. 영묘께서는 일물에 대한 말을 들춘 죄로 한유를 충청 감영에 내려보내어 정법正法|사형|을 하고 심의지도 그때 잡아들였다.

영묘께서 물었다.

"일물이 무엇이냐?"

심의지는 당돌하게 대답했다.

"전하가 진정 일물을 모르시오?"

그러자 영묘께서는 "죄를 범한 위에 또 대역을 저질렀다." 하시며 한유에게보다 법을 추가하여 그도 사형에 처하고 그의 처와 자식을 다 흩어뜨렸다. 한유든 심의지든, 일물에 대한 일을 들춘 죄로 극율을 쓰신 것이 아버지께서 말씀드려 그리 하셨을 리가 없다. 그러나 영묘께서는 그놈들을 사형하시고 아버지께도 엄한 교지로 성을 내셨다.

"봄부터 이번까지 양성임오釀成壬午*한 것이 누구인가? 봉조하를 면위서인免爲庶人*하라!"

'양성임오' 란 말은 다른 말이 아니라 최익남의 상소로 인한 의심과 격노하심에서 비롯된 것이다. 당시 성교가 "임오를 양성했다." 또 "조장했다." 하셨다. 한유가 상소에 그때 아버지께서 일물을 가져다가 드리며 "처분하십시오." 라고 했다고 꾸며낸 말 때문이었다. 상교上敎는 "조장했다." 하고 다른 사람들의 말은 "상교를 좇아 그리 하였다." 하니 이 의혹을 어찌 풀며 무죄를 누가 밝히겠는가. 내 말도 오히려 사사로운 듯하다만, 한 가지 세상에 증거로 내세울 만한 명확한 증거가 있다.

신묘년[1771] 9월에 아버지께서는 죄를 입고 문봉에 계셨다. 선왕이 세손으로 있을 적에 아버지께 편지하셨다.

대저 외조께서 나라를 위한 혈심은 가히 천지신명에게 물어 평가할 것입니다. 옛사람에게 부끄럽지 않다는 것은 할아버지와 손자 사이의 사사로운 말이 아닙니다. 저절로 온 세상 여러 사람의 입을 통해 백대百代에 공정한 말이 있을 것입니다. 불행히 지

양성임오 임오년의 일을 들춰내다.

면위서인 관직을 빼앗고 서인庶人으로 만든다는 뜻.

금은 임금의 총명이 가려서 금번 처분이 있었으나 외조부에 대한 정리情理로 실로 가벼운 재앙으로 지나갈 것입니다.

내가 이 편지를 보고 말하였다.

"과연 수찰手札|직접 손으로 쓴 편지| 말씀과 같아서 무척 기괴하고 깜짝 놀랐습니다."

그러자 선왕께서 대답하셨다.

"비록 무한하나 진심으로 추구하면 국國이요, 공公일 것입니다. 임금의 가르침이 비록 의외이지만 외조부의 당일 충성은 길이 만세에까지 말이 있을 것입니다. 무엇을 근심하겠습니까?

모년 5월 13일 신시申時|오후 3시~5시|에 뒤주를 밧소주방에서 들이라고 하시기에 망극한 것도 있는 줄 알고 문정전에 들어갔습니다. 자상께서 나가라 하시기에 나와서 왕자 재실 처마에 앉아 있었습니다. 신시가 지난 지 오랜 후에야 봉조하께서 궐하|임금 앞|에 오셨는데, 기운이 막히신다 하기에 내가 먹으려 하던 청심환을 보냈습니다.

일물|뒤주|은 자상께서 생각하신 일이지요. 봉조하께서 여쭙지 않은 것을 이 시각의 앞뒤를 보아도 가히 알 수 있지요. 또 그날 처분이 자상께서는 "종사를 위하노라." 하시며 성심으로 결단하였기에 된 일이지요. 자식 된 터이나 의리는 의리요, 애통은 애통입니다. 하지만 제가 지금은 살아서 목숨을 지탱하였습니다.

만일 봄의 하교와 같다면 신하가 일물을 들이고 자상께

서는 신하의 말을 듣고 처분을 하신 것이겠지요. 이것은 성상聖上의 부족한 덕이 되실 뿐 아니라 또한 큰 의리를 숨기는 것입니다. 큰 의리가 덮이면 내가 세상에 살아 있는 것이 또한 의義가 없는 것이지요. 이 아니 망극합니까? 이 일을 김한기에게 일렀습니다."

선왕이 당신께서 보신 일로 시간의 앞뒤를 이렇듯 증명하고 계시니 이 편지 한 장이 있은 후로는 아버지께서 일물을 들이지 않은 것이 명백하였다. 일물을 들이지 않았으면 무슨 일로 죄를 삼겠는가?

시골의 어리석은 백성들은 분별없는 소문만 듣고 아버지께서 일물을 들였다는 것에 대해 의심하거나 괴이해 하지

문정전 창경궁 내 위치.
임오화변 당시 영조가 사도세자를 벌한 곳. 문정전 뒤로 창경궁의 으뜸 궁인 명정전이 있고, 왼쪽으로 숭문당이 있다.

않을 것이다. 그러나 귀주의 무리는 가까운 임금의 외척이
요, 한기에게 하신 예교叡敎*가 이렇듯 틀림없는데, 처음과
끝을 알면서도 거짓으로 일을 꾸미니 귀주가 해하고자 한
것이 아니면 어찌 이토록 할 수 있겠는가.

귀주가 아무리 제 위치가 그러하더라도 정처와 후겸이가
없었다면 여러 변괴를 지어내지 못했을 것이다. 밖으로는
귀주가 제 도당을 데리고 계교를 꾸미고, 안으로는 후겸이
가 내통하여 안팎으로 힘을 합하였다. 내 집에서 아버지와
형제의 화를 구하려고 내가 숙제에게 권하여 후겸을 사귀게
하였는데, 후겸이의 본심인즉 홍씨를 곧 제거하면 제게 큰
권력이 돌아갈까 싶어 귀주 무리의 충동에 뛰어든 것이다.
또 저의 사사로운 혐의도 약간 있어 귀주에게 뛰어들었는지
짐짓 모두 죽이려고 한 일은 아닌 듯싶다.

숙제가 계속 가서 애걸하니 차차 안정顔情*도 두터워지고
혼인도 정하여 놓았다. 또 제 생각에도 우리 집이 동궁의 외
가이니 장래에 염려도 없지 않은 듯싶었다. 정처는 분별없
이 조석朝夕으로 변화하는 성품이기에 내가 극진히 굴어서
환심을 얻었는데, 본래 깊은 원한은 없었다.

점점 원한이 풀려 후겸이는 임진년|1772| 정월에는 아버지
의 죄명도 풀어 주고, 귀주의 무리를 분명하게 푸대접하였다.

귀주가 내통하여 뜻을 같이하는 사람을 잃자 분하게 여
겼다. 내킨 걸음으로 한 판 씨름을 하려 했는지 제 몸소 한
록의 아들 관주를 데리고 7월에 한가지로 상소를 하였다.
만고천지간에 제 처지로 중궁전|정순왕후|을 뵙고 고부 사이를

이렇게 흉악하게 하니, 이놈이 내 집과 한 하늘 아래 같이 살 수 없는 원수[不共戴天之讐]일 뿐 아니라 나라에 역적이요, 선왕께도 역적이요, 자전께도 죄인이다.

그 상소는 세 가지 조건[일]을 다루고 있었다. 하나는 병술 년[1766] 영묘께서 편찮으실 때에 나삼羅蔘* 말이요, 하나는 송절다松節茶* 말이요, 하나는 여시여시한* 말이다.

영묘께서 편찮으실 때에 하루에 인삼 두석 냥을 쓰는 적이 많았다. 그때 내국[內局][내의원] 도제조는 김치인이었고 아버지는 영상이었다. 임금님의 약에 나삼과 공삼*을 반씩 넣어 썼는데 귀주의 아비가 숙직 처소에서 의관을 불러다가 물었다.

"임금님께서 이리 편찮으신데 나삼으로만 순수히 쓰지 않느냐?"

이때 아버지는 내국에서 도제조와 앉아 있다가 도제조에게 이런 이야기를 했다.

"지금 남아 있는 나삼이 언제나 모자라네. 만일 순수하게 나삼만 쓰다가 떨어지면 새로 순수하게 공삼만 쓰게 되니 이 일이 더 민망하지 않겠는가? 내국의 일은 임금의 장인이 관여할 바가 아니라네."

그뿐이었는데 내국의 일에 임금의 장인이 관여한다는 말에 그 부자가 성을 내었다. 저는 충성이 있고 내 아버지는 나삼을 쓰지 못하게 한 것으로 몰려고 하니 그런 흉악한 마음이 어디 있겠는가.

송절다 말은 더욱 분별없고 맹랑한 말이다. 형언하여 족

나삼 약성이 좋은 삼.

송절다 소나무 가지로 만든 술. 茶는 불가에서 술을 달리 부르는 말.

여시여시한 '여차여차하다'는 뜻. 여기서는 국본[왕세자]을 흔든다는 말이 척리의 집에서 나왔다는 말을 가리킨다.

공삼 평북 강계에서 공물로 바치던 산삼.

히 합당할 것이 없다.

여시여시하다는 말은 다 곡절이 있다. 정해년丁亥年|1767, 영조43|과 무자년戊子年|1768, 영조44| 사이에 아버지께서 거우|상중|이실 때 청원 김시묵이 와서 "예의睿意가 장래에 추숭追崇을 하려고 하십니다." 하고 말하였다.

추숭 왕위에 오르지 못하고 죽은 이에게 제왕의 칭호를 올리던 일. 즉, 정조가 죽은 사도세자를 추숭하고자 하는 뜻을 가졌음을 가리킨다.

청원과 아버지는 지극히 친한 사이였다. 대대로 사귀어 온 교분으로 허물이 없고, 평안함과 근심을 함께 한 처지였다. 이 일이 나라에 큰일인고로 허물없는 사이에 와서 그리 한 듯싶었다. 아버지께서 거상을 푸신 후 입궐하셔서 내가 있는 곳에서 세손과 함께 자세히 말씀하다가 아버지께서 그 말씀을 여쭙고 이렇게 말하셨다.

"이 일은 베어서 끊도록 하십시오."

이어서 세도와 인심이 위험하다는 말도 하셨다.

"일의 법에 의하면 그리 하는 것이 옳습니다. 기사유얼己巳遺孽과 무신년|1728| 여당餘黨들이 지금도 나라를 원망하고, 나라의 틈을 엿보는 부류들이 많습니다. 만일 이로 인하여 그 흉한 무리들이 난을 일으키면 어찌할까 민망합니다."

세손이 대답하셨다.

기사유얼 기사는 기사년을, 유얼은 죽은 뒤에 남은 혈통을 뜻한다. 즉, 기사유얼은 기사년|숙종15|에 득세하다가 갑술년|숙종20|에 실세한 남인의 후손들을 말한다.

*무신년|1728|에 실각한 소론들이 일으킨 이인좌의 난이 있었다. 무신년 여당은 이들 소론을 두고 한 말이다.

"과연 그와 같은 염려가 많으니 답답합니다."

나도 그날 이후 먼 근심으로 상하, 셋이 앉아 그 말을 주고받았다. 그 말이 있었던 것은 선왕이 어릴 때였다. 그때 그 말을 중궁전에 하였는데 귀주가 그 말을 듣고 거짓되게 상소하였으니 이런 흉악한 놈이 어디 있겠는가. 설사 내 아버지께서 잘못한 말이라 하더라도 제가 어찌 내간에서 주

내간 아낙네들이 거처하는 곳.

고받은 말을 중궁전에서 듣고 영묘께 상소를 하겠는가. 만일 영묘께서 추숭의 말을 주고받는다고 세손께 노하시면 화색이 어느 지경에 미쳤겠는가.* 이것으로 내 아버지를 모함할 뿐 아니라 제 본래 흉계로 세손까지 해하려고 하는 계교였다. 이런 음흉하고 참혹한 역적이 고금에 다시 어디 있겠는가.

대저 아버지의 처지로 선왕을 사사로이 만날 때 무슨 말을 못하겠는가. 설사 아버지께서 "추숭을 하소서. 만일 추숭을 하지 않는다면 이러이러할 것입니다." 하셔도 이것은 단지 무식한 사람이 되는 데 그칠 뿐인데, 하물며 아버지는 그때 "추숭은 마십시오. 사사로운 정을 억제하고 마음을 확고히 지키십시오." 하고 말씀하셨다. 말세의 인심과 세상의 변고가 무궁하니 깊고 멀리 염려하여 추숭 말을 주고받는 것인데 이것이 어찌 죄가 되겠는가. 그러면 옛사람이 임금에게 고하기를 "위태로워 조석으로 망할 듯합니다." 또는 "도적이 일어날 것입니다."고 했던 말이 다 군부君父를 위협하는 죄라 하면 어느 누가 말하려 하겠는가. 세상에 그런 말이 어디 있는가. 이 일은 조정의 문적文蹟에 있고 갑진년1784에 아버지께서 누명을 씻던 전교*에 다 있어서 대략만 쓴다.

그 후 병신년1776에 정이환, 송환억 무리들의 흉한 상소는 다 귀주가 여론餘論을 주어서 한 말이다. 이를 다시 거들 것이 어디 있겠는가.

도무지 신사년1761 이후로 귀주가 우리 집을 해하려고

* 사도세자를 제왕의 칭호로 올리고자 했다는 일이 일파만파 퍼져 조종이 시끄러워졌더라면 지난 일로 세손에게 미안해하시면서 화를 내셨을지도 모른다는 뜻이다.

* 「정조실록」에 의하면 정조는 신하들이 김귀주, 홍봉한 등에 대한 일을 언급하지 못하도록 명하였다.

하던 일을 세세히 찾으면, 이것이 다 처음에는 경모궁을 보전하지 못하면 세손까지 여지없을 것이니 양자를 내세워 저희가 임금의 외가가 되기를 바란 마음에서 나온 것이다. 둘째는 모년 처분 후에 저희 마음과 같지 않으니 한록이를 데리고 16자 흉한 말을 하여 성심을 어지럽히고 대위大位를 움직여 또 양자와 외가를 경영하려는 계교이다. 그러나 영묘의 마음은 굳고 세손은 장성하여 나라의 국본l왕세재l을 흔들기 쉽지 않고, 저희들의 흉한 말도 세상에 전파되어 가리기 어려웠다. 그제야 동궁이 외가에 미안하게 생각하시는 줄 알고 저는 동궁께 충성을 다하는 척하였다. 그리고 홍씨는 동궁께 불리하게 하였다며 홍가를 제거하고 동궁께 뜻을 맞추고자 하였다. 그렇게 하여 저희가 흉한 말l16자 흉한 말l 하던 것을 덮으려 전전하였다.

이 흉한 말이 도무지 큰 근본이니 시방 세상 사람도 옛일을 본 사람이 있을 것이다. 일의 대략이야 어찌 모르겠는가마는 나처럼 이렇게 자세히 아는 사람이야 또 누가 있겠는가.

내 아버지께서 풍증을 앓아 본성을 잃지 않기 전에야 "선왕께 불리하게 하고 인·진을 위했다."는 말은 삼척동자도 속이지 못할 말이다. 또 "귀주는 선왕께 충신이요, 홍가는 선왕께 역적이라." 하는 말도 삼척동자를 속이지 못할 말이다. 내 아버지는 모든 일에 인정 천리를 벗어난 일이 없고 귀주가 내 아버지를 모함하던 말은 인정 천리 밖이니 상식이 있는 사람을 기다리지 않아도 피차의 시비를 분간하여 충신과 역적을 정할 것이다.

귀주와 한록의 무리들이 종국을 멸망시키려 하던 흉한 말들은 끝내 드러나지 않았다. 그래서 귀주가 충신까지 되고, 털끝만큼도 그에 비슷하지 않은 내 집은 가혹한 화가 갈수록 더하여 극악한 역적이 되었다. 만고에 이런 세상의 도리와 하늘의 이치가 어디 있으리오. 이 일을 사람들이 알지 못하니 피를 토할 만한 한이로다.

신축년|1781| 2월 23일 미시*에 호동대방 쓰다   미시 오후 1시부터 3시까지.

[辛丑 二月 二十三日 未時 畢書 壺洞大房]

【 연보 】

1694|숙종20| 9월 13일 화경 숙빈 최씨, 창덕궁 보경당에서 왕자|영조| 탄생.

1699|숙종25| 12월 24일 왕자 이금을 연잉군으로 봉함.

1704|숙종30| 2월 21일 연잉군이 서종제의 딸|정성왕후|과 혼인.

1719|숙종45| 정빈 이씨가 연잉군의 1남|효장세자| 탄생.

1720|숙종46, 경종 즉위년| 6월 13일 경덕궁|경희궁|에서 경종 즉위.

    8월 21일 연잉군을 왕세제로 책봉.

    8월 23일 왕세제의 책정이 합당하지 않음을 유봉휘가 상서.

1721|경종1| 5월 27일 청나라가 사신을 보내어 연잉군을 왕세제로 책봉.

    10월 10일 (~17일) 연잉군에게 대리청정을 명했다가 취소.

1722|경종2| 3월 27일 목호룡이 고변하여 임인옥사 발생|노론 4대신 김창집·이건명·이이명·조태채를 사형|.

1724|경종4, 영조 즉위년| 8월 25일 환취정에서 경종 승하.

    8월 30일 연잉군이 창덕궁 인정문에서 즉위.

1725|영조1| 2월 25일 경의군|효장세자|을 왕세자로 책봉.

    8월 16일 붕당의 폐해를 하교하고, 을사환국으로 노론 4대신의 서원을 세움.

1727|영조3| 10월 6일 김창집 등 노론 4대신의 관작을 추탈하고 서원을 철훼 등 당쟁의 조정을 목적으로 인사를 개편함|소론 등용|.

1728|영조4| 3월 이인좌 등이 경종의 복수를 내세우며 거병을 일으킴.

    11월 16일 창경궁에서 효장세자 훙서.

1729|영조5| 8월 18일 이건명과 조태채를 복관작하고, 희정당에서 탕평을 조정하는 도리를 논의.

1735|영조11| 1월 21일 영빈 이씨가 원자|사도세자|를 집복헌에서 탄생.

1736|영조12| 3월 15일 원자|사도세자|를 책봉하여 왕세자로 삼음.

1738|영조14| 12월 10일 중전을 위로하기 위해 영조의 처조카인 서덕수를 신설.

1739|영조15| 1월 11일 승정원에 비망기를 내려 세자에게 양위할 뜻을 밝히나 명을 거둠.

1740|영조16| 1월 10일 김창집, 이이명을 복관작함.

1744|영조20| 1월 사도세자와 홍봉한의 딸|혜경궁 홍씨| 가례.

1752|영조28| 3월 4일 통명전에서 왕세손|의소| 훙서.

    9월 22일 혜경궁 홍씨가 왕세손|정조|를 탄생.

    12월 15일 세자에게 양위할 뜻을 밝힘.

1755|영조31| 2월 11일 나주 괘서 사건으로 금부 도사를 나주로 보내 훙서를 건 윤지 등을 체포.

1757|영조33| 2월 15일 관리합에서 정성왕후 서씨 승하.

    3월 26일 영모당에서 인원왕후 김씨 승하.

1759|영조35| 2월 12일 원손|정조|을 세손으로 책봉.

6월 22일 영조가 김한구의 딸|정순왕후|과 대혼.

1762|영조38| 2월 2일 왕세손|정조|과 김시묵의 딸|효의왕후| 가례.

5월 22일 나경언이 동궁의 허물을 아룀.

윤5월 13일 세자를 폐하여 서인으로 삼고, 안에 엄히 가둠.

윤5월 21일 사도세자 훙서, 왕세자의 호를 회복.

6월 22일 사도세자와 관련이 있다고 하여 조재호를 사사賜死.

1775|영조51| 11월 20일 홍인한이 세손은 정사를 알 필요가 없고, 노·소론을 알 필요가 없다고 극언.

1776|영조52, 정조 즉위년| 3월 5일 경희궁의 집경당에서 영조 승하, 정조 즉위.

3월 20일 사도세자의 존호를 장헌, 수은묘의 봉호를 영우원, 사당을 경모궁으로 함.

7월 5일 홍인한과 정후겸 사사賜死.

1777|정조1| 8월 11일 은전군 이찬을 추대하여 반정을 꾀하려던 일당을 복주.

1778|정조2| 6월27일 홍낙춘의 딸을 원빈으로 삼고 가례.

12월 4일 봉조하 홍봉한 졸기.

1779|정조3| 5월 7일 원빈 홍씨 졸기.

1781|정조5| 4월 5일 홍국영 졸기.

5월 11일 왕세자|문효세자| 훙서.

윤5월 22일 심낙수가 역적 김귀주와 홍국영의 죄를 상소.

1782|정조6| 9월 7일 의빈 성씨가 문효세자 탄생.

1786|정조10| 12월 1일 홍국영, 상계군 이담 등의 역적 됨을 왕대비가 언문으로 상소.

5월 21일 의빈 성씨가 문효세자 훙서.

1789|정조13| 10월 7일 사도세자의 묘를 수원 화산으로 이장하고 이름을 '현륭'이라 함.

1790|정조14| 6월 18일 수빈 박씨가 세자|순조| 탄생.

1792|정조16| 윤4월 27일 영남 유생들이 사도세자의 신원과 정조의 군주권 문제를 상소|영남 만인소|.

1793|정조17| 8월 8일·9일, 9월 12일 영조의 임오화변에 관한 쪽지|금등|에 대한 논의.

1800|정조24| 1월 1일 세자|순조|를 왕세자로 책봉.

6월 28일 창경궁 영춘헌에서 정조 승하.

12월 18일 정순왕후가 언교 1통을 내림|벽파의 시파에 대한 공격이 격화.

1801|순조1| 2월 25일 정순왕후가 사학을 추국을 논의하면서 남인과 종친 제거.

5월 28일 은언군 이인과 홍낙임 사사賜死.

1805|순조5| 1월 12일 창덕궁 경복전에서 정순왕후 김씨 승하.

1815|순조15| 12월 15일 창경궁 경춘전에서 혜경궁 홍씨 승하.

【 참고문헌 】

이병기 · 김동욱 주해, 『한듕록』 (한중만록), 민중서관, 1961.
전규태 주해, 『한중록』, 범우사, 2000.
정은임 교주, 『한중록』, 이회, 2002.
혜경궁 홍씨, 「恨中錄」 『고대여류문학대표선집』 (영인), 대제각, 1986.
혜경궁 홍씨, 『한국고전총서』 Ⅳ, 대제각, 1973.

『경모궁의궤』 영인본, 규장각.
『국조오례의』 영인본, 규장각.
민족문화추진회 편, 『정조실록』 13~29.
『사마방목』.
세종대왕기념사업회 편, 『영조실록』.
세종대왕기념사업회 편, 『정조실록』 1~12.
『순조순원후가례도감의궤』 영인본, 규장각.
『영조정순후가례도감의궤』 영인본, 규장각.
『원행을묘정리의궤』 영인본, 규장각.
『이십오사』, 이십오사 간행위원회, 중화서국, 1955.
『정조건릉산릉도감의궤』 영인본, 규장각.
『정조국장도감의궤』 영인본, 규장각.
『종조의궤』 영인본, 규장각.
『태학지』, 규장각.
『화성성역의궤』 영인본, 규장각.

국립국어연구원 편, 『표준국어대사전』, 두산동아, 1999.
남광우, 『고어사전』, 교학사, 1999.
『대한화사전』, 대수관서점, 1968.
유창돈, 『이조어사전』 (6판), 연세대학교 출판부, 1985.
이홍직, 『국사대사전』, 삼영출판사, 1987.
『정도600년 서울지도』, 동방미디어 CD롬.
한국민족문화대백과사전 편찬부 편, 『한국민족문화대백과사전』, 성남 : 한국정신문화연구원, 1991.

김용숙 교주, 『秘藏本 한둥록』 (버클리대학본), 숙대출판부, 1981.

김용숙, 『조선조 궁중풍속 연구』, 대한교과서, 1987.

김용숙, 『한중록연구』, 한국연구원, 1983.

박광용, 『영조와 정조의 나라』, 푸른역사, 1998.

박영규, 『조선의 왕실과 외척』, 김영사, 2003.

박정혜, 『조선시대 궁중기록화 연구』, 일지사, 2000.

백영자, 『한국 복식』, 한국방송대학교 출판부, 1992.

신명호, 『궁중문화 : 조선왕실의 의례와 궁중생활』, 돌베개, 2002

신명호, 『조선의 왕』, 가람기획, 1998.

신봉승, 『조선의 정쟁』 (5), 동방미디어, 2001.

유봉학, 『정조대왕의 꿈―개혁과 갈등의 시대』, 신구문화사, 2001.

유봉학 · 김동욱 · 조성을, 『정조시대 화성 신도시의 건설』, 백산서당, 2001.

유의경, 『세설신어』, 살림, 1997.

이덕일, 『사도세자의 고백 : 그 여드레 동안 무슨 일이 있었을까』, 푸른역사, 1998.

이성무, 『조선시대 당쟁사』 2, 동방미디어, 2001.

이현종, 『동양연표』, 탐구당, 1971.

장현근 옮김, 『순자』, 책세상, 2002.

정연식, 『일상으로 본 조선시대 이야기』 1 · 2, 청년사, 2001.

조희웅, 『고전소설 이본목록』, 집문당, 1999.

조희웅, 『고전소설 작품 연구 총람』, 집문당, 1999.

조희웅, 『고전소설 줄거리 집성』 1 · 2, 집문당, 2002.

최홍규, 『정조의 화성건설』, 일지사, 2001.

한국복식문화 2000년 조직위원회 · 문화관광부, 『우리옷 이천년』, 미술문화, 2001.

홍순민, 『우리궁궐이야기』, 청년사, 1999.